폴리매스

폴리매스

—

2020년 9월 30일 초판 1쇄 발행
2023년 8월 16일 초판 29쇄 발행

—

지은이 와카스 아메드
옮긴이 이주만
펴낸이 강준규

—

책임편집 유형일
마케팅지원 배진경, 임혜솔, 송지유, 이원선

—

펴낸곳 (주)로크미디어
출판등록 2003년 3월 24일
주소 서울시 마포구 마포대로 45 일진빌딩 6층
전화 번호 02-3273-5135
팩스 번호 02-3273-5134
편집 02-6356-5188
홈페이지 http://rokmedia.com
이메일 rokmedia@empas.com

—

ISBN 979-11-354-8839-9 (03190)
책값은 표지 뒷면에 적혀 있습니다.

—

• 안드로메디안은 로크미디어의 실용, 자기계발 도서 브랜드입니다.
• 잘못 만들어진 책은 구입하신 서점에서 교환해 드립니다.

POLY
MATH

한계를 거부하는 다재다능함의 힘

폴리매스

와카스 아메드 지음 | 이주만 옮김

Andromedian

"뛰어난 작가이자 사상가의 흥미롭고도 방대한 역작이다. 이 책은 앞으로 다가올 세기에 특별한 필독서가 될 것이다. 우리는 이 책과 이 책에서 기리는 사람들이 그 어느 때보다 필요하다."

— 대니얼 레비틴, 음악가, 신경과학자, 베스트셀러 《정리하는 뇌》의 저자

"훌륭하다. 확실히 흥미롭고 사고를 자극하는 좋은 경험이었다."

— 바츨라프 스밀, 매니토바 대학교 특훈교수, 학제적 연구자, 《에너지와 문명》의 저자

"이렇게 많은 이야기를 아메드처럼 다양하고 깊은 통찰을 가지고 말하는 사람은 보지 못했다. 운이 좋다면 이 책은 엄청난 결과를 가져올 것이다!"

— 이언 맥길크리스트, 신경심리학자이자 《주인과 심부름꾼》의 저자

"아메드의 책은 역사, 철학, 과학, 자기계발, 그리고 새로운 미래를 앞당기는 선언문을 융합한 빼어난 작품이다. 우리 사회에는 폴리매스가 더 많이 필요하다. 호기심에 이끌려 학문의 경계를 거침없이 넘나드는 사상가들이 더 많이 필요하다. 이 책은 그 방향으로 나아가기 위한 좋은 출발점이다."

— A. J. 제이콥스, 베스트셀러 작가이자 <에스콰이어> 편집장

"아메드는 다양한 분야의 책을 섭렵하고 수많은 곳을 여행하며 견문을 넓힌 다재다능한 사람이다. 그러니 이 책의 주제를 다루기에 더없이 좋은 위치에 있다. 교육적 가치가 뛰어나며 사람들에게 영감을 주는 책을 완성했다."

— 에드워드 드 보노, '수평적 사고'라는 말을 처음 사용한 《여섯 색깔 모자》의 저자

"너무 충격적이어서 무슨 말을 해야 할지 모르겠다. 이 책을 읽고 나서 나는 완전히 생각이 달라졌다. 다시 예전으로 돌아갈 수는 없다."

- F. 스토리 머스그레이브, 나사 우주비행사 겸 과학자,
포털사이트 애스크멘(AskMen.com)에서 선정한 '현대의 르네상스인'

"사려 깊고 열정적이며 신선하다. 생생하고 이해하기 쉽게 쓰였다."

- 피터 버크, 역사가이자 《지식의 역사》의 저자

"이 획기적인 책은 지식의 역사에서 거대한 공백을 채웠다. 아메드는 청년 다 빈치의 모습을 연상케 한다."

- 나세르 칼릴리, 칼릴리 컬렉션 재단 설립자

"그야말로 환상적이다. 다채롭고 박식한 지식이 담긴 역작이다!"

- 벤저민 던랩, 워포드 대학의 전 학장이자 테드 강연 선정 '놀라운 인물 50인' 중 한 명 중 한 명

"수많은 언어로 번역되어야 할 좋은 책이다. 제목 그대로의 책이다."

- 햄릿 이사칸리, 카자르 대학 설립자

"박식하고 예리하다. 세계 모든 교육기관에서 필독서로 삼아야 한다. 아메드는 긴급한 시대적 필요에 적절히 대응했다."

- 아쇼카 자흐나비 프라사드, 세계에서 가장 많은 학위를 보유한 사람으로 알려진 폴리매스

저자 와카스 아메드

와카스 아메드는 다양한 분야에서 두각을 나타내며 '떠오르는 청년 다 빈치'로 불리고 있다. 영국에서 태어나고 성장했고 유럽, 아프리카, 중동, 남아시아의 여러 나라에서 살았다. 유니버시티 오브 런던에서 경제학 학위를, 런던 정치경제대학교에서 국제관계학 학위를 받았으며, 킹스 칼리지 런던에서 신경과학 대학교 과정을 밟고 있다. 그는 세계에서 가장 방대하고 다양한 예술품을 보유한 재단 중 하나인 칼릴리 컬렉션 재단의 예술 감독이다. 예술의 대중화를 위해 구글과 위키피디아와 협업하여 디지털 큐레이션, 시각적 최적화 등의 최첨단 기술을 활용한다. 또한 런던 내셔널 갤러리에서 열린 다 빈치 사후 500주년 기념행사 공식 개막식의 주최자이자 큐레이터였다.

예술 감독이 되기 전에는 외교 분야 기자이자 발행인이었다. 〈퍼스트〉 지의 해외 특파원으로 근무하면서 전 세계의 정부 관료, 경영인, 사회참여 지식인을 독점 인터뷰하기도 했다. 2011년부터 2015년까지 영연방 정부회의 공식보고서 편집인으로 활동했고, 2017년에 발행한 성스러운 도시 메카를 전일적 관점에서 탐구한 최초의 영어 잡지 〈홀리 메카〉의 편집인이었다. 이 잡지는 유네스코, 영연방 정부회의, 바티칸의 호평을 받았다. 그는 신경과학 연구자로서 만성통증 치료에 관한 다학문적 접근법을 탐구한다. 그의 연구는 국제 통증 연구 협회에서 주관하는 세계 통증 회의에 채택돼 발표되었다. 또한 인지적 유연성 연구에 집중하고 있으며 이를 위해 더글러스 호프스태터, 레이 커즈와일, 노엄 촘스키, 대니얼 레비틴, 이언 맥길크리스트 등 세계 유수 학자들과 인터뷰하였다.

그는 전 세계 사람이 다방면의 잠재력을 발휘하도록 돕는 글로벌 운동 '다 빈치 네트워크'의 창립자이며, 매년 다양한 분야의 연결을 탐구하는 폴리매스 페스티벌을 개최하고 있다. 여러 분야를 넘나들며 배워왔지만 진정한 배움을 만난 시간은 첫 책 《폴리매스》를 집필하며 세계 각지에서 탐구했던 5년간이라고 단언한다. 아메드는 서로 연관 없어 보이는 다양한 영역에서 출중한 재능을 보이는 이들을 연구했고 그들이 강력하고 영향력 넘치는 잠재력을 발휘하여 세상에 변화를 일으키고 뛰어난 성과를 얻은 요소가 '다재다능함'이었음을 입증하고 있다. 그는 스스로를 단정 짓지 않고 우리 안에 숨은 다양한 가능성을 해방하여 인생을 충만하게 살아갈 방법을 제시한다.

역자 이주만

서강대학교 대학원 영어영문과를 졸업했으며, 현재 번역가들의 모임인 (주)바른번역의 회원으로 활동 중이다. 옮긴 책으로는 《심플이 살린다》, 《회색 코뿔소가 온다》, 《사장의 질문》, 《다시 집으로》, 《경제학은 어떻게 내 삶을 움직이는가》, 《이루지 못한 목표의 불안이 사라지는 책》, 《나는 즐라탄이다》, 《모방의 경제학》, 《법은 왜 부조리한가》, 《복잡한 문제 깔끔하게 정리하기》, 《케인스를 위한 변명》, 《화폐의 심리학》, 《그라운드스웰》, 《다시, 그리스 신화 읽는 밤》, 《처음으로 기독교인이라 불렸던 사람들》 등이 있다.

폴리매스의 대명사, 레오나르도 다 빈치 사후 500주년을 맞이하여

대부분의 사람이 폴리매스* 하면 '만능인' 다 빈치를 떠올린다.

회화, 조각, 건축, 무대 설계, 음악, 군사 공학과 토목 공학, 수학, 통계학, 역학, 광학, 해부학, 지리학, 식물학, 동물학. 다 빈치는 이 주제들을 다룬 역사책에서 거의 빼놓지 않고 언급될 정도로 이들 분야에서 뚜렷한 업적을 남겼다. 그리고 이들 분야의 많은 전문가들이 가장 본받고 싶은 학자로 다 빈치를 꼽는다.

와카스 아메드의 책, 《폴리매스*The Polymath*》의 앞표지를 장식할

---

* 이 책에서 말하는 폴리매스(Polymath)는 단순히 '박식가'를 뜻하지 않는다. 저자 와카스 아메드는 폴리매스라는 새로운 인종에 관해 이렇게 정의한다. 서로 연관이 없어 보이는 다양한 영역에서 출중한 재능을 발휘하는 사람들. 그는 이 정의마저도 매우 간단하고 포괄적인 정의라 말하며 1장을 통해 좀 더 구체적으로 설명한다. 폴리매스는 전일적 관점에서 사유하고 다차원적인 사고를 하는 다재다능한 사람으로 방대하고 종합적인 사고와 방법론을 지녔으며 이를 통해 연관 없어 보이는 분야들을 연결해서 돌파구를 만들어내는 특징을 지닌 사람이다. 폴리매스는 끝없는 호기심과 뛰어난 지능, 놀라운 창의성을 바탕으로 한계를 거부하는 다재다능함을 발휘한다. 그래서 그들은 인간이 본래 지니고 있던 다양한 잠재력을 마음껏 해방하고 자아실현마저 성취하는 충만한 인생을 살아가는 사람들이다. 마치 레오나르도 다 빈치처럼 말이다. -편집자 주

그림으로 다 빈치의 〈인체 비례도〉가 선정된 것은 전적으로 옳다(원서의 앞표지에 사용되었다—편집자 주). 사각형과 원 안에 한 남자가 사지를 펼치고 있는 이 그림은 비트루비우스Vitruvius가 쓴 《건축십서Ten Books on Architecture》에서 영감을 받았다고 한다. 다 빈치는 여기서 인간, 세상, 우주가 근본적으로 하나라는 메시지를 시각적으로 표현했다. 광고 등의 분야에서 지루하고 따분한 메시지를 심오하게 포장하고 싶을 때 이 그림을 자주 써먹는다. 이 책에서는 아메드가 탐구한 중심 주제를 대변한다.

　학문과 기술을 여러 분야로 쪼개고 구획화한 오늘날의 지형에서 다 빈치의 다양성은 특히나 눈길을 끈다. 다 빈치는 통일성을 꿰뚫어 보았다. 그가 이해한 통일성은 물리적 세계를 구성하는 기본 원리이다. 이는 수와 척도에 입각한 수학 원리로서 궁극의 진리가 지닌 불연속성과 연속성을 이어주는 기하학과 산술로 나타난다. 자연에 존재하는 무수한 다양성의 이면에는 자연법칙 안에서 다양한 형태와 기능이 어떻게 맞물리는지 설명할 수 있는 일관되고 한결같은 법칙이 놓여 있다. 빛의 이동, 고체와 유체의 운동, 신체의 역학에서도 이 보편 법칙을 추론할 수 있고, 과정이나 결과로서 행동을 수반하는 모든 현상에서도 발견할 수 있다. 한 예로 다 빈치는 물의 소용돌이 운동과 머리카락이 고부라지는 현상 사이에는 유사한 힘이 작동한다고 보았다. 오늘날 우리는 전자를 주로 역학에서 다루고, 후자를 주로 통계학에서 다룬다. 우리는 학문 분과를 인위적으로 나누지만 다 빈치는 그 같은 경계 없이 사물을 관찰했다. 다 빈치가 통찰한 통일성에 관해서는 최근에 내가 출판한《레오나르도 다 빈치: 그와 함께한 50년Living with Leonardo》에서도 다뤘다. 세계에서 가장 비싼 미술 작품에 올랐던 다 빈치의 〈구세주Saviour of the Cosmos〉에 얽혔던 이야기까지 나는 이 책에서 과학을 전공하고 나서 다 빈치와 50년간 함께했던 내 여정을 담았다.

다 빈치는 수학적 재능도 워낙 뛰어난 사람이었지만 이와 별개로 대체로 폴리매스는 우리 같은 범인보다는 다양성 속에서 통일성을 통찰할 가능성이 더 높다고 생각한다. 그들은 어떤 관계나 유사점, 공통점, 연관성, 적절성, 기저의 인과관계, 구조적 통일성을 읽어내는 능력이 보통 사람보다 뛰어나다. 물론 오늘날에는 미술가가 전문 공학자처럼 일하기는 어렵다. 르네상스 시대에는 이런 일이 흔하지는 않아도 용납되었다. 오늘날 폴리매스는 전문가 집단이 굳게 수호하는 학문이나 직업의 경계를 인식하지 않을 수가 없다. 경계가 확고한 오늘날의 사회적 제도들이 언제 형성되었는지 그 뿌리를 추적하면 대부분 19세기로 거슬러 올라간다. 자신들이 종사하는 영역에 경계를 두른 것은 외부인들의 진입을 막고 내부자를 보호하는 데 그 목적이 있었다. 한 분야의 전문지식으로 무장한 전문가들은 특수한 용어와 약칭으로 겹겹이 방책을 치고 높은 성에서 그들끼리 거주한다. 전문성을 갖추기 위한 자격요건이 엄밀한 건 좋지만 그 분야에 속하지 않은 모든 이의 진입을 가로막는 장벽이 되는 것도 사실이다.

현대사회에서 박학다식한 사람이 되려다가는 깊이가 얄팍한 아마추어에 그칠 위험성이 있다. 잘 알고 있듯이 폴리매스라는 말에는 "많은 걸 잘하면 특별히 잘하는 게 없다"는 오명이 붙기도 한다. 그런데 전에는 이런 평가도 있었다. "많은 걸 잘하면 특별히 잘하는 게 없지만, 하나만 잘하는 사람보다는 낫다." 미술과 과학 분야에서 일어난 위대한 혁신을 들여다보면 내부자들이 현재에 안주하고 있을 때 외부인이 들어가 새로운 통찰을 제공한 경우가 많다. 유전자 시대를 맞이한 생물학은 물리학자와 화학자 들의 공동 연구로 새로운 학문으로 탄생했다. 코페르니쿠스가 16세기에 일으킨 혁명은 혁신적인 천문관측 도구 못지않게 미의 관념에도 크게 영향 받았다. 1905년에 발표한 논문에서 아인슈타인은 현대 천문학과 물리학 이론의 옳고 그름을 종합적으로 검토하는 대신 공간과 시간, 에너지를 하나로 통합하는 직관적인 통찰을 간결하고 우아하게 보여주었다. 그는 내부자였지만 외부인의 관점에서 문제를 생각할 줄 알았다.

물론, 상대의 분야를 존중하지 않고 오만하게 상대의 영토를 정복하려드는 태도는 위험하다. 나는 다 빈치를 연구하면서 이 점을 배웠다. 현대의 전문가들, 가령 공학 전문가들은 그들의 협소한 전문지식 안에서 다 빈치의 수수께끼를 설명할 수 있다고 전제하고 현대 세계로 다 빈치를 데려와 '시대를 앞서간 사람'이라고 추켜세운다. 그러면 왜곡이 발생한다. 데이비드 호크니David Hockney가 15세기 이후 대부분의 화가가 자연 묘사에 광학기기의 도움을 얻었다는 주장에도 비슷한 논란이 일었다. 그의 주장을 모두 수긍하지는 않지만 광학기기 사용 여부에 관해서는 상당 부분 동의한다. 데이비드 호크니의 주장으로 초기 광학 장치의 속성이나 당시의 그림 제작 사업에 거의 관심이 없던 현대의 광학 전문가들, 특히 렌즈 전문가들에게 새로운 탐구거리가 생겼다. 현재의 지식으로 과거를 내려다보면서 그 시대를 쉽게 규정하는 것은 아닌지 항상 경계해야 한다.

가능성은 희박하지만 지식을 향해 멈출 줄 모르는 열정과 불굴의 탐구심, 상상력, 개방적 사고, 겸손함을 모두 갖춘 사람이라야 진정한 폴리매스이다. 다 빈치가 살았던 시대와 현대는 엄연히 다르다. 하지만 한 대상을 다른 관점에서 관찰하는 자세, 즉 기존 개념 밖에서 보는 태도는 함께 인류 생존을 모색해야 하는 지금 어느 때보다 중요하다. 여기에는 다양한 분야와 학문 간의 상호 이해가 뒷받침된다.

마틴 켐프

옥스퍼드 대학교 미술사 명예교수

새로운 경험으로 사고가 한 번 확장하면 결코 그전의 차원으로
돌아가지 못한다.

- 올리버 웬들 홈스(Oliver Wendell Holmes Sr.)

내 관심사는 내게 맞는 최적의 인생을 사는 데 있다. 다시 말해
정신을 개발하고 가능한 한 풍요로운 인생을 경험하는 것이다. 고로
이 책에서 나는 새로운 사고방식을 제안한다. 당연히 이는 새로운
존재방식과 생활방식으로 이어진다. 내가 제안하는 방식은 우리보
다 인생을 더 잘 안다고 주장하는 세력들이 '정상'으로 규정한 방식
과는 다르다. 나와 함께 이 책의 여정을 무사히 마무리하려면 마치
유체이탈을 하듯 현재의 패러다임에서 빠져나와 과거의 역사와 새
로운 가능성의 영역을 두루 살피는 노력이 필요하다. 부분과 전체,
철학적인 것과 실용적인 것, 사물과 대상 그리고 그 연관성에 관해
늘 깨어 있는 의식으로 자주 사유하고 올바로 성찰하는 생활에서 새

로운 변화가 시작된다. 변화의 끝에서 당신은 모든 잠재력을 실현한 '완전한' 자신을 만날 것이다.

　이 책은 처음부터 의뢰를 받아서 집필한 책이 아니다. 개인적인 호기심에서 오래전부터 공부했던 결과물인데 최근 들어 이 중요한 사실을 세상과 공유할 때가 되었다는 생각이 들었다. 이 책에는 물리적, 정서적, 영적 차원에서 그동안 내가 겪은 경험과 여기서 얻은 관점이 녹아 있다.

　경험은 우리의 정체성을 규정한다. 각각의 사유와 감정, 매순간 우리 뇌로 흘러들어오는 정보와 지식은 시간이 흐르면서 우리가 대상을 보는 관점에 미미하게 혹은 뚜렷하게 영향을 미친다. 이는 단순히 직관적인 추측이 아니라 신경과학에 기초한 사실이다. 인간 진화의 본질은 뇌의 신경망에서 드러난다. 복잡한 구조의 신경망은 외부 자극에 따라 끊임없이 진화하고 사람마다 고유하다. 뇌의 속성이 그러하므로 나는 주도적으로 뇌를 움직이면서 또 뇌가 나를 움직이는 대로 반응하면서 자료를 조사하고 이 책을 집필했다. 책을 쓰는 동안 간헐적으로 이 주제에 몰입했지만 내내 집중하지는 않았다. 한 주제에 지나치게 몰입하면 사고의 폭이 협소해질 위험이 있으며 궁극적으로 이 책에서 경계하는 태도다. 지난 5년간 내 삶의 여러 영역에서 얻은 지식이 내 머릿속에서 기존 재료와 충돌하고 연결되고 융합할 시간을 허용했다. 따라서 나는 주제를 바라보는 관점, 구조, 내용, 결론에 대해 이 책을 마무리할 때까지 열린 태도를 유지했다.

　새롭게 알게 된 사상과 개념 혹은 사실이 이전에 습득한 관점이나 본질(혹은 존재 자체)을 바꿔놓을 때 나는 나비효과가 일어나는 것을 목격했다. 나는 사상과 견해가 역동적으로 변화하는 성질을 이해하게 되었다. 따라서 일반적인 방법론에 따라 하나의 명제를 먼저 세우고 논거를 찾아 이를 증명하는 방식으로 책을 쓰지 않았다. 이 책은 처음부터 끝까지 미지의 땅을 탐사하는 과정과 같다. 탐사를 하다 보면 어느 순간 인간의 정신과 세계에 관해 놀라운 혹은 우리를 뿌리째 바꾸는 통찰이 모습을 드러낸다.

중고등학교와 대학교를 거치며 학교에서 배운 것보다 지난 5년간 훨씬 많은 것을 배웠다. 그러니까 20대 후반에 이 책의 대부분을 집필했다. 영어로 쓰인 책 중에 이 주제를 다룬 책은 처음이라는 생각에 막중한 책임감을 느꼈다. 선지자부터 현인, 과학자, 역사가, 철학자, 예술가, 폴리매스, 심지어 신의 말씀까지(경전을 통해) 광범위한 지식과 경험의 원천에서 얻은 통찰을 담았다. 내 의식은 아직 어리고 제한적이기에 지혜의 말들에 많이 의지했다. 나는 이 지혜들을 모으고, 종합하고, 서로 소통하도록 만드는 일을 했다.

일부 비평가들은 내 책을 읽으면서 자신들에게 익숙한 도구를 들고 내가 어떤 사상적 배경을 지녔는지, 내 방법론이 무엇인지 규정하려들 것이다. 이 작가의 사상은 포스트모더니즘에 속하는가 아니면 니체의 관점주의에 속하는가? 장자의 도교철학을 따르는가 아니면 자이나교의 아네칸타바다를 따르는가? 아니면 이븐 칼둔이나 알 가잘리의 철학을 따르는가? 이 질문에 답하자면 언급한 사상을 전부 따른다고 해도 좋고, 전부 따르지 않는다고 해도 좋다. 포스트모더니즘과 마찬가지로 나의 사상은 규정하기 쉽지 않지만 포스트모더니즘과 달리 궁극의 진리나 실재가 존재할 '가능성'을 인정하고, 진리를 탐구하고 경험하는 길은 하나가 아니라고 생각한다. 대부분의 포스트모더니스트나 동양 철학자, 물질주의자처럼 다른 문화와 세계관 들을 심리적 구성개념에 불과한 것으로 축소해 그것들을 간접적으로 폄하하려는 것이 아니다. 사실 이 책이 지닌 가치를 하나 꼽자면 사람들로 하여금 어떤 사상(과 개인들)을 반사적으로 기존 범주에 끼워 넣는 대신, 각자 고유한 차이가 있고 다양한 측면이 있는 구성개념으로 보도록 격려한다는 점이다.

이 책에서 다룬 주제를 심도 깊게 탐구하려면, 폴리매스가 함의하는 방대한 의미들을 고려할 때 역사가이면서 미래학자이고, 합리주의자이면서 신비주의자이고, 학자이자 이야기꾼이고, 사상가이자 행동가의 관점에서 바라보는 것이 중요했다. 나는 가능한 한 모든 방법론과 생각의 도구들을 끌어모았다.

사람들이 필요한 행동에 나서도록 생각을 자극하는 도구가 되는 것, 이것이 이 책의 존재 이유다. 그러므로 독자들에게 부탁하고 싶은 것은 이 책에서 당신을 위해 제시하는 새로운 사회와 미래에 자신을 대입해보라는 것이다. 이 책의 내용을 진지하게 성찰하면서 자신이 획득한 기존 지식과 통합하고, 이 지식이 자신의 삶에 어떻게 적용 가능하고 어떻게 관련을 맺는지 그 가치를 가늠해봐야 한다. 향후 언제라도 꺼내 사용할 수 있도록 장기 기억에 저장하길 권한다. 이는 지식을 내면화하는 과정이다. 지식의 가장 중요한 기능은 우리의 정신을 풍요롭게 하는 것이지만 이 과정이 없이는 제 기능을 완수하지 못한다.

이 책 덕분에 부족한 나에게도 미래의 청사진이 하나 생겼다. 나를 아는 사람들은 이 책에서 설명한 생활방식과 사고방식에 따라 내가 인생을 살고 있음을 알 것이다. 여러 분야에서 내가 하는 일들은 이 책을 집필하는 과정에 좋은 영향을 주었고 또 이 책을 집필하는 시간들은 내 일에 좋은 영향을 주었다. 부디 이 경험이 나만의 것이 되지 않기를 바란다. 당신은 자아를 실현하기 위한 여행을 떠날 준비가 되었는가? 그리고 이 책이 그 여행을 준비하는 데 조금이라도 도움이 된다면 그 혜택은 모두 신의 은총이고 이 책의 부족한 점들은 모두 내 탓이다.

책을 세상에 내놓았으나 이것으로 끝은 아니리라. 시간이 지나면 또 다른 통찰을 얻은 내가 또 다른 모습으로 새로 할 말이 생기지 않겠는가. 가령 중국어를 배우거나 사모아 부족과 함께 살아본다든지 아니면 동물학을 공부하거나 류트 연주법을 배운다든지 혹은 철인3종 경기를 완주하고 나서 이 책을 다시 열어본다면, 확실히 진일보했으리라 장담은 못해도 새로운 통찰을 발견했을 게 틀림없다. 그러면 덧붙이거나 수정하고 싶은 대목이 생길 테니 그때 가면 개정판을 내든지 혹은 별도의 책을 낼 수도 있을 것이다. 어쩌면 나보다 더 자격을 갖춘 이가 그 일을 할 가능성도 배제할 수 없다.

이 책에서 다루는 주제는 워낙 복잡하고 관련 자료를 조사하는 일은 완결할 수 없는 과제다. 다 빈치가 말했듯 "예술은 결코 완성할 수 있는 목표가 아니다. 중단하지 않을 뿐이다” 같은 의미로(물론 내가 다 빈치만큼 권위가 있거나 이 책이 예술 작품도 아니지만) 당장은 손에서 이 책을 놓으려고 한다.

와카스 아메드
2018년 10월

· 목차 ·

들어가며

POLYMATH

이 여성은 흑인이었다. 게다가 가난했다. 그녀는 차별과 학대가 만연한 1950년대 미국에서 흑인 인권운동의 중심축에 서 있었다. 마틴 루터 킹 주니어Martin Luther King Jr.와 맬컴 엑스Malcolm X가 각각 암살당하기 전까지 그녀는 두 사람과 함께 인권운동을 조직하는 역할을 맡았다. 마침내 1964년 민권법Civil Right Act이 제정된 이후에도 이 젊은 여성은 사회 정의와 여성 인권을 찾기 위한 투쟁에 앞장섰다.

사회 정의를 바로 세우는 일에 열심이었던 이 여성은 세계 곳곳을 돌아다니며 신문기자로 활동했다. 카이로에 있는 〈더 아랍 옵저버The Arab Observer〉 신문에서 시작해 나중에는 아크라Accra(가나의 수도—옮긴이)에 있는 〈가나 타임스〉에도 글을 썼다. 덕분에 이 여성은 자신의 언어적 호기심을 충족하며 유럽, 중동, 서아프리카 지역의 다양한 언어들을 습득할 수 있었다. 노년에는 흑인 문제를 다룬 뛰어난 역사학자로 인정받으며 명예박사 학위를 30개나 받았으며 미국 유수의 대학 교수로서 제자를 양성했다.

정치, 저널리즘, 역사, 언어 영역에서 이 여성은 인상적인 성공을 거뒀지만 각 분야의 연관성으로 봤을 때 그 성공이 낯설지만은 않다. 하지만 바로 이 여성이 칼립소 음악에 춤을 추는 전문 댄서이자 토니상Tony Awards(미국 연극계에서 뛰어난 활약을 보인 배우에게 주는 상—옮긴이) 후보에 올랐던 배우이자 영화 시나리오를 써서 풀리처상 후보에도 올랐으며 이를 영화로 만들어 호평을 얻은 감독이라면 어떤가? 그런데 이 여성이 유명한 이유는 정작 따로 있다.

우리에게 이 여성은 위대한 작가로 알려져 있다. 평단의 찬사를 받는 것은 물론 대중으로부터도 인기가 높은 시인이자 소설가이자 극작가로서 소설과 비소설 분야에서 이 여성이 출판한 책 중에 베스트셀러 자리에 오른 책만도 30권에 이른다. 여러 권의 시집을 발표한 시인으로서 풀리처상 후보에 올랐으며 특히 흑인 여성들 사이에서 인기가 높다. 이 시들은 미국 대통령 취임식이나 마이클 잭슨의 장례식, 유엔 설립 50주년을 비롯해 현대사의 중요한 사건을 기념할 때 낭독되곤 한다. 이견의 여지는 있겠지만 이 여성의 작품 가운데 가장 중요한 작품으로는 (여러 권으로 출간된) 그녀의 자서전을 꼽겠다. 이 책은 20세기에 흑인이 살아온 역사를 이해하는 데 크게 기여한 작품으로 평가 받는다. 놀랍게도 지금까지 우리는 단 한 명의 여성에 관해 얘기하고 있다!

각 분야에서 이 여성이 이룬 일들을 보면서 나는 절로 감탄이 나왔고 이 책을 집필하면서 인터뷰를 요청하려고 연락을 취했다. 그런

데 안타깝게도 그로부터 얼마 되지 않아 이 여성은 세상을 떠나고 말았다. 바로 마야 안젤루Maya Angelou이다. 그녀는 시인이자 극작가, 작가, 가수, 작곡가, 댄서, 배우, 영화감독, 기자, 다중언어자, 역사가, 인권운동가였다. 마야 안젤루는 다방면으로 뛰어난 재능을 갖춘 천재였다. 전문가 시대가 열리면서 폴리매스 인종은 사실 멸종 위기를 맞고 있다.

이 책은 인간이 지닌 잠재력을 최대한 실현하는 방법을 탐구한다. 이를 위해서는 인류 역사에 커다란 발자취를 남겼던 폴리매스라는 특별한 종species을 길잡이로 삼아 낡은 생각을 혁신하는 과정이 필요하다. (참고로 폴리매스는 때로 '르네상스인'으로 잘못 불리기도 한다.) 폴리매스는 어떤 사람들인가? 간단하게 정의하면 이렇다.

서로 연관이 없어 보이는 다양한 영역에서 출중한 재능을 발휘하는 사람들.

이는 포괄적인 개념이다. 보다 구체적으로 말하면, 폴리매스란 다차원적인 사고를 하는 사람으로 전인적 차원에서 최적의 능력을 발휘하며 자아를 실현한다. 이런 사람은 특정 분야의 전문가로 평생 살기를 거부하고 서로 무관해 보이는 여러 분야에서(생각이나 행동 혹은 둘 모두를 통해, 동시에 다양한 능력을 혹은 순차적으로 다양하게) 재능을 발휘하는 경향을 보인다. 다능하고 박식한 폴리매스가 사유하는 방식과 삶은 아무나 흉내 내지 못할 만큼 독창적이고 복합적인 까닭에 이들은 아주 특별하다. 이 사람들이 우리의 과거를 건설했고 우리의 미래를 결정지을 것이다. 이 책은 그 방법을 설명한다.

(인간의 행동과 성격 그리고 뇌의 크기와 구조 사이에 상관관계가 있음이 밝혀졌고) 신경생물학적 특징에 따라 호모 사피엔스라는 종을 구분하고 있지만, 앞서 폴리매스를 언급하며 '종'이니 '인종'이니 한 것은 단순한 비유에 지나지 않는다. 따라서 신경생물학적으로 폴리매스를 따로 구분한 것은 아니다. 그러면 폴리매스의 자격을 제대로 갖춘 사람은 어떤 사람인가? (다양성과 성취 수준에는 차이가 있지만) 여러 영역에서 활약하는 다재다능한 사람 혹은 여러 분야를 섭렵하는 애호가가 진정한 폴리매스로 인정받는 순간은 어디까지나 여러 분야를 넘나들며 그들이 각 분야에서 달성한 성과 내지는 실력에 달려 있다.

19세기 이탈리아의 악명 높은 모험가 자코모 카사노바Giacomo Casanova를 예로 들어보자. 그는 이미 25세에 변호사, 베네치아 군인, 산 사무엘레San Samuele 극장의 바이올린 연주자를 거쳐 전문 도박꾼, 베네치아 귀족들을 치료하는 의사, 로마의 성직자까지 짧지만 화려한 경력을 쌓았다. 연이은 추문에 투옥과 탈옥, 그리고 유럽 사교계를 휘어잡으며 파리 사람들 사이에서는 연금술사라는 명성을 얻었고, 프랑스 정부를 위해 스파이로 활동했고, 유럽 정부를 상대로 복권 사업권을 판매했고, 보헤미아에서 여생을 보내며 발트슈타인 백작Count Waldstein 저택에서 사서로 일했다. 그는 이곳에서 그 유명한 자서전을 집필했고 그로 호색한의 대명사가 되었다. 참으로 다채로운 인생이 아닌가! 그렇다면 카사노바는 어느 쪽인가? 그가 거쳐온 화려한 직업과 삶은 그에게 진정한 폴리매스의 자격을 부여하는가? 아니면 이 일 저 일에 잠깐씩 몸을 담갔을 뿐 대부분의 분야에서 이렇다 할 성과를 올리지 못하고 자격 미달에 그쳤는가?

미국을 떠들썩하게 했던 사기꾼 페르디난드 왈도 데마라Ferdinand Waldo Demara는 또 어떤가? 그는 20세기 중반에 여러 신분을 도용해 사기극을 펼쳤다. 선박의사, 토목기사, 부보안관, 교도소 부소장, 응용심리학 의사, 간호병, 변호사, 육아전문가, 베네딕트회와 트라피스트회 수도사, 신문사 편집자, 암 연구학자, 교사로서 자격증도 없이(하지만 성공적으로) 활약했다. 이 사람 역시 아주 다채로운 인생을 살았다. 그렇다면 실력과 성과 면에서도 진정한 폴리매스라고 불릴 만한 폭과 깊이를 보여주었는가?

다능하고 박식한 폴리매스polymath란 말 그대로 서로 연관 없어 보이는 분야에서 적어도 세 가지 일을('poly'는 세 개 이상을 의미하므로) 출중하게 하는 사람을 말한다. 하지만 어떤 사람이 특정 영역에서 '출중하다'든지 '뛰어나다'고 말하는 것은 어디까지나 상대적인 표현이다. '성과'는 행복, 성공, 지능을 비롯해 다양한 형태로 나타나는데 이 같은 성과물 중에서는 객관적인 지표로 나타낼 수 없는 것들도 많다. 보통은 '성과'라고 하면 다음과 같은 요소로 평가한다. 평단의 호평, 대중적 인지도, 경제적 성공, 작품 출판 혹은 전시, 자격증이나 수상 경력, 입증된 실력과 식견. 하지만 직업이나 학위를 기준으로 폴리매스의 실력이나 성과를 평가하는 방식은 편협하고 제한적인 시각이다. 직업이나 활동 분야만으로는 인간을 제대로 규정하기 어렵다. 인간에게는 다양한 측면이 있고 이는 다양한 형태로 드러난다. 본문에서 차차 살피겠지만 진정한 폴리매스는 보통 사람 이상으로 방대하고 종합적인 사고와 방법론을 지닌 사람이다.

'폴리매스'라는 용어를 가볍게 붙이지 않도록 주의해야 한다. 단지 재능이 많은 사람과 진정한 폴리매스는 다르다. 그냥 똑똑한 사람과 누구나 인정하는 천재가 다른 것과 같은 이치다. 다양한 재능을 발휘해 결실을 맺거나 각각의 재능과 관련한 분야에서 눈에 띄는 성과를 내지 못하면 진정한 폴리매스로 보기 어렵다. 물론 폴리매스라는 말 자체는 생각보다 다양한 종류의 사람들에게 적용된다. 본문을 보면 알겠지만 이 사람이 폴리매스인가 싶은 사람도 있을 것이다.

폴리매스가 되기 위한 선행 조건은 앞서 언급했듯이 '분야를 넘나드는 출중한 재능'이다. 다만 내면의 자아를 최대한 실현하며 세상에 선명하게 발자취를 남기는 폴리매스라면 통합적 사고 아래 자아를 추구하고, 연관 없어 보이는 분야들을 연결해서 돌파구를 만들어내는 특징이 있다. 그러려면 끝없는 호기심과 뛰어난 지능, 놀라운 창의성이 바탕이 되어야 한다.

모든 인간은 다양한 잠재력을 타고난다. 그러면 어째서 부모나 학교, 고용주 들은 우리가 지닌 다양한 재능과 관심을 제한하고, '한 우물'만 파는 '전문가'가 되기를 바라는가? 한 우물을 파는 전문가가 되어야 진리를 발견하고, 자아를 찾고, 생계를 유지할 수 있다고 철석같이 믿고 있어서다. 하지만 전문화 시스템은 이미 시대에 뒤진 시스템으로 무지와 착취와 환멸을 조장하고, 창의력과 기회를 억누르고, 성장과 발전을 방해한다.

세계적인 역사가, 미래학자, 철학자, 과학자 들을 만나 대화를 나누고 나서 나는 이 책을 집필하기로 했다. 이 책에서 현대사회에 만연한 '과도한 전문화'에 제동을 걸고, 역사를 새로 해석하고 이를 바탕으로 미래에 대한 비전을 담았다. 사실 폴리매스야말로 진정한 전문가다.

우리는 지금과 다르게 생각하고 다른 방식으로도 살아갈 수 있다. 우리는 이 책에서 이론과 실전을 아우르는 접근법을 통해 우리 의식을 깨우는 여행을 떠난다. 이 여정에서 우리 안에 숨은 폴리매스 기질을 재발견하고 이를 발현할 길을 찾을 것이다. 나아가 교육 및 전문 직종 체계를 혁신하고 이를 통해 모든 사람이 다양한 방식으로 자신을 표현하며 자신이 지닌 다양한 잠재력을 실현할 방안을 제안한다. 그 결과 개인의 자아실현을 촉진하는 문화가 형성되고 다양성을 인정하는 창의적인 사회 환경이 조성되면 21세기 사회가 직면하는 복잡하고 다중적인 문제에 의욕적으로 대처할 역량을 갖추게 된다.

이 책에서 제안하는 여행은 특별한 구조를 따른다. 먼저 우리는 각기 다른 시대와 각기 다른 나라에 살았던 폴리매스의 삶을 살펴보고, 이들이 세계 역사에 지대한 영향력을 행사하며 현대 세계를 형성하는 데 산파 역할을 했다는 사실을 이해하고자 한다. 하지만 오늘날처럼 고도로 전문화된 사회에서는 폴리매스 기질을 꺾을 뿐(아니 거의 탄압할 뿐) 아니라 타고난 폴리매스 기질 자체를 잊고 사는 경향이 있다. 이 같은 문화는 선택받은 소수(전문화 시스템을 통제 수단으로 삼아 기꺼이 사람들을 분할하고 지배 권력을 유지하는 사람들)에게는 만족스럽겠지만, 각 개인이 자아를 실현하고 지적 자유를 누릴 권리를 박탈하고 사회 발전을 저해한다.

무엇보다 중요한 사실은 우리의 사고를 개혁하지 않는 한 사피엔스 종은 이 지구에 불필요한 존재로 살다가 곧 사라진다는 사실이다. (세계 곳곳에 존재하는 핵무기며 환경오염 및 경제 위기가 갈수록 심각해진다는 사실은 말할 것도 없고) 기계지능이 탄생하고 이른바 기술적 특이점이 도래하면 세상은 폴리매스가 부흥하는 시대를 목격할 수밖에 없을 것이다. 미래 세계는 복잡다단할 뿐 아니라 초超지능을 장착한 자동화 기기들이 활약하는 시대이니 만큼 다각도로 관찰하고 통합적으로 사고하며, 아무나 흉내 내지 못할 독창성을 발휘하는 다재다능한 인종만이 가치를 지니기 때문이다.

그러면 우리는 어떻게 해야 할까? 먼저 역사상 수많은 폴리매스들이 일관되게 보여준 그들의 특성과 방법론 들을 채택해 우리도 폴리매스처럼 사고하고 행동할 수 있도록 사고를 개혁해야 한다. 그러고 나서 우리와 동시대를 살아가는 폴리매스들을 보기로 삼아 현대사회가 강권하는 초超전문화를 거부하고 우리 안에 숨어 있는 폴리매스 기질을 발현할 방법을 찾아야 한다.

마지막으로 현대사회 시스템(전문가 위주의 문화, 교과 과정과 교육학,

사회 구조와 제도, 업무 환경, 그리고 전반적인 세계관) 자체를 바꿔야 한다. 폴리매스를 장려하고 양성하는 시스템을 만들어 폴리매스 세대가 주도하는 새로운 시대를 열어야 한다. 폴리매스에게 알맞은 환경이 조성될 때라야 비로소 창의적이고 주도적인 사고로 자아를 실현하는 사람들이 책임 있는 자리에서 우리 인류를 발전적인 미래로 이끌 수 있다. 이를 위해 필요한 것이 정신 혁명이요 문화 혁명이다. 다음 장에서 우리는 당신도 이 새로운 변화에 동참할 수 있도록 의식을 일깨우는 여행을 떠나고자 한다.

여행을 시작하기에 앞서 분명히 짚고 넘어갈 게 있다. 폴리매스로 타고난 인종이나 집단이 따로 있는 게 아니라는 사실이다. 모든 인간은 폴리매스가 될 가능성을 타고난다. 사실은 폴리매스가 '되어가는' 것이 아니라 폴리매스로 '되돌아가는' 것이라고 해야 옳다. 우리는 모두 다양한 면을 지닌 존재로 태어나고, 이 같은 기질은 특히 유년기에 두드러진다. 성인이 되어서도 이 다양함을 유지하는 일은 기본적으로 사회의 교육, 문화, 정치, 철학, 경제가 미치는 영향에 따라 결정된다. 각 개인의 입장에서 폴리매스가 되는 일은 타고난 자신의 본질에 솔직해지는 일이며, 의식 속에서 찬란하게 빛나는 잠재성을 해방하는 일이다. 그러기 위해서는 먼저 역사상 손꼽히는 폴리매스 천재를 살펴보면서 시대를 초월하는 그들의 사고방식을 이해해야 한다.

시대를 뛰어넘는
사람

POLYMATH

폴리매스는 일찍이 호모 사피엔스 시대에
도 활약했다. 원시 인류는 변덕스러운 자연 환경에서 생존했다. 인
류가 축적한 지식이 부족한 상황에서 수많은 난관과 악조건을 이겨
내려면 다방면에 도전하며 남다른 창의력을 발휘해야 했을 것이다.
동물학자이자 인류학자인 데즈먼드 모리스Desmond Morris가 그의 유
명한 책《털 없는 원숭이The Naked Ape》에서 단언했듯이 인간은 모든
동물 가운데 가장 다재다능하고, 적응력이 뛰어나며 유리하게 기회
를 이용할 줄 안다. 따라서 세계적인 역사학자 펠리페 페르난데스
아르메스토Felipe Fernandez-Armesto가 이렇게 주장한 사실 역시 놀랍지
않다. "역사를 거슬러 올라갈수록 다방면에 박학한 인재를 더 많이
만난다. 기나긴 인류 역사에서 볼 때 비교적 최근까지도 인간의 활
동과 지식을 구분하는 개념이 없었으며, 한 분야의 전문 지식을 습
득하는 과정에서 다른 분야에 눈을 돌리는 일을 금기시하지 않았기
때문이다."

이 같은 원시 사회에서 사람들은 대체로 '여기저기 쓸모 있는 폴리매스'가 되는 것을 능사로 여겼을 것이다. 다시 말해, 생존에 도움이 되는 지식과 기술을 폭넓게 습득했다. 이는 식물학자나 의사가 알 법한 지식(식물의 식용 여부와 독성 유무 혹은 치료 효과)은 물론, 사냥 기술(자기 자신과 가족에게 먹을거리를 제공하기 위해), 건축가라든가 엔지니어에게 요구되는 창의성(적절한 재료를 써서 적당한 부지에 안전한 가옥이나 보금자리를 짓기 위해), 그리고 예술가 정신(놀이와 연극, 시각 예술을 통해 가족이나 공동체와 흥을 나누고 그들을 계몽하기 위해)까지 한 사람이 두루 갖췄음을 의미한다. 당시에는 노동 분업이 없었기에 한 가지 일에 매이지 않고 누구나 무슨 일이든 할 수 있었다.

그렇다고 저마다 지닌 고유한 성향과 장점을 무시한 게 아니라 이를 존중하고 성원했으며 가족과 공동체(혹은 부족)가 기능하고 발전하는 데 적극 활용했다. 이에 따라 각자의 역할과 기능을 중시하는 사회가 발전했다. 하지만 현재까지 드러난 자료에 따르면 오늘날처럼 한 개인이 고도로 세분화된 단일 영역에 평생 종사하는 문화는 아니었다. 다방면에 능통한 이들은 초기 문명사회를 일으키고 고대의 '선진 문화'를 창조하는 데 중심축 역할을 담당했으며 이를 바탕으로 뛰어난 고대 예술 작품과 과학 기술이 탄생했다. 위대한 고대 건축물을 떠올려 보자. 이집트와 중앙아메리카의 피라미드, 이라크의 지구라트(신전 혹은 제단), 크레타 섬의 크노소스 궁, 그리스 본토의 미케네 요새, 하라파와 모헨조다로 같은 인더스 문명의 계획도시. 고대 문명을 탐구하는 유명 작가 그레이엄 핸콕Graham Hancook이 말했듯이 비범한 고대 유적은 그 자체로 당시의 건축가들이 다방면에 박학한 인재였음을 보여주는 증거다.

고대의 찬란한 문명을 살펴보면 다방면에 조예가 깊은 이들이 아니고서는 이룩할 수 없는 업적이라는 생각이 들기 마련이다. 제작자들이 어떤 이들인지 일대기가 자세히 드러나지 않는 경우라 해도 그 기술력으로 추론컨대 자기 분야만 잘 아는 전문가로 팀을 구성해 작업한 것이 아니라 다양한 분야에 조예가 깊은 전문가로 팀을 이루어 작업한 듯하다.

다방면에 탁월했던 천재로 임호텝Imhotep만한 인물도 없다. 임호텝은 사카라 지역 피라미드를 건축한 사람으로 역사에 기록된 인물로는 최초의 폴리매스이다. 대다수 역사가들은 임호텝이 전설적인 왕 조세르Djoser(이집트 제3왕조의 파라오로 더 유명한 인물)와 동시대 인물이라는 데 의견을 같이한다. 임호텝은 평민 출신이지만 고등 교육을 받았으며 그의 전기에 따르면 "다재다능하고 박식한 인물로 성장했다. 말하자면 아리스토텔레스 같은 천재여서 자신이 관심 가는 분야에 관해 방대한 지식을 갖췄다." 세상은 그의 천재성을 꽤 일찍이 알아본 듯하다. 임호텝은 왕궁에 들어가 일을 시작했고 차츰 지위가 올라가 나중에는 조세르 왕의 눈에 들었다. 임호텝은 조세르 왕과 돈독한 우정을 나누게 되고 그 덕분에 분야를 가리지 않고 다양하게 관심사를 탐구하고, 넉넉하게 재원을 지원 받아 자기 재능을 펼쳐나갔다.

조세르 왕은 임호텝의 능력을 높이 평가해 재상에 앉혔다. 임호텝은 재상으로 지내면서 여러 분야에 걸쳐 자기 재능을 활짝 꽃피웠다. 또한 "법무, 재무, 국방, 내무, 농업, 행정"을 비롯해 "여러 부처를 두루" 소관하며 국정을 운영했다. 21세기로 치면 수상 혹은 대통령 역할을 했던 셈이다. 숱한 역사가들이 제시한 사례에서도 보이듯이 임호텝은 경제와 외교 문제에서도 뛰어난 수완을 보였으며 대중의 참여를 끌어내는 데에도 유능한 정치인이었다.

임호텝은 신설된 재상의 자리에서 통상적으로 하는 직무 외에 여러 학문에서 활발하게 사업을 실시했다. 다재다능한 그는 건축, 의학, 종교, 과학, 시와 철학에서도 탁월한 성과를 냈다. 공학과 건축 분야에서는 몇몇 혁신적인 기법을 선보였다. 이집트 곳곳에서 설계한 그의 건물이 모습을 드러내면서 임호텝은 최초로 원기둥을 이용한 건축가로 손꼽히며 명성을 얻었다. 석조 건물을 정교하게 설계하고 건축하는 실력을 인정받고 나서(그는 사카라 지역에 여러 건물을 건설했다) 임호텝은 조세르 왕의 피라미드를 사카라에 설계하는 거대한 사업을 맡았다. 이로써 건축가뿐 아니라 조각가이자 천문학자 그리고 발명가로서 자신의 역량을 펼칠 기회를 얻었다. 그는 세계 최초로 석조로 만든 계단식 피라미드를 설계했다. 조세르 왕의 피라미드는 높이만 60미터에 이르는 거대한 규모로 당시 건축계에 일대 혁명을 일으켰고 이후 이집트 왕조는 그의 건축 양식을 전례로 삼았다. 더욱이 로버트 보발Robert Bauval 같은 일련의 연구가들은 피라미드에서 읽히는 '천문학 지식'에 관해 주장하며 피라미드와 별자리의 상관관계를 읽어냈다.

임호텝은 의사로서도 선구적인 업적을 남겼다. 200여 가지 질병을 파악해 치료하고 의학 관련 글을 많이 남겼다고 알려져 있다. 임호텝이 파피루스 두루마리를 발명했다고 추정되며, 에드윈 스미스 파피루스Edwin Smith papyrus라는 의학 문서의 저자로 알려져 있다. 임호텝은 이 문서에서 중요한 해부학 지식과 질병의 종류와 그 치료법 (이를테면 상처에 꿀을 바르거나 지혈하는 데 날고기를 이용하는 방법)을 기술한다. 놀랍게도 주술적 사고가 거의 눈에 띄지 않는 현대적인 의학 논문이다. 임호텝이 사후 수세기에 걸쳐 신적인 지위를 얻은 데에는 혁신적이고 숙련된 의사로서 얻은 평판이 중요하게 작용했다. 캐나다 의사 윌리엄 오슬러 경Sir William Osler의 말에 따르면 임호텝이야말로 진짜 "의학의 아버지이며 (······) 안개처럼 희미한 고대사 속에서 명확하게 돋보이는 최초의 인물"이다. 임호텝이 의학 분야에서 남긴 유산은 (모든 의료인들이 실천하기로 맹세하는) 히포크라테스 선언문의 기원에서에서도 찾아볼 수 있다. 이 선언문에는 아스클레피오스 신이 언급되는데 그리스인은 이 신을 임호텝과 연관 짓는다.

이 외에도 임호텝은 대제사장(귀족 계급의 사제)으로서 중요한 행사를 주관했다. 그는 시신을 미라로 만드는 과정과 희생 제사를 주관하는 등 영적인 직무를 수행했다. 경우에 따라서는 파라오(왕국의 최고 제사장)를 대변하기도 했다. 이러한 지위는 적절한 기술을 겸비할 뿐 아니라 깊은 신망을 얻어야만 도달할 수 있었다. 임호텝은 철학과 시에서도 여러 작품을 남겼다. 그의 사상이 얼마나 알려졌는지는 다음과 같은 시에서도 흔적을 찾을 수 있다. "나는 임호텝과 호르제데프Hordjedef(이집트 제4왕조 쿠푸 파라오의 아들—옮긴이)의 말을 들었소. 두 사람의 담론에 관해 많은 사람들이 얘기했소." 또한 그는 "내일이면 죽을지니 먹고 마시고 즐거워하라"는 격언을 비롯해 수많은 격언을 남겼다고 한다. 이토록 다양한 분야에서 업적을 쌓는 것은 무척 희귀한 일인 까닭에 당시 사람들은 그의 능력에 경외감을 품은 듯하다(임호텝의 신성을 드러내는 증거라고 생각했을지 모른다). 임호텝은 평민으로서는 유일하게 신성한 지위에 올라 파라오의 조각상에 새겨졌다.

그는 사제이자 발명가, 시인, 철학자, 정치인이었으며 또한 의사이자 건축가, 천문학자로서 이집트 사회와 문화에 지대하게 공헌한 사람으로 역사상 최초로 기록된 폴리매스 천재다. 그의 묘비에 새겨진 공식 칭호는 아래와 같다.

이집트왕의 재상, 의사, 상上이집트왕 다음의 일인자, 대왕궁의 행정장관, 세습 귀족, 헬리오폴리스의 대제사장, 건축가, 수석 목수, 수석 조각가, 수석 도예가.

후원제도

임호텝도 그랬지만 역사를 살펴보면 진정한 폴리매스에게는 다양한 관심사를 탐구하고 그 재능을 발휘할 수 있도록 (사회적 지위나 직업의 형태로) 특별한 신분이 주어졌다. 덕분에 (때로는 맡은 업무상) 폴리매스들은 자신의 다양한 재능을 펼쳐나갔다. 이들은 흔히 궁정인courtier이라는 신분으로 왕을 보필했다. 궁정인은 왕의 고문이나 왕실 행정관, 혹은 왕실 예술을 담당하는 지식인이자 예술가였다. 부강하고 풍족한 왕가는 폴리매스들을 유치하고, 그들이 한껏 재주를 펼치도록 격려하고 응원하는 환경을 마련했다. 폴리매스들이 맡았던 직책을 고려할 때, 이들이 왕실의 후원에 의존했음은 분명하다. 다방면에 걸쳐서 재능을 펼치는 폴리매스는 자연스럽게 왕실 후원자들의 눈에 띄기도 했고, 다양한 사업을 의뢰받고 이를 실행하는 과정에서 우연히 새로운 재능을 발견하기도 했다.

서구 역사에서 이러한 왕실 문화를 대표하는 사례는 르네상스 시기의 이탈리아를 꼽는다. 발다사레 카스틸리오네Baldesar Castiglione는 그의 책《궁정론Book of the Courtier》에서 '완벽한 궁정인'의 이상과 신분을 요약했다. "그 사람[궁정인]은 의당 해야 할 모든 일에서 그들[그들의 군주]을 섬길 지식과 능력을 겸비해야 한다." 서로 연관 없어 보이는 여러 사업을 똑같은 사람에게 의뢰하는 것에 왕궁의 후원자들은 거리낌이 없었다는 사실에 주목해야 한다. 효율성이나 전문화 내지는 분업보다는 신뢰할 만한 개인이 지닌 종합적 능력이 더 중요했다. 이런 맥락에서 볼 때 폴리매스가 기득권층의 중심에서 재능을 꽃피울 수 있었던 것은 바로 궁정인 신분 덕분이었다.

세상에서 가장 유명한 폴리매스로 꼽히는 레오나르도 다 빈치 Leonardo da Vinci도 이 경우에 해당한다. 이 위대한 대가는 피렌체의 한 길드에서 화가 겸 엔지니어 견습생으로 사회생활을 시작했고, 두 분야에서 최고의 권위자가 되었다. 다 빈치의 그림 중에 적어도 두 작품, 〈모나리자〉와 〈최후의 만찬〉은 시대를 초월하는 위대한 대작으로 꼽는 데 이견이 없다. 다 빈치의 서명과도 같은 스푸마토 기법Sfumato(안개에 싸인 듯 경계를 불명확하게 처리하는 회화 기법—옮긴이)으로 그린 〈바위의 성모〉나 근래에 발견되어 다 빈치 작품으로 인정받은 〈살바토르 문디〉를 비롯해 다 빈치의 여러 작품은 르네상스 미술을 대표하는 작품으로 미술 비평가들의 찬사를 받는다. 안타깝게도 완성되지는 못했지만 다 빈치는 조각가로서 〈스포르차 기마상Sforza Horse〉을 설계하고 제작하기도 했다. 또한 궁정에서 무대와 의상을 제작하고, 축제와 야외극을 준비하는 기획자이자 인테리어 디자이너였으며 기록상으로는 적어도 두 번의 왕실 결혼식에서 재능을 발휘했다. 그는 체사레 보르자Cesare Borgia 가문의 '전속 건축가이자 수석 기술자'였고, 마리오 데 귀스카르디Mario de Guiscardi의 빌라를 설계했다. 피렌체 군의 피사 포위 작전 기간(1504년—옮긴이)에는 피렌체의 시뇨리아Signoria(의회의 별칭—옮긴이)와 피옴비노의 군주Lord of Piombino(체사레 보르자를 가리킴—옮긴이)를 위해 지형도를 제작하고, 군용 기구와 요새를 설계했으며, 오스만 제국의 침공에 맞설 때는 베네치아 공화국의 군사 기술자로 일했다.

다 빈치는 메모광이었으며 그가 평생 메모한 내용을 보면 철학, 광학, 기하학적 원근법, 해부학, 비행 원리에 이르기까지 자신이 관찰하고 생각한 내용을 광범위하게 기록했다. 다 빈치가 작업한 노트 중에 일부만 보존되어 있지만 레오나르도 다 빈치 연구의 최고 권위자인 마틴 켐프Martin Kemp에 따르면, 이들 내용만 따져도 학술서적으로 치면 50권 분량에 달한다. 당시 알려진 세상의 모든 지식을 빼어나게 시각화한 지식의 보고인 셈이다.

다 빈치는 파비아 대학University of Pavia의 해부학 교수와 함께 해부학을 연구하고, 이탈리아의 수학자 프라 루카 파치올리Fra Luca Pacioli와 함께 수학을 연구했다. 롬바르디아 지역의 계곡과 이세오 호수에서 물의 흐름과 지질에 관해 연구했고, 직접 비행기구를 설계해 하늘을 나는 실험을 했다. 화가, 조각가, 음악가, 무대 및 의상 디자이너, 발명가, 해부학자, 비행사, 엔지니어, 군사전략가, 지도 제작자. 다 빈치는 이 모든 분야에서 탁월한 능력을 보여준 전형적인 폴리매스였다. 켐프 교수에 따르면 "오늘날 다 빈치 같은 사람을 만들려면" 13개의 전문직이 필요하다!

스포르차Sforza와 보르자Borgia 같은 후원자들은 자신들의 가문에 보탬이 되는 일이라면 다 빈치가 자신의 뜻대로 탐구하고 창작할 수 있도록 허용했다. 귀족들이 다 빈치 같은 사람에게 후원하는 이유는 다른 게 아니라 그들의 지배를 미화하고 수호하는 데 있다. 다방면에 걸쳐 그 목표에 부합하는 다재다능한 사람이 있으면 그 사람을 적극 후원한다. 폴리매스는 르네상스 시대 유럽에서 특히 활발하게 활동했다. 라이프니츠Leibnitz는 하노버 왕가 밑에서 왕성하게 저술 활동을 펼쳤고, 코페르니쿠스는 바르미아 대주교의 후원 아래 천문학 발전에 기여했다. 유럽에서는 궁정인, 페르시아에서는 하킴hakeem, 서아프리카에서는 그리오griots, 중국에서는 군자君子, 마야 문명에서는 이츠앗itz'at 등, 명칭은 각기 다르지만 근대 이전 시대에는 대체로 폴리매스가 왕가나 귀족을 보필하며 다양한 재능을 펼쳤다.

역사적으로 볼 때 학자들을 후원한 주체는 각 나라의 왕족들이지만, 시대별로 종교 단체나 밀교, 대학 혹은 아마추어 동아리 같은 조직들도 폴리매스를 후원하는 역할을 담당했다. 특히 중세시대 초기에는 주로 신학자들(기독교 사제, 유대교 랍비, 힌두교와 불교의 현자, 무슬림의 알림·alim)이 폭넓은 지식을 갖춘 자들로 꼽혔다. 기독교 세계에서는 베다Bede, 알베르투스 마그누스Albertus Magnus, 콘라트 폰 메겐베르크Konrad of Megenburg, 프셀로스Psellos, 바르 헤브라이우스Bar Hebraeus 같은 이들이, 동방에서는 아비나바굽타Abhinavagupta, 차반다랴Chavandarya, 산카라데바Sankardeva, 디크쉬타Dikshita, 자나바자르Zanabazar 같은 이들이 대표적이다. 특히 이 시기에 이슬람 문명은 눈부시게 발전했고 무슬림 신학자들은 그 어느 집단보다 지적으로 다재다능한 역량을 보였다. 그 가운데 알 가잘리Al Ghazali, 알 라지Al Razi, 알 투시Al Tusi는 신학자일 뿐 아니라 의사이자 시인이며 철학자였다. 이슬람 세계에서는 폴리매스를 우대하는 문화가 발달했기에 마이모니데스Maimonides나 후나인 이븐 이샤크Hunayn ibn Ishaq, 아브라함 이븐 에즈라Abraham Ibn Ezra 같은 사람은 유대교도이거나 기독교도임에도 이슬람 제국에서 자기 재능을 다양하게 꽃피웠다.

평민(문외한)

우리가 아는 한 권력과 부와 영향력, 그리고 같은 맥락에서 지식(소수에게만 전하는 비전秘傳이든 모두에게 개방된 지식이든)은 언제나 선택받은 소수가 독점했다. 이 정도쯤은 대단한 역사 지식이나 음모론에 기대지 않아도 쉽게 알 수 있다. 지식을 관리하던 자들은 풍부한 지적 자원에 독점적으로 접근할 뿐 아니라 직업상 엄청난 수준의 탄력성을 확보할 수 있었기에 다양한 관심사를 추구하며 재능을 발휘하는 경향이 컸다. 역사에 기록된 폴리매스들은 대다수가 상류층 신분이었다(태생이 그렇지 않은 경우에도 결국 상류층에 편입한 자들이었다). 다시 말해, 최고 통치자의 눈에 들어야 학자와 예술가 들이 두각을 나타내고 출세할 수 있었다. 정치인, 경제학자, 작가, 예술가, 변호사, 군인은 모두 그들이 하는 일이 현 체제에 부합하고 현 체제를 돋보이게 하는 경우에만 특출한 재능을 발휘할 환경이 주어졌다. 역사 전체를 돌아볼 때 다재다능한 개인이 그 재능을 활짝 피우려면 주로 황제나 왕, 칼리프, 독재자, 혹은 정부로부터 넉넉하게 후원을 받아야 했다.

상류층 출신 폴리매스가 수적으로 훨씬 많았지만 아닌 경우도 물론 있었다. 상류층의 '위대한 인물'이 역사를 이끌던 시대일지라도 일반 대중의 지식이나 학식 수준이 어느 정도인지 고찰하려면 평민의 역사를 파고들지 않을 수 없다. 배우고 싶은 열망은 사회적 신분이나 재정 형편과 무관하다. 이는 인간이 지닌 보편적 속성이다. 인류 역사상 모든 문화권(특히 전통 사회)에는 이름이 알려지지 않았을 뿐 실용 지식 면에서 '다능하고 박식한 사람'이 제법 많았음이 틀림없다. 그뿐 아니라 노동자 계층에서도 풍부한 지식이나 '백과사전에 버금가는 박식함'을 지닌 사람들이 상당수 존재했다는 사실도 인정해야 한다. 그도 그럴 것이 지식에 접근할 기회가 턱없이 부족한 평민들은 지식을 더욱 간절히 갈망했고 이를 얻기 위해 힘썼다. 정치적 선동에 휘둘리기도 하고, 과도한 노동 시간 때문에 앎을 포기하거나 엉뚱한 일에 주의를 빼앗기는 경우도 있지만, 각 개인이 지닌 학식 수준에서만 보면 과소평가된 평민이 대다수다. 마음만 먹으면 문학 작품 속에서도 이러한 사실을 보여주는 흔적을 쉽게 발견한다.

미국의 수필가 헨리 소로Henry Thoreau는 시골을 지나다가 밭을 가는 농부의 뒷주머니에서 그리스어로 쓰인 호머의 《일리아드》를 목격한 일화를 기록한다. 중국 송나라 문인 방대종方大琮이 진술한 바에 따르면 "모든 농민과 장인, 그리고 상인이 아들에게 글을 가르친다." 더 나아가 방대종은 "목동은 물론 들에서 일하는 남편에게 음식을 가져다 나르는 아낙네도 모두 옛 시를 암송한다"고 기록했다.

조나단 로즈Jonathan Rose는 자신의 주요 작품인 《영국 노동자들의 지적 생활The Intellectual Life of the British Working Classes》에서 지적 자유를 향한 욕망과 이를 추구하는 삶이 부르주아 계층의 전유물이 아님을 지적하고, 영국 노동자 혹은 민중이 세간에서 흔히 인정하는 수준 이상으로 광범위한 주제에 관해 깊이 있게 알았음을 밝혔다. 16세기 종교개혁 이후 직공들이 신학 논문이나 문학 작품을 출판한 사정부터 18세기 스코틀랜드에서는 베를 짜는 노동자들 사이에 독학하는 문화가 있었다는 사실에 이르기까지 조나단 로즈는 여러 사례를 들어 이 사실을 증명했다. 일례로 유명 화가이자 시인이며 사회운동가이자 종교 해설가인 윌리엄 블레이크William Blake도 직공 출신으로 독학으로 학문을 익혔으며 훗날 폴리매스로 인정받았다. 이 밖에도 역사에 기록되지 못한 폴리매스들이 많은데 역사책을 의뢰한 지배층이 보기에 '신분이 낮은' 사람이거나 높게 평가할 가치가 없었다.

여성들

여성들은 어떤가? 어째서 르네상스인은 renaissance woman이 아니고 renaissance man인가? 유감스럽지만 지식을 독점하는 계급이 존재했던 역사도 사실이고 여성이 차별받았던 역사도 사실이다. 남성우월주의 역사가 오래 지속되었기에 폴리매스 여성에 관한 기록은 남성에 비해 터무니없이 적다. 역사에 이름을 올린 폴리매스나 르네상스인은 으레 남성이었다. 여기에는 다른 이유도 있겠지만 폴리매스 여성이 다수 존재했음에도 역사를 기록하거나 편집한 사람들이(남성이 압도적으로 많다) 여성을 무시하거나 생략해버렸기 때문이다. 인류사에 등장하는 (일부를 제외하면) 대다수 사회는 주로 남성이 지배했다.

유구한 세월 동안 여성들이 다방면에 걸쳐 이룬 업적을 무시한 (혹은 그냥 감춘) 책임은 주로 역사가들에게 있지만, '실제로' 공적 영역에서 폴리매스 여성이 극히 소수였다는 사실에는 변함이 없다. 여성에게 폴리매스 역량이나 성향이 부족하다는 얘기가 아니다(사실은 정반대다). 과거 사회가 여성에게 부과한 문화 규범이나 장벽에서 그 원인을 찾아야 한다.

케메틱Kemetic(이집트의 고대 왕국―옮긴이) 왕족, 계몽주의 시대의 여성 문인들, 초기 이슬람 사회의 알무하디타트Al-Muhadditath(여성 학자들―옮긴이), 당나라의 기녀들 같은 예외를 빼면, 근대 이전까지 여성은 지식인이나 전문가 집단과 어울리는 경우가 드물었다. 예컨대 궁정인이 남성일 경우에는 예의범절이 바르고, 다재다능하고, 폭넓은 교육을 받아 교양이 풍부한 사람으로 존중받았다. 반면에 여성 궁정인은 남성 못지않게 교양 있고 다재다능함에도 불구하고 대개는 (사실과 다르게) 난잡한 성행위를 연상시키는 대상이 되었다. 일본의 게이샤도 예술적으로 다방면에 재능 있는 인재가 많았지만 이들 역시 성적 편견 때문에 차별받은 사례에 해당한다.

할리우드 영화계도 유사한 현상으로 문제가 되고 있다. 남자 배우는 다재다능한 능력을 높이 평가하지만 여자 배우는 성적 매력에 따라 가치를 매길 때가 너무나 많다. 일례로 1940년대에 할리우드에서 이름을 날렸던 여배우 헤디 라마Hedy Lamarr는 발명가로서도 뛰어났다. 라마는 어뢰가 전파 방해를 받지 않도록 해주는 주파수 도약 기술을 개발했고 이 기술은 오늘날 블루투스 장치에 사용된다. 아카데미상을 받은 내털리 포트먼Natalie Portman은 수학 영재였다. 비슷한 사례는 이외에도 여럿 있다.

역사적으로 볼 때 일반 여성은 대체로 가사에 전념하는 삶을 살았기에 다양한 분야에 종사하며 사회와 학문, 문화에 기여할 기회는 그만큼 줄었다. 문화 비평가이자 페미니스트 학자인 가야트리 스피박Gayathri Chakravorthi Spivak은 이렇게 설명한다.

여성은 폴리매스가 될 가망이 없었다. 우습게도 여성은 내성적이라 혼자 조용히 지내는 것을 좋아한다는 사고가 만연했다. 인도에서 고등 교육을 받고 교양을 쌓은 가정에서 비교적 자유롭게 자란 나조차 여성은 학문에 부적합하다고 여겨졌다. 한 분야에서 성공한 여성은 데리다Derrida의 말을 인용하자면 '명예 남성'이 되었다. 그 여성이 나아가 폴리매스가 되기라도 하면 이데올로기적 문제로 다른 여자들에게 따가운 눈총을 받았다. 참으로 서글픈 일이다.

여성의 다재다능한 능력은 집안일에서도 드러났다. 여성은 육아와 음식 준비, 교육, 오락, 재배와 가공 같은 영역을 넘나들며 일을 능숙하게 처리한다. 전통적으로 남아시아 지역에서 가르그라스티gghargrasti('집안 관리'라는 뜻)란 다재다능함이 요구되는 일이다. 집안을 관리하려면 다양한 지식과 소질은 물론이고 정서적이고 지적인 속성 사이에서 효과적으로 의식을 전환하고 판단해야 한다. 여기에는 요리와 청소, 집안의 재정 관리, 육아와 자녀 교육, 대인관계 관리, 가족 돌보기, 손님 접대, 격식에 맞는 차림새 가꾸기 등이 포함된다. 지금까지 발표된 여러 연구 결과에 따르면, 남성보다 여성이 멀티태스킹에 더 능숙하고 적응력이 더 좋다. "여성들은 [폴리매스에게 필요한] 사고 전환 능력을 실생활에서 이미 발휘하고 있었지만 공적 영역에 진출하는 것은 허용되지 않았다"고 스피박은 얘기한다.

특히 유럽의 경우, 근대 이전에는 대부분의 사교 생활, 직장 생활, 지적 활동에서 여성들은 무시당하고 소외되었다. 계몽운동 자체가 터무니없이 남성 주도적이었다. 하지만 영국의 철학자 알프레드 화이트헤드Alfred North Whitehead에 따르면, 당시에 교육은 많이 받지 못했어도 여행을 자주 다닌 여성은 사실상 남편보다 정보에 더 밝고, 더 현명하고, 더 유식한 경우가 많았다고 한다. 산업혁명 이후 남성이 받은 교육이란 따지고 보면 세상을 이해하는 게 목적이 아니라 특정 업무를 처리하도록 설계된 (파편적이고 쓸모없는) 지식을 습득하는 데 그쳤다.

폴리매스 여성 중에는 남편이나 애인의 그늘에 가려 이름을 알리지 못한 경우가 많다. 특히 프랑스 계몽주의 시대에는 숱한 지식인들의 아내와 애인 들이 살롱의 안주인이나 번역가, 조사원으로 일하며 상당한 공을 세웠다. 프랑스 출신의 귀족이자 화학자인 앙투안 라부아지에Antoine Lavoisier의 아내 마리 라부아지에Marie Lavoisier는 언어학자이자 화학자이자 예술가로서 남편의 책을 번역했을 뿐 아니라 삽화를 그리기도 했다. 마리는 남편의 조사원으로서 함께 여행을 다녔고, 살롱을 운영하며 벤저민 프랭클린Benjamin Franklin 같은 저명한 인사들과 활발히 교류했다. 그렇지만 여성인 탓에 폴리매스로 인정받지는 못했다.

에밀리 뒤 샤틀레Émilie du Châtelet는 볼테르의 연인으로 볼테르는 에밀리에 대해 이렇게 얘기한 적이 있다. "그녀는 놀라운 사람이다. 유일한 결점이라면 여성이라는 사실뿐이다." 그녀는 수학자이자 물리학자이자 번역가로서 성서를 비판적으로 분석한 글을 썼고, 자신의 빚을 청산하기 위해 파생금융상품 시스템을 개발했고, 철학과 언어학 논문을 여러 편 작성했으며, 나중에는 여성의 교육 받을 권리를 주창하는 사회운동가로 일했다. 그럼에도 세상은 그녀를 '볼테르의 연인'으로 알아볼 뿐이다.

학자, 예술가 혹은 지도자로서 사람들에게 인정받고 칭송 받는 여성은 많다. 그렇지만 폴리매스로서 '여러' 분야에서 쌓은 업적을 공개적으로 인정받은 여성은 극소수다. 곧 살펴보겠지만 반소班昭, 코르도바의 루브나Lubna, 힐데가르트 폰 빙엔Hildegard von Bingen, 안나 마리아 반 슈르만Anna Maria van Schurman, 마리아 아녜시Maria Agnesi, 플로렌스 나이팅게일Florence Nightingale 같은 사례는 흔치 않다. 근대 이후에 여성들이 공적 영역에 진출해 전문직으로 일할 때에도 그들은 남성에 비해 두 배는 더 열심히 일해야 했고, 한 분야에 집중해 실력을 특화해야 그들의 가치를 증명할 수 있었다.

유럽의 '여류 문인'(즉 '배운 여성')은 18세기 후반이 되어서야 생긴 개념이다. 여성을 가르치는 교육기관은 19세기 후반과 20세기 초반에야 전 세계적으로 생겨나기 시작했다. 미국의 세븐시스터즈 대학교Seven Sisters colleges, 영국의 거튼 대학교Girton and Bedford colleges, 일본의 쓰다주쿠 대학교Tsuda College, 인도의 라호르 여자대학교Lahore College for Women가 최초로 세워진 여자 대학교였다. 시카고 대학교University of Chicago와 런던 정치경제대학교London School of Economics 같은 남녀공학 대학교도 생겼다. 이 책에서 다루는 폴리매스 개념은 성별에 관계없이 평등하게 적용되어야 마땅하지만, 사정이 이러하므로 부득이하게 많은 분량이 남성에게 집중되었다.

서구 중심주의와
타자

여성이나 평민과 마찬가지로 서구 사회가
아닌 지역의 폴리매스들 역시 역사에서 무시당하거나 제외되었다.
제아무리 뛰어난 역사가도 문화적이든 정치적이든 특정한 편견에서
온전히 자유로운 경우는 없었다. 알고 그랬든 모르고 그랬든 결과적
으로 그들이 기록한 '세계사'는 일차원적인 관점에 머물 수밖에 없었
다는 뜻이다. 대부분의 역사 문헌이 당시의 지배층에서 직접 의뢰한
작품이거나 당시 사회를 지배하던 이념에 영향 받은 산물이었다.

예를 들어, 지난 400여 년간 역사책에 등장한 비非서구 사회의 사
건과 인물, 문화와 사상에는 대체로 에드워드 사이드Edward Said가 '오
리엔탈리스트Orientalist'라고 부른 자들의 관점이 드러나 있다. 사이드
에 따르면 이들은 비서구 사회를 '타자'로 규정하고 그들의 입맛에
맞는 사례를 선별해 타자를 부정확하게 단순화하고, 부정적으로 정
형화했다. 사이드는 서구 문헌에 담긴 수많은 사례들을 통해 주장을
뒷받침했고 이 배경에는 서구 사회에 뿌리내린 백인우월주의가 있
었다고 설명했다.

계몽주의 시기부터 유럽의 상류층은 (그리스 철학과 로마의 법, 앵글
로색슨족의 모험심을 물려받은 후손으로서) 르네상스 이후 세계를 발전시

킨 중심 세력이 서구 문명이라는 개념을 보급하고, 이 개념을 고전 과목의 형태로 가르치고 공부했다. 인도, 이슬람, 바빌론, 중국, 이집트, 마야 같은 (어쩌면 서구 문명보다 더 위대한) 문명을 폄하하고 일반화하여 모두 오리엔탈 범주에 넣었고, 아메리카 인디언과 태평양 섬주민, 아프리카와 오스트레일리아의 사회 구성원은 모두 야만인의 범주에 넣었다. 서구 역사가들은 그들의 '역사 방법론'(혹은 이와 거의 같은 의미로 쓰이는 '과학 방법론')이 세계 각지의 현지 역사가들이 쓰는 방법론보다 우월하다고 여겼다. 그 결과 다양한 문화와 역사를 진정성 있고 균형 있는 관점에서 세계사를 기록하는 서구 역사가는 거의 없었다. 물론 이 같은 편견이 서구 사회에만 존재했던 것은 아니다. 각 시대마다 우월한 지배력을 행사했던 모든 국가나 제국에서 동일하게 나타나는 특징이다. 거대 제국은 하나같이 자신을 세상의 중심으로 여기는 자만심을 드러냈다.

비서구 문명의 소산물 중에 자신들의 패러다임에 부합하지 않는 관념은 모두 '유사 역사' 내지는 '유사 과학' 혹은 '철학적 허튼소리'로 폄하했다. 세계 각지의 탁월한 작품들이 서구 사회에 전해졌지만, 번역이 좋은 경우에도 이들 작품에 담긴 본질과 문화적 뉘앙스를 온전히 포착하지 못할 때가 많았다.

특히 영어식 어법으로 바꾸는 노력 탓에 일부 작품은 오히려 문화적 차이에 대한 이해를 넓히기는커녕 편견을 강화하는 결과를 낳았다. 따라서 아무리 '교육받은' 사람이라도 대개는 세상에 존재하는 다양한 관점 가운데 어느 한 관점만 습득한 것에 불과하다. 말하자면 겉핥기식으로 배운 셈이다.

오늘날 인기 있는 과학책과 역사책을 보면(심지어 베스트셀러조차) 이처럼 협소한 관점이 얼마나 깊이 뿌리내렸는지 알 수 있다. 아프리카, 아시아, 라틴아메리카, 카리브 제도나 태평양 제도를 다루는 역사책 가운데 인기 있는 책들은 저자가 유럽인이거나 (현지인이라도) 서구에서 교육받은 엘리트 지식인일 때가 압도적으로 많다. 프란츠 파농Franz Fanon에 따르면, 후자의 지식인들은 문화적으로 식민 지배를 받는 사람들이다. 이러한 이유로 (사상이든 인물이든 사건이든) 진실한 세계사를 기록하려는 작업은 대체로 형편없이 부실하거나 관점이 서구 중심적이다.

기존의 역사서에서 돋보이는 폴리매스들이 대부분 서구 상류층 백인 남성이고, 이들만이 다재다능한 만물박사처럼 묘사된 데에는 이 같은 배경이 자리한다. 현대 지식인들이 역사에서 폴리매스를 언급할 때면 거의 언제나 고대 그리스와 르네상스 시대 이탈리아, 빅토리아 시대 영국에 초점을 맞춘다. 이는 진짜 역사라 볼 수 없다. 이같이 협소한 해석을 언제까지 묵인해야 하는가?

백인이 아닌 폴리매스도 많았다. 서구 열강이 실질적으로 세계를 대부분 지배했던 18세기와 19세기를 예로 들어보자. 에콰도르의 에우제니오 에스페호Eugenio Espejo에 관해 아는 서구인이 얼마나 될까? 이 사람은 라틴아메리카의 토박이 지식인으로서 스페인이 강점하던 시기에 변호사, 의사, 언론인, 신학자, 경제학자, 정치 평론가, 교육 개혁가로서 뛰어난 능력을 발휘했다. 솔 플라아쿼Sol Plaatje는 어떤가? 흑인인 그는 남아공 출신의 폴리매스로 언어와 문학, 정치, 저널리즘 분야에서 많은 작품을 남겼고 조국의 정치와 문화, 사회에 강력하고 항구적인 영향을 끼쳤다. 인도의 의사 호세 거슨 다 쿤하 José Gerson da Cunha는 어떤가? 그는 역사, 화폐학, 고고학, 언어학, 의학을 비롯해 다양한 분야에서 20권의 책과 수많은 논문을 썼다. 필리핀의 사회운동가 에피파니오 드 로스 산토스Epifanio de Los Santos 역시 서양인들은 알지 못할 것이다. 놀랍도록 다재다능한 사람으로 학자이자 수필가였고, 솜씨 좋은 음악가이자 예술가일 뿐 아니라 저명한 정치인이자 변호사이자 언론인이었다.

차차 살펴보겠지만, 식민지 시대를 살았던 위대한 폴리매스 중에는 신분 차별과 식민주의에 항거하고 자유를 찾기 위해 투쟁한 이들도 당연히 있다. 이 식민지 토박이들은 제국 출신 못지않게(어떤 이들은 더 뛰어나게) 다재다능했지만 합당한 대우를 받지 못했다.

폴리매스를
격려하는 문화

오늘날에는 삶의 모든 영역에서 전문화가 의무화되다시피 해서 상상하기 어렵겠지만, 인류 역사를 돌아보면 한 가지 일만 하는 것은 오히려 부자연스럽다. (모든 사람에게 해당하는 사실은 아니고 선택 받은 소수였을지라도) 역사 속에는 폴리매스를 격려하는 문화와 철학, 사회 구조가 존재했음을 보여주는 사례가 많다.

일례로 고대 그리스에는 여러 분야와 학문의 경계를 넘나들며 자유롭게 연구하는 폴리매스 철학자들이 있었다. 그들은 질문이 생기면 이를 해결하고자 실마리를 보여주는 지식이라면 어떤 분야라도 기꺼이 탐구했다. 그들은 아토포스atopos(정체를 알 수 없는 사람)로 통했다. 우리가 물려받은 그리스 철학은 바로 그런 사람들(소크라테스, 플라톤, 아리스토텔레스 등)이 빚어냈다. 로마 시대에는 오티움Otium(정치인, 변호사, 상인, 군인이 지적 활동이나 예술적 활동에 사용한 여가 시간)을 즐기는 문화가 유행했고, 특히 상류층에서는 다방면에 걸쳐 자신의 역량을 개발하는 것이 목표가 되었다.

이슬람 세계는 코란에 담긴 전언을 깊이 성찰하고 생각하도록('생각하다'는 뜻의 아랍어 '타파쿠르tafakkur'가 코란 본문에 일관되게 등장한다) 사람들을 격려한다, 아니 강권한다. 코란에는 학습과 여행, 과학적 고찰과 철학 탐구, 사회적 담론을 통해 지식과 지혜를 얻을 것을 격려하는 구절이 다수 등장한다. 이와 함께 이슬람에서 중시하는 타우히드Tawheed(우주와의 합일) 개념과 무함마드 선지자가 바로 폴리매스였다는 사실도 무슬림의 폴리매스(하킴)를 양성하는 데 자극이 되었다. 버트런드 러셀이 쓴 《서양 철학사》는 널리 호평 받았지만 그 관점이 믿기지 않을 만큼 서구 중심적인데 이 책에서도 초기 무슬림 학자들이 대체로 백과사전적 지식을 겸비했다는 사실을 인정했다.

중국 송나라 때 선비들±은 정치가일 뿐 아니라 예술가이자 과학자들이었다. 관념론 철학자들과는 거리가 멀었던 그들은 대체로 기술, 문화, 사회에 실질적으로 기여하고자 했다. 이들은 통치하고 관리하는 일 뿐 아니라 건축하고, 발명하고, 창조하는 일에 관심이 많았다. 송나라 선비들은 학문 탐구는 물론 여러 취미와 기예를 닦아 자신의 사회적 지위와 소양을 드러낼 뿐 아니라 다방면에 조예가 깊었다. 이들은 《역경易經》에서 군자君子라 칭하는 완전한 선비가 되기를 열망했다. 군자란 그 성품이 의롭고 육예六藝(예의범절, 음악, 활쏘기, 말이나 마차 몰기, 붓글씨, 수학)에 통달한 사람을 말한다. 이 같은 문화 때문에 송나라에서는 심괄沈括, 소식蘇軾, 소송蘇頌 같은 걸출한 폴리매스들이 등장했다.

18세기 일본, 도쿠가와 막부 체제하에서 전쟁이 없어지고 사무라이(군인)의 역할이 차츰 사라지자 이들은 관료 또는 조신으로 변신했다. 야나기사와 키엔이 대표적이다. 그는 변신이 불가피한 상황에서 자신이 지닌 다양한 재능을 끌어냈다. 야나기사와 키엔은 기량이 뛰어난 화가이자 서예가가 되었을 뿐 아니라 사무라이로서 배양해야 하는 '16가지 고귀한 능력'을 연마했다. 거기에는 군사 기술(검술, 마술, 궁술 같은), 음악(거문고와 피리를 연주했다), 시와 의술, 불교와 다도가 포함되었다.

지식의 전문화가 상식으로 받아들여지기 전, 그러니까 계몽주의 시대의 프랑스에서는 거장virtuosi이 등장했다. 이들은 제약 없이 자유롭게 탐구하는 사람들로서 호기심 많은 일군의 자유 지식인이었다. 몽테스키외Montesquieu가 대표적이다. 그의 저작과 메모를 보면 다양한 분야에 호기심을 지녔음을 알 수 있다. 지식인 계급 외에도 부르주아 혹은 신사 역시 철학을 비롯해 음악과 펜싱, 춤 등 여러 예능 습득을 당연하게 생각했다. 몰리에르Molière의 고전적 희곡《부르주아 귀족Le Bourgeois Gentilhomme》을 보면 이 같은 관습이 잘 드러난다. 역사가 앤드류 로빈슨Andrew Robinson은 계몽주의 시대를 '명명백백한 폴리매스의 시대'로 보았다. 뷔퐁 백작Comte de Buffon 같은 인물도 이런 문화를 보여주는 전형적 사례다.

같은 시기의 영국에도 유사한 인종이 있었다. 예술사가 케네스 클라크Kenneth Clarke가 말했다. "18세기 잉글랜드는 아마추어의 천국이었다. 내가 말하는 아마추어란, 하고 싶은 일을 마음대로 할 수 있을 만큼 부유하고 야망이 크며, 그럼에도 상당한 전문성이 요구되는 일들을 해내는 사람이다." 필립 볼Philip Ball은 그의 책《호기심 Curiosity》에서 그런 사람들을 가리켜 '만물박사professors of everything'라 불렀다. 건축가이자 물리학자, 천문학자, 수학가로 탁월했던 크리스토퍼 렌Christopher Wren, 천문학자이자 식물학자, 작곡가, 물리학자로 뛰어났던 윌리엄 허셜William Herschel, 선박 설계사이자 의사, 음악 교수, 화학자, 엔지니어로서 출중했던 윌리엄 페티William Petty 등이 여기에 해당한다.

요컨대 (적어도 상류층에서는) 인간의 다양한 기질과 삶의 가능성을 자유로이 발현하도록 격려하는 문화가 어떤 형태로든지 늘 존재했다고 볼 수 있다. 역사상 수많은 시기에 폴리매스는 그들의 타고난 능력을 발휘하고 인정받았다. 그런데 어찌된 일인지 오늘날 우리는 다능하고 박식한 폴리매스를 그저 뛰어난 전문가로 인식하며, 역사책에도 그렇게 기록하고 있다. 폴리매스를 장려하는 전통이 단절된 것이 전혀 놀랍지 않다.

전문가
신화

육상에 뛰어난 소질이 있었던 에드윈 허블 Edwin Hubble은 아마추어 복싱선수이자 낚시꾼이었고, 제1차 세계대전 중에는 미 육군에서 복무했다. 변호사 자격을 갖추었으며, 농구팀 코치를 했고, 스페인어 교사로도 활동했고 나중에는 천문학자로서 노벨상까지 받았다. 허블 우주망원경은 그의 이름을 따서 붙인 것이다. 니콜라우스 코페르니쿠스 Nicolaus Copernicus는 성직자, 경제학자, 화가, 다중언어자, 외교관, 의사, 변호사였으며 현대 천문학의 아버지로서 그가 주장한 태양중심설(지동설)은 이후 우주를 바라보는 천문학자들의 관점을 혁명적으로 바꿔놓았다. 찰스 도지슨 Charles Dodgson은 성공한 사진가이자 수학자, 성직자, 발명가였지만 루이스 캐럴 Lewis Carroll이라는 필명으로 널리 알려졌다. 그는 단편과 시, 소설을 썼는데 특히 《이상한 나라의 앨리스 Alice in Wonderland》가 유명하다. 《시계태엽 오렌지 A Clockwork Orange》의 저자 앤서니 버지스 Anthony Burgess 역시 영국군 소령이자 언어학자, 다중언어자, 교사, 작곡가였고 다양한 주제로 글을 쓴 작가였다.

우리가 인정하든 안 하든 누군가 뛰어난 업적을 세웠다고 하면 응당 그 사람이 한평생 그 일에 종사한 전문가라고 간주한다. 주요 활동 분야나 연구 주제로부터 절대 한눈을 팔지 않고, 오직 한 분야에 몰입한 결과라고 예상한다. 노벨상 후보자, 뛰어난 과학자, 작가, 미술가, 운동선수, 기업인, 정치인이 현재 위치에 선 이유는 그들이 한 가지 전문 분야에 평생 헌신한 덕분이라고 가정하는 것이다. 한 가지 분야에 오래 헌신한 덕분에 창의적 혁신을 이룰 수 있었다고 세상은 말하지만 이는 잘못된 전제다.

일부 저명한 전문가들의 삶을 연구해보면 그들이 본업에 여러모로 좋은 영향을 미치는(혹은 문제 해결을 촉진하는) 다양한 부업이나 취미활동에 열중한다는 사실을 알게 된다. 본인들이 이 같은 사실을 밝힐 때가 많다. 그러니까 우리가 조건반사적으로 전문가라고 여기는 사람이 사실은 전문가가 아닐지 모른다고 의심해볼 가치가 있다.

한 사람에게 하나의 고정된 역할과 정체성을 부여하는 문화는 역사를 보는 시각을 제약한다. 코페르니쿠스와 허블을 오직 천문학자로만 알고, 캐럴과 버지스를 소설가로만 안다는 사실 자체가 현대인들의 사고가 어떤 상태인지 말해준다. 우리의 정신, 생활방식, 사고방식, 문화, 사회가 전문화 시스템에 매몰되어 있다 보니 인간은 당연히 한 가지 일에 집중해야 하는 줄로 알고 있다. 이를테면 다 빈치나 프랭클린, 아리스토텔레스 같은 폴리매스를 예외적인(비정상적인) 사례로, 사실상 다른 별에서 온 별종으로 취급하곤 한다.

사실은 정반대다. 한 사람이 한 가지 일만 하는 전문가가 되는 것이 부자연스러운 일이다. 특정 분야에 종사하는 것을 숭고한 소명이나 소임으로 여기는 사람들도 물론 있다. 누스랏 파테 알리 칸

Nusrat Fateh Ali Khan(파키스탄의 가수—옮긴이), 펠레Pele, 무함마드 알리 Muhammad Ali, 존 내시John Nash, 구로사와 아키라Akira Kurosawa, 스티븐 호킹Stephen Hawking, 파블로 피카소Pablo Picasso, 지그문트 프로이트Sigmund Freud, A. R. 라만A. R. Rahman(인도의 가수—옮긴이), 모차르트 Mozart, 루미Rumi(페르시아의 시인—옮긴이) 같은 이들이 그렇다. 이들은 예외적인 사례로 '그 일을 위해 태어났다'는 표현이 어울린다. 하지만 이들 역시 사람들이 아는 것보다 훨씬 다양한 분야에서 활동한 이력이 있다.

사실 세계사적으로 어느 분야에서든(예술, 과학, 사업, 정치 등) 특출한 인물을 한 명 선정해 그들의 삶을 조사해보면, 이름을 알린 분야 외에도 다양한 관심을 품고 성과를 냈음을 확인할 수 있다. 어느 한 분야에서만 고도로 전문화된 사람을 발견하는 경우는 사실 드물다. 폴리매스로 사는 것이 오히려 인간에게 자연스럽다.

21세기를 살아가는 인간의 뇌는 모든 인간이 전문가이고, 아니 마땅히 전문가로 살아가야 한다고 조건화되어 있기에 사실은 폴리매스가 인류 역사를 빚어낸 주역이라는 사실은 차치하고, 그들이 언제나 역사의 현장에 있었다는 사실도 받아들이기 쉽지 않을 것이다. 이 가설을 입증하기 위해 다음 장에서 우리는 위대한 인물 중심으로 역사를 다른 관점에서 풀어보고자 한다.

Shapers of Our World

이 세계를 빚어낸
사람들

POLYMATH

폴리매스는 매우 흥미로운 인종이다. 인간이 어느 한 분야에 갇혀 지내기를 거부할 때 어떤 일들을 해낼 수 있는지 보여준다. 진정한 폴리매스는 인간이 지닌 잠재력이 얼마나 다종다양한지를 보여주는 완벽한 본보기이다. 그렇다면 이들은 우리 사회에 실질적으로 어떤 가치를 더하는가? 이 질문의 답은 다음 한 문장에 담겨 있다. 폴리매스는 세계사에 지대한 영향력을 미친 사람들로 손꼽힌다. 진정한 폴리매스는 당대의 규범을 파괴하는 자로서 다른 이들은 상상하지 못할 방식으로 현대 세계를 빚었다.

우리는 또한 그들이 위대한 업적을 남긴 이유가 다름 아닌 다방면에 출중했기 때문이라는 사실을 곧 확인할 것이다. 그들이 세상에 끼친 영향이 긍정적인지 아닌지 여부는 상대적이다. 여기서 핵심은 그들이 끼친 영향이 세상을 탈바꿈시킬 만큼 변혁적이라는 사실이다. 세계사를 조사하지도 않고 혹은 역사를 바꾼 이들을 확인하는 작업도 없이 이렇게 대담한 주장을 하는 것이 아니다. 우리가 단일 분야의 전문가로 흔히 간주하는 사람들은 알고 보면 다방면의 천재들이다. 이 책에서는 보다 효과적으로 폴리매스의 역사를 전달하고자 편의상 이들을 지도자, 킹메이커, 혁명가, 지식인, 교육가, 과학자, 신비주의자, 예술가, 기업가, 인도주의자로 구분한다.

지도자형
폴리매스

무함마드 이븐 압둘라 Muhammad ibn Abdullah 는 어릴 때 고아가 되어 양치기를 했다. 글을 모르는 소박한 사람이었지만 7세기에는 베두인족에게 존경 받는 상인으로 성장했다. 40세에 특별한 소명감을 느끼고 세상을 바꾸는 운동을 시작한다. 외딴 동굴에서 오랜 시간 명상한 끝에 그는 깨달음을 얻었다. 무슬림 사람들은 그가 신에게 계시를 받았다고 믿는다. 이 각성을 통해 그는 사람들에게 존중받는 영적 지도자가 되었고, 무장 봉기를 이끄는 군인이 되었으며, 새 정권을 세워 통치하고 영토를 확장해나가는 정치가가 되었다. 또한 완전히 새로운 법체계를 구축하고 시행에 옮기는 법률가가 되었고, 해박한 지식을 겸비한 사상가로서 그를 따르는 이들에게 영적인 지침을 제공했을 뿐 아니라 사업과 정치, 법률 같은 공적 문제부터 가족, 대인관계, 위생 같은 사적 문제에 이르기까지 여러 주제에 관해 실용적인 조언을 제공했다.

무함마드가 일으킨 영적 운동은 사람들을 고무시켜 훌륭한 문명을 건설하고, 뛰어난 예술을 낳고, 과학과 철학에서 놀라운 변혁을 촉진하였다. 그가 당대에 끼친 영향이나 후세에 끼친 영향은 세상을 바꿔놓을 만큼 혁신적이었다. 백인 분리주의자 마이클 하트Michael H. Hart 같은 학자마저 그의 책《세계사를 바꾼 사람들 랭킹 100*The One Hundred: A Ranking of History's most Influential Persons*》에서 영향력이 큰 인물로 무함마드를 꼽지 않을 수 없었다.

무슬림은 코란(무함마드가 신의 계시를 받아 집대성한 책)을 하느님의 말씀으로 믿는다. 또한 종교와 별개로 해박한 지식과 문학적 예술성이 깃든 대작으로 인정하는 사람이 많다. 무함마드의 전기를 집필한 페툴라 귈렌Fethullah Gulen에 따르면 무함마드는 '7세기의 무지한 베두인족 촌부부터 현대의 뛰어난 학자까지' 가르칠 수 있는 '지식'을 두루 지닌 사람이었다. 다면적 삶과 초월적 지혜, 전쟁과 법률, 외교, 영성에서 보여준 지도력 덕분에 무함마드는 이슬람 세계에서 알인산 알카밀al-Insan al-Kamil(완전한 인간) 혹은 만능인이라는 칭호를 얻었다.

지도자란 분야는 달라도(정치, 군사, 비즈니스, 조직적 운동, 단체 등) 해당 사회에 지대한 영향력을 행사하는 사람이다. 그가 지닌 권한으로 내리는 결정이 많은 사람에게 영향을 미친다. 무함마드처럼 역사상 막강한 영향력을 행사했다고 알려진 사람 중에 다수가 폴리매스였다.

전혀 놀랄 일이 아니다. 기업이나 자선단체, 정부 혹은 연구소, 기관 내지는 여러 분야에 걸쳐 진행되는 프로젝트를 이끌려면 당연히 정보를 종합적으로 볼 줄 알아야 한다. 지도자는 중대 결정에 영향을 미치는 여러 요인에 관해 다방면의 지식과 관점을 소유해야 한다. 서로 무관해 보이는 요소들 사이에서 본질적인 연관성을 찾고 고려하는 것도 지도자가 할 일이다. 지도자라면 한 걸음 물러나 큰 그림을 그리면서 별개의 요소를 연결하고 시너지 효과를 평가할 줄 알아야 한다. 다시 말해, 탁월한 지도자는 단순히 용단을 내리는 사람이 아니라 '포괄적으로 정보를 파악하고' 결정을 내리는 사람이다. 맥락의 중요성을 이해하고 전체를 꿰뚫어보는 통찰력이 있어야 한다.

역사상 지대한 영향력을 행사한 군주들 중에는 예술과 학문을 진흥시키는 열성적인 후원자 역할에만 머물지 않은 이들도 있다. 그들은 특권을 누리고 있었기에 재정과 정치적 자율성이 보장되지 않은 경우에 흔히 직면하는 문제를 걱정하지 않고 관심 가는 대로 마음껏 재능을 키울 수 있었다. 국정 운영 목적으로 다양한 사업을 벌이는 군주들이 있는가 하면, 개인적인 호기심을 충족하는 차원에서 여러 사업을 수행하는 군주도 있었다. 후자의 경우는 자신의 정통성을 드러내는 수단으로 다재다능함을 드러내기도 했다. 다양한 재능을 과시함으로써 자신이 폴리매스임을 세상에 표명하는 것이다.

13세기 신성로마제국의 황제 **프리드리히 2세**Friedrich II도 위대한 지도자로 추앙받는다. 그는 '세계의 경이'라는 별칭으로도 알려졌는데, 5차 십자군 전쟁으로 예루살렘을 차지한 때문만은 아니었다(이는 13세기 유럽이 이룩한 가장 큰 정치적 업적이었다). 프리드리히 2세는 다중언어자이자 시인이자 언어학자로서 언어의 진화 과정을 이해하고자 실험을 기획해 실시하였고, 매 전문가로서 매사냥과 훈련법에 관한 논문을 쓰기도 했으며, 암흑기 유럽의 군주로서는 누구보다 왕성하게 예술과 학문을 장려하는 후원자였다(그중에서도 시칠리아파 시인들이 유명하다).

서양에는 잘 알려지지 않았지만 **네사우알코요틀**Nezahualcóyotl도 빼놓을 수 없다. 15세기 아즈텍 제국 텍스코코Aztec Texcoco에 황금기를 가져온 왕이다. 그는 법치국가를 확립하고 학문과 예술을 진흥해 나머지 동맹국에도 심오한 영향을 미쳤다. 권력 분산에 초점을 두고 법률을 정비했고 이에 따라 재무, 국방, 법무, 문화를 담당하는 위원회를 두었다. 그의 통치하에서 텍스코코는 3국 동맹(아즈텍 제국은 텍스코코, 테노치티틀란, 틀라코판 3국 동맹으로 이루어졌다) 중에 문화의 중심지로 번창했다. 거대한 도서관도 지었지만 안타깝게도 스페인 정복 때 파괴되었다. 그리고 음악 학교를 설립해 메소아메리카 지역(멕시코와 중앙아메리카 일대—옮긴이)의 유능한 인재들을 수용했다.

네사우알코요틀은 아즈텍 철학을 일으킨 아버지로도 불린다. 이 운동을 추종하는 사람들은 나우아틀Nahuatl 언어로 '틀라마티니메tlamatinime'라 불렸다. '뭔가를 아는 사람들'이라는 뜻인데 일반적으로 '현자'로 번역된다. 그는 유일신이라는 관념을 텍스코코에 들여온 것으로도 알려져 있다. 또한 나우아틀 언어로 뛰어난 시를 많이 지었으며, 그중 일부는 멕시코시티의 국립 고고학 박물관National Museum of Archaeology 벽에 새겨져 있다. 그는 스페인 정복 이전 시대를 이끈 걸출한 설계가이자 건축가였으며 텍스코코 호의 담수와 염수를 분리하기 위해 '알바라다 데 네사우알코요틀Albarrada de Nezahualcoyotl(네사우알코요틀의 제방)'을 설계했다고 한다. 이 제방은 그가 죽은 후에도 100년 넘게 자리를 지켰다. 또한 텍스코코 곳곳에 공공 건축물을 지었고, 많은 경우 직접 설계했다.

그의 이야기는 **술레이만**Suleyman 대제the Magnificent와 별반 다르지 않다. 술레이만 대제는 군사, 정치, 경제 관점에서 오스만 제국의 최전성기를 이끌었다. 그는 사회, 교육, 세금, 형법과 관련해 법률을 제정했으며 이 성문법(혹은 카눈)은 그의 사후에도 수세기에 걸쳐 제국의 기틀을 유지하는 밑거름이 되었다. 다중언어자로서 6개 국어(오스만 터키어, 아랍어, 보스니아어, 차가타이어[터키어의 방언으로 위구르어와 관련 있음], 페르시아어)를 구사했다. 그는 뛰어난 시인이자 금 세공인이었다. 또한 문화를 적극적으로 양성해 그의 치세에서 오스만 제국은 미술과 문학에서도 황금기를 맞이했다. 뛰어난 건축가 미마르 시난Mimar Sinan과 함께 작업하며 이슬람 역사상 으뜸으로 꼽히는 건축물을 세운 것으로도 유명하다.

일반인에게 널리 알려진 유명 군주라 할지라도 통치자로서의 측면 외에는 그늘에 가려져 있는 경우가 많다. 그도 그럴 것이 역사가들은 군주 본인이 지닌 다양한 관심사나 그에 따른 성과를 저평가하거나 별 의미 없는 욕망으로 치부했다. '위대한 황제' **악바르**Akbar는 16세기 인도 무굴 제국의 황제로서 통치 기반을 탄탄히 다졌고, 정략결혼을 통해 지방 호족들과 동맹을 유지하는 외교를 펼쳤으며, 미술과 건축을 장려했고, 남부 지역의 전략적 요충지와 항구를 확보해 제국의 영토를 확장했다. 또한 무굴 제국 백성들이 신봉하는 각종 종교와 민간신앙, 다양한 세계관을 종합해 '디네 이라히Din-e-Ilahi'라는 새로운 종교를 창시했다.

악바르 황제가 평생 배움에 힘썼다는 사실은 잘 알려져 있지 않다. 그는 비록 문맹이었지만 다양한 분야의 전문가들을 곁에 두고 책을 크게 읽어달라고 자주 요청했다. 그는 군인과 사냥꾼의 기술을 습득해 강력한 전사로 무장했으며 황제로서 직접 전투를 지휘하며 전장을 누볐다. 또한 갑옷이나 여러 가지 장비를 제조하는 기술이 우수한 장인이자 대장장이였으며, 목공일이나 레이스를 만드는 일에도 일가견이 있었다. 그는 늘 새로운 기술을 배우고 숙달해서 실전에 써먹었다. 이 때문에 신하들은 악바르 황제를 존경했고, 적들은 초인으로 여겨 그를 두려워했다.

영국 왕 **헨리 8세**Henry VIII에게도 이와 유사한 면이 있다. 그는 여섯 명의 아내를 두었고 영국 해군을 창설한 것으로 유명하거니와 로마 가톨릭교회와 관계를 단절하는 파격적인 행보를 보인 것으로 악명이 높다. 하지만 그는 다재다능한 천재였다. 그는 말을 타고 창술을 겨루는 시합이나 사냥을 즐겼다. 강력한 왕권을 드러냄으로써 외국 군주들이나 사절단에게 깊은 인상을 심어주었을 뿐 아니라 국내의 어떤 반란도 진압할 힘이 있음을 과시했다. 또한 그는 카드 게임이나 주사위 놀이 등 도박에도 재능을 보였으며, 음악가, 작가, 시인으로서도 조예가 깊었다. 그가 작곡한 곡 중에서는 〈왕의 발라드로 불리는) 'Pastime with Good Company'가 특히 유명하다. 그는 영국 왕으로서는 최초로 고등 교육을 받았으며 수많은 장서를 구비했고, 직접 많은 책에 주해를 달았으며 책을 쓰고 출판하기도 했다.

원대한 야심을 품은 군주들은 대체로 배움에 대한 열정이 끊이지 않았다. 17세기 스웨덴의 **크리스티나 여왕**Queen Kristina은 예술과 학문을 장려하는 후원자로 명성이 높았다. 평생에 걸쳐 배움에 힘썼던 여왕은 온갖 주제에 관해 하루 12시간씩 공부했다고 한다. 여러 나라 말을 능통하게 구사했고, 군사 교육을 받았으며, 철학적인 주제로 데카르트Descartes와 서신을 주고받았다(나중에는 자신의 개인교사로 채용했다). 또한 라이프니츠Leibniz와 함께 천문학을 공부하고 자신만의 천체관측소를 세우기도 했다. 11세기 인도의 말와Malwa 지역을 중심으로 파라마르Paramar 왕국을 다스렸던 **보자**Bhoja 왕을 역사가들은 훌륭한 정치인이자 천재적인 군사전략가로 평가한다. 그는 신학, 시학, 문법에서부터 엔지니어링, 건축, 화학에 이르기까지 다양한 주제에 관해 논문을 쓰기도 했다.

방금 예로 든 폴리매스들은 모두 군주였지만 현대 '민주주의' 국가의 탁월한 지도자들에게도 동일한 원칙이 적용된다. **토머스 제퍼슨**Thomas Jefferson은 역대 최고의 정치인으로 손꼽힐 때가 많다. 제퍼슨은 하원의원과 외교관(프랑스 공사), 국무장관을 거쳐 나중에는 동지들과 함께 민주공화당Democratic Republican Party을 창당한 후 제3대 미국 대통령에 오른다. 건국의 아버지 중 한 사람으로 독립선언문의 초안을 작성했다. 토머스 제퍼슨이 40명 넘는 미국 대통령 중에서도 유독 돋보이는 이유는 정치인을 넘어 다양한 분야에서 빼어난 성과를 냈기 때문이다. 그런 맥락에서 존 F. 케네디는 백악관에 노벨상 수상자들을 초대한 저녁 만찬 자리에서 이런 농담을 던졌다. "백악관 만찬 자리에 온갖 재능과 지식이 다 모였군요. 역대 최대 규모가 아닐까 생각합니다. 물론 토머스 제퍼슨 대통령이 이곳에서 혼자 식사한 경우는 예외입니다."

제퍼슨은 평판 높은 변호사이자 농업 기술에 평생 애정을 보인 농부이기도 했다. 그리고 팔라디오 양식(베네치아의 건축가 팔라디오가 설계한 고전적 스타일—옮긴이)을 도입한 유능한 건축가였고, 회전식 독서대와 '대형시계'(커다란 추가 진자운동을 하며 돌아가는 시계—옮긴이)를 비롯해 여러 기계를 만든 발명가였다. 다중언어자로서 5개 국어를 유창하게 구사했고, 지식인으로서 당대의 선도적 사상가들과 서신을 교환했다.

제퍼슨이 지닌 다양한 재능이 정치적 역량을 키우는 데 기여했을까? 아제르바이잔 출신의 수학자 햄릿 이사칸리Hamlet Isakhanli에 따르면 "다재다능한 사람은 지도자가 되거나 지도자로서 성공할 가능성이 훨씬 높다." 경영학과 심리학 전문가인 필립 테틀록Philip Tetlock 역시 자신의 연구를 소개하며 좋은 판단력이나 예측력과 협소한 전문성 사이에는 역관계가 있다고 결론지었다. 그는 이사야 벌린Isaiah Berlin의 '고슴도치와 여우' 비유를 거론했다. 여우형 인간이란 세세한 지식을 두루 알고, 다양한 분야의 전통을 끌어다 쓰고, 변화하는 환경에 즉흥적으로 대응할 줄 아는 사람이다. 고슴도치형 인간이란 한 가지 중요한 이론에 능통하고, 한 가지 분야에 헌신하고, 애매하고 불분명한 문제에 관해 정형화된 해결책을 요구하는 사람이다. 테틀록은 여우형이 고슴도치형보다 미래를 예측하는 능력이 우수하다고 밝혔다.

옥스퍼드 대학교 인지과학자 앤더스 샌드버그Anders Sandberg도 테틀록이 내린 결론을 지지했다. "매니저는 관리할 수 있는 문제들을 해결하고, 리더는 알려지지 않은 문제들을 해결한다. 리더는 필시 박식하고 다재다능한 사람이어야 한다. 만약 팀 리더가 고슴도치형 인간이라면 염려가 되지 않을 수 없다." 세계적으로 저명한 미래학자 레이 커즈와일Ray Kurzweil 역시 어떤 프로젝트든 그 리더는 폴리매스여야 한다고 주장한다. "한 가지 분야에 고도로 전문화된 전문가는 팀원으로 일하면 되고, 팀 리더는 여러 분야 사이에 교량 역할을 할 줄 알아야 한다."

20세기 뛰어난 정치인으로 평가받는 윈스턴 처칠이 지도자로서 성공할 수 있었던 이유도 이와 연관 있다. 처칠은 다양한 분야의 고위 관료를 두루 역임했다. 그는 해군성 장관, 재무부 장관, 상무부 장관, 내무부 장관을 거쳐 영국 역사상 손꼽히는 총리가 되었다.

처칠이 지도자로서 이룬 업적은 널리 칭송되는 데 비해 그가 유능한 군인이자 예술가이고 학자였다는 사실은 그리 알려지지 않았다. 엘리자베스 여왕에 따르면 처칠은 '다방면의 천재'였다. 처칠은 작가로서도 왕성하게 활동했고 1953년에 노벨 문학상을 받았다. 종군기자로 활동할 때 신문에 기고한 수많은 기사를 비롯해 소설 한

편과 전기 두 편, 세 권으로 구성된 회고록 외에도 여러 편의 역사서를 저술했다. 처칠은 또한 화가로서 100여 점의 유화를 남겼다. 대부분 인상주의 화풍의 풍경화로 세계 각지에서 전시되었다. 처칠은 그림에 대한 논문을 쓰기도 했다. 본인 역시 폴리매스 지식인이었던 철학자 로저 스크러턴Roger Scruton은 처칠이 지도자로서 훌륭한 이유를 한마디로 그가 폴리매스라는 사실에서 찾았다. "나는 여기서 역사와 문학, 미술, 사회 제도와 법률에 관해 박식했던 처칠이 떠오른다. 이 모두에 능통한 박식함 덕분에 처칠은 나머지 정치인들이 어둠 속에서 갈팡질팡할 때 1930년대의 상황을 꿰뚫어보고 상상력을 발휘할 수 있었다."

미국의 26대 대통령 **시어도어 루스벨트**Theodore Roosevelt도 빼놓을 수 없다. 그는 유도와 복싱 실력이 뛰어났으며 정계에 몸담기 전에는 경찰, 군인, 탐험가, 농부, 사냥꾼으로 활동했다. 42세에 정치에 입문하고 마침내 미국의 뛰어난 지도자가 되었다. 훗날 그는 정치인이자 학자로서 미국 대통령 가운데 가장 많은 책을 출간했다. 그가 다뤘던 주제는 역사(기념비적 작품《서부의 승리Winning of the West》와 해군 역사)부터 자연, 여행(브라질과 아프리카를 모험한 이야기), 철학까지 다양했다.

'역대 최고 남아프리카인'에 늘 이름이 오르내리는 **얀 스뮈츠**Jan Smuts는 20세기의 위대한 정치인으로 추앙받는다. 영국 정부에서 각료를 두루 역임한 그는 이후 1919년부터 1924년까지 그리고 1939년부터 1948년까지 남아프리카 연방의 수상을 지냈다. 그는 1차와

2차 세계대전을 종식하는 평화 협정에 모두 서명한 유일한 사람이다. 또한 여러 나라와 협의를 이끌어 국제연맹League of Nations(이를 계승한 것이 유엔)을 설계한 주요 인물이기도 하다. 얀 스뮈츠는 국제연맹과 유엔 헌장에 모두 서명한 유일한 사람이다. 그가 지도자로서 성공한 것은 다양한 경력을 지닌 사실과 무관하지 않다. 그는 정치인 전에 변호사였으며 언론인, 군인, 철학자, 식물학자로도 활동했다.

킹메이커형
폴리매스

유럽의 '낭만주의 운동'을 이끈 인물 중 한 명인 **요한 볼프강 폰 괴테**Johann Wolfgang von Goethe는 세계 문학계의 거장으로 손꼽힌다. 그는 소설과 희곡, 시를 쓰는 작가로 명성을 얻었지만 변호사, 궁정 관료, 철학자로도 활약했으며 생물학, 식물학, 물리학 같은 과학 분야에서도 상당한 업적을 이루었다. 괴테는 처음에 소묘와 수채화를 그리는 화가로 경력을 쌓았지만 그러면서도 극장과 문학에 매료되었다. 그는 라이프치히에서 법학을 전공하고 프랑크푸르트에서 변호사로 개업해 다수의 중요한 사건을 맡아 처리했다. 대프랑스 전쟁에서는 마인츠 포위전을 비롯한 전투에서 작센-바이마르-아이제나흐 대공국Großherzogtum Sachsen-Weimar-Eisenach의 군사고문이 되어 종군했고, 그곳에서 다양한 직책을 두루 거쳤다.

변호사로 일할 때나 공국에서 관료가 되어 궁정에서 일하던 시기에도 괴테는 문학에 대한 열정을 키워나갔고, 그가 쓴 소설과 시와 희곡 작품은 대중 사이에서 엄청난 인기를 얻었다. 〈만남과 헤어짐Willkomen und Abscheid〉, 〈제젠하임의 노래Sesenheimer Lieder〉, 〈들장미 Heidenröslein〉, 〈미뇽Mignon〉을 비롯해 괴테가 지은 시는 모차르트에서 말러까지 거의 모든 독일 작곡가와 오스트리아 작곡가에 의해 노래로 만들어졌다. 괴테의 문체는 독일 시인들 사이에서 일어난 '내면주의Innerlichkeit' 형식의 전형이 되었다. 비극적 로맨스를 그린 소설 《젊은 베르테르의 슬픔》은 베스트셀러가 되면서 초기 낭만주의 운동의 물꼬를 텄다. 특히 1808년 탁월한 서재극書齋劇(무대 상연보다 독서용으로 쓰인 시나리오—옮긴이) 《파우스트 1부》를 출판하고 나서 괴테는 극작가로서도 엄청난 성공을 거두었다. 이 작품은 파우스트라는 주인공이 현실에서 강한 힘을 얻으려고 악마에게 영혼을 판다는 내용의 비극이다. 이 희곡에 담긴 철학과 심리학, 정치적 의미는 독일 사람들에게 심오한 영향을 끼쳤고, 곧 독일 문학의 최고 걸작으로 인정받는다. 《파우스트 2부》는 그가 죽기 직전에야 완성되었고 죽은 뒤에 출판되었다.

괴테가 전설적인 인물로 자리매김한 것은 그가 과학 분야에서도 뛰어난 성과를 올린 폴리매스였기 때문이다. 그는 먼저 생물학에서 커다란 족적을 남겼다. 방대한 조사를 통해 생명, 특히 식물의 지속적인 변형을 관찰한 결과를 내놓았다. 이것은 훗날 상동 관계 homology(형태는 다르지만 본래 동일한 기관이었음을 의미—옮긴이)로 불리게 되는데, 이로부터 한 세기 뒤에 찰스 다윈Charles Darwin이 진화론을 저술할 때 사용한 개념이기도 하다. 괴테는 이론 물리학에도 관심을 보이며 1810년에 《색채론*Theory of Colours*》을 발표했다. 괴테는 이 책에서 색이 밝음과 어둠, 흐림의 역동적 상호작용을 통해 생긴다고 주장했다. 그의 문학 작품보다 이 책을 더 중요한 작품으로 평가하는 이도 많다(괴테 자신도 그렇게 생각했다). 그는 광물학에도 심취해 연구를 계속했으며 '침철석goethite'이라는 광물 명칭은 그의 이름을 땄다. 철학에도 조예가 깊었다. 괴테 철학의 기반은 그가 쓴 문학 작품 및 과학이었으며, 프리드리히 실러와의 지적 교류가 적잖은 영향을 미쳤다. 괴테는 독일 낭만주의 사조의 선구자가 되었다.

킹메이커들이 꼭 왕실의 고문이 되어 그들이 섬기는 황태자가 왕위를 계승하도록 노력해야 하는 것은 아니지만, 대개는 궁정인으로서 재능과 능력에 따라 다양한 방식으로 군주를 보좌하며 왕실의 위엄을 지키는 역할을 맡는다. 지식인이자 예술가로서 다양한 분야에 걸쳐 왕실에 의견을 제시하는 고문이나 행정가 혹은 궁정 소속 예능인으로 활동하는 이들이 모두 킹메이커다. 이들은 예술과 과학, 철학 분야에서 능력껏 창작물을 생산하고, 이를 통해 그들이 섬기는 군주의 정통성을 천명하고, 왕실을 견고하게 유지하도록 돕고, 군주의 통치력을 강화하는 데 기여한다.

애초에 왕실에서 다재다능함을 알아보고 킹메이커로 발탁하는 경우도 있고, 왕실에서 그 사람의 능력을 신뢰해 분야가 달라도 다양하게 사업을 의뢰한 덕분에 우연히 재능을 발견하기도 한다. 한 사람이 단 하나의 역할만 맡아야 한다는 법은 없다. 유능한 사람은 그 재능에 경계가 없고, 심지어 한계도 없다. 활력이 넘치고 풍요로운 왕실은 폴리매스들을 끌어모았고, 이들이 삶에서도 업무에서도 다양한 재능을 발휘하도록 적극 격려하고 촉진하는 환경을 조성했다.

반소班昭는 후한 허和 황제의 황후인 등수鄧綏의 개인교사이자 왕궁 사서로 세계 역사에 기록된 (직업 지식인이라는 의미에서) 최초의 폴리매스 여성이었다. 반소가 쓴 작품을 보면 역사, 철학, 시, 천문학, 기행문, 족보학까지 주제가 다양하다. 특히 《한서漢書》는 아주 유명한 역사서 중 하나로 이후 중국의 모든 왕조가 표본으로 삼았다. 반소가 지은 《여계女誡》 역시 뛰어난 철학서로 평가 받고 있다. 이는 여성들이 지녀야 할 미덕을 교육하는 데 중점을 둔 유교 철학서다. 이밖에도 대나무와 비단에 적힌 글을 종이에 옮겨 적는 사업을 감독했고, 중국 역사상 훌륭한 여성 125명의 전기를 모아놓은 유향劉向의 《열녀전》을 편집했다. 반소는 왕실의 사서였으며 황후의 고문으로 황후전의 모든 대소사에 관여했으며 '천부적인 재능을 지닌 자'로 인정받았다.

BBC라디오 방송에서는 **코르도바의 루브나**Lubna of Cordoba를 소개하면서 '여러 얼굴을 지닌 여인woman of many guises'으로 소개한 바 있다. 그녀는 안달루스 왕국의 사서 중 한 명이자 칼리프 알 하캄 2세al Hakam II의 개인 비서로 이슬람 세계를 돌아다니며 제국의 귀한 책들을 수집하고 공급받는 일을 책임졌다. 안달루스 학자 이븐 바슈쿠왈 Ibn Bashkuwal은 이렇게 평가했다. "이 여성은 작문, 문법, 시에 뛰어났다. 수학 지식이 방대하고 다른 과학 분야에도 탁월했다. 우마이야 왕궁에 이 여성만큼 고귀한 자는 찾아볼 수 없다." 일각에서는 무슬림 세계에 이 같은 폴리매스 여성이 존재했다는 사실을 믿지 못하고 루브나로 알려진 여성이 사실은 다수의 여성이라는 가설을 퍼뜨리기도 한다.

바하우딘 알아밀리 Baha ud-Din al-Amili는 16세기 후반에서 17세기 초에 페르시아에서 활동했던 폴리매스로 이슬람의 황금기 이후로 그 지역에서 가장 뛰어난 천재로 손꼽힌다. 레바논에서 태어났지만 페르시아로 이주해 와서 사파비 왕조의 활기 넘치는 문화의 혜택을 누렸다. 《달과 금성의 문제에 대한 고찰》, 《천구의 해부학》, 《산수 총론》 등 수학과 천문학에서 중요한 논문을 다수 저술했다. 그뿐만 아니라 저명한 건축가이자 엔지니어로서 이맘 모스크와 공중목욕탕을 비롯해 이스파한Isfahan에 여러 건물을 설계했다. 동시에 그는 존경받는 수피 시인이자 시아파 신학자이며, 문법과 법학에 관해서도 많은 저작을 남겼고 《코란》과 《하디스》의 주해서를 저술하기도 했다.

독일의 계몽주의를 주도한 사람 중 한 명인 **고트프리트 라이프니츠**Gottfried Leibniz도 탁월한 폴리매스였다. 프랑스 철학자 디드로는 그를 이렇게 평가했다. "그보다 더 많이 책을 읽고, 많은 분야를 연구하고, 많이 명상하고, 많은 글을 쓴 사람은 없을 것이다." 또한 "누구든 자신의 재능을 라이프니츠가 지닌 재능과 비교한다면, 그냥 책을 집어 던지고 아무도 모르는 곳에 가서 조용히 죽고 싶은 심정일 것"

이라고도 했다. 라이프니츠는 철학 역사상 지대한 영향을 미친 위대한 사상가였을 뿐 아니라 하노버 왕가House of Brunswick의 궁정대신으로 여러 분야에서 재능을 발휘했다. 변호사이자 외교관, 엔지니어, 사서, 연금술사, 역사가로 일했을 뿐 아니라 수학, 물리학, 지질학에서도 중요한 성과를 냈다. 또한 두 권의 철학서 외에도 수많은 편지와 수필, 팸플릿을 저술했다. 심리학(의식과 무의식을 구분함)과 경제학(세제 개편을 주장하고 무역 균형을 논함), 언어(스웨덴어와 산스크리트어, 중국어와 히브리어의 기원을 연구했고, 그 자신이 다중언어자로 여러 언어로 저술함)에도 탁월한 재능을 발휘했다. 라이프니츠는 앞서 언급한 주제를 훌쩍 뛰어넘는 방대한 주제로 전 세계 1,100명에 달하는 사람들과 서신을 주고받으며 의견을 교환했다고 한다.

미하일 로모노소프 Mikhail Lomonosov는 18세기 러시아를 대표하는 석학으로 과학은 물론 예술 분야에서도 탁월했다. 로모노소프는 러시아 과학아카데미에서 화학 교수로 경력을 쌓기 시작했다. 이곳에서 2,000가지가 넘는 광물 목록을 발간했고, 수성의 결빙 현상을 최초로 기록했다. 물리학자로서 열을 운동의 한 양태로 간주했고, 빛의 파장이론을 제시했으며, 기체 분자 운동론의 가정을 세우는 데 기여했다. 그리고 물질의 보존이라는 개념을 탐구하고, 당시 일반적으로 인정되던 플로지스톤설이 틀렸다고 결론지었다. 그는 또한 천문학자였다. 새로운 반사망원경 디자인을 발명하고 개량했으며, 금성에 대기가 존재한다는 가설을 최초로 주장했다. 그리고 빙하와 대륙 이동에 대한 자신의 연구를 바탕으로 남극 대륙의 존재를 상정했다.

　로모노소프는 발명가이기도 했다. 손쉽게 방향과 거리를 계산하고 기록할 수 있는 항해 도구를 개발했다. 시베리아 북부 해안을 따라 항해하며 대서양과 태평양을 잇는 북극항로를 개발하기 위한 탐사대를 조직했다. 1760년에는 러시아 역사책을 출판하기도 했다. 로모노소프가 진정한 폴리매스인 이유는 그가 과학 분야만이 아니라 예술 분야에서도 뛰어났기 때문이다. 사어인 고대 슬라브어와 토착어를 결합해 러시아어 문법을 수정하고 이 수정된 문법에 따라 글을 쓴 시인이었다. 웅장하고 장엄한 송시를 20편 넘게 지었는데 〈한밤에 신의 위엄을 떠올리며Evening Meditation on God's Grandeur〉가 특히 유명하다. 그는 초기에 광물의 화학적 특성을 연구하다가 고대의 모자이크 기법에 관심을 갖게 되어 40여 점의 모자이크 작품을 직접 제작했다. 이 가운데 〈표트르 대제Peter the Great〉와 〈폴타바 전투Battle of Poltava〉를 비롯한 24점이 남아 있다. 1763년에는 유리 공장을 세워 이탈리아 밖에서 최초로 스테인드글라스 모자이크를 생산했다.

　술탄 셀림 3세는 군사, 외교, 지식 분야에서 혁신을 일으켜줄 폴리매스 인재가 간절했다. 본래 헝가리 출신의 유니테리언Unitarian(삼위일체를 부정하고 단일신론을 주장하는 기독교의 종파—옮긴이)이었던 **이브라힘 뮈테페리카**Ibrahim Müteferrika는 예니체리(기독교 노예 소년을 이슬람으로 개종시켜 육성한 오스만 제국의 친위대) 소속 군인이었다. 그는 오스만 정부에서 군인이자 외교관으로서 경력을 쌓았고 오스트리아, 러시아, 스웨덴, 프랑스와 우호 관계를 증진하는 데 기여했다. 특히 최초로 아랍어 가동 활자를 이용한 인쇄소를 운영한 무슬림 출판인으로 유명하다. 뮈테페리카는 오스만 제국에서 종교 서적뿐 아니라 최초로 일반 서적까지 출판할 수 있는 허가를 받았다. 그는 천문학, 군사이론, 신학, 역사, 경제 분야의 중요한 논문을 포함해 자신의 작품도 다수 출판했다. 출판한 작품은 총 17종 23권이었는데 작품마다 500부에서 1,000부를 인쇄했다. 인쇄소를 운영하면서 지도 제작자이자 판화가로서도 재능을 과시했다. 그가 혁신적인 방법으로 지식을 보급한 덕분에 오스만 제국은 적어도 향후 100년간 흔들림 없이 번영을 누린다.

19세기 초까지도 오스만 제국의 지배하에 있었던 라구사 공화국(지금의 크로아티아)에는 또 다른 폴리매스 **루더 보스코비치**Ruđer Bošković가 있었다. 그는 외교관이자 시인, 건축가, 신학자, 엔지니어, 천문학자였다. 고향인 두브로브니크Dubrovnik에서 로마로 이주한 그는 가톨릭 신부로 서품을 받아 외교 업무와 고해성사, 공무를 담당했다. 또한 건축가로서 밀라노 대성당, 오스트리아 국립도서관, 성 베드로 대성전 같은 로마의 상징적인 건축물을 복구하는 작업에 관여했고 항구 및 하천 관련 토목 공사에서도 토목기사로서 재능을 발휘했다.

과학자이자 수학 교수였던 보스코비치는 원자 이론의 전신에 해당하는 가설을 제시했고, 행성 표면 특징을 관측한 세 가지 값을 이용해 자전하는 행성의 적도를 계산하는 방법을 최초로 고안하는 등 천문학 발전에도 크게 기여했다. 또한 행성의 위치에 대한 세 가지 관측 값을 이용해 행성의 궤도까지 계산해 달에 대기가 없다는 사실을 발견했다. 보스코비치는 과학 철학자이자 시인으로도(그의 시는 주로 종교와 과학의 접점을 노래한다) 명성이 높았으며 로마 최고의 문학 협회인 아르카디아Arcadia 회원이었다.

혁명가형
폴리매스

기득권층 안에서 다방면에 재능을 발휘하는 폴리매스들과는 별개로 현대에는 많은 폴리매스들이 기득권층에 저항했고 때로는 비싼 대가를 치러야 했다. **폴 롭슨**Paul Robeson은 당대의 위대한 미식 축구선수 중 한 명이었다. 선수 생활을 그만 둔 그는 법학을 전공하고 로스쿨을 졸업하자마자 뉴욕 법률회사에서 일을 시작했다. 하지만 운동선수 전담 변호사 생활은 만족스럽지 않았다. 롭슨은 어려서부터 꿈꿨던 무대 위의 삶을 실현하기로 결심했다. 법학을 공부하는 동안에도 아마추어로 몇 차례 무대에 오르면서 저음이 매력적인 가수로 주목받기 시작했다. 그는 흑인영가(미국에서 노예로 살았던 흑인들이 작곡한 종교적인 노래들)를 콘서트 무대에 올린 초창기 흑인 뮤지션이었다. 〈미국인을 위한 발라드Ballad for Americans〉는 미국인의 애국심을 고취하는 곡이자 지금도 롭슨의 저음을 떠올리게 하는 명곡이다. 이 곡으로 롭슨은 미국 전역에서 슈퍼스타로 떠올랐다.

롭슨은 가수뿐 아니라 배우로서도 재능이 출중했다. 초창기 〈존스 황제The Emperor Jones〉 같은 연극에서 보인 연기력은 평단의 호평을 받았다. 이를 발판으로 롭슨은 윌리엄 셰익스피어의 〈오셀로〉에서 주인공을 맡았다. 이 작품으로 1945년에 스핀간 메달Spingarn Medal(전미 유색인 지위 향상 협회NAACP에서 탁월한 업적을 올린 사람에게 수여하는 상—옮긴이)을 받았다. 런던과 브로드웨이 제작사들이 만든 〈쇼 보트Show Boat〉 뮤지컬에도 출연했으며 1936년에 이를 영화로 제작한 작품에도 출연했다. 이 영화에서 그가 부른 〈올맨 리버Ol' Man River〉는 지금도 가장 뛰어난 곡 해석으로 평가받는다. 영국 영화제작자들이 그에게 관심을 보이자 롭슨은 활동 무대를 영국으로 옮겼다. 〈자유의 노래Song of Freedom〉와 〈자랑스러운 계곡The Proud Valley〉을 비롯해 여러 영화에서 롭슨은 비중이 큰 역할을 맡았고 그의 작품들은 영국 박스오피스에 올라 배우 인생에 새로운 정점을 찍는다.

화려한 성공을 거두었음에도 불구하고 롭슨은 더 많은 것을 배우고 싶어 했다. 특히 외국어와 언어학에 흥미를 느껴서 1934년부터 런던에 있는 소아스 대학School of Oriental and African studies에 다니며 중국어와 스와힐리어, 그리고 다양한 아프리카 언어를 배웠다. 학습 능력이 워낙 좋아서 나중에는 20개가 넘는 언어를 습득했다. 롭슨은 이로써 20세기의 다중언어자 가운데 맨 먼저 손꼽히는 사람이 되었다.

본인이 직접 인종차별을 경험한 데다 아프리카 사람들의 역사와 정치를 공부한 롭슨은 인종차별과 식민주의, 계급차별을 통렬하게 비평하는 데 앞장섰다. 그는 예술가일 뿐 아니라 사회정의를 주장하는 사회운동가로서 세계 곳곳을 다녔다. 롭슨은 미국 현대사에서 손에 꼽히는 폴리매스였지만 그럼에도 그의 피부색과 사회주의적 사상 때문에 미국 내에서 소외될 수밖에 없었다.

롭슨은 인종이나 계급, 성별에 무관하게 모든 인간은 자기실현을 완성할 수 있다고 믿었다. 하지만 자본주의 체제하에서는 이 일이 불가능하다고 생각했다. 사람들이 흔히 생각하는 것과 달리 대중이 순순히 복종하며 군대처럼 움직이는 사회는 사회주의 사상과는 거리가 멀다. 사회주의는 본래 각자 고유한 방식으로 꽃을 피울 수 있는 평등한 체제를 지향했다. 오스카 와일드의 유명한 수상록 《사회주의에서의 인간의 영혼The Sould of Man under Socialism》을 보면 사유재산에 기초한 체제에서는 한 개인이 전인적 차원에서 자신의 개성을 온전히 표현하는 것이 절대 허용되지 않는다고 주장했다. 고용주에게 임금을 받고 노동력을 제공하는 체제에서는 소수의 (재정이 탄탄한) 상류층 학자와 예술가만 온전히 자기를 완성할 수 있다고 말했다. 이런 체제에서는 자기 자신이 아니라 물질에 정신을 빼앗기는 사회가 탄생한다.

사실 마르크스도 전인 교육을 신봉한 사람으로 "공산주의 사회에는 화가는 없고 여러 가지 활동 가운데 그림을 그리는 사람이 있을 뿐"이라고 말한 바 있다. 어쩌면 이 같은 비전이야말로 롭슨을 비롯해 세계 곳곳의 수많은 사회주의 혁명가들을 고무시켰을 것이다. 자신의 다양한 재능을 발산하는 일은 그들에게 저항 운동이나 마찬가지였다.

인류 역사상 수많은 사회 및 정치 혁명이 있었다. 주로 권력에 굶주린 한 집단이 기존의 권력을 교체하는 혁명이었다. 하지만 진정한 혁명, 그러니까 노예와 농부, 소수자와 식민지 피지배층을 대변하는 혁명이란 압제자들이 강요하는 체제를 무너뜨리려고 억압당하는 자들이 조직적으로 일으킨 투쟁이었다. 현대사에서 자주 인용하는 성공한 혁명으로는 미국 독립 혁명, 아이티 혁명, 프랑스 혁명, 쿠바 혁명, 러시아 혁명, 이란 혁명이 있다. 이들 혁명을 주도한 세력은 대체로 급진주의자들이었으며 경우에 따라 다르지만 자유주의자, 식민지 지배에 반대하는 민족주의자, 사회주의자들이 여기에 속한다.

서구에서 가장 유명한 혁명은 18세기 후반 파리에서 일어났다. 사상의 자유를 주장하는 계몽주의 운동에 고무된 자유주의자들이 절대 왕정에 맞서 일으킨 혁명이었다. 프랑스 계몽주의 운동 시기에 두각을 보인 두 명은 혁명가였을 뿐 아니라 엄청난 폴리매스였다. **볼테르**Voltaire는 다재다능한 작가로 희곡과 시, 소설, 수필, 역사책과 과학책 등 거의 모든 문학 장르에서 작품을 쏟아냈다. 그가 쓴 편지는 2만 통이 넘고, 책과 팸플릿은 2,000권이 넘는다. 법에 따라 혹독하게 처벌받을 위험에도 아랑곳없이 볼테르는 시민의 자유를 거침없이 주장했다. 프랑스 계몽주의뿐 아니라 프랑스 혁명의 배경을 설명할 때 숱한 역사가들이 **피에르 보마르셰**Pierre Beaumarchais를 중요 인물로 꼽는다. 보마르셰의 삶은 그만큼 진취적이고 모험적이었다(프랑스 계몽주의의 한계를 규정하기 힘들듯 그의 삶도 한계가 없었다). 그는 숙련된 시계 제조공이자 프랑스 궁정악사였고, 사업가였으며, 미국 독립전쟁 시기에는 프랑스의 외교관이자 스파이였다. 그리고 당대에 엄청난 성공을 거둔 극작가이기도 했다.

마르크스주의는 러시아에서 혁명 사상으로 채택되기 전에 유럽, 그중에서도 특히 영국에서 지지를 얻었다. 마르크스와 엥겔스(마르크스의 딸인 엘리노어의 스승이자 친구)의 사상에 고무된 **윌리엄 모리스**William Morris는 영국에서 사회주의 혁명을 주장하는 사회운동가가 되었다. 18세기 중엽에 고딕 부흥양식을 추구하는 건축가로 일을 시작했고 나중에는 실내 장식에 관심을 가졌다. 모리스는 공장에서 기계로 찍어내는 대량생산 방식에 반기를 들고 미술공예운동Arts and Craft Movement을 일으켰다. 전통적인 수공예 방식으로 돌아가라고 호소하며 장인의 지위를 예술가의 그것과 동일한 수준으로 끌어올려야 한다고 주장했다. 모리스는 벽지, 세라믹 타일, 스테인드글라스, 직물 등의 실내 장식품 디자이너였을 뿐 아니라 직조, 염색, 날염, 자수를 활용한 직물 디자인에서도 두각을 나타냈다. 그는 또한 실력 있는 화가였다. 현존하는 유일한 유화인 〈아름다운 이졸데La Belle Iseult〉는 런던의 테이트 갤러리Tate Gallery에 전시되어 있다.

모리스는 15세기의 전통적인 출판 방식을 따라 직접 활자체를 만들고 수공예로 책을 제작한 것으로도 유명하다. 또한 켈름스콧 프레스Kelmscott Press라는 출판사를 직접 운영했는데, 비록 짧은 기간이었지만 영국에서 손꼽히는 전문서적 출판사로 유명세를 탔다. 책을 출판하면서 중세 작가들에게 영감을 받은 모리스는 문학에서도 재능을 발휘해 세계 문학계에 지대한 영향을 미치게 된다. 모리스는 라파엘 전파Pre-Raphaelite(라파엘 이전 시대의 예술적 가치를 회복하려는 운동—옮긴이)의 초창기 시인으로 생전에 수많은 시집을 출판했다. 그는 또한 소설가로서 판타지 소설 장르를 개척했다. 《유토피아에서 온 소식News from Nowhere》과 《세상 너머의 숲The Wood beyond the World》 같은 소설들은 제임스 조이스와 J. R. R. 톨킨J. R. R. Tolkien 같은 후대의 작가들에게 영향을 미쳤다고 한다. 62세에 생을 마쳤을 때 주치의는 그의 사망 원인을 이렇게 분석했다. "그가 윌리엄 모리스였기 때문이다. 그는 평생 열 사람 몫보다 더 많이 일했다." 모리스는 말년에 이르러 그가 아무리 노력해도 그의 생전에는 혁명이 일어나지 않으리라는 사실을 받아들였다. 그의 소설들은 본인이 그리는 유토피아를 표현하는 수단이었다.

한편 러시아, 인도, 쿠바 등지의 여러 나라에서는 사회주의 혁명의 기운이 무르익었다. 그리고 이들 나라에도 폴리매스들이 있었다. **알렉산더 보그다노프**Alexander Bogdanov는 러시아 사회민주노동당을 창당하고 프롤렛쿨트Proletkult(프롤레타리아 문화운동을 주도한 문화단체)를 조직한 사람들 중 한 명이다. 그는 또한 정식 교육을 받은 내과 의사이자 정신과 의사였으며 볼셰비키 혁명 기간에는 정치이론가이자 경제학자로서 목소리를 냈다. 그는 러시아 과학소설의 선구자이며 (화성에 세워진 유토피아에 대한 이야기를 다루는 《붉은 별Red Star》은 현대 러시아 문학에서 고전으로 평가 받는다), 과학 철학자이자 최초의 시스템 이론가로 꼽힌다(그의 시스템 이론을 개괄한 《텍톨로지Tectology》는 중요한 작품으로 평가 받는다).

인도의 **라훌 산끄리땨얀**Rahul Sankrityayan은 비하르Bihar 지역에서 농민 혁명을 주도해 지주들에 대항하다가 세 차례 투옥되었다. 당대에 뛰어난 전기 작가 중 한 명으로 사회주의자였던 그는 마르크스, 레닌, 스탈린, 마오쩌둥의 전기를 썼다. 마하판디타Mahapandita(지혜로운 자)로도 불리며, 다중언어자로서 100권이 넘는 책을 썼다. 사회학, 소설사, 철학, 불교, 문법, 편집, 설화, 과학, 드라마와 정치학에 이르는 다양한 주제를 다루었다.

1960년대 쿠바 혁명을 이끈 지도자 가운데 한 명인 **체 게바라**Che Guevara는 다능하고 박식한 폴리매스로 칭송받지는 않지만 베스트셀러 여행기 작가이고, 정식 수련을 받고 활동한 의사였으며 권위 있는 마르크스주의 철학자이고, 숙달된 군인이자 군사 이론가이며 영향력 있는 정치인이자 외교관이었다. 체 게바라는 40세가 되기도 전에 미국의 지원을 받은 볼리비아 당국에 의해 처형당했다. 그렇지만 그의 다재다능함을 돌아볼 때 프랑스 철학자 장 폴 사르트르가 그를 가리켜 '20세기에서 가장 완벽한 인간'이라고 묘사했다는 사실도 그리 놀랍지 않다.

20세기에 들어서자 제국주의 열강들은 현지의 사회운동가들이 이끄는 거센 저항에 직면하기 시작했다. 새로운 종류의 폴리매스들이 이들 혁명가 대열에 합류했다. 많은 이들이 여러 분야에서 탁월한 재능을 발휘했다. 양질의 교육을 이수하고(보통 서양의 지적 전통과

자국의 전통을 모두 습득했다) 전문직에 종사했으며, 저항시를 짓고, 철학적 세계관을 확산하고, 독립군이 되어 싸우거나 저항 운동을 이끌었으며, 예술과 문학을 통해 반제국주의 정서를 표현했다. 독립을 꿈꾸는 혁명가들은 창의적인 표현 수단을 갈구했기에(때로는 필요에 따라) 다방면에 걸쳐 재능을 발휘하게 되었다.

스페인 식민정부에 대항하다가 35세 나이에 사형당한 필리핀의 국민 영웅 **호세 리잘**Jose Rizal은 폴리매스 혁명가였다. 필리핀에서 법학을 공부하고 리잘은 유럽으로 건너가 마드리드 국립 대학교에서 의학을 전공하고 자격증을 취득해 안과의사가 되었다. 리잘은 인류학에도 조예가 깊었다. 필리핀뿐 아니라 중국, 일본을 비롯해 아시아 여러 나라의 언어와 문화를 깊이 연구했다. 언어를 배우는 데 남다른 소질이 있었던 그는 비교적 단기간에 20개가 넘는 언어를 구사하게 되었다.

시인이기도 한 리잘은 〈마지막 인사Ultimo Adios〉를 포함해 35편이 넘는 작품을 지어 세계적으로 호평을 받았다. 무엇보다 중요한 사실은 그의 시가 자주의식을 고취해 숱한 필리핀 사람들이 스페인 식민정부에 항거해 독립을 쟁취하는 데 기여했다는 사실이다. 그는 수필과 일기 형식으로 정치적인 글을 쓰다가 마침내 필리핀 민족 동맹La Liga Filipina을 조직했다. 그리고 이에 용기를 얻은 필리핀 사람들은 무장 혁명 단체인 카티푸난Katipunan을 결성한다. 리잘은 스페인에 체류하는 동안 스페인 신문 〈라 솔리다리다드La Solidaridad〉의 칼럼리스트로 활동하면서 부패 근절을 촉구하고, 필리핀 사람들에게 자유를 보장할 것을 호소했다. 리잘은 화가로서도 실력이 빼어났다. 천, 조가비, 종이와 캔버스 같은 다양한 표면에 수채화와 유화, 크레용화를 다수 그렸으며, 〈십자가에 못 박힌 그리스도Christ Crucified〉, 〈사투리나 리잘Saturina Rizal〉, 〈스페인 국장Spanish Coat of Arms〉을 남겼다. 이밖에도 그가 여행했던 장소와 역사적 기념물, 그가 만난 인물을 소재로 수없이 많은 스케치 작품을 남겼다.

조각가로서 리잘이 만든 작품을 보면 그의 예술적 재능에 더 놀랄지도 모른다. 〈죽음에 대한 과학의 승리Triumph of Science over Death〉가 유명하다. 나체의 여성이 횃불을 들고 있는 이 조각상은 유럽이 중세 암흑기에서 계몽주의 시대로 발돋움한 것을 상징한다. 그는 자신의 부친을 포함해 당대의 중요한 인물들의 반신상을 조각했다. 나무, 진흙, 밀랍과 테라코타를 이용해 그가 제작한 조각상은 50점이 넘는다. 그토록 짧은 생애 동안 어떻게 시간을 내어 이 많은 업적을 이루었는지 의아해할 테지만 이게 끝이 아니다. 리잘은 취미생활에도 열정적이어서 체스, 펜싱, 음악(플루트), 권총 사격에도 뛰어났다. 지도 제작에도 관여했다. 리잘은 민다나오Mindanao 섬을 비롯해 필리핀 여러 지역의 지도를 스케치했다. 리잘을 '전원생활주의자'로 부르는 사람도 있다. 그가 농업에도 종사했기 때문이다. 오랜 세월 농장을 경영했고 거기서 식물학을 연구하며 다양한 품종을 재배했다.

리잘은 확실히 여러 분야에 재능을 타고난 사람이었다. 짧은 생애 동안 유능한 의사이자 예술가, 시인, 사회운동가, 학자, 다중언어자였으며 여러 취미를 습득했다. 그의 작품은 예술뿐 아니라 사회과학과 자연과학까지 걸쳐 있다. 하지만 그가 이처럼 뛰어난 폴리매스가 된 데에는 식민 정부가 강제한 체제에 항거하는 수단으로 다양한 표현 방식을 탐구했기 때문이다.

19세기 제국주의 열강은 그들의 것과 유사한 체제를 식민지에 구축하며 수직적 전문가 문화를 조성했다. 식민지 관료들은 필요한 곳에 전문가를 기용했고, 현지 사상가와 예술가 들의 지적 자유를 대폭 제한했다. 그러니까 리잘처럼 저항에 앞장서는 인사들은 유럽의 식민 지배를 종식하기 위해 더더욱 폴리매스가 되어 활약하지 않을 수 없었다. 남아시아에서 **무함마드 이크발**Muhammad Iqbal은 파키스탄 건국 운동을 주도하고 '지성의 아버지intellectual founder'로 불릴 뿐 아니라 온 국민이 사랑하는 시인이다(여러 언어로 1만 2,000여 편의 시를 지었다). 동시에 성공한 변호사였으며, 일찍이 우루두어로 경제학 책을 썼고, 근대 이슬람 세계에서 위대한 철학자로 평가받는다. 그는 우루두어로 '하르푼 마울라har-fun mawla(모든 예술의 대가)'라는 칭호를 얻었다.

아프리카에는 세네갈 출신의 혁명가 **셰이크 안타 디옵**Cheikh Anta Diop이 있다. 물리학자로서 아인슈타인의 상대성이론을 올로프Wolof어로 번역했고, 흑아프리카 기초연구소Institut Fondamental d'Afrique Noire: IFAN에 방사성 탄소 실험실을 지었으며, 핵물리학을 다룬 책을 썼다. 유전학, 언어학, 이집트학, 인류학, 세계사에 걸친 방대한 지식을 결합해 혁명적인 작품 《아프리카에서 시작한 문명의 기원*The African Origin of Civilization: Myth or Reality?*》을 집필했다. 이 책에서 그는 역사와 과학에 근거해 식민주의에 반대하는 정치 철학을 종합적 관점에서 기술했다. 정치 이론가인 디옵은 《검은 아프리카*Black Africa: The Economic and Cultural Basis for a Federated States*》를 저술하기도 했다. 이 책에서 아프리카 대륙이 경제적으로 발전하고, 식민 지배로부터 독립할 수 있는 유일한 방법은 정치적 단결이라고 주장했다. 25년 넘게 실천가로 활동하면서 디옵은 세 개의 정당을 세웠고 세네갈 내에서 주된 저항 세력을 구축했다.

지식인형
폴리매스

근대 인도의 위대한 지식인 두 명은 우연히도 부자 관계다. **D. D. 코삼비**D. D. Kosambi로 불리는 두 사람 가운데 아버지 다르마난다 코삼비Dharmananda Damodar Kosambi는 20세기 초의 수학자이자 불교 철학자이며, 팔리어를 연구한 언어학자이자 저명한 마르크스주의 역사가였다. 아들 다모다르 코삼비Damodar Dharmananda Kosambi 역시 아버지 못지않게 다방면에 재능이 뛰어났다. 그는 수학과 언어와 역사에 탁월했고, 아버지와 달리 불교 철학보다는 고고학과 화폐학에 깊은 관심을 보였다. 하버드 대학에서 공부를 마친 다모다르 코삼비는 인도에 돌아와 바나라스 힌두 대학Banaras Hindu University과 알리거 무슬림 대학Aligarh Muslim University, 푸네의 퍼거슨 칼리지Ferguson College, 타타 기초연구소Tata Institute of

Fundamental Research 등의 명망 있는 학문 기관에서 학생들에게 수학을 가르쳤다. 그러는 사이 여러 편의 논문을 발표해 세계 정상급 통계학자이자 기하학자로 인정받았으며 시카고 대학과 프린스턴 대학에서도 학생들을 가르쳤다. 존 폰 노이만John von Neumann과 로버트 오펜하이머J. Robert Oppenheimer를 비롯해 당대 정상급 과학자들과 활발하게 교류했다.

마르크스 사상에 마음을 기울인 후에는 인도와 미국의 정재계 인사들과 사이가 틀어져 다른 학문에 몰두하게 된다. 코삼비는 이미 영어, 프랑스어, 이탈리아어, 독일어로 자기 책을 출판했을 뿐 아니라 남부 아시아의 여러 언어에도 능통할 정도로 굉장한 다중언어자였지만, 산스크리트어에도 관심을 보였다. 그가 산스크리트어에 전념하면서 고대 인도사 연구는 획기적인 전환을 맞이했다. 그의 책 《고대 인도의 문화와 문명Culture and Civilisation in Ancient India》은 인도 문학계에서 고전으로 평가받는다. 이후 그는 화폐학에 관해서도 중요한 논문을 발표했다.

코삼비 부자는 '지식인형' 폴리매스의 전형이다. 두 사람은 그다지 연관 없는 여러 분야의 지식과 사상과 개념을 습득했고, 각 분야에서 학자로서 기여한 몫도 컸다. 그들은 평생에 걸쳐 다양한 분야를 동시에 혹은 순차적으로 통달한 사람들이다. 다방면에 박식한 사람을 넘어 한마디로 '다방면 전문가'였다. 그들은 새로운 지식을 찾아내고, 생산하고, 확산한다. 그들은 자신의 지성을 이용해 하나의 주제 내지는 여러 주제를 공부하고, 연구하고, 성찰하고, 예측하거나 질문을 던지고 답한다. 물론 지식인이란 곧 사상가이기에 질문이 생기면 알게 모르게 행동보다는 사유를 우선시하기 마련이고 문제를 해결함으로써 학문에 기여한다. 지식인이란 대체로 철학가, 역사가, 과학자, 사회 과학자, 수필가, 심지어 소설가로 활동한다. 이들은 인류 역사를 바꾼 사상이나 개념을 생산하거나 발전시킨다. 지식인 중에서도 뛰어난 폴리매스는 생각에 경계를 두지 않는 이들이다. 여러 학문을 넘나드는 지식과 사상, 개념을 배울 뿐 아니라 서로 연관 없어 보이는 분야에서 각기 재능을 발휘하고 학문 발전에 기여한다.

지식인형 폴리매스로는 철학자가 대표적이다. 오늘날 철학은 갈수록 구획화하고 각 영역(논리학, 형이상학, 윤리학 등등) 별로 전문가를 생산하는 추세다. 하지만 본래 철학은 탐구 방법에 경계가 없이 전 분야를 아우르는 종합적 세계관의 형태로 시작되었다. 근대 이전의 철학자들은 세계관을 정확히 진술하고자 다양한 주제에 관해 질문을 던졌으며 학제적 융합 접근법에 따라 답을 찾아나갔다.

버트런드 러셀에 따르면 **아리스토텔레스**는 진정한 의미에서 최초의 철학자다. 아리스토텔레스는 플라톤의 아카데미에서 교육을 받았고, 그 뒤 마케도니아 왕립 아카데미의 수장이 되었다. 그리고 스승이 되어 훗날 왕위에 오를 세 사람을 가르쳤다. 바로 알렉산더 대제와 프톨레마이오스, 카산드로스가 그들이다. 기원전 335년에 아테네로 돌아와 323년까지 아리스토텔레스는 그 유래를 찾기 어려울 정도로 다양한 주제에 관해 수많은 글을 저술했다. 그 다양성은 참으로 경이로운 수준이다. 자연과학 분야에서는 해부학, 천문학, 발생학, 지리학, 지질학, 기상학, 물리학, 동물학과 관련해서 자신이 관찰한 사실을 기록하고 연구했다. 철학 분야에서는 미학, 윤리학, 형이상학, 정치학, 경제학, 심리학, 수사학, 신학을 주제로 글을 썼다. 교육, 외국의 관습, 문학과 시학에 관해서도 중요한 저술을 남겼다. 그의 저작을 모아보면 그리스의 지식을 전부 모아놓은 백과사전이나 마찬가지다. 그는 당시 존재했던 거의 모든 분야의 지식을 발전시키는 데 기여했고, 다수의 새로운 분야를 개척한 철학자였다. 영국의 역사가 브라이언 매기Brian Magee는 아리스토텔레스에 관해 "그 사람만큼 많이 아는 사람이 세상에 또 있을까 싶다"고 말했고, 페르난데스 아메스토Fernandez-Armesto는 "오늘날 우리가 무관하다고 여기는 분야를 가볍게 넘나들며 모든 지식에 통달한 사람으로 그의 영향을 받지 않은 사람이 거의 없다"라고 말했다. 아리스토텔레스는 최초의 지식인형 폴리매스로 꼽을 수 있으며 지식의 폭과 깊이에서 보기 드물게 균형 잡힌 사람이었다.

그리스인이 최초로 폴리매스 철학자의 전형을 보여주었다면(아리스토텔레스가 대표적이다), 서기 10세기부터 13세기까지 이슬람 철학자들은 다방면에 걸쳐 자유롭게 지식을 탐구하며 그들만의 지식 혁신을 이룩했다. **이븐 시나**Ibn Sina(혹은 아비센나)는 서구 세계에도 잘 알려진 이슬람 철학자로서 10세에 코란을 전부 암송했고, 21세에 이슬람의 모든 학문에 통달했다. 사만Samanid 왕조의 시의侍醫였던 시나는 왕궁 도서관을 이용할 수 있었고 덕분에 다양한 분야를 탐구할 수 있었다. 그렇게 이어진 지식의 항해를 망라한 저작이 《치유의 서 Kitab al-Shifa》이다. 이 책은 논리학과 기하학, 산수, 천문학, 음악, 형이상학을 포함해 철학과 과학까지 포괄하는 백과사전이나 다름없었다. 한 사람이 집필한 책으로는 가장 방대하고 다채로운 작품으로 평가하는 이들이 많다.

이븐 루시드 Ibn Rushd(혹은 아베로에스)는 이븐 시나의 지적 후계자로 평가 받는다. 그는 당시 학문의 중심지로 유명했던 코르도바 대학에서 신학과 법학, 의학을 동시에 전공했다. 이후 코르도바의 법관에 임명되었고, 알모하드 왕조 아부 야쿠브 유수프Abu Ya'qub Yusuf의 시의로 궁정에서 일했다. 그 밑에서 루시드는 당시 의학을 집대성한 《의학통론al Kulliyat fi al Tibb》을 저술해 의학 발전에 지대하게 공헌했다. 이븐 루시드는 궁정에서 독특한 지위를 차지한 덕분에 이븐 시나나 이븐 투파일Ibn Tufail처럼 폭넓게 철학적 탐구에 몰입할 수 있었다. 루시드는 아리스토텔레스 철학을 연구 계승한 학자로서 그리스 철학을 비판한 알 가잘리al Ghazali를 반박하며 《부조리의 부조리 Tahafut al-Tahafut》를 저술했다. 이 책은 이슬람 철학사에서 매우 중요한 작품 중 하나로 평가받는다. 12세기 페르시아의 아야톨라(고위 성직자)인 **나시르 알딘 알투시**Nasir al-Din al-Tusi는 신학과 철학, 그리고 당대에 알려진 자연과학의 거의 모든 세부 학문, 다시 말해 수학(기하학), 화학(질량의 보존), 생물학(진화), 천문학(행성의 운동)이 발전하는 데 큰 역할을 담당했다.

폴리매스 철학자 중에는 문화 비평가라고 할 만한 이들도 있다.

존 러스킨 John Ruskin은 건축에 관해 여러 권의 책을 썼고, 옥스퍼드 대학교 재학 당시 뛰어난 시를 지어 뉴디게이트 상Newdigate Prize을 받았으며, 지질학과 식물학에 관해서도 논문을 썼다. 애덤 스미스의 《국부론》에 대한 평론을 발표해 예술 비평가이자 역사가로 우뚝 섰다. 여러 권으로 구성된 그의 대작 《현대 화가론Modern Painters》은 오늘날도 뛰어난 예술 비평서로 평가받는다. 러스킨은 또한 시각 예술가이자 정치 사상가로서 예술계와 정계에 지대한 영향을 미쳤다. 실론 출신의 미술사가 **아난다 쿠마라스와미**Ananda Coomaraswamy도 러스킨처럼 폴리매스였다. 그는 인도 미술을 서구 예술가들에게 최초로 소개한 사람이다. 쿠마라스와미는 철학가이자 '영원 철학perennial philosophy'을 지지한 형이상학자로서 전통주의자 학파Traditionalists School를 일군 사람 중 한 명이다. 그는 광물학자로서 실론 섬의 지질학 조사에 참여했다. 또한 벵골의 자치를 부르짖는 독립운동과 문예 부흥운동을 이끈 유명 인사였다. 그리고 천재적인 다중언어자로서 라틴어, 그리스어, 페르시아어, 산스크리트어, 팔리어, 힌디어, 아이슬란드어, 프랑스어, 영어, 중국어를 이해하고 쓸 줄 알았다.

폴리매스 지식인이란 서로 무관해 보이는 다수의 분야에서 탁월한 능력을 보이는 학자들 내지는 각기 다른 영역의 지식을 종합해서 둘 이상의 학문에 크게 공헌하는 사상가를 말한다. 미국의 작가 **아이작 아시모프**Isaac Asimov는 전자에 해당하는 좋은 사례. 그가 출판한 책들은 듀이의 도서십진분류법에 따라 10개 항목에 전부 포함될 정도로 다양하다. 그는 대중적인 과학서와 과학소설로 특히 명성이 높다. 거의 모든 과학 분야(화학, 수학, 물리학, 천문학, 생물학, 컴퓨터, 해부학)를 다루었으며, 신학부터 문학, 5행 희시limericks, 소비자가 직접 제작하는 법DIY까지 다양한 주제로 글을 썼다. 그는 여러 단편과 500권이 넘는 저서를 썼으며 그중 많은 책이 사후에 출판되었다.

학문의 영역을 넘나드는 학자들은 반드시 각 학문을 더 잘 이해하도록 어떤 구체적인 기여를 한다기보다는 여러 학문을 철저히 파악하는 데 힘쓴다(각 학문이 어떻게 자신이 풀고자 하는 문제와 연관 있는지를 이해한다). 즉 그들은 맥락을 파악하기 위해 종합하거나 혹은 그 반대로 한다. 뛰어난 사회과학자들 중에는 다양한 지식을 융합하는 데 탁월한 이들이 있다. 일례로《자본론》으로 유명한 **카를 마르크스**는 자본주의 법칙을 밝히고자 경제학과 정치학, 사회학, 역사, 문학, 심리학까지 방대한 지식을 활용했다. 그가 세운 가설은 20세기 세계 정치사에 막대한 영향을 미쳤다. 마르크스주의 이론가 데이비드 하비David Harvey에 따르면, "마르크스의 경우에는 서로 동떨어진 개념 체계를 가져다가 한데 비비고 문질러 혁명의 불을 지피는 과정에서 새로운 지식이 발생한다." 마르크스와는 정반대의 이념을 추구했던 **애덤 스미스** 역시 물리학, 천문학, 법학, 역사, 형이상학을 비롯해(그는 각 분야에 관해 중요한 논문을 썼다) 다양한 학문에 정통했으며, 이들 지식을 융합해《국부론》을 저술했다. 이 책에 담아낸 그의 경제 철학은 세상에 막대한 영향을 미쳤다. 스미스가 습득한 지식 중에 이를테면 천문학은 이 책이 나오기까지 어떤 역할을 했을까? 언뜻 보면 명확하게 보이지 않을지 몰라도 천문학은 분명 그가 사고하는 방식에 과학적 맥락과 틀을 제공했으리라.

글을 쓰는 게 직업인 작가들은 흔히 종교 기관이나 교육 기관에 소속된 사상가들보다는 제약이 적은 편이다(물론 출판사의 제약을 받기는 한다). 다재다능한 작가들은 때로 다른 필명으로 다양한 분야를 자유롭게 탐구한다. 현대 이전까지는 대체로 수필가들이 이 경우에 해당한다. **조반니 피코 델라 미란돌라**Giovanni Pico della Mirandola는 르네상스 시대 유럽의 박식한 학자로 정평이 높았다. 그는 세상에 있는 온갖 지식을 습득해 이를 결합하고자 했으며 그 결과 르네상스 인문주의의 기틀을 마련한 인물이 되었다. 그가 쓴 《인간 존엄성에 관한 연설*Oration on the Dignity of Man*》은 자신의 지적 탐구를 집대성한 혁명적인 수필이다. 르네상스 시대 문필가인 영국의 **토머스 브라운**Thomas Browne은 의학과 종교, 철학, 식물학, 고고학, 매사냥과 훈련법, 음악, 수학 등 각각의 주제에 관해 권위 있는 산문을 남겼다. 그와 동시대를 살았던 프랑스의 **미셸 드 몽테뉴** 역시 그의 다재다능함과 박식함이 여실히 드러나는 《수상록》으로 유명하다.

소설가들은 종종 믿기지 않을 만큼 방대한 지식을 바탕으로 이야기를 구성하고 작품에 담아낸다. 러시아 작가 **레오 톨스토이**는 종교와 역사, 전쟁, 정치, 예술, 문학, 경제, 농업, 사회, 철학을 하나의 이야기에(특히 《전쟁과 평화》) 녹여내는 놀라운 솜씨로 시대를 초월해 사랑 받는 세계적인 문호가 되었다. 이처럼 방대한 지식을 융합해 작품으로 승화시키는 능력을 지닌 또 다른 문학계 작가로는 영국의 **올더스 헉슬리**Aldous Huxley와 이탈리아의 **움베르토 에코**Umberto Eco가 있다. 두 사람은 자신이 흡수한 여러 분야의 지식과 사상을 그들의 문학 작품 속에서 통찰력 있게 풀어냈다. 물론 두 사람은 문학뿐 아니라 아시모프처럼 여러 학문 분야에서 뚜렷한 발자취를 남겼다.

세계 최고로 인정받는 세계사는 주로 폴리매스 역사가들의 손에서 탄생한다. 이들은 여러 영역(지리학, 문화, 경제, 과학 등)의 지식을 선별하고 종합해 효과적으로 정리하기 때문이다. 일례로 10세기의 아랍 역사가 **알 마수디**Al-Mas'udi는 《황금 초원과 보석 광산*The Meadows of Gold and Mines of Gems*》에서 다양한 분야의 이슬람 과학을 결합해 연대순으로 세계사를 정리했다. 13세기 튀니지 출신의 역사가 **이븐 칼둔** Ibn Khaldun이 저술한 《역사서설*Muqaddiamb*》은 역사철학서 가운데 가장 위대한 작품으로 손꼽힌다. 이 책은 인류 문명의 흥망성쇠를 다양한 면에서 조명한 백과사전적 논문이다. 이븐 칼둔은 철학과 역사, 신학, 경제, 정치이론, 사회학, 자연과학과 지리학의 핵심 개념을 능숙하게 통합했으며 그 과정에서 사회과학이라는 학문을 새로 정립했다. 역사가 **윌 듀런트**Will Durant는 퓰리처상 수상자로 20세기 들어 단편적으로 기술한 역사서가 많아지자 시간의 흐름을 따라 역사적 사건을 통합하는 프로젝트를 기획했다. 그리고 10권에 달하는 《문명이야기*The Story of Civilization*》에서 마침내 목표를 달성했다. 이 책에서 그는 "각 시대별 역사를 꿰뚫는 통찰로 사건과 인물을 종합적으로 분석하고자 (……) 했다." 과학사가 **제이콥 브로노우스키**Jacob Bronowski는 수학, 물리학, 생물학, 철학, 문학에 대한 자신의 방대한 지식을 결합해 '인간 등정의 발자취'를 설명하는 획기적인 책과 동명의 TV 다큐멘터리 시리즈를 발표했다.

교육가형
폴리매스

기원전 47년 율리우스 카이사르는 **마르쿠스 테렌티우스 바로**Marcus Terentius Varro를 로마의 공립 도서관장으로 임명했다. 퀸틸리아누스Quintilian에 따르면, 바로는 '로마인 중에 학식이 가장 뛰어난 자'였다. 이보다 앞서 바로는 로마와 아테네에서 수학했으며 폼페이에서 군인으로 복무하고 정치인으로 활동했다. 그의 책《여러 학문에 대한 9권의 책*Nine Books of Disciplines*》은 훗날 백과사전 편집자들에게 전형이 되었다. 문법, 수사학, 논리학, 산술, 기하학, 천문학, 음악 이론, 의학, 건축. 바로가 이렇게 정리한 9가지 학문은 자유 시민이 갖춰야 하는 교양 과목의 토대를 놓았다. 후대의 작가들은 바로의 목록을 이용해 우리가 잘 아는 '중세의 자유 7과'를 구성했다.

바로는 그저 두루 많이 아는 사람으로 안주하지 않고 로마의 학문을 체계적으로 발전시키는 일에 치열했다. 그는 엄청나게 다양한 지식을 넘나들며 라틴어로 74권을 저술했는데, 이 가운데 다수는 과학과 언어학, 역사 분야에서 눈부신 성과를 이룩했다. 그가 편찬한 《바로의 연대기*Varronian Chronology*》는 특히 중요한 역사서로 유명한 그리스인과 로마인 700명을 다룬 짤막한 전기를 비롯해 연대순으로 역사를 기술했다. 《농사일에 대하여De re rustica》는 농업 백과사전에 해당하는 책으로 여기서 바로는 고인 물로 인해 전염성 질병이 발생해 사람의 건강을 해칠 수 있다고 추론했다. 이 가설은 훗날 16세기 과학자 지롤라모 프라카스토로Girolamo Fracastoro가 과학적으로 입증한다. 《라틴어에 대하여De lingua Latina》는 언어학적으로 중요한 업적일 뿐 아니라 다양한 주제에 관해서도 귀중한 정보를 담고 있다.

바로Varro 이전, 고대 세계에서는 자신의 경험과 형이상학적 문헌을 성찰하고 지식을 도출해낸 현자들이 훌륭한 교육가의 역할을 담당했다. 현자들이 터득한 보편적 지혜는 다방면의 교육에 적용되었다. 일례로, **공자**孔子는 역사와 시부터 올바른 정부의 형태, 예절, 수학, 음악, 궁술, 점술에도 해박한 교사였다. 말하자면 공자는 주나라에서 '소크라테스처럼 제자를 가르친 1인 대학'인 셈이었다. 현자들은 일상생활의 수많은 문제에 관해 믿고 조언을 구할 수 있는 지식의 원천이었다. 고대 인도의 시인 **티루발루바르**Thiruvalluvar는 타밀어로 《티루꾸랄Thirukural》을 썼다. 이 작품에는 미덕(가정사, 절제, 신실함)과 부(고용, 인간됨, 배움), 사랑(구애, 아름다움, 친밀함)에 대한 지침을 비롯해 일상에 필요한 윤리적 가르침이 담겨 있다. 그리스 철학자 **에피쿠로스**도 유사한 주제로 300편의 작품을 저술했다. 《사랑에 대하여》, 《정의에 대하여》, 《자연에 대하여》, 《인생에 대하여》 등 그의 책에는 실생활 전반에 대한 조언이 담겨 있다.

지혜를 전하던 고대의 위대한 현자들이 세상을 떠나고 나서는 지식(사실적 지식과 그 밖의 지식)이 산발적으로 발전하고 퍼져나갔다.

바로를 비롯해 새로운 교육가 유형이 나타나 지식을 백과사전 형태로 수집하고 정리하기 시작했다. 백과사전 편집자들은 지식을 습득하고, 편찬하고, 공유하는 미덕을 발휘했고 그 과정에서 교육자로서 인류사에 지대한 영향을 미쳤다. 그들이 지닌 다양한 지식과 박식함만 봐도 백과사전 편집자들이 폴리매스라는 사실에 의심의 여지가 없다. 그들은 인물과 현장, 사건과 사물, 기타 현상까지 엄청나게 방대한 지식을 편집(혹은 저술)해 책으로 펴냈다.

이 밖에도 여러 폴리매스가 이 같은 유산을 이어받았다. 로마의 백과사전 편집자인 **아울루스 코르넬리우스 켈수스**Aulus Cornelius Celsus는 방대한 백과사전을 편찬했다. 거기에는 의학과 농업, 전쟁, 법률에 대한 항목들을 포함해 로마의 거의 모든 지식이 담겼다. 아쉽게도《의학에 관하여De Medicina》한 권만 현존할 뿐이지만, 동시대에 편찬된 여러 주석에 따르면 켈수스는 당시 로마인의 일상과 관련한 거의 모든 문제에 해박한 지식을 보유했다. 당나라의 관료 **두우**杜佑는 36년에 걸쳐《통전通典》을 편찬했다. 총 200권으로 구성한《통전》은 온갖 지식을 담아놓은 백과사전으로 세부적으로는〈식화전食貨典〉,〈선거전選擧典〉,〈직관전職官典〉,〈예전禮典〉,〈악전樂典〉,〈병전兵典〉,〈형법전刑法典〉,〈주군전州郡典〉,〈변방전邊方典〉이렇게 9가지로 분류된다.

9세기 콘스탄티노플의 동방 정교회를 이끈 대주교 **포티오스**Photius는《비블리오테카Biblotheca》를 편찬한 것으로 유명하다. 이 책은 자신이 읽은 고전 중에 무려 280권에 대한 초록과 서평을 실은 기념비적인 작품이다. 프랑스의 폴리매스 **뱅상 드 보베**Vincent of Beauvais는 중세 시대에 널리 읽힌 백과사전《거대한 거울Speculum Maius》을 편찬했다. 중세 시대의 모든 지식을 〈자연의 거울Speculum Naturale〉, 〈지식의 거울Speculum Doctrinale〉, 〈역사의 거울Speculum Historiale〉 이렇게 3부작으로 집대성한 책이었다. 중국 송나라의 정치인이자 백과사전 편집자인 **이방**李昉은 중세 시대에 널리 읽힌《송사대서宋四大書》를 편찬했다. 중세 시대 유럽 교회의 학자들 사이에서는 백과사전을 편찬하는 전통이 있었다. 중세 초기 위대한 학자 중에 **세비야의 이시도르**Isidore of Seville는《어원학Etymologiae》(서기 630년경)이라는 백과사전을 편찬한 최초의 기독교인 저자로 널리 알려져 있다. 이시도르는 당시 습득 가능한 고대와 당대의 지식을 모두 이 책에 담았다. 20권 분량의 이 백과사전은 중세 도서관에서 매우 인기가 높아 1470년부터 1530년까지 적어도 10판 이상 인쇄되었다. 이는 이시도르의 인기가 르네상스 시대까지 이어졌음을 보여준다.

이슬람 제국 초기에는 고대 그리스 학문을 보존하는 일은 말할 것도 없고 방대한 지식을 정리하고, 편찬하고, 유포하는 일은 대부분 폴리매스가 담당했다. 이집트 맘루크 왕조 시대의 **알 누와이리**Al Nuwaiyri는 총 30권으로 9,000쪽 분량의 백과사전을 편찬했다. 14세기를 살았던 문인이 인식한 세계를 일련의 목록으로 정리한 책이다. 참고로 영역본《The Ultimate Ambition in the Arts of Erudition》이 최근 출간되었다. 백과사전 항목을 보면 달을 숭배하는 종파부터 최음제, 구름의 본질, 물소 우유로 만든 치즈, 홍학이 알을 품는 습성에 이르기까지 무척 광범위하다. 이로부터 한 세기 뒤에 이집트 학자 **알 시유티**Al Siyuti 역시 의학, 언어, 법률, 이슬람 신학을 비롯해 여러 주제에 관해 500여 권에 이르는 책을 썼다. 사실상 15세기 카이로에서 습득 가능한 이슬람 학문 지식을 모두 정리해서 집대성했다.

16세기에 독일 출신의 칼뱅주의자 **요한 하인리히 알스테드**Johann Heinrich Alsted는 7권으로 구성된 백과사전을 집필하는 데 20년 넘게 매진했다. 계몽주의 시대에 프랑스의 철학자 **데니스 디드로**Denis Diderot는 편집장으로서 역대 가장 유명한 백과로 손꼽히는《백과전서Encyclopédie》를 편찬했다. 그는 인류의 방대한 지식을 종합하여 '대중의 사고방식을 바꿔놓고자' 했다. 이《백과전서》는 프랑스 계몽주의 철학을 대표하는 작품으로서 디드로 본인도 계몽주의를 대표하는 철학자로 존경받는다.

1800년대에 들어 지식의 양이 기하급수적으로 증가한 후로 백과사전 편집은 한 개인의 역량을 넘어서는 작업이 되었다. 1805년도《브리태니커 백과사전Encyclopaedia Britannica》증보판에는 이런 말이 있다. "그 재능이 아무리 놀랍고 또 아무리 치열하게 매달려도 한 개인이 걸어 다니는 백과사전이 되리라고 기대하는 것은 비합리적이다." 오늘날에는 인터넷상에서 사람들이 공동으로 제작하는 위키백과Wikipedia 같은 디지털 사전이 과거에 폴리매스가 했던 역할을 대체하고 있다. 하지만 과거에는 언제나 폴리매스가 방대한 지식을 집대성하고 유포하는 과정에서 없어서는 안 될 중요한 역할을 담당했다.

백과사전 편집자들이 지식을 집대성하고 질서정연하게 정리하는 교육가라면, 선생과 교수는 (새로운 지식을 생산하는 경우도 있지만) 학교나 대학, 기타 교육기관을 통해 더 널리, 효과적으로 지식을 전달하고 유포하는 교육가다. 백과사전 안에서 지식을 분류하고 편집했듯이, 학교와 대학 측도 지식을 나누고 이 지식을 가르칠 교사들이 서로 영향 받지 않도록 구분하기 시작했다. 하지만 역사 초기에는 교육가 한 사람이 다양한 주제를 모두 가르쳤다. **플라톤**을 예로 들어보자. 보편적 방법론으로 철학을 탐구한 플라톤은 자연히 그의 아카데미에서 오늘날 우리가 무관하다고 여기는 다양한 주제들을 함께 가르치고 학생들과 연구했다. **히파티아**Hypatia는 로마제국 아래서 번영한 알렉산드리아 출신 학자로 플라톤을 계승해 신플라톤주의 학파를 이끌었다. 히파티아는 학교에서 수학, 천문학, 철학을 가르쳤으며 각각의 학문에서 모두 뛰어난 학자로 인정받았다.

르네상스 이전에는 수도원 같은 종교 기관에서 주로 교육이 이루어졌지만, 서아프리카를 비롯해 다른 지역에서는 대학이 그 역할을 맡았다. 만데 족의 말리 제국이 쇠퇴하고 서아프리카를 손에 넣은 송가이 제국은 영토를 확장했고 전성기에는 140만 평방킬로미터를 차지했을 정도로 거대한 무슬림 왕국이 되었다. 지식인 중에 당시 일인자로 꼽히던 **아흐마드 바바**Ahmad Baba는 법률, 신학, 문법, 인류학 등에 조예가 깊었다. 또한 팀북투의 유서 깊은 상코레 대학 Sankore University에서 무려 32년간 수장을 맡았다. 그는 1,600여 권에 달하는 개인 장서를 지닌 것으로 유명하다. 구텐베르크 전의 유럽에서 출판된 책을 다 합쳐도 이보다 적은 수준이었음을 고려하면 실로 엄청나다. 그나마도 당시 일부 동료 학자들에 비하면 '수수한 수준'이었다. 15~16세기에 학문의 중심지로 성장한 팀북투에서 수집한 책만 해도 무려 70만여 권이 현존한다.

18세기에 **마리아 가에타나 아녜시**Maria Gaetana Agnesi가 여자로서는 최초로 교황 베네딕토 14세의 초빙을 받아 대학 교수가 되었다. 그녀는 세계적인 명문 볼로냐 대학에서 수학과 자연철학, 물리학을 강의했다. 아녜시는 수학자이자 물리학자, 철학자, 신학자였으며 다중언어자였다. 특히 이탈리아어와 프랑스어, 그리스어, 히브리어, 스페인어, 독일어, 라틴어를 어린 나이에 터득할 만큼 재능이 뛰어난 천재였다. 아녜시는 철학과 자연과학에 관한 논문집《철학의 명제 *Propositiones Philosophicae*》를 출판했다.

18세기 이후 유럽에 근대적인 대학이 들어서면서 신학자 출신보다 일반 대학에 소속된 학자들이 교육자를 대표하는 직업군으로 떠올랐다. 19세기 학자 **윌리엄 휴얼**William Whewell은 현대 유럽에서는 최초로 대학 교수로서 평생 연구에 매진한 폴리매스에 해당한다. 그는 주로 케임브리지 대학 교수로(트리니티 칼리지 학장으로) 활동하며 신학, 자연과학, 역사, 경제, 법률, 건축, 교육, 철학 발전에 크게 기여했다. 20세기 초 영국에서 유명한 '폴리매스 교수'를 꼽으라 하면 **버트런드 러셀**이 있다. 그는 정치학, 역사학, 언어학, 수학, 종교학(주로 기독교)은 물론 대표작《서양 철학사*A History of Western Philosophy*》에서 입증했듯이 철학의 여러 분과에도 능통했다. 다양한 학문에 해박한 지식을 지닌 러셀은 20세기를 대표하는 철학자로 자리매김했다.

영국과 유사한 고등 교육 체계를 발전시킨 미국 대학계에서는 **찰스 샌더스 퍼스**Charles Sanders Peirce 교수가 대표적인 폴리매스에 해당한다. 그는 수학과 화학, 광물학, 경제학, 논리학, 역사학, 언어학을 탐구하는 철학자이자 교수로서 동료들 사이에서는 '미국 철학자들 가운데 가장 독창적이고 다재다능한 자'로 불렸다. 철학 자체가 여러 분과로 쪼개져 전문화된 후로 퍼스처럼 철학 분과를 두루 꿰뚫는 철학자는 더 이상 찾아보기 힘들어졌다. 컴퓨터가 등장해 놀라운 속도로 기술이 진보하면서 사회과학과 기술과학 분야에서 학제적 사고와 방법론이 중요해졌다. 이런 맥락에서 **허버트 사이먼**Herbert Simon은 일군의 대학에서 정치학, 경제학, 사회학, 인지 심리학, 컴퓨터 과학 등의 교수로 재직하며 각 분야에서 주목할 성과를 냈다. 사이먼은 의사결정 과정에 관해 획기적인 논문을 썼으며 인공지능 이론의 기틀을 놓았고, 정보처리 이론과 교육학을 과학적인 학문으로 정립했다. 1978년에는 노벨 경제학상을 받았다.

신비주의자형
폴리매스

철학자이자 과학자인 **루돌프 슈타이너**Rudolf Steiner는 괴테-실러 기록보관소Goethe-und Schiller-Archiv에서 자연과학 담당 편집자로 일했다. 그는 폭넓은 통찰력으로 과학과 철학 그리고 영성을 결합했다. 이 철학을 기반으로 '인지학anthroposophy'을 창시했으며 삶의 여러 영역에서 자신의 철학을 실천했다.

루돌프 슈타이너는 유기농법(생명역동 농법) 체계를 세웠으며 오늘날에는 널리 확산되어 세계 곳곳에서 유기농법이 이뤄지고 있다. 그는 의학 분야에서도 새로운 관점을 제시하고 다양한 대체의학 외에도 미술 치료법과 전기적 치료법biographic therapy(환자의 문제를 인생 전체의 맥락에서 보게 하여 치료하는 상담 방법—옮긴이)을 개발했다. 또한 건축가로서 17개의 건물을 설계했으며 두 건물은 건축 사상 뛰어난 작품으로 평가받는다. 또한 영향력 있는 화가로서 요제프 보이스Joseph beuys를 비롯해 현대 예술가들에게 영감을 주었다. 네 편의 희곡을 쓴 극작가로서 체계적인 연기론을 제안했으며 러시아 출신의 유명 감독 미하일 체홉Mikael Chekhov이 이에 영향을 받은 것으로 알려졌다.

루돌프 슈타이너는 인지학 사상을 널리 전파하고 전인 교육을 실천하기 위해 발도르프 학교Waldorf Schools를 설립했다. 제1차 세계대전 후 슈타이너는 사회운동가로 명성을 얻었고(그가 저술한《사회 혁신을 향하여Toward Social Renewal》는 세계적으로 인기를 얻었다) 그의 영향력이 커지자 히틀러와 대립하게 되었다. 히틀러는 슈타이너의 평판을 떨어뜨리려고 시도했지만 성공하지 못했다. 슈타이너의 다재다능함은 사후에 출판된 작품을 통해 더욱 빛을 발했다. 그의 철학은 예술과 건축, 농업, 교육, 철학, 의학 외에도 금융과 정치 분야에도 지속적으로 영향을 미쳤다.

다방면에서 세상에 영향력을 미친 신비주의자는 슈타이너만이 아니다. 조나단 블랙Jonathan Black은 그의 획기적인 저서 《알려지지 않은 세계사Secret History of the World》에서 역사상 위대한 인물들을 관통하는 특정한 비전祕傳이 있다고 주장했다. 무함마드, 다 빈치, 베르니니Bernini, 캐럴, 키케로, 볼테르, 코페르니쿠스, 프랭클린, 에디슨, 베이컨, 괴테, 임호텝, 라이프니츠, 뉴턴, 피타고라스, 톨스토이. 이들은 모두 블랙이 신비주의자로 조명한 사람들인데 모두 (서로 무관해 보이는) 다수의 분야에서 탁월한 능력을 발휘했고 이를 통해 역사를 창조했다. 흥미롭게도 이들은 모두 폴리매스라는 공통점이 있다. 뛰어난 형이상학자와 영적 지도자 중에는 신성한 본질을 깊이 이해하려는 열망으로 다양한 형태의 지식을 습득하고, 연결하고, 질문을 던지는 이들이 있다. 따라서 이들은 누구보다 해박하고 광범위하게 사고할 줄 안다.

세계사에 지대한 영향을 미친 신비주의자들은 물리적 세계뿐 아니라 형이상학적 세계를 깊이 이해한 사람들이었다. 그들은 철학만큼이나 열정적으로 신학을 탐구했다. 신비주의자들은 세상이 동일한 원천에서 생겨나 서로 연결되어 있다고 생각했고 전일적 관점에서 사유하고 인생을 탐구하는 경향이 있다. 이들은 서로 동떨어지고 낯선 분야를 탐구하는 일을 죄악시하지 않는다. 이들은 만물에서 통일성을 읽는다.

힌두교는 신도 수가 가장 많은 종교 중에 하나로 다름을 포용하

는 전통을 뚜렷하게 보여준다. 대표적으로 10세기 인도의 신비주의
자 **아비나바굽타**Abhinavagupta는 희곡과 시와 찬가를 지었고 음악을
작곡했으며 미학과 요가, 신학에 관해 글을 썼다. 그는 자신의 작품
들을 하나로 엮어 시바파Shaivism의 힌두교 철학을 집대성한《탄트라
로카*Tantraloka*》를 편찬했다. 라빈드라나트 타고르Rabindranath Tagore에
따르면 이 철학은 "인류의 다양한 지혜가 하나로 어우러져 찬란하게
살아 움직이는 곳. 그 지식의 심연 속으로 곧장 뚫고 들어간다." 16
세기 아삼 출신의 종교 철학자이자 현자인 '마하푸루시Mahapurush(위
대한 자)'로 알려진 **스리만타 상카르데브**Srimanta Sankardev는 아삼 지역
이 심각한 홍수 피해를 입지 않도록 댐을 건설했다(이 댐은 지금도 존
재한다). 하지만 그는 음악가로 더 유명하다. 라가raga 음악의 진동만
으로 나무 잎사귀를 떨어뜨렸다는 전설적 가수 탄센Tansen의 음악을
계승해 아삼 지역의 문화를 발전시켰다. 시인이기도 한 그는 당대의
칼리다사Kalidasa, 즉 뛰어난 극작가로서 야외극장을 도입한 선구자
중 한 명이었다. 상카르데브는 시각 예술에도 조예가 깊어서 '브린
다바니 바스트라Vrindavani Vastra'라는 빼어난 태피스트리 작품도 남겼
다. 1920년대 파리에서 활동하며 가수이자 연주자, 화가, 무용가로
서 다재다능함을 입증한 **알랭 다니엘루**Alain Danielou는 그 후에는 인도
학자로서 명성을 얻었다.《카마수트라*Kama Sutra*》를 번역했고,《인도
사*History of India*》를 썼으며, 타고르의 초빙으로 타고르 음악 학교 학
장이 되어 서구 세계에 인도 전통 음악을 널리 알렸다. 또한 요가와
시바교 철학에 관해 여러 권의 책을 저술해 힌두교 권위자로 인정받

왔다.

불교 신비주의자 중에도 세상에 지대한 영향을 미친 폴리매스들이 있다. 징기스칸의 직계 후손 **자나바자르**Zanabazar는 정치인이자 불교 승려로서 몽골을 지배한 청나라를 지지했다. 그는 서구 세계에서 '몽골의 미켈란젤로'로 불렸는데 그가 유명한 조각가일 뿐 아니라(그가 제작한 금동불상은 국보로 평가받는다) 몽골의 예술과 건축, 음악에 엄청난 영향을 미쳤기 때문이다(그는 여러 곡의 찬가를 작곡했다). 자나바자르는 또한 학자로서 의학과 천문학, 문헌학에 관해 방대한 저술을 남겼으며 무엇보다 불교를 들여와 몽골 불교만의 정체성을 확립한 영적 지도자로 유명하다. 19세기 티베트 승려 **미팜 잠양 갸초**Jamgön Ju Mipham는 10가지 학문, 곧 예술과 공예bzo, 보건학gso ba, 언어sgra, 논리-인식론tshadma, 구원론nang don, 시학snyan ngag, 어휘론mngon brjod, 운율학sdeb sbyor, 극작법zlos gar, 점성술dkar rtsis에 통달한 폴리매스로 '마하판디타Mahapandita(위대한 스승)'로 추앙 받는다. 방대한 지식을 소유한 미팜은 이 모든 학문을 종합해 닝마Nyingma(티베트 불교의 4대 종파 중 하나—옮긴이) 불교를 창시한 사람 중 하나다. 19세기 후반 미국인 **헨리 스틸 올콧**Henry Steel Olcott은 군인, 공무원, 변호사, 농업 전문가로 다방면에 경력을 쌓고 나서 불교 교리를 탐구하고자 실론(지금의 스리랑카)으로 여행을 떠났다. 올콧은 거기서 '백인 불자'를 상징하는 인물이 되었다. 불교 학교를 곳곳에 세웠으며 그중 몇 곳은 오늘날 명문 대학으로 성장했다. 나아가 그는 블라바츠키 부인Madame Blavatsky과 함께 신지학협회Theosophical Society를 설립한다. 이 협회는

19세기 후반 비전祕傳 철학을 전파하는 중심지가 되었다.

유대교 철학과 영성은 그 역사가 유구하지만 폴리매스로 인정받는 유대인이라면 이슬람 문명이 꽃피운 알 안달루스Al Andalus(지금의 이베리아 반도를 차지하는 중세 무슬림 영토—옮긴이)에서 가장 왕성하게 활동했다고 말해도 무방하다. **아브라함 이븐 에즈라**Abraham Ibn Ezra는 11세기부터 12세기까지 무슬림 스페인에 거주한 랍비로 유대 철학사상 손에 꼽힐 만큼 존경받는 인물이자 저명한 주석가이다. 또한 그는 아랍의 '무와쉬샤Muwashshah' 형식으로 시를 쓰는 저명한 시인이었다. 훗날 레온 와인버거Leon Weinberger가 에즈라의 시집을 영역해 출판했다. 이 외에도 에즈라는 점성술에 관한 논문 일곱 편과 히브리어 문법에 관한 논문 일곱 편, 수학에 관한 중요 논문 세 편을 집필하기도 했다. 특히 에즈라가 쓴 수학 논문은 인도의 기수법을 유럽에 전파하는 데 중요한 역할을 했다. 11세기 스페인에서 활동한 랍비 **모세 마이모니데스**Moses Maimonides 역시 다방면에 재능이 뛰어났다. 다수의 의학 논문과 점성술 비평서를 비롯해 (주로 논리학에 관한) 철학 논문을 집필했다. 특히 《방황하는 자들을 위한 안내서*Guide to the Perplexed*》는 그의 방대한 철학 지식이 고스란히 담긴 역저다.

기독교 신비주의 전통은 11세기 **힐데가르트 빙엔**Hildegard de Bingen이 활동하던 당시에 지지를 얻기 시작했다. 빙엔은 처음에 수녀 겸 신학자로 이름을 알렸다. 수차례 '환상'을 체험한 빙엔은 이를 바탕으로 100통이 넘는 편지와 72편의 노래, 70편의 시를 썼으며 여러 가지 주제에 관해 9권의 책을 출간했다. 탁월한 시인이자 철학자이며 작곡가였던 빙엔은 식물학과 의학에 관한 글도 여러 편 썼다. 동료 수녀들에 의해 '여성감독'에 선출된 빙엔은 루페르츠베르크 Rupertsberg와 아이빙겐Eibingen에 수도원을 설립했고, 교회 내에서 여성의 권리를 옹호했다. **토마스 아퀴나스**는 13세기 기독교 신비주의 자이자 수도사로 당대에 통용되는 지식을 모두 익히고 이를 바탕으로 기독교 철학을 정립했다. 이 스콜라 철학은 이후 르네상스 시대와 계몽주의 시대의 수많은 학자들에게 영향을 미쳤다. 우리와 보다 가까운 시대의 폴리매스 영성가로는 러시아 정교 사제 **파벨 플로렌스키**Pavel Florensky가 있다. 전기 작가에 따르면 플로렌스키는 '러시아의 알려지지 않은 다 빈치'로 한때 기독교 투쟁 연합Christian Struggle Union을 조직하기도 했으나 급진적인 기독교 운동을 접은 뒤 신비주의 철학자가 되었다. 그가 집필한 《진리의 기둥과 터*The Pillar and Ground of the Truth*》는 수학과 신비주의 영성을 다차원적으로 탐구한 책이다. 미술사와 미술 이론을 공부해 미술 비평가로서도 명성을 얻은 플로렌스키는 고대 러시아 미술에 관해 영향력 있는 글들을 발표했다. 그는 일찍이 수학을 전공하고 과학으로 탐구 영역을 넓혀 절연체와 전기역학에 관한 글들을 발표했으며 나중에는 《기하학 속의 허수들*Imaginary Numbers in Geometry*》이라는 획기적인 논문을 발표했다. 아인슈타인의 상대성이론을 기하학적으로 해설한 이 논문에서 그는 종교와 과학의 양립 가능성을 논했다. 화학자이기도 했던 플로렌스키는 강제수용소에 복역하는 동안 요오드 용액과 배양액을 가지고 화학 실험을 했으나 체제에 반하는 종교인들을 박해하던 소련 당국에 의해 처형되었다.

이슬람교의 신비주의가 가장 뚜렷하게 나타나는 분파는 수피파다. 10세기 페르시아의 신비주의자 **알 가잘리**Al Ghazali는 역대 가장 존경받는 수피교도로 꼽힌다. 자연과학과 신학, 신비주의, 서양철학, 문법과 법률을 넘나드는 방대한 지식으로 명성이 높다. 무엇보다 그의 필생의 역작인《종교학의 부흥*Ihya' 'Ulum al-Din*》에서 자신의 철학적 결론을 이론적으로 탄탄하게 구축했다. 13세기 **쿠틉 알 딘 알 쉬라지**Qutb al Din al Shirazi는 이슬람교 신비주의자로서 이슬람 철학의 조명 학파illumination school를 형성했다. 그는 코란의 주석서를 저술한 신학자이자 아랍어 구문론과 수사학에 관해 기술한 문법학자이며, 법률 논문을 쓴 법학자로서 법관을 지내기도 했다. 또한 그는 과학자로서 이븐 시나의《콜리옛*Kolliyet*》에 관해 주석서를 썼을 뿐 아니라 나병에 대한 글도 저술했다. 그의 스승을 계승해 기하학을 발전시키고, 태양중심설의 가능성을 탐구했으며 천문표를 만들었다. 대표작《진주 왕관*The Pearly Crown*》은 자연과학과 도덕철학, 정치철학을 속속들이 파헤친 역작이다. 쉬라지는 단순한 지식인에 그치지 않았다. 그는 시인 루미Rumi와 동시대를 산 시인이자 음악가였다. 또한 루바브Rubab 연주자였으며 체스의 대가였다.

인간은 합리적이고 영적인 동물로 주된 성향이 어떻든지 간에 (세속적 지식이건 비밀리 전해오는 지식이건) 언제나 지식을 추구했다. 지식을 얻기 위해서라면 합리적인 방법이든 신비스러운 방법이든 가리지 않았고 때로는 두 방법을 함께 사용하기도 했다(이 방법이 더 효과적이라고 주장하는 이들도 있다). 고대 그리스 철학자들은 로고스 logos(논리)와 크노시스knosis(신비주의)를 이용해 아주 다양한 질문들을 탐구했다. 소크라테스의 문답법이 그 전형적인 예다. 소크라테스는 합리적인 질문을 거듭함으로써 대화자를 새로운 의식 상태로 이끈다. 전통적으로 그 본질이 도덕적이고 신비스럽다고 알려진 불교도 〈깔라마수타伽藍經〉에서 비판적 사고를 통한 진리 탐구를 격려한다. 이슬람은 지식을 얻는 수단으로 마음alb과 정신akl을 모두 강조한다. 힌두 철학의 핵심적인 전제 하나는 인간은 앎을 갈구한다는 것이다. 실제로 지식jnana yoga(즈나나 요가)은 신과의 합일을 경험하는 네 가지 경로 중 하나다. 나머지 경로는 사랑, 노동, 심신의 훈련이다.

탐험가형
폴리매스

19세기의 모험가 **리처드 프랜시스 버턴** Richard Francis Burton은 왕립지리학회의 후원을 받아 수차례 미지의 영역으로 탐험을 떠났다. 남아시아 출신의 순례자로 변복하고 무슬림 성지 순례Hajj를 마쳤고, 나일강의 수원을 찾는 원정에서 소말리아와 콩고 내륙에서 거대한 호수를 발견했다. 《서아프리카의 재치와 지혜Wit and Wisdom from West Africa》, 《알 메디나와 메카 순례 이야기A Personal Narrative of a Pilgrimage to Al-Medinah and Meccah》, 《동아프리카에서의 첫걸음First Footsteps in East Africa》 등을 비롯해 수많은 기행문을 남겼다. 언어에 소질이 있는 데다가 문화에 대한 호기심으로 세계 곳곳을 여행한 덕분에 버턴은 19세기 사람 중에 가장 뛰어난 다중언어자가 되었다. 그리스어와 우루두어부터 스와힐리어와 히브리어에 이르기까지 무려 40개의 외국어와 방언을 구사했다고 한다. 힌디어와 아랍어에도 능통한 버턴은 《카마수트라》와 《아라비안나이트》를 영어로 번역했다.

사회생활을 군인으로 시작한 버턴은 탐험가로서 오지를 여행하다가 나중에는 외교관을 지냈다. 그러는 사이 작가로서도 왕성하게 글을 썼다. 기행문을 비롯해 동양 문학과 르네상스 문학을 번역하고, 인류학 관련 논문을 쓰고, '카씨다Kasidah'라는 아랍 전통 시를 썼다. 그리고 《향기로운 정원The Perfumed Garden》 같은 성 문학의 고전을 번역했다. 게다가 펜싱과 매 전문가로서 이 두 주제로 논문을 쓰기도 했다. 전기 작가 바이런 페어웰Byron Farewell은 이렇게 평가했다. "아무리 노력해도, 한 번에 모든 일을 할 수 있는 사람은 없다. 그런데 리처드 프랜시스 버턴만큼 노력한 사람은 아무도 없었다."

모든 탐구는 호기심에서 시작된다. 어느 사회건 또 어느 왕실이나 기업이든 자신들의 이익을 위해 탐사를 의뢰했다. 하지만 원정을 떠나는 탐험가는 새로운 것을 발견할 가능성만을 본다. 그렇다고 특정한 것을 찾는 게 아니다. 탐험가는 찾는 과정 자체를 즐긴다. 그래서 뭔가를 발견하고 나면 새로운 것을 찾아 탐험을 계속한다. 널리 보고 듣는 탐험가들 중에는 당연히 폴리매스가 많았다.

영국 최초의 폴리매스 탐험가 **월터 롤리**Walter Raleigh는 엘리자베스 시대에 르네상스인의 전형을 보여준다. 엘리자베스 여왕의 총신龍臣으로 기억되지만 사실 그는 시인이자 탐험가, 군인, 역사가, 정치가, 상인, 스파이, 그리고 다양한 주제로 글을 쓴 작가로 다채로운 삶을 살았다. 대영 제국이 영토를 확장해나가던 18세기와 19세기에는 다양한 재능을 발휘하며 여러 문명을 탐사하는 박식한 모험가들이 갈수록 늘어났다. **제임스 앳킨슨**James Atkinson은 뱅골에 주둔한 영국군 의무장교로서 아프가니스탄으로 탐사를 떠났고, 이후 그 지역을 지배하던 두라니 왕조Dooranee Empire로부터 훈장을 받았다. 또 앳킨슨은 군사 목적으로 떠난 탐사 과정에서 정식 교육을 받은 유능한 화가로서 아프가니스탄과 펀자브 지방의 풍경을 차례로 스케치와 유화에 담았으며 인상적인 작품들을 모아 나중에 출간하기도 했다. 그의 자화상을 비롯해 일부 작품은 지금도 런던 국립 초상화 미술관 National Portrait Gallery에 전시되어 있다.

앳킨슨은 인도에서 최초로 발행된 영자 신문에 해당하는 〈캘커타 가제트Calcutta Gazette〉의 편집자를 거쳐 새로 생긴 〈거번먼트 가제트Government Gazette〉의 편집자가 되었고, 이후 언론 감독관을 역임했다. 언어학자이기도 했던 그는 동양의 언어에도 능통해서 포트 윌리엄 칼리지Fort William College에서 페르시아어 부교수직을 맡기도 했다. 또한 페르시아의 서정시인 피르다우시Firdausi의 민족적 서사시《샤나메*Sha Nameh*》를 최초로 번역해 동양번역재단Oriental Translation Fund에서 수여하는 금메달을 받기도 했다. 같은 해에 페르시아어 원본에서 영어로 번역한《페르시아 여인들의 관습과 예절, 그리고 미신*Customs* *and Manners of the Women of Persia, and their domestic superstitions*》을 출간했으며, 이 외에《라일리와 마즈눈의 사랑 *The Loves of Laili and Majnun*》,《비밀의 보고*Makhzan ul Asrar*》같은 페르시아 고전을 여러 편 번역했다. 앳킨 슨은 시에도 남다른 재능이 있어 21세에《로돌포*Rodolpho*》라는 연애 시집을 발표하기도 했다.

인류학, 예술, 언어에 대한 호기심, 무엇보다 과학에 대한 호기심 으로 많은 이들이 18세기와 19세기에 학술 탐험에 나섰다. 뛰어난 학자이자 탐험가인 **알렉산더 폰 훔볼트**Alexander von Humboldt는 현대사 에서 첫손에 꼽히는 박식한 자연과학자다. '과학 분야의 마지막 만 물박사'로 불리고 '18세기와 19세기의 위대한 통합적 사상가'로 평가 받기도 한다. 훔볼트는 식물학, 지질학, 인류학, 해양학, 동물학, 해 부학을 비롯한 자연과학 분야에서 엄청난 발자취를 남겼다. 그는 5 년에 걸쳐 라틴아메리카의 방대한 지역을 조사했고 러시아에서 탐 험한 거리는 장장 9,000마일에 이른다. 훔볼트는 탐험 중에 수집하 고 발견한 자료를 정리해 21년에 걸쳐 수많은 책으로 편찬했다. 특 히 다섯 권으로 출간한 대표작《코스모스》(1845)에서 여러 분야의 과 학 지식을 통합하려고 시도했다. 또 그는 열정적인 언어학자로서 자 신이 여행한 지방의 다양한 방언들도 공부했다.

영국의 탐험가 **프랜시스 골턴**Francis Galton은 한 곳에 가만히 앉아 연구하기보다는 세계 곳곳을 탐험하며 통찰력을 얻는 과학자들 가 운데 한 명이다. 그가 쓴《여행의 기술 *The Art of Travel*》은 베스트셀러 가 되었다. 문화와 지리가 저마다 다른 환경을 관찰한 사실을 토대로 여러 과학 분야에서 획기적 성과를 냈다. 기상학(고기압 개념과 최초의 대중적인 기상도 개발)과 통계학(회귀와 상관관계), 심리학(공감각 성향), 생물학(유전의 본질과 메커니즘), 법의학(지문 수사 기법 도입)이 대표적이다. 골턴은 당시 영국에서 떠오른 우생학 운동의 선구자였다. 우생학자들은 백인종의 지적 우월성을 과학적으로 입증하려고 했다.

20세기 초에 우리는 다자주의와 국제연맹의 탄생을 목격했다. 이때부터 '글로벌 정치인'이라는 새로운 종이 등장했다. 스칸디나비아 반도의 다른 나라들과 마찬가지로 노르웨이는 중립국으로 인정받았다. **프리티오프 난센**Fridtjof Nansen이 국제연맹 난민 고등판무관에 임명된 이유도 그가 노르웨이 출신이라는 사실이 작용했을 것이다. 그는 제1차 세계대전과 정치적 분쟁으로 발생한 전쟁 포로와 난민을 위해 봉사한 공로를 인정받아 노벨 평화상을 받았다. '난센 여권'은 국적이 없는 사람들을 위해 그가 도입한 제도로 50개국이 넘는 나라에서 인정하는 신분증이다. 고등판무관으로 일하기 전에 운동선수, 동물학자, 신경학자, 해양학자, 역사가, 여행 작가, 북극탐험가, 외교관으로서 다채로운 인생을 살았다. 18세에 1마일 스케이팅 대회 세계기록을 갱신했고, 이듬해에는 전국 크로스컨트리 스키 대회에서 우승했으며 이후에도 11차례나 우수한 성적을 냈다.

난센은 그림에도 열정이 있었지만 운동선수를 그만두고 나서는 그림 대신 동물학을 공부했고 베르겐 박물관Bergen Museum의 동물학관 큐레이터로 일했다. 또 해양 생물의 중추신경계를 연구하고 관련 논문을 발표했으며 나중에 왕립 프레데리크 대학Royal Frederick

University 동물학 교수로 일했다. 이후 동물학에서 해양학으로 연구 영역을 넓혔다. 그는 왕립지리학회의 의뢰를 받아 16세기 초까지 북극 지역 탐험의 역사를 두 권의 책으로 편찬하기도 했다. 1911년에 《북쪽의 안개 속에서In the Northern Mists》라는 제목으로 출간되었다. 그는 두 차례나 북극 탐사를 다녀온 탐험가였다. 27세에 최초로 썰매를 타고 그린란드 내륙빙하를 건넜고, 5년 뒤에 다시 북극을 탐사할 때는 '전진'이란 뜻의 프람Fram 호를 타고 북극해를 가로질렀다(북위 86도 14분 지점까지 도달하는 기록을 세웠다). 특히 외교관으로서 1905년 노르웨이가 스웨덴으로부터 독립할 때 중요한 역할을 했다. 독립 후에 그는 노르웨이 최초의 주영駐英 대사로 임명되었으며 노르웨이의 독립적 지위를 보장받기 위한 협상을 성공적으로 이끌었다.

과학자형
폴리매스

중국 연구가 프레드릭 모트Frederick Mote에 따르면 **심괄**沈括은 '중국 과학계에서 역대 가장 흥미로운 인물이 아닐까 한다.' 심괄은 《송사宋史》에 기록된 문화와 지식의 다양성을 여실히 보여주는 인물이다. 그는 수학과 천문학, 해부학, 지리학, 경제학, 광학은 물론 토목공사와 기계공학까지 여러 학문에서 업적을 남겼다. 공학자이자 발명가로서 그는 혼천의渾儀와 물시계浮漏, 청동 해시계 바늘影表(정오에 그림자로 시간을 알려주는 기계)을 개발했다. 또한 나

침반이 진북이 아니라 북극점을 가리킨다는 사실을 최초로 발견한 사람이다. 수학자였던 심괄은 가로세로 19줄씩 교차하여 361개의 교차점을 지닌 바둑판에서 가능한 수를 계산하기도 했다. 천문을 관측하는 사천감司天監 수장에 임명되어 행성 운동을 관측했고 새 황제를 위한 역법을 새로 개발했다. 이후 재무장관에 해당하는 권삼사사權三司使를 지냈으며 공급과 수요 이론, 가격 예측 방법, 화폐 공급, 가격 통제, 시장 개입에 관한 여러 책을 집필해 당대의 저명한 경제학자로 명성을 날렸다.

심괄은 또한 유명한 정치가였으며, 뛰어난 시인이자 화가이자 음악가로서 문화계 거장으로 손꼽혔다. 과학 및 예술적 재능을 발휘해 실용성이 뛰어난 작품을 생산했다. 그리고 평생 습득한 지식을 망라해 《몽계필담夢溪筆談》이라는 작품집을 냈다. 수학과 음악, 미술 비평, 천문학, 역법, 지도 제작법, 지리학, 광학, 의학에 이르기까지 다방면에 걸친 연구 논문과 수필을 담은 역작으로 송나라가 남긴 가장 중요한 지적 산물 가운데 하나로 평가받는다.

중국의 과학사를 기술한 영국인 조지프 니덤Joseph Needham에 따르면 중국인은 '과학에 근거한 전일적인 세계관 그리고 전체에 종속된 개체들의 조화로운 관계'에 주목한다. 따라서 다양한 자연 현상을 따로 보지 않고 상호 관련성 안에서 동시에 파악하려고 한다. 16세기와 17세기에 명나라는 자연과학과 관련해 방대한 지식을 축적한 것으로 유명하다. **이시진**李時珍은 전통 중국의학과 본초학, 침술을 정립한 선구자이며 자신의 과학적 연구와 경험을 토대로 《본초강

목本草綱目》을 편찬했다. 이시진은 이 책에서 식물학, 동물학, 광물학, 야금학 등 다양한 주제를 넘나들며 1,892종의 약재를 소개한다. 명나라의 **송응성**宋應星이 지은 《천공개물天工開物》은 과학 기술을 집대성한 최초의 백과사전 중 하나로 평가 받는다. 특히 참고문헌 없이 저자 본인이 축적한 지식과 경험만을 토대로 저술했다는 점에 주목해야 한다. 그렇다면 송응성은 단순한 백과사전 편집자가 아니라 여러 과학 분야에 영향력을 끼친 저술가로 평가해야 옳다.

이슬람 세계가 형성되고 초기에는 많은 신학자들이 동시에 과학자였다. 이들은 창조주 못지않게 피조물을 깊이 이해하는 것을 중시했다. 이슬람교가 탄생하고 처음 200년간 학자들은 과학적 경계를 개의치 않고 탐구에 힘을 쏟았다. 대표적으로 **자파르 알 사디크**Jafar Al Sadiq, **자비르 이븐 하이얀**Jabir ibn Hayyan, **알 콰리즈미**Al Khwarizmi, **이븐 이스하크**Ibn Ishaq, **이븐 쿠라**Ibn Qurra, **알 자히즈**Al Jahiz는 수학과 천문학, 해부학을 포함해 여러 학문(일름Ilm)에 능통했다. 무슬림 세계에서는 다방면에 걸쳐 과학을 탐구하는 전통이 이어졌고 이를 잘 보여주는 인물이 965년에 출생한 **이븐 알하이삼**Ibn al-Haytham이다. 물리학, 생물학, 천문학, 수학을 포함해 다양한 과학 분야를 탐구하면서 실험을 통해 이론을 입증하는 과학적 방법론을 최초로 정립한 과학자 가운데 한 명이다. 광학과 시지각 원리에 대한 연구로 특히 유명하고, 물리학과 해부학, 천문학, 공학, 수학, 의학, 안과학과 심리학에서도 빼어난 업적을 남겼다. **타끼 앗딘**Takiyuddin은 16세기 오스만 제국의 학자로 천문학, 물리학, 의학, 광학, 수학, 기계공학(시계 제작

등)을 비롯해 다양한 과학 분과와 공학을 주제로 90권이 넘는 책을 저술했다. 이 중 일부는 현재까지 전해지고 있으며, 앗딘의 사상은 과학이라는 학문을 탐구하고 이론을 정립하는 데 새 지평을 열었다.

르네상스 시대 이후로 영국에서 폴리매스 과학자들이 속속 등장했다. **아이작 뉴턴**Isaac Newton은 실제로는 과학에 대한 글보다 신비주의 신학occult theology에 대한 글을 더 많이 썼다. 그럼에도 뉴턴이 과학자로서 이룩한 성과는 역사상 그 어떤 과학자보다 다양한 분야에 걸쳐 있을 뿐 아니라 영향력 또한 지대하다. 수학자로서 뉴턴은 미적분학을 개발했고(그 공적을 라이프니츠와 나누어야 하지만), 이항정리를 입증해 보였고, 함수의 근을 구하는 방법론을 정립했고, 거듭제곱 근수(멱급수)를 이용하는 방법을 발전시키는 데 기여했다. 뉴턴은 《자연철학의 수학적 원리*Principles of Natural Philosophy*》(보통 '프린키피아'로 불린다)를 편찬함으로써 (최소한 서구 세계에서 이해하는 바로는) 실질적으로 물리학이라는 학문을 발명한 셈이다. 그는 이 책에서 만유인력의 법칙과 세 가지 운동 법칙을 설명했고, 태양중심설에 대한 의심을 말끔히 씻어냈다. 최초로 실용적인 반사망원경을 제작했고, 프리즘을 통과한 백색광이 여러 색상으로 분리되며 가시광선을 구성한다는 관찰에 근거해 색채 이론을 개발했다. 또한 실험에 근거해 냉각법칙을 정립하고 음속을 연구하고 계산했다. **로버트 훅**Robert Hooke은 뉴턴과 동시대를 살았으며 역사가 앨런 채프먼Allan Chapman은 그를 가리켜 '영국의 다 빈치'라고 평가했다. 그는 천문학과 중력, 공기역학, 기계공학, 연소, 심리학, 현미경 관찰법을 비롯해 다양한 과학 분야에서 중요한 업적을 남겼다. 1666년 런던 대화재 후에는 건축가로서 굵직굵직한 재건 사업을 맡아 건물을 복구하거나 설계했다. 도시를 재생하는 과정에서 예술적 재능은 물론 과학 분야에서 축적한 다양한 전문성을 활용했다.

계몽주의 시대가 도래하고 학계에서는 전문화가 가속화하는 추세였지만 몇몇 지식인들은 여전히 이러한 흐름에서 벗어나 있었다. **토머스 영**Thomas Young은 그의 전기 작가가 묘사한 바에 따르면 '최후의 만물박사'다. 환자를 진료하는 의사였지만 동시에 생리학과 광학, 물리학에 관해 중요한 논문을 연이어 발표했으며 나중에는 물리학 교수로서 빛의 파동 이론을 수립했다. 이보다 더 눈에 띄는 대목은 다중언어자로서 400개가 넘는 언어의 발음을 연구했으며 로제타스톤에 새겨진 이집트 상형문자를 최초로 일부 해독했다는 점이 아닐까 한다(이 작업은 나중에 샹폴리옹Champollion의 손에서 완성되었다). 그리고 오늘날 '영의 평균율Young Temperament'로 알려진 악기 조율법을 창안하기도 했다.

메리 소머빌 Mary Somerville이 이름을 알리기 전까지 19세기의 과학계는 남성들이 지배하는 세계였다. 독서 인구가 늘어남에 따라 어려운 과학 지식을 대중에게 보다 빨리 보급하려는 사업의 일환으로 실용지식보급협회Society for the Diffusion of Useful Knowledge가 소머빌에게 번역을 의뢰했다. 매력적인 문체로 여러 과학 분야의 문헌을 번역하고 대중화하는 데도 힘썼지만 자신이 직접 다양한 분야의 과학 글을 저술했다.《자연과학들의 연관성에 대하여On the Connexion of the Physical

Sciences》,《자연지리학*Physical Geography*》,《분자와 현미경 과학*Molecular and Microscopic Science*》등이 대표적이다. 그녀는 수학자로서 대수에서 사용되는 '변수variable'라는 용어를 고안했다. 소머빌은 여성 최초로 왕립천문학회Royal Astronomical Society 회원이 되었고, 세상을 떠났을 때 런던의 〈모닝 포스트Morning Post〉 지는 그녀를 가리켜 '19세기 과학계의 여왕'이라고 묘사했다.

계몽주의 시대에 '박물학의 아버지'라고 하면 단연코《박물지 *Historie Naturelle*》의 저자인 **조르주루이 르클레르 드 뷔퐁 백작**Georges-Louis Leclerc, Comte de Buffon일 것이다. 이 책은 당대의 가장 뛰어난 과학 백과사전으로 무려 44권으로 구성되었으며 자연과학의 다양한 분과를 망라했다. 그는 미적분학을 확률 이론에 도입했고, 목재의 속성을 연구했고, 태양계의 기원을 탐구했고, 인류 일조설을 앞장서서 지지했다. 스웨덴의 계몽주의 과학자 **칼 폰 린네**Carl Linnaeus는 다방면에 조예가 깊은 박물학자로 과학계에서 전문화가 가속화하는 중에도 해부학과 식물학, 동물학, 지질학을 넘나들며 평생 연구에 매진했다. 인간과 식물, 동물, 광물 분류학의 기초를 놓은 선구자 중 한 명이었다. 계몽주의 시대의 폴리매스 과학자로 독일의 **헤르만 폰 헬름홀츠**Herman von Helmholtz도 빼놓을 수 없다. 뛰어난 의사이자 물리학자이자 심리학자로 20세기 과학 철학을 주도한 학자로 손꼽힌다.

이른바 '연속 발명가serial inventors'란 둘 이상의 과학 분야에서 그들의 역량이나 재능을 발휘해 다양한 장치를 설계하고 제작하는 이들을 말한다. 대표적인(또 가장 이른 시기의) 사례는 고대 그리스의 발명가 **아르키메데스**Archimedes일 것이다. 천문학자이자 물리학자, 수학자, 엔지니어로서도 탁월했던 아르키메데스는 과학사에 길이 남을 중요한 원리와 도구를 발견하고 발명했다. 무한급수를 이용해 포물선에 둘러싸인 도형의 면적을 계산하는 실진법을 도입했고, 놀라우리만치 현재와 근사한 원주율을 계산해냈다. 회전곡면을 계산하는 공식을 정립하고 자신의 이름이 붙은 나선을 개발했고, 아주 큰 수를 나타내는 방법을 새로 고안했다. 그는 구의 부피와 면적은 원기둥의 부피와 (밑면을 포함한) 면적의 3분의 2라는 사실을 증명했고, 아르키메데스는 이 비율을 알아낸 것을 자신의 가장 큰 수학적 업적으로 자평했다. 물리학 분야에서는 정역학과 유체 정역학의 기초를 놓은 것과 지레의 원리를 발견한 것으로 유명하다. 또한 '아르키메데스 나선양수기'와 '아르키메데스 공성 무기'를 비롯해 혁신적인 기계를 다수 발명했다.

9세기의 천재 **압바스 이븐 피르나스**Abbas ibn Firnas는 본업이 의사였지만 공학과 물리학, 생물학, 천문학, 화학을 넘나들며 발명가로서도 무척 다채로운 삶을 살았다. '알마카타Al-Maqata'라는 물시계를 설계했고, 무색 유리 제조법을 고안했으며, 다양한 형태의 별자리 조견판을 발명했다. 시력 교정 안경에 해당하는 '독서용 돌reading stones'을 제작했고, 행성과 별의 운동을 모사하는 데 사용할 수 있는 고리 사슬을 개발했으며, 오늘날의 메트로놈에 해당하는 기계를 제작했다. 그가 수정 가공법을 개발한 덕분에 스페인은 더 이상 이집트에 석영을 보내 가공할 필요성이 없어졌다. (서구 사회에는 덜 알려졌지만) 발명가로서 가장 놀라운 업적을 꼽자면 비행 실험을 위해 날개 달린 기구를 제작했다는 사실이다. 신뢰할 만한 여러 기록에 따르면, 비행 실험에서 피르나스는 날개 장치로 이륙하는 데는 성공했지만 꼬리 부분의 구조가 미흡해 착륙 지점을 잘못 계산한 탓에 척추를 다쳤다고 한다. 역사상 피르나스는 최초로 무동력 비행을 시도한 사람이다.

예술가형
폴리매스

지르얍Ziryab은 9세기에 안달루스의 예술 문화를 도맡아서 혁신했다고 해도 과언이 아니다. 그는 페르시아 출신으로 뛰어난 음악 재능을 인정받아 알 안달루스Al-Andalus를 다스리던 칼리프에게 일찍이 초빙을 받았고, 음악 학교를 열어 가수와 연주가 들을 교육했다. 스페인 기타의 뿌리인 페르시아의 류트를 비롯해 다양한 악기를 소개했으며 페르시아와 메소포타미아의 수많은 노래와 곡조, 무용을 소개했다. 특히 그가 도입한 춤은 나중에 집시의 영향을 받아 스페인의 유명한 플라멩코로 발전했다. 음악 이론가이자 작곡가인 지르얍은 전통적인 작곡법의 리듬과 운율을 변주해 므왓샤흐, 자잘, 나우바 같은 음악 양식을 창조했다.

지르얍은 특히 코르도바의 아브드 알 라흐만 2세Abdar-Rahman II의 궁정에 들어가 패션 아이콘이자 식도락가로 유행을 이끌었다. 또한 모범적인 궁정대신의 전형으로 궁중의 예의범절을 교육했다. 이는 발데사레 카스틸리오네Baldesar Castiglione가 16세기 르네상스 이탈리아에서 《궁정인》을 저술하기 수세기 전의 일이다. 지르얍은 다양한 헤어스타일과 조리법, 복장에 대한 새로운 감각, 위생 관리, 예의범절, 식습관, 3가지 코스 요리, 식탁보, 고급 요리, 절기별 패션, 크리스털 유리 제품, 체스와 폴로 같은 게임을 새로 도입했다. 궁정 문화의 다방면에서 지르얍은 창의적인 재능을 발휘했다.

근대에 들어서기 전까지 '예술the arts'이라는 말은 인간이 배워야 할 모든 것을 지칭했다. 유럽에서 예술이라고 하면 일곱 가지 교양 과목Liberal Arts(문법, 수사학, 논리학, 산술, 기하학, 음악, 천문학이 있다)을 포함하는 말이었다. 초창기 대학에서는 이 교양 과목을 가르쳤고, 그밖의 기예Mechanical Arts(이를테면 직조, 벽돌쌓기, 군대, 사냥, 상업, 요리 등)은 길드에서 교육했다. 유럽 밖의 지역에서는 르네상스 이전부터, 유럽에서는 르네상스 이후부터 교양과 기예를 가리키는 '예술'이란 말이 현대에 통용되는 의미로 바뀌기 시작했다. 예술이란 '뛰어난 기술과 상상력을 발휘해 미학적 가치를 창의적으로 표현하고 제작한 작품'을 주로 지칭하게 되었다. 오늘날 예술이란 시각 예술(그림, 조각, 사진)과 행위 예술(음악, 영화, 극장), 문학예술(시, 소설, 희곡)을 가리킨다. 창의적인 폴리매스들 중에는 다양한 예술 분야를 오가며 탁월한 재능을 드러내는 이들이 있다. 우리가 보통 '예술가의 혼'을 담은 작품을 논할 때 흔히 등장하는 예술가들이 바로 이들이다.

르네상스 시대 이탈리아를 특징짓는 요소가 바로 **미켈란젤로**

Michelangelo 같은 보편적 인간Uomo Universale 또는 르네상스인Renaissance Men이다. 미켈란젤로는 당시 가장 평판이 높은 화가이자, 조각가, 건축가, 시인이었다. 〈피에타〉상과 〈다비드〉상을 비롯해 여러 걸작을 남긴 조각가였고, 서양 미술사에 지대한 영향을 미친 프레스코화 작품을 다수 남긴 화가이다. 로마의 시스티나 성당 천장에 그린 〈천지창조〉와 제단 벽면에 그린 〈최후의 심판〉이 대표작이다. 건축가로서 미켈란젤로는 라우렌치아나 도서관Laurentian Library을 설계해 매너리즘 양식을 구현한 선구자였고, 성 베드로 대성당의 건축가가 되어 기존의 설계도면을 변경해 돔을 재설계했다. 또한 시인으로서 경구와 소네트를 다작했다. 각 작품은 살면서 그가 사랑하거나 열망했던 대상에게 영감을 받아 쓴 것으로 미켈란젤로는 그들에게 소네트를 헌정했다.

지르얍과 미켈란젤로처럼 비범한 예술가들은 문화 운동을 주도하며 그 성격을 결정짓는다. 한 가지 분야에 그치지 않고 환경 자체에 영향을 미친다. **마리우 지 안드라지**Mário de Andrade는 브라질의 미술과 음악, 문학에서 현대화를 이끈 선구자이다. 특히 1930년대 상파울루의 아방가르드 운동에서 중요한 역할을 했다. 브라질의 토속 문화와 정취를 드러내는 그의 시 〈환각의 도시Paulicéia Desvairada〉와 소설 《마쿠나이마Macunaíma》는 브라질에 모더니즘 운동이 시작되었음을 알렸다. 그는 사진에도 재능이 있어서 《견습생 여행자The Apprentice Tourist》라는 기행문을 쓰면서 자신이 찍은 사진을 실었는데 모더니즘 예술가들에게 주목 받았다. 또한 안드라지는 저명한 미술 비평가이자 역사가였으며 민족음악학을 강조한 초창기 브라질 학자들 가운데 한 명이다. 시각 예술과 문학예술, 공연 예술 분야에서 공히 뛰어난 작품을 남긴 '완전한' 예술가로서 문화운동을 주도하고 그 이상을 구현한 인물이다.

　인도의 천재 예술가 한 명도 안드라지와 비슷하다. 전기 작가 앤드류 로빈슨Andrew Robinson이 '재능이 무궁무진한 사람'이라고 묘사했던 **라빈드라나트 타고르**Rabindranath Tagore는 시인, 작곡가, 화가, 소설가, 극작가였다. 하지만 이보다 특기할 만한 사실은 타고르가 다재다능한 지식인이자 사회운동가로서 민족주의를 고취하고 반제국주의 운동을 보급했으며 오늘날까지도 그 영향력이 미치고 있다는 점이다. 런던에서 법학을 공부하고 인도로 돌아와 가족이 소유한 땅에 틀어박혀 시와 단편을 썼다. 타고르는 이 은둔 기간(1891~1895)에 《이야기 모음집*Galpaguchha*》에 실린 작품의 절반 이상을 지었다. 세 권으로 구성된 이 모음집에는 총 84편의 단편이 실렸다. 타고르는 8권의 소설과 4권의 중편, 그리고 《우체국*Dak Ghar*》,《불가촉천민 소녀*Chandalika*》,《붉은 협죽도꽃*Raktakaravi*》 등의 희곡을 다수 저술했다. 자신의 작품을 직접 영어로 번역했고, 1913년에는 아시아인으로서는 최초로 노벨 문학상을 받았다.

　그의 시는 전 세계 수많은 유명 작곡가들에게 깊은 영향을 미쳤고 숱한 이들이 그의 시로 음악을 만들었다. 타고르도 2,230곡을 지은 음악가로 이들 작품은 벵골 문화의 정체성을 형성했다. 타고르는 작곡가로서는 유일하게 두 나라의 국가를 작사하고 작곡한 사람이다. 1911년 인도의 국가 〈자나 가나 마나Jana Gana Mana〉를 지었고, 방글라데시를 위해 〈아마르 쇼나르 방라Amar Shonar Bangla〉를 지었다(이 곡은 1971년에 방글라데시가 파키스탄으로부터 독립할 때 국가로 지정되었다). 타고르가 지은 시와 글은 노래 가사로 쓰였으며 이 노래들은 '타고르 송Rabindra Sangeet'이라는 새로운 음악 장르를 형성했다.

타고르는 60세에 소묘와 회화를 그리기 시작했다. 유화, 분필 파스텔, 잉크 등 다양한 재료를 이용해 그림을 그렸으며 전 세계 미술 비평가들로부터 주목을 받아 유럽에서 수차례 성공리에 전시회를 치렀다. 타고르는 폴리매스 예술가일 뿐 아니라 인도의 역사가이자 신의 본질에 관해 글을 쓰고 강의하는 영적 지도자였으며, 벵골어 문법을 쓴 언어학자이기도 했다. 자신의 대표적인 철학서 《사다나: 자아의 실현Sadhana: Realisation of the Self》에서 인간과 자연과의 공생을 추구했다.

문화란 본래 예술가들이 다방면에 걸쳐 재능을 발휘할 것을 요구한다. 서아프리카의 구술예술가인 그리오(griot)를 예로 들어보자. 그리오는 15세기 말리 왕조에서 기원한 계층으로 역사가일 뿐 아니라 음악가, 시인, 가수, 무용가, 이야기꾼, 예술가다. 오늘날에도 그리오 같은 아프리카 예술가들은 고유의 토착성을 보존하면서 다수의 예술 양식을 종합하는 것을 자연스러운 과정으로 인식한다. 남아프리카의 예술가 **피티카 은툴리**Pitika Ntuli는 그의 책 《마음의 폭풍 Storms of the Heart》에서 다양성을 표출하고픈 열망을 아래와 같이 표현했다.

내 조국, 그리고 제2의 고향 스와질란드Swaziland에서는 예술 형식을 융합하는 일, 그러니까 한 사람이 시인이면서 화가가 되고, 조각가가 되고, 음악가가 되고, 배우가 되는 일은 그냥 자연스러운 과정일 뿐이다. 의식을 치를 때도 제의를 올릴 때도 모든 예술 형식이 하나로 융합되고, (……) 다른 문화와의 상호 교류를 허용한다. 영국에 와서 살아 보니, 동시에 여러 구획 속에 갇혀 절반쯤은 죽어지내는 기분이다. 각 구획은 철저히 밀폐된 듯하고 숨이 막힐 정도로 비밀스럽다.

18세기와 19세기 유럽의 낭만주의자들은 계몽주의자들이 과도한 합리주의에 젖어 있다고 반론하며 이에 맞서기 위한 강력한 도구로서 예술을 활용했다. 그 결과 이 시기에는 다재다능한 예술가들이 배출되었다. 독일의 낭만주의자 **베티나 폰 아르님**Bettina von Arnim은 이 시기에 활동한 폴리매스 여성 중 한 명이다. 아르님은 가수이자 연주자, 조각가, 화가, 소설가로서 출중한 기량을 뽐냈다. 괴테와 동시대인이자 그의 친구였던 아르님은 괴짜(하기야 당시에 다재다능한 여성이라면 누구나 그랬겠지만) 취급을 받았지만, 여러 예술 분야에서 드러내는 재능은 독일 낭만주의의 특징인 보편성과 궤를 같이한다. 그녀와 동시대를 살았던 독일인 **리하르트 바그너**Richard Wagner는 〈발퀴레의 기행Ride of the Valkyries〉과 〈트리스탄과 이졸데Tristan und Isode〉라는 역작을 만든 작곡가로 유명하다. 하지만 그가 오페라단의 음악 감독이며 예술 이론가였다는 사실은 그리 알려지지 않았다. 바그너는 시와 미술, 음악과 극예술을 아우르는 '총체적 예술작품'을 생산하자는 취지로 '총체예술Gesamtkunstwerk' 개념을 주창하고 이에 따라 오페라를 획기적으로 변모시켰다.

19세기 후반, 활동사진이나 영화가 발명되고 보급되면서 시각 예술, 공연 예술, 문학 예술 전반에 걸쳐 특출한 역량을 지닌 예술가들에게 새로운 놀이터로 떠올랐다. 20세기의 가장 뛰어난 종합 예술인으로 꼽히는 프랑스인 **장 콕토**Jean Cocteau는 1900년대 초에서 중반까지 아방가르드 문화를 대중에게 알린 사람으로 유명하다. 작가로서도 탁월한 재능을 발휘해 50편이 넘는 시를 발표했고, 20편이 넘는 희곡으로 비평가들의 호평을 받았으며, 6편의 영화를 감독했다. 그중 〈미녀와 야수〉와 오르페우스 삼부작 〈시인의 피〉, 〈오르페〉, 〈오르페우스의 유언〉, 이렇게 네 편은 본인이 직접 배우로 출연한 작품으로 의식과 무의식을 시적으로 표현하는 프랑스 영화의 본보기로 꼽힌다. 콕토가 시각 예술 분야에서 남긴 작품도 이에 못지않게 뛰어나다. 연필화, 크레용화, 파스텔화, 유화, 펜과 잉크 드로잉부터 포스터, 벽장식, 판화, 도자기와 태피스트리에 이르기까지 다양한 작품을 창작했다. 20세기 중반 화려한 프랑스 사교계에서 돋보였던 콕토는 발레와 도장 디자인, 조각에도 취미가 있었다. 이탈리아의 **피에르 파올로 파솔리니**Pier Paolo Pasolini 역시 장 콕토와 같은 인종으로 영화 제작과 미술, 문학 분야에서 걸출한 면모를 보였다. 파솔리니 역시 십 대 시절에 시를 발표했고, 이어서 문제작 《거리의 아이들Ragazzi di Vita》을 내놓았다. 이 소설은 당시 이탈리아 기득권의 분노를 샀지만 비평가들의 찬사를 받았다. 그는 수많은 시와 소설과 수필을 냈고, 희곡도 여섯 편 발표했다. 희곡 작품은 대부분 당시의 종교 및 정치 체제에 도전하는 내용이었다. 파솔리니의 영화 역시 뜨거운 논란을 양산했다. 시나리오 작가이자 감독으로서 그가 제작한 영화 〈아카토네Accatone〉(1961), 〈라고파그Ro. Go. Pa. G.〉(1963), 〈마태복음The Gospel According to St. Matthew〉(1964)은 종교계에서 영화가 신성모독적이고 발칙하다고 비판했지만 비평가들은 호평을 쏟아냈다. 파솔리니는 50편이 넘는 영화와 다큐멘터리의 각본을 썼고, 일부 작품에서는 배경음악을 작곡하거나 배우로 출연하기도 했다. 또한 독특한 스타일의 스케치와 드로잉, 그리고 회화 작품들은 세계 곳곳에서 전시되었다.

고던 파크스 Gordon Parks는 미국에서 폴리매스 예술가로 손꼽히는 최초의 흑인 중 한 명이다. 그는 〈보그〉와 〈라이프〉 같은 유명 잡지의 사진기자로 사회생활을 시작했고, 전쟁정보국Office of War Information에서 일하기도 했다. 그가 찍는 사진은 패션과 스포츠, 극장, 가난, 인종차별부터 맬컴 엑스와 무함마드 알리, 바브라 스트라이샌드 같은 유명 인사들의 인물 사진까지 다양하다. 사진촬영기법 매뉴얼을 출간하기도 했다. 이후 할리우드에 진출해 흑인 최초로 이름을 알린 영화감독이 되었다. 그가 1971년에 내놓은 작품 〈샤프트Shaft〉 이후로 영화계에서는 한동안 흑인 주인공을 전면에 내세운 '블랙스플로이테이션' 영화들이 연이어 나왔다. 동시에 파크스는 실력이 뛰어난 음악가였으며 독학으로 재즈 피아노를 익히기도 했다. 〈피아노와 오케스트라를 위한 콘체르토Concerto for Piano and Orchestra〉(1953)와 〈나무 심포니Tree Symphony〉(1967)를 작곡했을 뿐 아니라 그의 영화 〈샤프트〉의 배경음악도 작곡했다. 또한 인권 운동가 마틴 루터 킹에게 헌정하는 발레 작품을 창작하기도 했다. 파크스는 작가로서 시와 소설, 자서전뿐 아니라 사진촬영기법 매뉴얼과 영화 제작에 관한 책도 집필했다.

(토머스 영과 라빈드라나트 타고르 같은 폴리매스들의 전기를 집필한) 전기 작가 앤드류 로빈슨에 따르면 **사티야지트 레이**Satyajit Ray는 그가 아는 한 '단연코 가장 다재다능한 창작자'였다. 레이는 영화 역사상 첫손에 꼽히는 뛰어난 영화 제작자 중 한 명으로 영화를 찍을 때마다 "혼자 각본을 썼고, 모든 배우를 직접 캐스팅했고, 무대와 의상을 직접 디자인했다. 촬영과 편집을 직접 했고, 영화 음악을 작곡했으며, 포스터까지 직접 그렸다." 영화 제작 과정 전반을 넘나드는 재능 덕분에 레이는 걸작으로 평가 받는 아푸 3부작Apu Trilogy(〈대지의 노래〉, 〈대하의 노래〉, 〈아푸의 세계〉)을 1950년대에 제작하고 이후에도 여러 고전 영화를 제작할 수 있었다. 그는 사망하기 전인 1992년에 마침내 오스카 공로상을 받았다.

압바스 키아로스타미 Abbas Kiarostami는 1960년대에 미술과 디자인을 공부하고 이란의 광고업계에서 화가이자 디자이너, 포스터 일러스트레이터로서 사회생활을 시작했다. 코커 3부작으로(1987~1994. '코커'는 영화 촬영지 이름으로 이란에 있는 같은 마을을 배경으로 〈내 친구의 집은 어디인가〉, 〈그리고 삶은 계속된다〉, 〈올리브 나무 사이로〉가 촬영되었다—옮긴이)

천재성을 인정받았다. 1970년대 이후로 단편과 다큐멘터리 작품을 포함해 40편이 넘는 영화를 감독했고, 텔레비전 광고도 다수 제작했다. 키아로스타미는 모든 영화 제작 과정에 일가견이 있었다. 그는 시나리오 작가이자 영상 편집자, 아트 디렉터, 프로듀서의 역할을 겸했을 뿐 아니라 크레디트 자막을 디자인하고 홍보물을 제작하기도 했다. 또한 유명한 시인이기도 하다. 2개 국어로 지은 시가 200편이 넘고, 시집《바람과 함께 걷다 *Walking with the Wind*》는 하버드 대학 출판사에서 출간되었다. 또한 뛰어난 사진작가로서 고향 테헤란의 눈 덮인 풍경을 25년 넘게 관찰하며 찍은 사진 30점을 선별해《무제 *Untitled Photographs*》라는 제목으로 사진집을 출간했다.

기업가형
폴리매스

벤저민 프랭클린 Benjamin Franklin은 미국 건국의 아버지들 중 한 명으로 평생 변화와 혁신을 구현한 미국 최초의 기업가이기도 하다. 일찍이 신문사 편집자이자 인쇄업자로 성공했다. 〈펜실베이니아 크로니클Pennsylvania Chronicle〉과 〈펜실베이니아 가제트The Pennsylvania Gazette〉처럼 세태를 풍자하는 신문을 발행하기도 했지만, 그를 부자로 만들어준 상품은 〈가난한 리처드의 달력 Poor Richard's Almanac〉이었다(달력 여백에 삶의 지혜나 격언이 곳곳에 적혀 있었다). 그는 지식인들의 모임인 '전토 클럽junto club'을 결성해 자기계발 관련 주제는 물론 과학 및 철학적 주제에 관해 토론하고 의견을 나눴다.

프랭클린은 과학자로서도 두각을 나타내 세계적인 명성을 얻었다. 이론보다는 과학을 실생활에 적용하는 일에 더 관심이 많았다. 실험을 통해 번개가 전기임을 입증했고, 피뢰침과 이중초점렌즈, 프랭클린 스토브, 마차의 주행 기록계를 비롯해 수많은 장치를 발명했다. 또한 기후학, 해양학, 인구통계학에서도 획기적이고 중요한 업적을 남겼다.

미국의 독립혁명 후 독립 선언문과 미국 헌법의 초안을 작성하는 데 참여했고, 독립전쟁의 종전을 선언하는 1783년 파리조약을 체결할 때 미국 대표의 일원으로서 협상을 이끌었다. 유럽에 오래 머물며 지식인들과 교류해 미국 건국의 아버지로서 국제적 명성을 얻었고, 나중에는 유능한 외교관으로서 프랑스와 미국의 우호 관계를 증진하는 데 중요한 역할을 했다. 이후 미국의 제1대 우정국 장관과 펜실베이니아 주지사를 포함해 수많은 공직을 역임했다. 또 그는 필라델피아 민병대, 의용 소방대, 공공 도서관, 미국철학학회(초대 회장 역임)를 포함해 다양한 기관과 단체를 최초로 설립했다.

프랭클린은 30개가 넘는 지식인 사교 모임과 협회의 회원이었고, 잡기에 능하고 취미 활동도 다양하게 즐겼다. 또 유능한 연주자이자 작곡가이며(글라스하모니카를 발명했다), 아메리카 식민지 최초의 체스 선수였다. 작가로서 자서전을 저술했고, 과학과 도덕 철학부터 체스와 노예제에 이르기까지 다양한 주제에 관해 수많은 서신을 썼다.

조직(기업이나 자선단체, 교육 기관이나 다국적 조직)을 성공적으로 관리하려면 다양한 측면을 효과적으로 융합할 줄 알아야 한다. 'organization(조직)'이라는 단어는 'organs(생물의 기관)'에서 파생했다. 조직이란 우리 몸처럼 다수의 기관으로 구성되어 다양한 기능과 특성을 띠고 있음을 의미한다. 몸의 머리는 각 기관의 내부 작동 원리를 알아야 할 뿐 아니라 몸의 모든 기관이 효율적으로 기능하도록 만들 책임이 있다. 뛰어난 비즈니스 지도자라면 재무, 법무, 인사부터 기술, 영업에 이르는 조직의 부서들을 속속들이 이해할 뿐 아니라 생산 제품과 산업 분야에 관해서도 능통해야 한다.

여러 분야의 지식과 속성을 효과적으로 통합할 줄 아는 기업가는 단순한 관리자가 아니다. 그는 각 부서의 역할에 정통하기에 각 부서가 어떻게 맞물려 최적의 결과를 도출하는지 전체 그림을 파악한다. 여기서 누군가는 그러한 기업가로 애플의 창업자 스티브 잡스Steve Jobs를 떠올릴 것이다. 잡스는 기술 공학과 미학적 디자인은 물론 마케팅과 재무에 이르는 기업의 모든 측면을 훤히 꿰뚫고 있었다. 이들 부서를 효과적으로 융합하는 능력 그리고 그의 표현대로 '점들을 연결하는' 창조성으로 21세기를 이끌어가는 혁신 기업을 설립하고 성공적으로 키울 수 있었다.

미국의 발명가이자 기업가 **토머스 에디슨**Thomas Edison은 역사상 가장 왕성하게 활동한 발명가로 꼽힌다. 총 1,093건의 미국 특허권을 보유했고 유럽에서도 상당수의 특허권을 보유했다. 또한 세계 최고 수준의 발명가로서 기업 운영에서도 뛰어난 역량을 보여주었다. 그는 수많은 연구원과 과학자, 발명가 들을 고용했다. 과연 모든 발명에 에디슨이 직접 관여했는지는 의문의 여지가 있지만 특허를 취득한 프로젝트는 대부분 그가 감독하고 이끈 것으로 알려져 있다. 그가 발명한 제품은 전기와 화학, 기계공학 분야에 걸쳐 있으며 여러 가지 기술을 결합해 무척 혁신적이고 다양한 제품을 만들었다. 대표적으로 축음기, 전구(수많은 이들이 이전에 개발한 관련 기술의 바탕 위에서 에디슨이 실용적인 조명 기기를 완성했다), 상업용으로 가능한 최초의 형광 투시경(엑스선을 사용해 방사선을 촬영한다), 주식 시세 표시기(가장 초기 형태의 디지털 전기 송신 장치로서 주식 정보를 전보로 전송했다), 키네토그래프(초기 형태의 활동사진 카메라), 키네토스코프(활동사진 영사기) 등이 있다.

하워드 휴즈 Howard Hughes는 당대에 손에 꼽힐 만큼 다재다능한 기업가였다. 선친의 막대한 부를 물려받은 그는 18세에 영화 제작에 뛰어들기로 했다. 그의 감독 데뷔작 〈지옥의 천사들Hell's Angels〉은 당시 기준으로 엄청난 제작비를 들인 작품으로 할리우드에서 큰 호평을 받았다. 일련의 작품을(아카데미상 수상작을 비롯해) 제작한 휴즈는 이번에는 비행기 제작에 열을 올렸다(〈지옥의 천사들〉 촬영 당시에도 직접 비행하다가 추락한 적이 있다). 그는 세계 일주 비행 기록을 수립하고 수많은 비행 기록을 경신했다. 나아가 트랜스 월드 항공사Trans World Airlines의 주식을 대량 매입했고, 미국 정부의 의뢰를 받아 비행기를 다량 제작했다. 휴즈는 지주 회사인 수마 코퍼레이션Summa Corporation

을 세우고, 항공우주 산업, 방위 산업, 전기 산업, 대중매체, 제조업, 병원, 석유시추 산업, 유전 개발, 컨설팅, 연예 산업, 광업 등 다종다양한 사업에 투자했다. 특히 부동산 투자로 크게 성공해 라스베이거스의 알짜 부동산을 대부분 손에 넣었다. 과학에도 관심이 커서 현재 세계적으로 유명한 하워드 휴즈 메디컬 인스티튜트Howard Hughes Medical Institute를 1953년에 설립했다.

기업가정신을 보여주는 사람이 현대 미국에만 존재하는 것은 아니다. 하지만 미국은 현대 자본주의와 산업의 본류로서 기업가정신과 혁신을 장려하는 사회였다. 따라서 유명한 산업가와 기업가 들은 대부분 미국인인 경우가 많다. 이들은 과학적 배경지식을 갖추고 있을 뿐 아니라 최신 기술을 대중화하는 법을 안다. 프랭클린, 에디슨, 휴즈, 잡스 같은 기업가들이 엄청난 영향력을 지니게 된 것은 막대한 부를 모았기 때문이 아니다. 원대한 비전을 품고 새로운 아이디어와 제품을 시장에 내놓아 기존 체계를 혁신하고 이 세계를 뿌리째 바꿔놓았기 때문이다.

박애주의자형
폴리매스

알베르트 슈바이처 Ablert Schweitzer는 현대 철학사에서 돋보이는 사상가였으며 철학, 음악, 의학, 신학, 인도주의 영역에서 이론적으로나 문화적으로 중요한 업적을 남겼다. (그 자신도 책에 썼듯이) 슈바이처는 인도 철학에 영향 받았지만 주로 기독교 세계관에 입각한 교육을 받았다. 스트라스부르의 카이저 빌헬름 대학교에서 프로테스탄트 신학을 공부했고, 소르본 대학교에서 《칸트의 종교 철학*The Religious Philosophy of Kant*》으로 철학박사 학위를 받았다. 이후 스트라스부르의 성 니콜라스 교회의 부목사가 되었다. 신학 학위를 취득한 슈바이처는 이듬해 성 토마스 신학대학교의 임시 학장으로 부임한다. 1906년에는 《예수전 연구사*Geschichte der Leben-Jesu-Forschung*》를 출간했는데, 1910년에 윌리엄 몽고메리William Montgomery가 《역사적 예수를 찾아서*The Quest for the Historical Jesus*》라는 제목으로 번역했다.

슈바이처는 종교인으로서 인류애를 실천하고자 37세에 의학박사 학위를 취득했고 의사가 되었다. 때마침 의사를 구하던 파리 선교회Paris Missionary Society에 지원해 랑바레네Lambaréné(지금의 가봉공화국)에 병원을 설립하고, 거기서 제1차 세계대전 기간에 수많은 환자를 치료했다. 음악에도 조예가 깊어 바흐 음악을 연구했고, 독일의 오르간부흥운동Orgelbewegung에 영향을 미쳤다. 슈바이처는 보편적 윤리 철학을 지속적으로 탐구한 끝에 '생명 경외' 사상을 완성했고 이로써 노벨 평화상을 받았다. 모든 생명을 긍정하고 이를 두려워하는 마음을 강조하는 사상으로서 그의 말을 빌려 요약하면 이렇다. "나는 살려는 의지를 지닌 생명이고, 살려는 의지를 지닌 생명의 한가운데 존재한다." 아프리카에 살면서 유럽의 식민화에 반대하는 활동을 펼친 것도 그가 노벨 평화상을 받는 데 일조했다.

어떤 사람들은 타인을 돕는 일을 업으로 삼는다. 박애주의자는 소외되고 약한 이들을 보호해야 할 책임감 혹은 소명을 느낀다. 이들은 다양한 방식으로 자기 소명에 헌신하는데, 놀랍게도 폴리매스가 적지 않다. 19세기에 살았던 **플로렌스 나이팅게일**Florence Nightingale은 크림전쟁 기간에 간호사로 활약한 공로로 국민 영웅이 되었다. 야전병원의 여건을 크게 개선해 부상 입은 군인들을 치료한 그녀는 '등불을 든 여인'으로 불렸다. 나이팅게일은 나중에 런던의 성 토마스 병원에 세계 최초로 정식 간호학교를 설립해 전문 간호사 양성을 위한 기초를 놓았다. 나이팅게일은 당시로서는 드물게 고등 교육을 받은 유능한 수학자였다. 그녀는 오늘날의 파이 차트(원형 도표)에 해당하는 '나이팅게일 장미 도표Nightingale Rose diagram'를 개발해 통계 자료를 도표로 제시하는 방법을 대중화하는 데 기여했다. 여성으로서는 최초로 왕립통계학회 회원으로 선출되었고, 나중에는 미국 통계학회의 명예회원이 되었다. 나이팅게일은 신정론을 해설하는 신학 서적을 출간해 논란을 일으키기도 했다. 그녀의 책《종교적 진리를 탐구하는 자들을 위해Suggestions for Thought to Searchers after Religious Truth》에서 악의 문제를 다루면서 '보편적 화해론universal reconciliation(기독교인이 아닌 사람들과도 하나님이 화해하신다는 주장으로 예수를 통한 구원만을 인정하는 사상과 대치된다—옮긴이)'을 주장했다. 또한 그녀는 다방면에 조예가 깊은 작가로서 의학과 페미니즘, 인간 개발, 신학, 신비주의, 수학 외에도 여러 분야의 책을 썼다. 사후에《플로렌스 나이팅게일 전집Collected Works of Florence Nightingale》이 16권으로 출판되었다.

세 차례나 노벨 평화상 후보에 올랐던 러시아의 **니콜라스 뢰리히** Nicholas Roerich는 세계적으로 유명한 신지학神智學 학자로 남아시아 지역에 아그니 요가Agni Yoga 학교를 설립했다. 뢰리히는 20세기 초에 미술과 인문학에서 매우 다채로운 경력을 쌓았다. 당대에 손꼽히는 유화 작가 중 하나로 7,000점이 넘는 유화와 드로잉 작품을 남겼다. 세계미술협회World of Art Society 회장과 미술진흥제국협회Imperial Society for the Encouragement of the Arts 이사를 지냈으며, 아시아와 유럽, 북아메리카 지역에 머무는 동안 수많은 미술 기관과 문화 기관을 설립했다. 또한 유명한 무대 디자이너이자 의상 디자이너로서 〈발레 뤼스 Ballet Russes〉와 〈프린스 이고르Prince Igor〉, 〈봄의 제전The Rite of Spring〉 같은 대규모 작품을 제작하기도 했다. 시카고 오페라Chicago Opera 극장뿐 아니라 런던의 코벤트 가든 극장에서도 무대 디자이너로 일했다. 1917년 러시아혁명 전후로 단편 소설과 시를 다수 썼으며, 연작 시집 《모리아의 꽃Flowers of Morya》이 유명하다. 건축가로서 러시아 건축을 보존해야 한다고 주장했고, 러시아 최초의 불교 사원을 설계했다. 뢰리히는 수많은 지역을 탐사하며 고고학자로도 왕성하게 활동했다.

1900년대 초, 서로 멀리 떨어진 두 나라(호주와 미국)에서는 다방면에 걸쳐 재능을 발휘하며 억압당하는 사람들을 격려하고 응원하는 두 폴리매스가 있었다. 호주 원주민 출신의 **데이비드 유나이폰** David Ngunaitponi은 과학자이자 엔지니어, 발명가, 신화학자, 단편소설 작가, 사회운동가로서 탁월한 능력을 발휘하며 억압 받는 원주민들에게 귀감이 되었다. 원주민 역시 백인과 마찬가지로 뛰어난 업적을 성취할 수 있음을 보여주었다. 사회생활 초기에 그는 여러 직업을 거쳤다.

구두 직공 견습생으로 일하다가 선교단체 오르간 연주자가 되었으며 이후 경리로 일했다. 그는 발명가로서 반중력 장치와 다중방사성 바퀴, 양털 깎는 도구, 영구운동 장치, 원심 모터, 기계적 추진 장치 등을 개발했다. 또한 제1차 세계대전 전에 부메랑 원리에 기초해 헬리콥터를 설계했고, 빛의 편광을 연구했다. 탄도학 분야에도 정통했다. 물론 이런 업적들은 제대로 평가받지 못했다. 그는 사회운동가가 되어 호주 원주민들의 인권을 위해 맹렬히 싸웠고 1929년에는 전통 설화들을 엮어《원주민 전설Native Legends》을 출판했다. 훗날 이 책은《호주 원주민 설화Legendary Tales of the Australian Aborigines》라는 제목으로 개정되었으며 외국인에게 원주민 문화를 소개하는 교육 자료로 쓰였고 원주민 문화의 위상을 회복하는 데 일조했다. 또한 원주민들에게는 그들이 잊고 지냈던 문화유산을 다시 기억하는 기회를 제공했다.

19세기 아메리카 대륙에서 흑인으로 살았던 **조지 워싱턴 카버** George W. Carver 역시 유나이폰과 마찬가지로 저명한 발명가이자 박애주의자였다. 처음에는 대학에서 음악을 전공했지만 화가로 이름을 알렸다. 생활에 필요한 물품을 거의 자급자족했던 카버는 그림물감도 직접 만들어 썼다. 바느질과 뜨개질로 자기 옷을 직접 지어 입고 일을 하면서 학비를 마련했다. 바구니와 양탄자를 짜는 일과 목공에 일도 했다. 농대로 진학해 식물학으로 박사 학위를 취득했으며 관련 분야에서 선구적인 연구 성과를 남겼다. 또한 스포츠 교사로서도 좋은 평판을 얻었으며, 독실한 신앙인이자 교육가로서 앞장서서 목소리를 높이고 약자들을 격려했으며 인종차별에 반대했다. 그는 과학자이자 발명가로서 땅콩을 다양하게 이용하는 방법이나 장치를 발명한 것으로 유명하다. 이 밖에도 플라스틱, 페인트, 염료, 휘발유 계통이 그의 발명 분야였다.

　　역사적으로 지대한 영향을 미쳤던 개인 중 상당수가 다능하고 박식한 폴리매스였다는 사실을 부정하기는 힘들다. 네사우알코요틀, 악바르, 처칠은 역사상 가장 유능한 정치인으로 늘 거명된다. 공자와 아리스토텔레스, 마이모니데스, 이븐 시나는 철학자로서 현대인의 정신에 심오한 영향을 미쳤다. 유럽의 르네상스는 다 빈치와 베이컨, 코페르니쿠스가 일으킨 예술과 과학 분야의 혁신이 없었다면 그만한 파급력을 지니지 못했을 것이다. 타고르와 디옵, 리잘이 문화와 정치를 혁신하려는 비전을 품지 않았다면 제국주의가 무릎 꿇는 일도 없었을 것이다. 존슨과 롭슨, 안젤루는 미국 내 억압받는 소수의 문화적 정체성을 회복하는 데 중요한 역할을 했다. 괴테와 슈타이너의 매혹적인 사상은 교육과 과학, 문화 등 여러 분야에 스며들어 오늘날에도 그 흔적을 찾아볼 수 있다. 이들이 끼친 영향력을 나열하자면 끝이 없다. 이처럼 폴리매스가 틀림없는 개인들이 사회에 지대한 영향을 미쳤음을 고려할 때 부모와 교사, 정부와 고용주는 어째서 아직도 우리에게 다른 데 한눈팔지 말고 한 우물만 파라고 주장하는 것일까? 이 문제를 극복하려면 전문화에 대한 미신이 어떻게 그리고 어째서 우리 사회에 깊이 뿌리내렸는지부터 이해해야 한다.

전문화 숭배

POLYMATH

이제 21세기로 빨리 감기를 해보자. 맵시 있게 차려입고 런던 금융의 중심지 카나리 워프Canary Wharf를 분주하게 걸어 다니는 인파 속에서 잭을 보았다. 잭은 고등학교 동창이다. 에스컬레이터를 타고 내려오는 그를 보니 옷차림은 말쑥했지만 어깨가 축 처졌고 눈은 피곤한 기색이 역력했다. 한 손을 바지주머니에 찔러 넣고 다른 한 손으로는 등에 짊어진 가방의 한쪽 끈을 붙잡고 있었다. 아래쪽에 있던 나는 그를 놀래주려고 그가 내려올 때까지 기다렸다. 잠시 옛날 생각이 났다.

모든 학교에는 잭 같은 친구가 한두 명 있기 마련이다. 모든 교과목에서 눈부신 성적을 올리는 친구. 기가 막힌 솜씨로 미술 숙제를 제출하고, 여러 가지 악기를 힘들이지 않고 연주하고, 학교 연극에서 주인공을 맡고, 두 개 이상의 스포츠 팀에서 주장을 맡는다. 잭은 모든 학생이 선망하는 전형적인 폴리매스였다. 에스컬레이터 아래서 나와 만난 잭은 킹카 시절 이후 십여 년간 어떻게 지냈는지 내게

들려주었다.

잭은 명문 대학에서 경제학을 전공하고 회계와 재무 석사 과정을 마쳤으며 회계사 자격증을 취득하고, 런던에 있는 투자은행에 들어가 주로 명품 브랜드 기업에 투자하는 파생상품 분석가로 일했다. 스스로 부끄러운지 자랑스러운지는 몰라도 하루에 16시간 근무한다고 했다. 모든 얘기가 꽤나 인상적이었지만 한 가지 사실은 무척 충격이었다. 스포츠, 미술, 음악, 과학, 드라마, 문학, 언어, 학문과 시사 등, 이 많은 관심과 재능을 접고 아무리 봐도 자신이 열정적으로 꿈꿨던 일과는 동떨어진 일 하나에 집중하기로 타협했다는 것이다. 처음부터 이렇게 살려고 타협한 것은 아니었다. 사실 파생상품 분석가는 평균적인 직장에 비해 연봉이 훨씬 높다. 그렇지만 돈이 유일한 이유라고는 생각지 않는다. 세상 사람들에게 성공했다고 박수 받는 잭을 축하해주고 집에 돌아오면서 나는 그가 왜 저렇게 살게 되었는지 생각해보았다.

그 이유를 찾기는 어렵지 않았다. 잭의 사례는 전혀 특이하지 않다. 오늘날엔 누구나 잭처럼 산다. 서구 사회, 그리고 서구 사회를 모방하느라 열심인 세계 대부분의 나라에서는 평생 한 분야의 '전문가'로 살아가도록 알게 모르게 강요한다. 우리 앞에는 가혹한 길과 더 가혹한 길, 이렇게 두 개가 놓여 있다. 먼저 가혹한 길을 살펴보자. 예컨대 영국은 이렇다. 중학교에서 10개 과목을 공부하고, 고등학교에서 4개 과목을 선택해 심화 공부한다. 대학교에서는 전공 과목을 선택해 학위를 받고, 대학원에서는 보다 세분화된 주제로 석사 학위를 받는다. 그리고 학교를 졸업하면 이보다 더 특수한 분야의 직업을 얻는다. 우리 사회는 모든 사람이 이러한 과정을 거쳐 자기만의 '특기'를 발견하고 키우도록 적극 격려한다. 전문화 시스템이 워낙 공고해서 또 다른 관심사를 추구하려면 자신의 특기와 관심사 사이에서 절충안을 찾아야 하고 그만큼 기존 직업에 영향을 미칠 가능성을 감수해야 한다. 이번에는 더 가혹한 길을 살펴보자. 전문 학위나 특정 자격증 없이 학교를 졸업하게 되면, 먹고살 '업종'을 찾아야 하고 관련한 일자리를 찾아야 한다. 운 좋게 일자리를 찾았으면 그 업무에 능숙해져야 하고 이후에는 그 일에 의지해 생계를 꾸려 나가며 안정된 삶을 추구해야 한다. 각자가 올라가려는 정상은 모두 다르겠지만 사람들은 어쨌든 피라미드 정상에 올라가고 싶은 듯하다. 꼭대기에 올라서면 비로소 안전함을 느낄지 모른다. 하지만 그곳에서 충만한 삶을 느끼기는 어렵다.

슬픈 일이지만 우리는 위험천만한 착각에 빠져 있다. 오직 한 가지 일에만 평생 헌신하며 살아가는 길이 진리를 찾는 길이자 자아를 찾는 길이며 혹은 생계를 유지하는 유일한 방법이라고 믿도록 세뇌당해왔다. 전문화만이 답이라는 생각은 미신이다. 이 사회는 거대한 세계를 조각조각 분리하고 엄격하게 경계를 긋고 우리가 한 가지 '분야'의 전문가로 살아가게 만들었다. 누군가 우리에게 한 분야를 강요한 게 아니라 해도(대부분 강요가 아니라 자발적으로 선택했을 것이다) 필요에 의해 가능한 한 빨리 한 가지 분야를 선택하도록 만들고 다른 분야로는 눈을 돌리지 못하게 한다. 누가 우리에게 한 가지 분야만 선택하도록 강요하는가? 부모, 교육기관, 고용주, 정부, 사회 시스템 자체가 그렇다. 우리 사회는 삶의 모든 영역에서 파편화와 초超 전문화를 영구화하는 방향으로 진화했다.

경제학의 '보이지 않는 손'과 마찬가지로 전문가 시스템을 통해 가장 이득을 보는 자들이 이를 장려하고 유지하면서 이 미신은 생명력을 얻었다. 이런 맥락에서 초전문화는 하나의 이념이 되었고 '세상일을 처리하는 단 하나의 방식'으로 대중에게 전파되었다. 낡아빠진 이 사고방식과 생활방식에서 벗어나려면 우선 우리 사회가 어떻게 또 무슨 이유로 초전문화 사회가 되었는지 아는 게 중요하다.

전문화의
진화

인간은 날 때부터 전문가로 살아가도록 운명 지워져 있는가? 많은 과학자가 인간의 뇌가 성장보다 생존을 중시하는 방식으로 진화했다고 주장한다. 따라서 생존과 직결되지 않는 것들은 자동적으로 사고 과정에서 밀려나는 구조가 발달했다. "뇌는 자신을 이해하기보다는 생존하도록 조립된 기계이다." 다윈을 계승한 생물학자 E. O. 윌슨E. O. Wilson의 말이다. "이 두 가지 목적은 근본적으로 다르기에 과학적 지식의 조언을 받지 못한 뇌는 세상을 단편적으로 본다. 다음 날까지 살아남기 위해 꼭 알아야 하는 문제에만 집중하고, 나머지 부분은 어둠 속에 놔두는 것이다." 이 말은 우리 뇌가 인지적으로 전문화에 어울리는 구조임을 암시한다. 그렇지만 이는 절반만 맞는 이야기다.

뇌가 세부 사항에 집중하는 것은 선형적이고 환원주의적 사고를 책임지는 좌뇌가 주로 하는 일이다(이에 비해 우뇌는 직관적이고 창의적이고 종합적인 사고를 담당한다). 그러므로 좌뇌형 사고를 격려하는 사회 시스템에서는 환원주의적 문화와 세부 사항에 집중하는 '전문화' 문화가 발달한다. 정신과 의사이자 철학자인 이언 맥길크리스트Iain McGilchrist는 말한다. "좌반구 위주의 사고는 환원주의 문화를 영속화하고 이 두 가지는 서로 되먹임 과정을 거쳐 강화된다. 내가 보기에는 현대사회가 이러한 상태에 처해 있다." 전문화라는 사회현상과 좌반구 뇌의 기능 사이에는 "복잡하고, 상호 의존적이며, 순환적 속성을 띠는" 관계가 존재한다. 우리 사회의 교육과 직업, 일상생활에 좌뇌적 사고가 미치는 영향력은 사회 및 교육, 이념 등의 복잡 다양한 요소에 따라 달라진다.

물론 전문화는 사회 속에서 나름의 역할이 있다. 이븐 칼둔은 질서정연하게 사회를 세분화할 필요성을 인정했다. 각 개인은 안정적으로 식량을 공급받을 필요가 있으며 식량을 획득하고, 가공하고, 보호하는 데 필요한 일을 혼자 감당하기는 어렵다. 도구를 제조하고, 식품을 가공하는 등 다양한 작업을 분업하는 방식이 상호 간에 이익이 되었기에 사회는 기능별로 세분화했다. 상호의존성이 증가하고 개인은 결속되었다. 이러한 필요성 때문에 초기 인류는 자연스럽게 전문화의 경향성을 띠었다.

하지만 세월이 흐르면서 필요성과는 별개로 특정 사회 체제와 이념하에서 (전문화로 이득을 보는 사람들의 이익을 지키기 위해) 전문화 시스템을 강화하는 환경과 문화가 조성되었다. 유럽의 봉건제(소작농과 지주), 아프리카와 태평양의 부족 제도(자신이 속한 집단이나 조상에 따라 개인이 할 일도 정해진다), 인도의 카스트 제도(개인은 '삶의 목표'를 부모에게 물려받으며, 이에 따라 그들의 직업도 결정된다), 근래에는 서구 사회의 산업화, 관료주의, 기업과 교육기관의 전문화 제도(서구 열강이 세계를 식민지배하면서 '분업' 시스템이 널리 전파되었다) 등이 여기에 해당한다.

현대 전문화 시스템의 뿌리를 철학적 관점에서 찾아보자면 계몽주의 이후 서구 세계의 지적 패러다임에 주목해야 한다. 지식이 폭발함에 따라 당시 서구 세계에서는 인류의 방대한 지식을 전체로서 다루는 것이 불가능하다고 보았다. 프랑스 철학자 르네 데카르트의 영향으로 비판적이고 환원주의적 관점에서 지식에 접근하는 태도가 정착되었고 이는 지식의 전문화를 앞당겼다. 폴리매스를 바라보는 관점도 이전 세대와는 달라졌다. 디드로 역시 자신이 편찬한《백과전서》의 하위 항목인 '지식인'에서 이렇게 선언한다. "세상의 모든 지식은 한 개인이 정복할 수 있는 수준을 넘어선다." 이는 역사가 피터 버크Peter Burke가 지적한 대로 "모든 분야에 능통한 [폴리매스] 지식인에서 몇몇 분야에 능통한 지식인으로 후퇴한 것"을 뜻한다. 찰스 반 도렌Charles van Doren은 그의 책《지식의 역사History of Knowledge》에서 계몽주의 시대에 전문화 개념이 출현한 것은 르네상스 이후 폴리매스에 대한 환상이 깨진 것과 관련 있다고 설명했다.

르네상스 운동이 진정한 의미에서의 '르네상스인'을 배출하는 데 성공하지 못했음은 주지의 사실이다. 레오나르도, 피코, 베이컨 그리고 이들 못지않게 유명한 사람들조차 모든 것을 알기 위해 필요한 모든 것을 알겠다는 저마다의 꿈을 성취하지 못한 상황인데 하물며 그보다 못한 사람은 애초에 그런 시도조차 하지 말아야 마땅할 것이었다. 그렇다면 대안은 자명했다. 저마다 한 가지 분야에서 전문가가 되는 것이었다. 이런 성취가 훨씬 쉬웠고, 이런 방향으로 학문 공동체를 도모하는 것이 학자들에게도 편했다. 한 분야의 권위자는 이제 같은 분야의 전문가들과만 경쟁을 펼치게 됐다.

만물박사가 되려는 시도가 무익해진 상황에서 지식인들은 그들의 정체성을 찾고 삶의 목적을 이루기 위해 자기에게 꼭 맞는 일을 하나 찾아 나섰고, 그 일을 찾아낸 많은 이들은 이를 자신의 소명으로 여겼다! 이러한 추세와 아울러 학문이 분화하고 하위 학문의 수가 기하급수적으로 증가함에 따라 오늘날 우리가 '지식의 위기' 내지는 '정보 불안증'이라고 부르는 현상이 초래되었다. 실제로 계몽주의 운동이 추구했던 목표 중 하나는 '정보를 수집하고, 정리하고, 분류하는 것'이었고, 이 같은 배경에서 백과사전이 탄생했다.

1800년대에는 지식의 전문화가 현실이 되었다. 지식이 다양한 학문으로 분화하고 대학 내의 학문 분과로 제도화되었다. 통제와 제약의 뜻을 지닌 군대 용어에서 유래한 'discipline'(학과목)이라는 단어는 대학 내에서 엄격하게 통제된 학문 분야를 지칭하는 데 사용되었다. 대학의 학과목으로 지식을 관리하는 모델은 (문화, 교육 제도, 통치 제도, 자본주의 경제와 마찬가지로) 여러 식민지에 수출되었고, 곳곳에서 빠르게 표준으로 정착했다. 19세기 유럽에서는 대학이 교육 기관이자 연구 기관으로 변모했고, 아마추어 동호회와 전문 잡지가 우후죽순처럼 생겨나면서 전문화가 가속되었다. 학문의 세분화 및 구획화가 활발히 이루어졌고, 각 구획은 상아탑의 사제가 독점했다.

18세기 말에 유럽과 북미 지역에서 '지식의 전문화'가 시작되었다면, 19세기 말에는 세계 곳곳에서 '업무 혹은 직업의 전문화'가 시작되었다. 제국주의가 촉발한 정부 관료제와 산업화가 촉발한 회사 제도. 이 두 강력한 축에 의해 직업은 갈수록 세분화되었다. 이 두 제도는 서구(유럽인과 미국인) 패권을 지탱하는 시스템에 의해 전 세계에 전파되었고, 분업에 의존하는 구조가 형성되었다. 마르크스의 표현을 빌리면, 서구 패권국은 '자신의 형상에 따라 세상을' 창조하려고 했다.

프란츠 카프카, 카를 마르크스, 막스 베버 같은 사상가들은 정부 관료들과 산업 노동자들의 전문화(그리고 '비인간화')에 관해 심도 깊은 논평을 냈다. 마르크스에 따르면 정부 관료제와 기업 관료제는 상반되어 보이지만 사실은 동류(동일한 개념을 근간으로 정부와 민간 부문에서 실현한 제도)이며, 이들 제도가 "의사, 변호사, 사제, 시인, 과학자를 임금 노동자로 전락시켰다"고 한탄했다. 그는 '소외론Alienation Theory'을 주장하면서 전문화되고 반복적인 생산 과정이 노동자들의 "정신과 육체를 기계와 같은 수준으로 떨어뜨리는" 과정을 설명한다. 마르크스에 따르면 노동의 분업으로 촉발된 전문화 제도가 공장을 넘어 사회 전체의 규범으로 자리 잡았다.

분업은 비단 경제적 측면뿐 아니라 사회 모든 측면에서 작동하고, 사람들을 분류하고 전문화하는 시스템이 모든 곳에서 작동하도록 기초를 놓는다. 이것은 다른 모든 기능을 희생하고 한 가지 기능만 하는 사람을 개발하는 시스템이다.

막스 베버는 관료제가 가장 효율적인 조직 형태라고 강조하면서도 관료제가 인간을 제약하는 경향을 띤다는 사실을 인정했다. "인간이 지닌 파우스트적 보편성을 포기하고 전문화된 노동에 매진해야 하는 제약은 현대 세계에서 가치 있는 모든 노동의 전제조건이다." 유럽(특히 영국)의 식민지가 늘어나면서 관료제는(그에 따라서 분업 역시) 인도, 케냐, 말레이시아, 남아프리카, 호주, 아메리카에 수출되었다. 19세기와 20세기 유럽을 비롯해 그 식민지에서도 전문화된 관료제가 한창 진행되었지만 이 같은 현상은 알다시피 시대나 지역에 따라 조금씩 차이를 보였다. 예컨대 고대 부족사회와 중국 왕조의 관료들은 다방면에 박식한 제너럴리스트generalist였고 그들 중 다수는 장형, 심괄, 소송 같은 폴리매스였다.

19세기 후반 현대적 기업이 등장하면서 노동의 성격과 생활방식 그리고 폴리매스의 운명에 지대한 영향을 끼쳤다. 처음에는 왕립 칙허를 교부받은 민간 조직으로 회사가 설립되었고, 수정헌법 14조(본래 노예 신분에서 풀려난 흑인의 권리를 보호하기 위해 고안된 법)가 제정된 후로는 하나의 법적 주체로서 무엇보다 주주의 수익을 가장 중시하는 조직이 되었다. 20세기 초반에 기업은 전화기, 사진기, 전기, 비행기 등의 획기적 신기술을 상품화하고 대량생산 시스템을 창조했다. 1913년에 포드가 설립한 자동차 공장은 대량생산의 상징이 되었고, '업무 효율성'의 선구자인 프레드릭 테일러Frederick Taylor는 생산 관리를 도입해 노동 생산성을 증진했다. 이로써 노동을 과학적으로 관리하고 제조 공정을 전문화하는 시대가 열렸다.

교육 제도 역시 노동의 분업화와 전문화를 뒷받침했다. 교육기관들은 기업에 필요한 인적 자원을 양산해 전문화 시스템을 촉진하고 유지하는 원동력이 되었다. 산업화 이후 유럽의 교육 모델이 좋은 예다. 20세기 전까지만 해도 특히 유럽과 미국 등지에서는 선택받은 소수만이 정식 교육을 받는 특권을 누렸다. 그러다 산업혁명 이후 대량생산에 필요한 노동자를 양성할 목적으로 대중교육이 도입되었다. 하지만 목적이 목적인지라 지식을 종합하고 통합해 전반적 원리를 이해하는 과정을 대가로 지불했다.

교과 과정이란 애초에 노동자들이 사용설명서 정도 읽을 줄 알고 생산라인에서 특정 업무에 숙달할 수 있도록 가르칠 목적으로 설계되었다. 교과 과정을 과목별로 분화해 서로 연계시키지 않고 교육했고, 마치 공장 생산라인에 놓인 제품을 취급하듯이 학생들에게 단계별로 필요한 지식을 주입했다. '교과목'으로 포장된 파편화된 지식 사이에 어떤 연관성이 있는지 관찰하도록 학생을 격려하는 일은 없었다. 영국의 교육철학자 알프레드 화이트헤드는 산업화가 한창 진행되던 영국을 경험한 사람으로서 이 같은 교육 탓에 (학생이 자신의 삶은 물론 크게는 세상과 관련해서) 과목 간 연계성을 이해하지 못하는 사태가 벌어진다고 비판했다. 다음 글을 보면 그가 염려하는 내용이 잘 드러난다.

우리는 아이들에게 통합된 학문이 아니라 그 어느 학문과도 연계되지 않은 대수학을 가르친다. 기하학을 가르치되 거기서 끝이다. 과학을 가르치되 거기서 끝이다. 역사를 가르치되 거기서 끝이다. 결코 통달하지 못할 두 가지 언어(라틴어와 그리스어)를 가르치고, 마지막으로 음울하기 짝이 없는 문학을 가르친다. 셰익스피어의 희곡들로 대표되는 문학 과목을 들여다보면 문헌에 대한 단편적 지식, 이야기 구성과 인물에 대한 짤막한 분석을 암기 위주로 공부할 뿐이다. 이러한 교과목들이 생기 넘치는 우리의 삶을 제대로 대변한다고 말할 수 있을까? 교과목이란 비유컨대, 신이 세상을 창조할 생각을 품고 끄적거린 개요에 불과할 뿐 하나의 구조물로 어떻게 연결할지 결정하지 않은 상태의 정보라고 할 수 있다.

20세기에 접어들어 세상에서 가장 영향력 있는 세 기관(학교, 정부, 기업)에서 분업과 분과를 채택해 경계가 엄격해졌고, 삶의 모든 영역에서 초전문화 문화가 새로 조성되었으며 오늘날에는 누구나 당연시하는 규범으로 정착했다.

수천 년 넘게 진행된 노동의 분업화로 사회적으로나 심리적으로 알맞은 조건이 형성되었고, 지식의 양이 기하급수적으로 증가한 데다 노동을 가치의 원천으로 삼는 '관념'이 결합해 과도하게 전문화된 사회가 도래했으며 사람들은 업종 내지는 직업 혹은 활동 분야를 기준으로 정체성을 규정하게 되었다. 요즘에는 사적인 모임에서나 공적인 모임에서나 사람을 처음 만나면 직업부터 묻고 싶어 안달이다. "그러면 무슨 일을 하세요?"라는 질문은 그 사람의 정체성을 알려주는 궁극의 질문이며 사람들은 이 질문에 솔직한 대답을 듣기를 원한다.

사람들은 누군가를 소개할 때도 "시를 사랑했던 의사이자 운동선수였으며 여섯 자매의 어머니로 전기 기사이자 연주가"라고 소개하기보다는 한마디로 '전기 기사'라고 소개하는 쪽을 편하게 여긴다. 여러 성씨가 등장한 배경과도 연관이 있다. 일례로 영국인이 쓰는 성씨(Carpenter[목수], Mason[석공], Taylor[재단사], Harper[하프 연주자], Smith[대장장이], Piper[피리 연주자] 등) 중에 다수는 중세 봉건제의 유산으로 당시 사람들은 몸담은 업종이나 직업 이름으로 불렸다. 인도의 경우도 마찬가지다(Bandukwala[총기를 다루는 직업], Lightwalla[전기를 다루는 사람] 등). 누군가에게 이름표를 붙이는 인지적 성향은 사회경제 시스템 안에서 사회적 관습으로 굳어졌다.

일단 이름표가 하나 붙으면 지칭하는 부분 외에 다른 부분이 있다는 사실을 세상에 설득하기가 대단히 어려워진다. 남들뿐 아니라 자기 자신도 설득하기 어려운 경우가 허다하다. 현대인은 자기가 이해할 수 있는 틀 안에 타인을 단단히 가두고 선명한 이름표를 붙이고 싶어 한다. 이름표가 붙은 사람들의 경우(실상은 우리 모두가 그렇지만) 한 번 부여받은 틀을 벗어나 다른 틀 속으로 들어가기는 쉽지 않다. 설령 그럴 만한 능력이 있는 사람이라도 세상은 그들에게 다른 이름표를 붙여주는 데 대단히 인색하다. 폴리매스 예술가 빌리 차일디시Billy Childish는 저명한 시인이자 소설가, 화가, 연주자로 활동 중인데 그를 끊임없이 한 틀에 집어넣으려고 시도하는 사회에 대해 목소리를 높였다.

나는 어디로 튈지 모르는 사람이다. 언론에 따르면 나는 연주가였다. 지금 나는 연주가로 불리지 못하고 미술가로 불린다. 작년 한 해에만 7개의 앨범을 냈는데도 '전직 연주가'이다! 브리티시 아트 쇼British Art Show에서는 내 그림을 받아주지 않았고 그 대신 시를 전시하라고 했다. 내 시가 미술품으로 전시되었을 때 시인 협회Poetry Society에서는 내 그림을 그들의 문예지 표지에 사용할 수 있는지 물었다! 미술계는 나를 연주자로 간주하려들고, 음악계는 나를 화가로 간주하려든다. 이를 테면 이렇다. "당신들이 저 사람을 가져가라. (……) 우린 저 친구가 우리 앞마당에서 오줌을 갈기지 않았으면 한다."

연기에 뛰어들려는 패션모델, 벤처기업을 시작하려는 가수, 미술이나 문학에 진출하려는 과학자. 여러 분야에 야망을 품은 다재다능한 사람은 누구나 이 같은 장벽을 만난다. 출판사는 작가를 분류해 특정 '브랜드'를 붙이고 싶어 하고 이런 분류 작업을 조장한다. 미술품 중개상은 사람들이 알아볼 수 있게 미술가들이 '그들의' 화풍을 그대로 유지하길 바란다. 투자자는 기업가들이 '그들의 업종을 고수하기' 바란다. 소설가가 되는 것만으로는 부족하다. 특정한 문체를 고수하는 특정 장르의 소설가라야 한다. 스티븐 킹Stephen King처럼 다재다능한 역량을 지닌 작가들은 특정 장르의 작가로 분류되지 않으려고 여러 필명으로 작품을 쓰곤 한다. 고용주도 다재다능한 사람을 고용할 만큼 배포가 크지 않다.

사물을 범주화하는 인지적 성향의 원인이자 결과로서 발생한 분업화와 전문화 시스템은 한 가지 분야에 집중하는 것이 생산성 향상과 효율성 개선, 보다 큰 수익으로 이어진다는 가설에 기초한다. 사회 곳곳에서 단단히 유지되는 구획화로 우리는 악순환에 빠져 있다. 사람들은 그들만의 '특정 분야'에 갇혀 지낸다. 변호사, 투자 은행가, 스포츠맨, 연주자, 이들은 다른 직업을 부러워하거나 무시하면서 거들먹거린다. 어느 쪽이든 서로 연계하지 못한다. 각자 특정 분야 안에서 먹고 마시고 자고 살아간다. 특정 분야가 그들의 사고방식을 결정하고 생활방식을 지배한다. 그들의 정체성과 의식을 규정한다. 그들끼리만 알아듣는 은어를 개발하고, 무리를 짓고, 그들만의 유머감각을 기르기도 한다.

이 같은 '범주화'는 거의 모든 온라인 업체에서 채택 중인 예측 분석이라는 신기술에 의해 더 가속화되고 있다. 우리는 일종의 '디지털 식민주의'와 마주하고 있다. 사람들은 사회관계망과 디지털 플랫폼을 사용하면서 자신의 행동과 관련한 정보를 다량으로 넘기는 데 주저함이 없다. 정보를 수집한 기업은 이를 이용해 알고리즘을 개발하고 결국 우리가 무엇을 원하는지 또 우리에게 무엇이 필요한지 우리 자신보다 더 빠르게 알려준다. 유튜브를 예로 들어보자. 당신이 사용자라면 알겠지만 유튜브는 사용자의 시청 습관을 고려해 관련된 영상을 자동으로 추천한다. 아마존에서 제공하는 도서 추천 시스템 역시 사용자의 관심 분야에 맞는(사용자의 검색 습관과 구매 습관을 토대로) 책을 추천한다.

기계학습에 기초한 정교한 알고리즘을 경험하고 나면 참으로 효율적인 추천 시스템으로 보일지 모르지만, 사실은 '목표 시장'을 끊임없이 찾아다니는 광고주들의 요청에 따라 온라인 시장과 사회관계망 서비스 업체가 알고리즘에 따라 사용자를 분류하는 시스템이다. 고객을 세분화하면 광고주들은 정밀하게 목표를 선정해 별도의 맞춤 광고를 제공할 수 있다. 온라인 공간에서 우리가 남기는 활동은 분류되고 있다. 손가락만 대면 온 세상과 연결되는 시대라고 말들 하지만 실제로는 어느 한 범주 속에 갇히고 마는 것이다. 이것이 빅 데이터와 사이코그래픽psychographics(소비자의 행동과 개성, 생활양식을 파악하는 기법—옮긴이) 분석 방법이 이끄는 시대다. 계몽주의 시대의 백과사전 사업과 마찬가지로 이 시대는 방대한 정보를 정리하고 집대성해 지식(과 개인)을 편리한 틀 속에 배치하고 있다.

위기에 빠진
현대 교육

세계적인 교육 석학인 영국의 켄 로빈슨 Ken Robinson에 따르면 현대 교육 제도는 제대로 기능하고 있지 않다. 여태 빅토리아 시대의 모델에 기초하고 있으니 구식도 이런 구식이 없다. 그때와 지금은 딴판이다. 빅토리아 시대가 '선형적이고, 순응적이고, 표준화된' 사람을 요구하는 문화였다면 현대는 '다양하고, 유기적이고, 적응력이 좋은' 사람을 요구하는 문화다. 두 세계가 이토록 동떨어져 있는 까닭에 현재 교육제도는 지식에 있어서도 기술에 있어서도 학생들에게 밝은 미래를 보장하지 못한다. 학생들을 로봇처럼 취급해 천편일률적으로 다루는 것은 21세기 직업 시장에는 적합하지 않다. 옥스퍼드 대학 산하 인류 미래 연구소Future of Humanity Institute의 앤더스 샌드버그 교수는 말했다. "교육 기관은 산업화 시대에나 어울릴 법하게 학생들을 기계의 한 부품이 되도록 가르치고 있지만 그럴 필요가 없다. 기계는 훨씬 저렴해질 것이고 (……) 따라서 훨씬 복잡하고 기존의 범주에 따라 규정하기 힘든 일을 처리할 인재로 교육해야 한다."

교육제도가 시대 변화에 따라가지 못하는 까닭에 학생들은 참 지식을 향한 갈증을 해소하지 못한 채 학교를 떠나고, (별 보람 없는) 직장에 매인 몸이 되어 출퇴근길에 기초 수준의 역사책이나 과학책을 읽으며 뒤늦게 기초학문에 눈을 돌리곤 한다. 근래에 이른바 '고등교육을 받은 사람들' 사이에서 인문교양 서적 인기가 치솟는 것도 이런 이유다. 정작 학창 시절에는 졸음과 싸우며 지루하기 짝이 없는 공부를 하느라 재미난 교양 지식을 별로 접하지 못했다. 어른이 되고 나서야 세상에는 기술 및 실용 지식 외에도 중요하고 흥미 있는 지식 세계가 있음을 깨닫는다. 뒤늦게라도 각성하는 이는 그나마도 소수다. 대부분의 사람은 이런 생각조차 하지 못한다. 브리스톨 대학교의 교육 심리학자 샤피Shafi와 로즈Rose 교수가 수행한 연구에 따르면, 직장인 학생들 중에는 이전까지 학교 교육에서 어떤 재미도 느끼지 못했고 심지어는 교육 내용을 이해하지도 못했다고 답한 경우가 많았다. 이들은 '인생'을 경험하고 나서야 교육의 가치를 깨달았고 그렇기에 사회생활을 하면서 스스로 원하는 것들을 배우기 시작했다.

지금의 교육제도와 학생 사이에 놓인 괴리감은 화이트헤드의 말대로 '생기 없는 관념', 그러니까 각 교과목을 연계시키는 틀도 없이 파편적인 정보를 주입한 탓이다. 학생들은 수업 시간에 들은 지식이 서로 어떤 연관성이 있는지 이해하지 못했다. 더 심각한 문제는 이런 지식이 자신의 삶과 어떤 관계를 맺는지 이해하지 못했다는 점이다. 맥락 없이 전달되는 지식은 죽은 지식이다. 이 같은 상태가 오늘날까지 이어졌다. 학생들은 교실에 앉아 강의를 듣고 책을 읽으면서 기하학과 중세 역사 혹은 판구조론이 자기 인생에 무슨 의미가 있는지 궁금해한다. 이걸 배우면 기업 임원이나 정부 관리 같은 '어엿한' 직업을 얻는 걸까? 아니면 나이 들기 전에 으레 거쳐야만 하는 괴로운 통과의례일까?

공장 노동자를 길러내는 교육에서 출발해 교과를 분절적으로 익히는 현대의 교육 제도는 사회에 만연한 전문화 시스템에 따라 학년이 올라갈수록 그 경향이 더욱 심화된다. 전 세계 대부분의 나라에서는 학생들이 일찌감치 한 분야에 전문성을 갖추도록 그들을 응원하고 압박한다. 그 결과 다방면에 재능이 많은 학생은 심리학자들에 따르면 여러 가능성을 놓고 좌절과 혼란, 불안에 직면하곤 한다. 자신이 매진해야 하는 분야를 너무 이른 시기에 하나 선택하는(다양한 열정 가운데 하나만을 고르는) 결정을 강요받기 때문이다. 지능이 매우 뛰어난 다수의 영재들은 하나의 특정 분야에 그들의 역량을 집중하도록 매우 일찍부터 격려 받는다(아니 거의 강요받는다). 학부모와 교사들은 이를 아주 당연하게 생각한다. 폴리매스 자질(즉 '다중 잠재력')을 지닌 영재들도 이들과 똑같은 운명에 처할 때가 많다. 다양한 잠재력을 실현하는 것은 고사하고 일반 성인으로서도 기대에 미치지 못할 때가 많다. 이러한 현실도 아이들이 우울증을 겪는 요인 중 하나다. '인지적 유연성 이론'을 개발한 인지 과학자이자 교육학자인 랜드 스피로Rand Spiro는 학교가 학생들의 폴리매스 기질을 억압한다고 단언한다.

아이들은 인지적으로 매우 유연하다. 세상을 하나의 학문적 경계 안에서 보지 않고 다방면에 걸쳐 이해하는 능력과 유연성과 창의성을 타고난 아이들을 시들게 만드는 것은 바로 선다형 문제와 주입식 교육, 분과 학문으로 무장한 학교다.

이쯤 되면 인간을 그저 기업의 부품으로 취급하는 교육제도에 휘둘러 자신의 직업을 선택할 준비조차 제대로 못하게 된 현실이 당연해 보인다.

직업에 대한
환멸

전 세계 인구의 대다수는 심리적으로 혹은 재정적으로 별로 만족스럽지 않아도 하나의 직업을 부득불(내지는 마지못해) 가지고 살아간다. 그리고 대부분 자신이 처한 환경의 노예가 된다. 자유의지가 과연 있기나 할까? 마음에 들지도 않는 일을 억지로 하며 살아간다는 것은 이 시대 가장 불행한 현실 중에 하나다. 이런 현실 속에서 인간의 존엄성은 치명상을 입고 타고난 잠재력은 끔찍한 수준으로 억압된다.

사람들은 자신의 관심사에 따라 그리고 자신이 처한 사회 경제적 여건에 따라(물론 후자의 경우가 훨씬 흔하지만) 일찌감치 특정 직업을 선택했다가 결국에는 평생 그 분야에 매여 이른바 전문가로 살게 된다. 직업이 그들의 존재를 규정하는 지경에 이르기 때문이다. 이 악순환의 고리를 끊는 것은 불가능해 보인다. 타고난 기술이 무엇이든 간에 우리는 (사회의 강요 그리고 역설적이지만 자기 자신의 선택으로) 정해진 배역을 하나 맡게 될 테고 그러고 나면 함정에 빠지고 만다. 예컨대 구직자가 한 회사에 이력서를 낸다고 하자. 그 회사는 이력서를 보면서 그들이 원하는 '핵심 기술'이나 분야에 가장 근접한 요소를 지원자가 보유하고 있는지 학위나 자격증 혹은 업무 경험을 통해 확인한다. 다른 회사를 찾아간다고 해서 별 다를 것은 없다. 따라서 취업 성공률을 높이려면 꾸준히 한 분야에서 전문성을 키웠음을 보여 줘야 한다.

우리 사회에는 한 우물만 깊이 파도록 강요하는 문화가 팽배하고, 어느 분야든 어느 정도 시간이 지나면 우물 밖으로 빠져나오기는 거의 불가능하다. 이는 일종의 노예제로서 우리는 무언의 굴레에 매여 있다. 전문가를 추종하는 문화 속에서 노동자들은 평생 한 직업에 충실한 것만이 자신이 생존하고 발전하는 유일한 길임을 좋게 말해, 기꺼이 수용하게 되었지만 한편으로는 자기 직업에 대해 환멸감과 허무감을 느끼는 경우가 많다.

자기 직업에 대한 허무감은 역설적이지만 개도국보다는 오늘날 '선진국'에서 더 크게 나타난다. 마르크스는 노동 분업을 가리켜 "개개인을 하나의 소명에 옭아매는 짓"이라고 비판했으며 그의 말마따나 오늘날도 우리는 분업 시스템에 매여 있다. 베버가 말한 '강철 우리iron cage'에 갇혀 있는 것이다. 스터즈 터클Studs Terkel은 1970년대에 다양한 분야에서 종사하는 노동자들과 대담을 나누고 그들이 느끼는 허무감을 책으로 냈다. 이후 서구 사회의 노동 환경은 크게 달라졌지만 노동자들이 느끼는 불쾌감과 불만, 허무감은 여전하다. 근래 들어 제조업이 대거 개도국으로 이전한 까닭에 선진국에서는 생산직이 대폭 감소하고 대부분 사무직 아니면 실업자라고 봐도 무방하다.

사무직으로 앉아서 일하는 문화가 등장해 개인과 경제에 여러 가지 좋은 점도 있었지만(사무직 근로가 육체노동보다 더 존중받는 일이라는 관념에 따르면, 분명 사회가 발전했음을 반영한다), 신체적으로 뒤틀리고 정신적으로 좌절한 직업군을 양산했다. 영국노동재단Work Foundation 산하 노동력 효율성을 위한 센터Centre for Workforce Effectiveness의 이사인 스티브 베반Steve Bevan 교수는 이렇게 말했다. "앉아서 일하는 것은 또 다른 흡연 습관이다. 앉아서 일하는 시간이 길수록 건강에 더 해롭다." (유명 트레이너 이도 포탈Ido Portal과 에드윈 르 꼬레Edwin le Corre가 신체 훈련 철학에서 강조하듯이) 앉아서 하는 일은 신체를 움직이고 싶은 인간의 자연스러운 욕구를 억압할 뿐 아니라 크게는 경제에도 악영향을 미친다.

예를 들어, 영국 통계청UK Office for National Statistics: ONS의 발표에 따르면 노동자들이 겪는 등과 목, 근육 문제로 인해 노동일수로 치면 거의 3,100만 일의 노동 손실이 발생했다. 이 가운데 신체 활동으로 인한 부상이 원인인 경우는 거의 없었다. 앉아서 일하는 근무 방식으로 발생한 병가일수가 질병이나 질환으로 인한 병가일수보다 더 많은 것으로 드러난 것이다. 역사적으로 볼 때도 근골격계 문제를 겪을 정도로 앉아서 일만 했던 폴리매스들은 거의 없었다. 심지어 지식인형 폴리매스들도 학자인 동시에 모험가로서 역동적인 삶을 살았다.

지두 크리슈나무르티Jiddu Krishnamurti가 노동자의 삶을 가리켜 '괴물 같은 쳇바퀴 삶'이자 '참기 힘든 감옥살이'라고 했듯이 더 중요한 문제는 노동자들에게 미치는 심리적 영향일 것이다. 오늘날 대다수의 사람들이 직업에 만족하지 못하고 좌절해 있다는 것은 틀림없는 사실이다. 최근 영국에서 조사한 바에 따르면, 전체 인구 중에 직업에 만족한다고 답한 이는 20퍼센트에 불과하다(로스Roth와 하터Harter, 2010년). 1987년 조사에서 60퍼센트에 달했던 수치가 급격하게 떨어진 것이다. 이러한 불만은 사람들이 일하면서 느끼는 의욕이나 긍정적 자극과 관련이 높다. 2008년도에 실시한 설문조사에서 영국의 노동 인구 가운데 근무 의욕이 높다고 답한 이들은 10퍼센트에 불과한 반면 직장에서 의욕을 느끼지 못한다고 답한 이들은 절반이 넘었다. 그리고 60퍼센트 넘는 노동자들이 자신이 하는 일에 몰입하지 않는다고 답했다(파워스 페린Towers Perrin 컨설팅회사/갤럽 조사).

상기한 노동통계는 유럽과 미국에서 주로 실시한 조사이지만 이 같은 추세가 전 세계 공통임을 보여주는 증거가 있다. 경영 컨설팅 전문 회사 액센츄어Accenture가 유럽과 아프리카, 중동, 남미, 북미, 아시아 지역의 18개국에 거주하는 3만 6,000명의 전문직 노동자를 대상으로 최근 실시한 설문조사에 따르면, 거의 절반에 달하는 수가 자신의 기술과 역량을 확신함에도 불구하고 현재 하는 일에서 별로 도전의식을 느끼지 못한다고 답했다. 이 외에도 여러 기관과 각 기업에서 수시로 측정한 바에 따르면 '업무 몰입도'가 떨어지는 현상은 유럽과 미국만의 일이 아니다.

노동자들이 느끼는 불안이나 좌절감은 고용주나 직장 환경 못지 않게 한 가지 일만 하는 단조로움과도 관련이 깊다. 알랭 드 보통이 설립한 인생학교School of Life에서 실시한 연구에 따르면 노동자 가운데 60퍼센트 이상이 다시 시작할 수만 있다면 다른 일을 선택하겠다고 했고, 20퍼센트의 노동자들은 한 번도 자신의 적성에 맞는 역할을 맡은 적이 없다고 확신했다. 그리고 다른 일을 하면 장점을 살릴 수 있을 거라고 생각하는 이들도 30퍼센트에 달했다.

기업에서는 인원감축에 들어갈 때 '재취업 컨설팅'을 통해 희망자들에게 이직에 필요한 상담을 제공한다. 상담사는 해당 직원이 꿈꾸는 직장이 어디인지 알아보기 위해 심리 검사를 실시하기도 한다. 아니나 다를까 해당 직원이 '실제' 하고 있는 일과 마음으로 '바라는' 직업 간에는 커다란 간극이 있는 경우가 많다. 사실 마술사가 되길 바랐던 경리 직원, 연주자가 되길 바랐던 웹디자이너, 스포츠 선수가 되길 바랐던 사무 관리자. 이들은 쉴 새 없이 밀려드는 물결에 휩쓸려 자기에게는 별 의미도 없는 대양으로 흘러들어 왔다가 결국 떠밀려 나가야 하는 상황에 처한 셈이다.

타고난 인간의 학습 욕구와 성장 욕구는 결코 사라지지 않는다. 사람들은 회사 업무 외의 세계를 성찰할 기회를 몹시 기다린다. 옥스퍼드 대학교 철학자 앤더스 샌드버그는 한 보험사와 함께 연구를 진행하면서 이 사실을 확인했다. "런던의 고층건물에서 일하는 직원들과 함께 작업하며 대화할 기회가 있었다. 직원들은 철학에 관해 얘기하는 시간을 무척이나 즐겼다. 그들은 일상 업무에서 벗어나 사색에 잠길 기회를 얻지 못했다. 심지어는 (······) 우리는 무엇을 하고 있는가, 어째서 이 일을 하고 있는가, 같은 근본적인 질문을 던질 기회조차 찾지 못했다." 세계에서 가장 큰 규모로 꼽히는 오픈소스 백과사전에서도 우리는 이 사실을 엿본다. 위키피디아Wikipedia 설립자지미 웨일스Jimmy Wales가 지적한 바에 따르면 위키피디아의 성장세는 이른바 전문가로 여겨지는 사람들이 실상은 다양한 분야에 관심이 크다는 사실을 보여주는 증거다. 그들에게는 다만 다양한 관심사를 탐구할 수 있는 기회가 필요했던 것이다.

위키피디아가 성공적으로 기능하는 이유 중 하나는 여러 분야에걸쳐 특별한 재능을 지닌 자들이 멸종하지 않았기 때문이다. 우리는 위키피디아에서 자신의 전문 분야를 벗어나 놀라운 일을 해내는 이들을 자주 목격한다. 수염이 덥수룩한 수학 교수가 엘리자베스 시대의 시에 관해 글을 쓰거나 세계 전쟁사를 집필한다.학계는 전문화 시스템에 매몰되어 있지만 그럼에도 우리 사회에는 여전히 다방면에 뛰어난 지식인들이 있음을 보여준다. 실제로위키피디아가 성공한 이유 중 하나도 그러한 재능을 발휘할 수있는 배출구를 위키피디아가 제공하기 때문이다.

다재다능하고 박식한 사람들에게 위키피디아는 유용한 지적 배출구를 제공하지만, 대부분의 사람은 설령 더 많이 배우고, 글을 쓰고, 자신을 표현하고 싶어도 그들의 시간을 오로지 업무에 써야 한다는 압박을 느낀다.

일과 삶의
불균형

　　　　　　최근 렉시스넥시스LexisNexis 콘텐츠 제공업체에서 전 세계 100대 신문사와 잡지를 대상으로 조사한 바에 따르면 '일과 삶의 균형'을 다루는 기사의 수가 극적으로 증가했다. 1986년부터 1996년까지 10년 동안에는 32건에 불과했으나 2007년 한 해에만 1,674건으로 증가했다. 21세기 고용 시스템에 대한 환멸과 그로 인한 공허감을 해결하고 싶은 노동자들은 일을 벗어나 다양한 관심사로 눈을 돌리거나 자신이 몰입할 도전거리를 찾아 나선다. 이를테면 복싱을 배워 정식 경기에 도전하기도 하고 마라톤 혹은 철인3종 경기에 참여하기도 하고, 요리 동호회나 그림 동호회에 가입하기도 한다. 리처드 던킨Richard Donkin은 자신의 저서 《미래의 직장Future of Work》에서 이렇게 말했다. "사람들은 기회가 닿는 대로 삶의 균형을 되찾고 싶어 하지만 정부와 기업은 노동자들의 몸부림에는 눈과 귀를 막고 있는 모양새다." 하루 7시간(오전 9시~오후 5시) 일하는 직장생활에 사람들이 만족하지 못하고 있음은 《나는 4시간만 일한다 Four-Hour Week》 혹은 《일하지 말고 놀자Screw Work, Let's Play》처럼 대안적 생활방식을 격려하는 자기계발서가 엄청난 인기를 누리는 데서도 분명히 알 수 있다.

　　업무 외에 전념할 취미나 활동이 필요하다고 입을 모으지만 이는 말뿐인 경우가 허다하고 실제로 대부분의 기업에서는 한눈팔지 말고 전문 분야에 전념하도록 권장하고 다양성을 추구하려는 인간의 욕구를 억압한다. 이런 까닭에 아리스토텔레스는 "돈을 받는 모든 직업은 마음을 빼앗거나 타락시킨다"고 말했고, 고용주 밑에서 일하는 삶은 "생계를 유지하는 매우 부끄러운 방식"이라고 이븐 칼둔이 말했다. 기술이 발달하면 인간의 노동 시간이 줄고 여가 시간이 늘어날 테니 다양한 관심사를 탐구하며 다재다능하고 뛰어난 인간으로 발전하는 것이 수순이라고 생각했다. 그런데 인류는 언제부터인가 이 꿈을 간과하고 잊어버렸다. 아니면 그저 덮어두고 살기로 했는지도 모른다.

미친 듯이 '발전'(더 정확히 표현하자면 더 많은 돈과 더 많은 물질을 쌓는 일)에 매달리면서 전례를 찾기 힘들 만큼 기술의 진보를 이루었지만 그러는 사이 인간의 자유와 다양성이 희생되었다. 이론의 여지는 있지만, 인간의 노동 시간은 인류 역사상 그 어느 때보다 기록적인 수준으로 증가했다. 인터넷과 모바일 기술로 '어디서나 일할 수 있는' 환경이 보편화되었다. 일과 삶의 균형을 조화롭게 유지할 수 있는 기반이 마련된 것이다. 하지만 오히려 업무 시간이 늘어나 사생활과 여가 시간을 잠식할 뿐이다. 의식주에 필요한 물질은 이미 충족되었지만 여가를 즐기는 시간은 줄고 일하는 시간은 더 늘었다. 디지털 기술과 미디어 전문 작가인 더글러스 러시코프Douglas Rushkoff는 말했다. "항상 대기하고 있는 디지털 기술은 우리에게 더 많은 시간을 주는 게 아니라 시장의 이익을 위해 우리의 시간과 에너지를 더 많이 빼앗는다."

오늘날 우리가 '노동'을 인식하는 방식은 400년도 넘게 서구 사회를 지배해온 특정 철학에 빚진 바가 크다. 프로테스탄트 노동 윤리에 따르면 노동은 고된 일이다. 노동이란 우리가 하고 싶지 않아도 반드시 해야 하는 일이다. 거기에 구원이 있기 때문이다. 일을 해야 덕이 쌓인다. 《노동의 역사 *The History of Work*》를 쓴 리처드 던킨에 따르면, 프로테스탄트 노동 윤리에서는 "노동의 이유를 선명하게 정의하고, 범주화하고, 경계를 나누기 때문에 노동에 대해 어떤 혼란도 남기지 않는다." 그 결과 오늘날 대부분의 사람은 노동을 다음과 같이 생각한다. 노동은 한 사람이 평생에 걸쳐 대부분의 시간을 투자해야 하는 활동이고, 생존과 부의 축적에 필요한 재정적 보상이 따르는 활동이다. 지금은 이 전제에 의문을 제기할 때이다.

생존

"전문가의 생활방식에는 심각한 결함이 있다." 데즈먼드 모리스는 인간의 행동과 동물의 행동을 비교한 그의 베스트셀러 《털 없는 원숭이》에서 말했다. "특수한 생존 장치가 정상적으로 작동하는 한 아무 문제가 없지만, 환경에 큰 변화가 생기면 전문가는 꼼짝도 못하게 된다." 예를 들어, 코알라는 거의 전적으로 유칼립투스 잎에 의존하며 살고 특정 기후대 안에서만 그것도 오스트레일리아의 동부 산림 지대에서만 서식한다. 하루에 거의 20시간을 잠만 잔다. 코알라는 전문가 유형이다. 이와 반대로 너구리는 제너럴리스트 유형이다. 너구리는 북아메리카와 중앙아메리카의 대부분을 포괄하는 지역을 자연 서식 범위로 삼았고, 잡식성 동물이어서 딸기도 먹고 곤충도 먹고 새의 알도 먹고 몸집이 작은 동물도 먹는다. 너구리는 문제없이 번식하는 반면, 코알라는 멸종 위기에 놓여 있다. 요컨대 환경이 바뀌면 다양한 능력과 융통성이 좋은 종은 적응할 수 있지만, 특정한 세부 조건에만 주력하던 종은 다른 선택지가 거의 혹은 전무하기에 멸종 위기에 직면한다. 이 원칙은 인간에게도 똑같이 적용된다. 모리스가 주장한 대로 '털 없는 원숭이'(즉 인간)는 실제로 가장 전문화되지 않고, 적응력이 뛰어나며, 기회주의적인 동물이다.

생존을 위해서 전문화가 반드시 필요하다는 오해가 오늘날 이 사회를 지배하고 있다. 이는 투쟁과 경쟁이 인간의 본성이라는 의심스러운 전제 위에 세워진 가설이다. 근대 서구 사회에서 이와 같은 패러다임이 형성되기 전에는 여러 세계관에서(일례로 '우리가 있기에 내가 있다'는 아프리카의 우분투 철학을 비롯해) 인간은 서로 협력하고 화합하는 존재라고 강조했다. 19세기 러시아의 진화론자 표트르 크로포트킨Peter Kropotkin도 그렇고 최근에는 유전자 전문가 매트 리들리Matt Ridley 역시 인간은 서로 경쟁하는 존재일 뿐 아니라 서로 협력하는 존재임을 보여주었다. 폴리매스는 일반적으로 경쟁심보다는 '자기'를 실현하고 싶은 욕구에 따라 움직이지만 반드시 어느 한 면을 희생하거나 서로 대립할 필요는 없다.

인구 증가 속도가 자원을 추월할 것이라는 맬서스Malthus의 인구론과 허버트 스펜서Herbert Spencer의 사회진화론, 그리고 '적자생존'

개념은 함께 홍성하며 경쟁 위주의 사고방식이 사회에 뿌리는 데 기여했다. 제국주의와 식민지 착취, 가까이는 수많은 대기업이 조장하는 경쟁과 대립이 이를 증명한다. 과도한 경쟁 문화야말로 분업을 촉진하고 전문가를 숭배하는 미신을 퍼뜨린 주범이다. 경쟁에 기반한 문화는 서로 자기의 생각을 '교류하기'보다 배타적으로 '방어하는' 태도를 부추겼고 결과적으로 전문가 시스템은 더욱 공고화되었다.

지속 가능한 소득 내지는 경제적 안정을 얻으려면 오로지 한 분야의 전문가가 되어야 한다는 생각은 비단 현대사회뿐 아니라 역사상 수많은 사회에서 지배적 신조가 되었다. 둘 이상의 직업 혹은 업종에 시간과 에너지를 투자하는 것은 재정적 관점에서 자살 행위나 마찬가지라는 인식이 생겨났다. 비전문가에게는 부정적인 꼬리표가 붙었고, 자신이 줄곧 몸담았던 직업 외의 활동은 시간 낭비에 불과하고 생계를 위태롭게 하는 행위로 여겨졌다. 폴리매스를 경제적으로 무능한 사람으로 비하하는 표현도 세계 여러 나라의 속담에 자리 잡았다.

동유럽에서 흔히 쓰이는 속담을 예로 들어보자. 폴리매스 자질이 있는 사람을 가리켜 폴란드에서는 "직업이 일곱 개인데 여덟 번째 직업은 가난"이라고 말한다. 마찬가지로 에스토니아에는 "직업이 아홉 개인데 열 번째 직업이 배고픔"이라는 속담이 있고, 체코에는 "재주가 아홉 개인데, 열 번째 재주가 불행"이라는 속담이 있다. 리투아니아에는 "직업이 아홉 개인데 열 번째 직업이 굶주림"이라는 속담이 있다. 동아시아 문화권에도 비슷한 속담이 있다. 한국인은 "재주가 열두 가지면 굶어 죽는다"고 하고, 일본인은 폴리매스를 가리켜 "재주는 좋지만 가난한" 사람이라고 말한다. 위대한 폴리매스 사상가들을 적잖이 배출한 사회에서조차 사정은 다르지 않다. 그리스에는 "재주가 많은 사람은 텅텅 빈 집에서 산다"는 속담이 있다. 다 빈치와 미켈란젤로, 알베르티Alberti, 베르니니를 배출한 이탈리아에서는 이런 사람들을 가리켜 "모든 것의 전문가인데 어느 하나에도 대가가 되지 못한" 사람으로 여겼다. 상기한 속담들을 다른 언어로 옮기는 과정에서 어감의 차이가 생겼을 가능성은 있겠지만 근본 뜻은 동일하다. '두루 알려고 하면 어느 하나에도 정통하지 못한다.' 이 모든 속담에는 돈을 벌고 부를 축적하는 능력과 관련해 폴리매스를 냉소적인 시각으로 보는 관점이 드러난다.

폴리매스를 향한 관점 자체를 고쳐야 한다. 폴리매스의 공통된 특징인 직업의 다각화가 사실은 생존을 가장 확실히 보장해주는 수단일 때가 많다. 극심한 침체기에 특정 업종에서 노동력에 대한 수요가 급격히 줄면 관련 노동자는 극히 취약한 상태에 놓인다. 유발 하라리Yuval Noah Harari가 최근의 저서 《21세기를 위한 21가지 제언 21 Lessons for the 21st Century》에서 주장하듯이, 급격하게 바뀌는 노동 환경에 대한 적응력을 높이고 불가피한 이직에 대비하는 것이 앞으로 다가올 시대에 꼭 필요한 생존 전략이 될 것이다. 보다 다양하게 기술을 보유한 사람은 그만큼 다양한 분야에서 취업할 자신감이 생긴다. 자신의 역량을 믿는 이들은 업무 현장에서 보다 높은 생산성과 효율성을 발휘할 수 있다. 특히나 우리 시대는 경제, 정치 그리고 기술적으로 매우 변동이 심하므로 한 분야에서 오늘 전문가로 인정받더라도 언제든 쓸모없을 수 있다. 이런 점에서 본다면 취업 교육은 둘 이상의 분야에 적용될 수 있는 기술을 습득하거나 아니면 적어도 다른 직종으로 이전 가능한 기술을 익히는 데 집중해야 한다.

요즘 여러 나라에서는 한 가지 산업에 집중하는 전략이 어리석다는 사실을 깨닫고 국가 차원에서도 산업 다각화 정책을 도입하고 있다. 개인도 이 사실을 깨달아야 한다. 나아가 다방면에 출중한 개인은 사회 전체에 상당한 경제적 이익을 창출할 수 있다. 프린스턴 대학 출신의 경제학자 에드 글레이저Ed Glaeser는 도시 노동자들의 업무 전문화와 다각화를 비교 연구한 결과 경제 성장을 이끄는 요소는 업무 전문화보다는 다각화라고 결론지었다. 이유는 간단하다. 각 산업 간에 보다 많은 정보와 기술이 유통되어 긍정적 파급 효과를 내기 때문이다. 사업과 기술을 다각화한다는 것은 끊임없이 변하는 경제 상황에 따라 시장 수요에 적절히 대응할 능력을 갖춘다는 의미에서 중요하다. 특히 우리 사회와 교육이 여전히 경제 성장률 중심으로 돌아간다는 점에서 더더욱 그렇다.

'평생직장' 개념도 사멸하고 있다. 나이가 들수록 잉여인력으로 분류될 위협이 증가하고 승진 기회는 줄어든다. 사업을 하거나 예술 분야에서 종사하는 경우는 안정적인 소득을 기대하기 어렵다. 운동선수나 군인은 직업 수명(경제적 안정성)이 짧은 편이다. 그리고 앞으로는 전문직도 지금까지와는 달리 더 이상 미래를 보장할 수 없다. 경력개발 상담가로 25년간 경험을 쌓은 캐서린 브룩스Katherine Brooks

는 경제적 안정을 확보하는 데 한 가지 직업만으로는 부족하다고 결론지었다. 특히 요즘과 같은 시대에는 다수의 경력을 쌓는 것이 사치가 아니라 필수라고 제안한다. "오늘날처럼 혼란한 노동시장에서는 구직자들이 유연해야 하고 다양한 환경에 적응할 수 있도록 재능을 개발시켜야 한다. 현재 경제에서는 직업 하나만 놓고 계획을 세우면 안 된다. 플랜 B와 플랜 C도 고려해야 하고 심지어 플랜 D도 동시에 고려해야 한다. 선택지를 다양하게 마련해야 한다." 역시나 달걀은 여러 바구니에 분산해 담는 게 현명한 선택으로 보인다. 한 가지 직업에만 인생을 건다면 그만큼 위험을 각오해야 한다.

복잡성의
시대

전문화 시스템은 우리의 생존에도 위협이 될 뿐 아니라 우리가 지적으로나 영적으로 성장하는 데에도 걸림돌이 된다. 특정한 시각으로만 보는 세상은 좁고 모호하다. 그렇지만 우리가 사는 세상은 흑백으로 단순하게 나뉘지 않고 상상도 하지 못할 만큼 복잡하다. 오랜 세월 우리 사고를 지배했던 여러 이분법(교회와 국가, 종교와 이성, 선과 악, 공산주의와 자본주의, 문명과 야만, 통일성과 다양성, 미시와 거시, 우뇌와 좌뇌, 과학과 예술 등)은 사실 서구 세계에서 세상을 경험하고 이해한 방식에서 발생했다. 동양 문화권에도 그들만의 지식과 학문에 따라 그들만의 이분법이 존재한다. 동양에서는 자신들이 이해한 방식에 따라 서구 세계와 다른 방식으로 현실을 구성한다(음양 이론이 그렇고 보다 종합적인 관점에서 지식과 이원성에 접근한다).

우주비행사인 스토리 머스그레이브Story Musgrave는 우주에서 지구를 바라보며 말했다. "자연은 오직 곡선을 그릴 뿐이다. 인간은 직선을 그린다." 학문을 여러 '분야'로 쪼개고 쪼개 파편화된 지식과 이분법적 사고는 복잡한 세상을 지나치게 단순화한다. 이런 사고방식은 현실을 온전히 이해하는 데 걸림돌로 작용한다. 프랑스 철학자이자 복잡성 이론Complexity Theory의 아버지 에드가 모랭Edgar Morin은 한 언어를 다른 언어로 번역할 때 특정 의미가 '번역 과정에서 사라지는' 일이 빈번하듯, 인위적으로 창조한 '학문들' 틈새로 중요한 현실이 빠져나가는 경우가 허다하다고 지적했다. 한 가지 언어는, 한 가지 특정 분야와 마찬가지로 분할된 프리즘이며 우리는 이 언어를 통해 현실을 인지한다. 이 언어는 현실 전체를 있는 그대로 나타내지 못한다.

서구 세계에서 이러한 분할 작업은 특정한 철학적 방법론에서 유래했다. 완전한 '질서'를 찾는 과정에서 과학자와 철학자들은(특히 데카르트 이래) 환원주의적 사고와 수학을 도구로 사용해 '존재와 사물을 해체하고' 현실 속에 내재하는 '복잡성'을 '단순화'한다. 이런 사고방식은 사회 전반을 초전문화로 이끌었다. 모랭이 지적했듯이 "초전문화는 복잡한 구조의 현상과 실재를 갈기갈기 찢고 조각내어 파편화된 실재를 실재 그 자체라고 믿게 만들었다." 정신과 의사이자 《분할된 뇌The Divided Brain》의 저자 이언 맥길크리스트에 따르면, 역사적으로 볼 때 초전문화 사회는 좌뇌적 사고를(좌뇌는 구조적이고 선형적인 사고를 담당한다) 지나치게 강조하는 패러다임과 관련 있다. 그는 책에서 좌뇌적 사고방식이 형성하는 사회 유형을 이렇게 묘사했다.

> 지식의 전문화와 기술화가 증가하고 (……) 제한된 전문 분야 외의 것에 관심을 보이는 개인은 멸시 받을 각오를 해야 한다. (……) 이런 사회를 규정하는 철학적 사유의 틀은 파편화가 그 특징으로 사회 구성원들은 온갖 파편을 무작위로 모아놓은 것처럼 세상을 인식하고, (……) 기술이 지배하고 전문 관료들이 운영하는 사회가 탄생한다.

이는 현대사회의 특징과도 대체로 일치한다. 인지 작용에 있어서나 사회 및 교육적으로 우리 주변에서는 자연스럽게 지식을 세분하는 현상이 진행되었으며 21세기적 현상인 '정보 폭발'과 결합하면서 지식의 파편화는 새로운 수준으로 도약했다. 이용 가능한 정보가 전례 없이 급증했고 그 정보를 관리하고 이해하기가 어려워지면서 우리 사회는 해결하기 어려운 난문제 혹은 이로 인한 '불안감'에 봉착했다.

우리를 둘러싼 세계의 복잡성이 급증하자 인류는 이를 효율적으로 이해하려는 노력으로 데카르트의 연역법에 따라 각 면을 따로 분할했다. 지식을 쪼개고 분류하는 현상은 유럽에서는 계몽주의 이후 정점에 달했고(디드로의 《백과전서》가 대표적이다. 지식을 체계적으로 나누고 정리한 이 책은 역설적이지만 폴리매스였던 디드로가 직접 집필한 게 아니라 편집한 것이다), 이후 식민지 지배를 통해 전 세계로 확산되었다. 또한 학문을 세분화하고 직업을 전문화해 학생과 학자, 그리고 노동자에게 여전히 영향력을 행사하고 있다(모두가 영혼 없는 기계처럼 한 가지 분야의 전문가가 되기 위해 매진한다).

에드가 모랭은 "우주는 하나의 완벽한 기계가 아니라, 구축과 해체가 동시에 진행되는 하나의 과정"임을 우리에게 상기시킨다. 아닌 게 아니라 21세기의 삶은 이 세계가 얼마나 복잡한지 우리 앞에 생생하게 보여준다. 우리는 이 복잡성을 깊이 이해하고 이에 대처할 필요가 있다. 불행히도 현재의 교육제도는 앞서 지적했듯이 이 문제를 다룰 역량이 없다. 인지 과학자이자 교육학자인 랜드 스피로에 따르면 "우리는 인생의 대부분을 구구단 표나 기초 물리학 같은 전통 학문을 배우는 데 쓰기보다는 (……) 복잡하거나 비구조적인 영역을 다루는 데 쓰게 된다. 따라서 유연한 적응력이 필요하다. 이는 일상의 예외가 아니라 이미 표준에 가깝다." 스피로는 스키마 이론(기존에 저장된 범주별로 새로운 정보를 분류하는 심리적 구조를 다루는 이론)에 반대하고, 인지적 융통성 이론Cognitive Flexibility Theory을 주장한다. 다시 말해 (복잡한 지식을 단순화하는 기존 방법론과 달리) 복잡하고 비구조적인 지식의 영역을 이해하려면 유연성 혹은 다방면의 재능이 필요하다. 정재계와 학계의 엘리트 계층은 유감스럽게도 평민을 무지한 상태에 붙잡아둘 목적으로 다양한 영역에서 단순성과 복잡성 개념을 도구로 이용했다.

철학적 관점에서 볼 때 폴리매스는 서로 연결되고 통합된 전체 그림으로 세상을 본다. 이는 세상을 해체하고 나누는 사고방식에 익숙한 대부분의 사람에게(이른바 지식인을 비롯해) 필요한 해독제가 될 것이다. 폴리매스이자 철학가인 세예드 호세인 나스르Seyyed Hossein Nasr는 폴리매스 사상가가 절실한 시대라고 주장했다.

다능하고 박식한 폴리매스가 있고 없고는 그 사회에 중대한 영향을 미친다. 전체를 보는 시각 없이는 어느 사회도 살아남지 못한다. 폴리매스는 한 문명이 장기적으로 존재하는 데 반드시 필요한 일을 해낸다. 현대사회는 폴리매스를 '괄시'하는 모양이지만 그러지 말고 폴리매스가 우리 사회에 있다는 사실에 대해 신에게 마땅히 감사해야 한다. 신체 각 기관을 통합하는 이치가 없이는 우리 몸이 망가지듯이 폴리매스가 없으면 모든 것이 아무 관련성 없이 해체되고 말 것이다.

인공지능과
인간의 의미

일차원적 사고에 익숙해진 인간의 두뇌가 어떻게 고도의 복잡성을 이해할 수 있을까? 현재 인류는 이 같은 도전에 대처하도록 두뇌를 단련시킬 방법론을 개발하는 대신에 그 일을 대신할 기계를 개발하는 일에 몰두하는 모양새다.

알다시피 인공지능 분야에서는 엄청난 발전이 이루어지고 있다. 체스, 주사위 놀이, 퀴즈 대회, 스크래블을 비롯해 두뇌를 사용하는 대부분의 게임에서 인공지능AI은 이미 인간을 쓰러뜨렸다. 아이비엠IBM의 인공지능 프로그램 왓슨Watson은 복잡한 진화 알고리즘을 사용해 유기적으로 학습하고, 보다 인간처럼 학습하고 생각할 수 있다. 또한 뇌의 구조를 면밀히 살피고 그 형태를 본떠 '뇌 전체를 모방한 인공 뇌'라든가 두뇌의 신경회로망을 모방하는 '마인드 업로딩' 같은 프로젝트도 진행 중이다. 이들 프로젝트는 장차 인공지능의 미래를 결정지을 것이다.

(이른바 튜링 테스트를 통과한) 인간 수준의 인공지능은 21세기가 마감하기 전에 완성되리라고 대부분의 인공지능 연구자들이 예견한다. 일각에서는 향후 20년 내에 도래할 것이라고 전망한다. 그렇게 되면 기계가 사실상 모든 영역에서 인간의 인지능력을 크게 앞지를 것이다. 현재 인공지능은 특정 분야에 전문화되어 있지만 옥스퍼드대 인류미래연구소의 닉 보스트롬Nick Bostrom에 따르면, '초지능' 기계가 머지않아 초인간적 수준의 지능을 갖게 된다. 레이 커즈와일은 이 시점을 가리켜 기술적 '특이점'이라고 지칭했다.

인공지능 기술은 인간에게 어떤 영향을 미치는가? 우리는 이미 업무 자동화를 목격하고 있다. 옥스퍼드대 프레이Frey 교수와 오스본Osborne 교수는 미국의 702개 일자리를 대상으로 컴퓨터가 업무를 대체할 가능성을 평가했고, 향후 수십 년 내에 이 가운데 47퍼센트가 사라질 것이라고 예측했다. 역사가이자 미래학자인 유발 하라리는 이렇게 진단했다. "19세기에는 노동자 계급이 생겼다면, 다가오는 세기에는 '쓸모없는 계급'이 생길 것이다. 군사적 기능이나 경제적 기능에서 아무 가치도 생산하지 않는 수십억 명이 생겨난다. 미래에는 그들에게 존재 의미를 부여하는 것이 무엇보다 중대한 과업이 될 것이다." 따라서 기계로 대체 가능한 무능하고 값비싼 존재가 되는 대신 무엇으로도 대체할 수 없는 인간의 고유한 가치를 개발하는 데 집중할 때 인간은 삶에서 의미를 찾을 것이다(그리고 사회도 그들에게서 가치를 발견할 것이다).

만일 인간이 타자기였으면 우리는 오래전에 사라졌을 것이다. 설령 최신 아이폰 기기라고 해도, 두어 해 지나면 불필요해질 것이다. 하지만 우리가 바흐의 심포니 곡이나 반 고흐의 그림 혹은 셰익스피어의 희곡이라면, 세월이 주는 시련을 견뎌낼 것이다. 그런데 뛰어난 첨단 기술과 예술 작품보다 인간이 더 빼어난 창조물이라고 가정해보자. 누구도 모방할 수 없고 대체 불가능한 존재가 인간이라면 어떤가? 우리가 만든 초효율적인 기계와 경쟁하며 살 것인가? 아니면 어쩌면 만물과 연결된 영적 존재로서 무한한 가능성을 지닌 창발적 시스템이라는 인간의 본질에 눈떠야 할까?

인간은 인공지능 덕분에 수많은 정보를 축적하고 정리해야 하는 과중한 짐을 내려놓을 것이다. 기술 전문화 영역은 인공지능이 인간을 대체할 것으로 보인다. 그렇다면 미래의 지식에서 생물적 뇌가 담당할 영역은 다채로운 지식을 동시에 이용하는 작업이 되어야 한다. 다시 말해, 여러 지식을 통합하고, 정리하고, 융합하고, 연결하여 인간의 고유한 지혜와 이해를 수립하는 일이라야 한다. 선도적인 인지과학자 미겔 니코렐리스Miguel Nicolelis가 주장한 바에 따르면 인간의 뇌는 예측 불가능해서 모방하지 못한다. "인간의 뇌가 무엇을 할지 예측할 수 있는 튜링 기계는 없다. (……) 인간은 기술을 자신의 일부로 흡수해도 기술은 절대 인간을 흡수하지 못할 것이다. 그것은 불가능하다." 따라서 인간만의 고유한 기능을 재발견한다면, 초지능 기계가 가져올 미래가 어떻든지 간에 인간의 뇌가 우리 삶에서 차지하는 가치는 결코 부정할 수 없다.

다 빈치가 기록한 메모나 이븐 시나의 《치유의 서》, 마르크스의 《자본론》 같은 작품을 미래에는 기계도 생산할 수 있을까? 기계가 애플Apple 같은 기업을 세우거나 흑인의식운동Black Consciousness을 일으킬 수 있을까? 인간은 예술이나 영성 혹은 정의감에 사로잡혀 조직을 세우고 운동을 주도한다. 기계가 흉내 내지 못하는 불가사의한 인간의 마음을 기계 프로그램에 담아내는 법을 인류가 찾아낸다면 모를까, 앞으로도 인간은 고유한 가치를 지닌 존재로 인정받을 것이다.

설령 초지능 기계의 출현을 막을 수 없다 해도 아직 시간이 남아 있는 만큼 인간의 운명을 바꿀 만한 가장 중요한 노력을 기울여야 한다. 옥스퍼드대 인류미래연구소의 앤더스 샌드버그는 희망적인 미래를 그리며 경고했다. "기계가 인간보다 더 영리해지기 전까지, 그러니까 적어도 향후 수십 년간은 폴리매스가 우리 사회에 아주 중요한 존재가 될 것이다." 샌드버그는 이 기간 동안 폴리매스가 하는 역할이 어째서 중요한지 강조했다. "명쾌하게 규정할 수 있는 일자리들은 자동화에 대체될 위험이 크고, 규정하기 힘든 일자리들은 기계로부터 안전한 편이다. 폴리매스는 후자에 해당하는 일을 처리한다." 샌드버그에 따르면 폴리매스가 미래에 중요한 까닭은 기계가 "쉽게 해독할 수 없는 일들을 해결하는 데 능통할 뿐 아니라, 무엇보다 그런 일자리들을 창출하는 일에도 뛰어나기" 때문이다.

전문화 시스템은 진리를 이해하는 데 반드시 필요한 방법도 아니며, 생존을 위해서도 좋은 전략이 아니다. 이는 개인이나 기관, 사회 혹은 인류 전체에 동일하게 적용된다. 간단히 말해, 폴리매스를 길잡이 삼아 정신을 재구성하고 목적의식을 찾지 않는 한 호모 사피엔스는 향후 200년 내에 사라질 위험을 각오해야 한다. 인공지능이 빠르게 발전하고 있어 커즈와일이 얘기한 특이점이 실현될 날이 얼마 남지 않았지만 적어도 그때까지 몇 십 년간은 인간 고유의 불변하는 가치를 재발견하고 다시 확립할 시간이 있다. 단언컨대, 전문화 시스템은 이 목표를 달성하는 데 영리한 전략이 아니다. 전문화 시스템은 오히려 인간을 비인간화하고 기계화할 뿐이어서 이 전략으로 미래의 기계와 경쟁하는 것은 무모한 일이다. 다시 말해, 과도한 전문화 시스템 안에서 우리는 삶의 참다운 목적을 놓치고 있다.

전문화는 '당연하고 마땅한 것'이 아니다. 전문화로 이득을 보는 극소수의 사람들이 그렇게 생각하도록 '만든' 시스템일 뿐이며 나머지 사람들은 그것이 미래를 발전시킬 길이라고 믿었다. 정부와 기업, 미디어를 지배하는 계층이 주입하는 전문화 예찬론을 우리는 아무 의심 없이 받아들였다. 하지만 앞서 살폈듯이 현재와 같은 전문화 시스템은 자아실현을 방해하고, 창의성을 옥죄고, 생존 능력을 떨어뜨린다. 무지와 편견을 조장하고, 일차원적이고 단조로운 삶을 제공한다. 이쯤 되면 인간에게 내려진 저주에 가깝다. 솔직히 말해, 전문화 시스템은 인간의 정신을 좀먹고 인간의 경험을 제약한다. 이 불행한 현실에서 벗어나려면 사고방식을 재구성해야 한다. 우리는 원래의 자아, 즉 잠들어 있는 폴리매스 기질을 찾아 자신을 개발하고 성장시킬 대안을 찾아야 한다.

사고방식을
개혁하라

POLYMATH

전문화로 오염된 사회 시스템을 해체하기 위한 첫걸음은 우리 사고방식에 스며든 독소부터 제거하는 일이다.

모든 인간은 호기심 많고, 창의적이고, 변화무쌍한 기질을 타고 난다. 그렇지만 이 사회는 다름을 용납하지 않는다. 동일한 구조와 질서에 순응하도록 강요하고 우리의 정신을 길들여 원래의 자기를 망각하게 만든다. 본모습을 망각한 인간은(개인은 물론 종 전체가) 결국 위험을 자초하게 되었다. 기술에서 인간을 간단히 앞지를 수 있는 초지능 기계가 등장하는 세상에서 기대한 기계의 부품처럼 한 가지 일만 잘하도록 교육 받은 인간은 무슨 가치가 있을까? 일차원적 사고방식에 길들여진 인간은 고도로 복잡한 21세기의 문제들을 어떻게 이해할 수 있을까? 어떻게 하면 우리의 도덕적 판단과 의견 형성에 영향을 미치는 수많은 편견에서 벗어날 수 있을까? 무엇보다 인간은 전인적 자아실현을 꿈꾸는 존재다. 그렇다면 우리는 어떻게 해야 자신의 다양한 잠재력을 실현할 수 있을까? 이를 위해서 먼저 우리 안에 있는 폴리매스를 재발견해야 한다.

인류가 쌓은 지혜와 현대 인지과학의 성과, 그리고 역사상 존재했던 폴리매스들의 삶과 사상에서 배운 교훈을 종합한다면 우리 안에 있는 폴리매스를 찾는 지도를 그릴 수 있다. 그리고 이 지도에 따라 우리는 사고방식을 재구성하게 된다. 지도를 구성하는 요소는 다음 여섯 가지다.

1. **개성** : 자기 자신을 이해하는 능력
2. **호기심** : 경계를 짓지 않고 중단 없이 탐구하는 능력
3. **지능** : 다양한 자질을 배양하고, 연습하고, 최적화하는 능력
4. **다재다능함** : 여러 분야의 지식과 경험을 넘나드는 능력
5. **창의성** : 서로 무관해 보이는 영역들을 연결하고 종합해 창의적 결과물을 도출하는 능력
6. **통합** : 다양한 지식의 갈래들을 통합해 '전체'를 그리는 능력

정도의 차이는 있지만 모든 인간에게는 통합하는 감각, 다재다능한 기술, 연결하는 능력, 일정 수준의 지능, 순간순간의 창의성, 호기심, 남과 구별되는 자신의 개성에 대한 '인식'이 존재한다. 이러한 자질을 발견하고 활성화할 때 우리 안에 잠든 폴리매스가 깨어난다. 만약 우리가 각 자질을 융합해(서로 연결될 때 비로소 완전해지므로) 의식과 사고방식, 세계관을 재정립한다면 폴리매스의 삶을 시작할 든든한 기초를 놓을 수 있다.

1. 개성

인간은 의지만 있다면 뭐든지 할 수 있다.

- 레온 바티스타 알베르티(Leone Battista Alberti)

대부분 아서 알프레드 린치Arthur Alfred Lynch에 관해 모르겠지만, 그는 현대사에서 누구보다 영웅적이며 파란만장하게 인생을 살았다. 호주에서 태어난 린치는 정식 교육을 받고 토목 기사로 일하다가 나중에 런던으로 가서 기자가 되었다. 처음에는 〈내셔널 리포머National Reformer〉에서 일했고, 나중에는 〈데일리 메일Daily Mail〉에서 파리 특파원으로 근무했다. 모험을 열망했던 그는 제2차 보어전쟁을 보도하기 위해 〈내셔널 리포머〉의 종군기자가 되어 남아프리카로 떠났다. 취재하는 동안 보어인들에게 동정심을 느꼈고, 프레토리아Pretoria에서 루이 보타 장군General Louis Botha을 만난 뒤 보어 측 군인으로 전쟁에 가담했다. 대령으로 진급한 린치는 아일랜드 사람들과 케이프Cape 식민지 주민들을 규합해 제2아일랜드 여단을 편성해 영국의 식민 지배에 저항했다.

린치는 얼마 가지 못해 영국군에 붙잡혀 투옥되었고 사형을 언도 받았다. 하지만 운명의 여신은 다시 변덕을 부렸고 죄를 사면받고 풀렸다. 린치는 제1차 세계대전 중에도 뉴 브리티시 아미New British Army에 자원해 예비 병력인 제10대대 왕립 먼스터 수발총병대10th Battalion Royal Munster Fusiliers를 편성했다. 런던에서 지내는 동안 자격증을 취득해 의사로 활동했으며 영국과 아일랜드 두 나라에서 의원을 지내기도 했다. 많은 지역을 여행했던 린치는 여러 언어에 능통했으며 작가로서도 왕성하게 활동했다. 소설과 자서전은 물론 생리학, 철학, 물리학 같은 과학적 주제에 관해서도 다양한 글을 썼다. 아인슈타인의 일반상대성이론을 비평하는 글을 쓰기도 했다.

대부분의 폴리매스가 그렇지만 린치 역시 자신의 개성을 온전히 이해했기에 자신의 잠재력을 실현하는 일에 매진했다. 자신이 어떤 사람인지 자기 '개성'을 파악하는 일부터 시작해야 한다. 자신의 고유한 본질을 찾아 나가는 과정에서 필요하다면 '미친 사람' 소리를 들을 각오도 해야 한다. 즉 세상이 인정하는 전통적이고 공식적인 방법들을 거부하고 그에 따른 고통을 감당할 준비를 해야 한다. 사회가 요구하는 표준을 거부하면 결국 소외당할지도 모르지만 결과적으로는 주변에 의지하지 않고 홀로 서는 법을 배우게 된다. 이때 비로소 당신은 다른 누구도 아닌 자신의 기준에 따라 '최적의 자아'를 실현할 준비가 된다. 진짜 자기를 찾는 여정을 마쳐야만 바깥 세계의 삶을 바꾸는 여정을 떠날 수 있다.

○ 자기실현

모든 사람이 폴리매스가 되어야 하는 것이 아니다. 하지만 다방면에 소질과 흥미를 지닌 사람이라면 폴리매스가 되는 것이 자신에게 진실한 태도이다.
                                                                    - 세예드 호세인 나스르

플라톤에 따르면 인간은 이미 자기 안에 지식이 있으므로 이를 상기하고 일깨우면 알아차리게 된다. 실제로 그리스어로 진리는 '알레테이아(잊힌 것들)'이고, 영어 'educate(교육하다)'는 본래 '내면에 있는 것을 끄집어내다'는 뜻을 지녔다. 마찬가지로 폴리매스에게는 잠재된 '자기'를 발견하고 개발하는 것이 주된 목표이다.

개성을 찾는 과정은 곧 자아self에 초점을 맞추는 과정이다. 말하자면 자신의 이익을 꾀하는 행위다. 다만 남의 이해를 희생시키는 이기심과 달리 사회적 자유, 지적 자유, 영적 자유를 찾아 자아를 성찰하는 태도이다. 그러니 여기서 자아는 이기적인 에고ego와 구분해야 한다. 이기적인 에고에서 자아를 해방시키는 문제는 동양 철학에서 천 년의 세월 동안 집착한 문제이기도 하다. 진정한 폴리매스는 이기적인 에고가 아니라 자아를 실현하는 사람이다.

개성을 찾는 것은 곧 자유의지를 인정하는 것이고 인간의 위엄을 긍정하고, 회복하고, 실현하는 문제이다. 파키스탄의 시인이자 폴리매스인 무함마드 이크발에게 '개성(쿠디khudi)'은 신체적 함의뿐 아니라 형이상학적 함의를 지닌다. "사기를 고양하라. 신께서 모든 운명을 기록하실 때마다 직접 인간에게 무엇에 동의하는지 물으신다."

자아는 시인이 낭만적으로 노래하는 형이상학적 개념인 동시에 신경생물학적 실체, 즉 각자가 타고나는 고유한 유전자를 의미한다. 신경학자 데이비드 이글먼David Eagleman의 말을 들어보자.

우리 각자는(유전자와 경험에 이끌려) 고유한 궤적 위에 놓이고, 그 결과 모든 뇌는 저마다 다른 내적 삶을 지닌다. 눈송이가 제각각 유일무이하듯이 (……) 수조 개의 뉴런들이 끊임없이 새로운 연결을 형성하고 재형성하면서 독특한 패턴을 이룬다는 사실은 당신과 똑같은 사람이 과거에도 없었고 미래에도 없으리라는 것을 의미한다. 당신의 의식이 알아차리는 경험은 당신 고유의 것이다.

각자의 유전자 구조(게놈)와 신경계 구조는 인간을 고유한 존재로 만든다. 고유한 자아를 재발견하고 가꿔서 올바른 방향으로 이끄는 것이 중요하다. 일례로, 유럽에서는 중세 시대에 (회중이 모인 자리에서 큰 소리로 성서를 읽는 전통적 낭독에 반해) 묵독이 생기면서 자아를 발견하는 시간을 가진 반면, 동방에서는 이미 수천 년간 명상하는 전통이 있었다. 자신의 고유함을 알아차리고 이를 확신하는 것이 자기만의 개성을 찾는 첫걸음이다. 일단 자신이 '누구인지' 알고 나면 '무엇이' 될 수 있는지 이해하는 위치에 서게 된다.

16세기 알베르티는 "인간은 의지만 있다면 무엇이든 할 수 있다"고 선언했다. 이 선언은 다재다능함을 마음껏 발휘하는 '르네상스인'의 시대를 여는 주춧돌이 되고, '만능인'이 되고자 하는 이의 신조가 되었다. 하지만 현실적으로 우리에게는 장점만 있는 게 아니라 단점도 있고, 재능을 타고난 경우도 있지만 그렇지 못한 경우도 있고, 기회를 얻는가 하면 장애물도 만난다. 이 모두는 우리가 자유자재로 통제할 수 있는 일이 아니다. 물론 빈손으로 시작해 기회를 만들고, 단점을 장점으로 바꾼 놀라운 인물에 관한 이야기를 언제나 듣는다(아일랜드 사람 크리스티 브라운Christy Brown을 아는가. 그는 중풍에 걸려 왼발 밖에 쓰지 못했지만 유명한 화가이자 시인, 소설가이며 극작가가 되었다). 우리에게 주어진 시간은 길지 않다. 인간은 언젠가 죽을 수밖에 없는 운명이며 뛰어난 신체 능력과 지능을 타고났다고 해도 거기에는 한계가 있다. 그러니 우리는 할 수 있는 한 최선을 다해야 한다. 진정한 폴리매스라면 확고한 자기 신념과 현실 감각 사이에서 균형을 찾는 일이 핵심이다. 테디 루스벨트는 말했다. "시선은 하늘의 별에, 발은 땅바닥에 고정하라."

영국의 교육학자 켄 로빈슨은 타고난 재능과 열정이 만나는 지점에 주력해야 한다고 주장했다. 거듭 입증되었듯이 이런 분야에 집중할 때 성공을 주조할 확률이 높다. 다양한 분야에서 재능과 열정이 만나는 일을 찾았다면 다양한 일들을 전부 경험하고 익히길 추천한다. 네이선 미어볼드Nathan Myhrvold는 마이크로소프트의 최고기술경영자CTO로 근무하면서도 꾸준히 야생동물 사진을 찍었고, 저녁에는 요리사로 일했으며 시간을 내서 요리학교를 다녔다. 마이크로소프트를 떠난 뒤에는 다시 전공을 살려 과학 연구로 돌아갔다. 그리고 두 번째 벤처기업을 설립해 신기술 개발과 발명에 힘을 쏟았다. 미어볼드는 2007년 '프로 만물박사professional jack-of-all-trades'라는 제목으로 진행한 테드TED 강연에서 자신에게 진실해지는 것 그리고 자신의 다양한 모습을 받아들이는 것이 어째서 중요한지 다음과 같이 설명했다.

자신이 열정을 쏟을 일을 찾아서 거기에 모든 에너지를 쏟는 게 중요하다고 말하는 격언이 세상에 넘칩니다. 하지만 전 그렇게 할 수 없었어요. 어떤 일에 열정이 생깁니다. 물론 열정을 쏟을 일을 찾았죠. 그런데 또 다른 일에 열정이 생겨났고, 그러고 나면 또 다른 일에 열정이 생기는 겁니다. 오랜 세월 저는 이 문제로 힘들었어요. 어쨌거나 열심히 하는 수밖에 없다고 생각했어요. 하지만 결국 나 자신과 다투지 말고 나를 있는 그대로 수용해야 한다는 사실을 깨달았습니다.

미어볼드는 타고난 성향을 돌아보면서 자기만의 개성을 재발견했고, 이로써 '최적의 자아'를 실현할 수 있었다.

물론 자아는 고정된 개념이 아니기에 내면을 성찰하는 과정을 통해서 그리고 외부 자극과 경험에 반응하면서 변화하는 자신에 주목해야 한다. 권투선수이자 철학자, 가수, 극작가인 줄리 크로켓Juli Crockett은 그녀가 여러 분야에서 뛰어난 성과를 낸 데에는 자기가 어떤 사람인지 고정된 관념을 갖지 않았기 때문이라고 설명했다. "나는 나 자신을 대할 때 열린 자세를 유지했고, 어떤 모습도 당연하게 여기지 않았다. 나를 속속들이 '아는' 척 하지 않았기에 내 한계가 어디인지도 알지 못했다." 《마침내 내 일을 찾았다Working Identity》의 저자 허미니아 아이바라Herminia Ibarra 역시 자신의 참 모습과 잠재성을 발견하는 일은 시행착오가 필요한 과정이므로 가장 좋은 방법은 다양한 일에 도전하며 각 경험에 대한 자신의 반응을 평가하는 것이라고 강조했다.

○ 미친 사람으로 보일지라도

항상 정상적인 범주에만 머문다면 당신이 얼마나 대단한 존재인
지 알 길이 없다.   - 마야 안젤루

에드워드 헤론 알렌Edward Heron-Allen은 19세기를 살아가는 보통
의 영국인과 다르게 사고하고 행동했다. 그는 제1차 세계대전 중에
정보부대에서 군인으로 복무했고, 전쟁 기간 중에 그가 기록한 일기
들은 훗날 책으로 출판되었다. 그런데 비전문가들을 경멸하여 '아마
추어'라고 부르던 시절에 헤론 알렌은 자신의 직업과 아무 관련 없
어 보이는 다양한 일들을 시도했다. 바이올린을 만들더니 바이올린
제작 방법을 책으로 출판했다. 이 책은 100년 넘게 출간되며 영향력
을 발휘했다. 또 그는 손금 전문가가 되어 관련 주제로 많은 책을 썼
으며 강연자로 미국 전역에서 많은 청중을 만났다. 그런 뒤에는 법
학을 공부하고 자격증을 취득해 변호사로 일했다. 또 과학사로서 유
공충(껍질을 지닌 단세포 원생생물)을 연구하며 현미경 검사법과 생물학
에서 획기적인 성과를 냈다. 과학계에서는 비전문가였던 그의 공로
를 인정하지 않을 수 없었고 결국 헤론 알렌은 왕립과학협회 회원으
로 이름을 올렸다.

알프레드 린치와 마찬가지로 헤론 알렌은 일을 하면서도 짬을
내서 역사와 불교철학, 심지어 아스파라거스에 관한 논문까지 무

척 다양한 주제에 관해 글을 썼다. 동방 언어에도 조예가 깊어서 터키어와 페르시아어를 익혔고 페르시아의 시인 오마르 하이얌Omar Khayyam의 시들을 번역했다. 게다가 소설가로서 뛰어난 재능을 발휘해 크리스토퍼 블레이어Christopher Blayre라는 필명으로 공포와 과학소설 장르에서 여러 장편과 단편을 출판했다.

헤론 알렌은 사고가 자유로운 사람으로 전통을 중시하는 기득권 무리에서 소외되고 고립되었지만 이를 개의치 않고, 자신의 기질대로 가슴 뛰는 일들을 과감히 추진했다. 뛰어난 폴리매스가 대개 그렇듯이, 이러한 태도 때문에 그는 '괴짜'라는 소리를 들었다. 이는 '정상 범위'에서 벗어나거나 전통에 반기를 드는 사람들을 향해 세상이 붙이는 꼬리표였다. 누구나 따르는 전문화 시스템(현상 유지의 삶)에서 벗어나려는 시도는 사회 규범에 비춰 볼 때 비정상적이고 '기이한' 행동으로 여겨졌다. 한 분야에서 전문성을 기르는 것이 정상이었기에 폴리매스에게는 자동적으로 괴짜라는 꼬리표가 붙었다.

여러 심리학자들이 참여해 기이한 행동에 관해 가장 광범위하게 실시한 연구 결과를 보면, 괴짜로 불리는 이들은 생각하고 행동하는 방식이 그저 대다수의 사람들과 다를 뿐 지극히 합리적이고 행복한 사람들이라고 한다. 그들은 사회의 대다수 구성원들과 의견을 달리하지만 거기에는 정당한 이유가 있을 때가 많다. 물론 몇몇 연구에 따르면 천재성과 '광기' 간에 긴밀한 상관관계가 있다고도 한다. 자폐증과 공감각증 같은 정신건강 질환을 가진 이들이 비범한 인지능력과 창의성을 발휘한다는 것이다. 프랑스의 사상가 푸코에 따르면,

'광기'라는 개념은 기득권이 '용납하지 못할' 견해나 태도를 지닌 사람들을 비방하고 폄하하기 위해 동원되었다. 하지만 통념과 달리 기이함은 광기가 아니다.

재미있는 사실은 기이한 행동이 (그렇지 않은 경우도 있지만) 폴리매스의 공통된 특성이라는 것이다. 임상심리학자들이 이른바 괴짜의 특성을 18가지로 정리했는데, 그중 특히 중요한 것은 폴리매스의 특성과 일치했다. 여기에는 체제에 순응하지 않는 태도, 이상주의, 창의성, 강한 호기심, 취미나 특기에 몰입하는 태도, 뛰어난 지능, 자신이 독특하다는 사실을 일찌감치 알아차림 등이 포함된다. 그러고 보면 (벤저민 프랭클린, 레오나르도 다 빈치, 아이작 아시모프, 루트비히 비트겐슈타인을 비롯해) 역사적으로 많은 폴리매스가 동시대인에게나 후대 사람에게 괴짜라는 평을 들은 것은 당연한 일이다.

권위 있는 정통성을 순순히 받아들이지 않는 태도는 진정한 개인주의를 나타내는 특징 중 하나다. 이런 사고방식을 가진 이들은 권위의 정당성부터 사회를 지배하는 경제이론, 성서의 해석과 과학적 진리까지 모든 타당성을 향해 끊임없이 질문하고 도전하기 마련이다. 하지만 사회가 인정하는 표준이나 사상을 순순히 따르지 않는 사람은 다수에게 외면 받을 가능성이 높다.

폴리매스는 그들의 접근법을 비웃고 경멸하는 사람들을 별로 신경 쓰지 않는다. 그들은 타고난 기질을 진실하게 받아들이고 사회적 압박에 굴복하지 않는다. 소로Theroux의 말을 인용하자면, 그들은 "다른 장단에 맞춰 행진하기를" 결코 두려워하지 않는다. 폴리매스는 자신이 지식을 탐구하고 자아를 개발하는 방법에 관해 확신을 갖고 있으며 그들만의 비전과 방법론을 가지고 구축한 세계에서 살아간다.

이러한 개인주의가 유난히 환하게 꽃을 피운 시기가 있었다. 부르크하르트Burckhardt에 따르면, 르네상스 시기 이탈리아에서는 "남다른 사람이 되는 것, 사람들의 이목을 끄는 것을 아무도 두려워하지 않았다. 사람들은 자신의 개성이 시키는 대로 그들만의 생활방식을 집요하게 추구했다." 누구나 무슨 일이든 할 수 있었다. 새로운 기술을 익히고, 자기 본업과 무관한 주제에 관해 글을 쓰는 것이 폴리매스에게는 문제가 되지 않았다. 설령 그 일이 주류 문화에서 외면하는 일이라도 상관하지 않았다.

○ **자급자족하는 삶**

미국에서 초월주의 사상을 선도한 랄프 왈도 에머슨Ralph Waldo Emerson은 1830년에 수상록 《자기신뢰Self Reliance》를 출판했다. 그는 이 책에서 사람들에게 관습에 순응하지 말고 자신의 본능과 생각을 따르라고 주장했다. 내면에 있는 천재성을 발견하고 자신의 가치를 실현하라고 격려했다. 수천 년 전, 플라톤과 동시대 사람인 엘리스의 히피아스Hippias of Elis는 '아우타르케이아auterkeia(자족)'의 미덕을 몸소 실천하며 사람들을 가르쳤다. 아우타르케이아란 다른 이들의 원조 없이 자신의 필요를 스스로 돌볼 수 있는 역량을 기르고 자족할 것을 강조하는 철학으로 실제 삶에서도 함의하는 바가 크다.

기계와 기관, 장비와 부품, 사회 구성원, 자연법칙과 형이상학 법칙, 음식과 약품, 건물 같은 개체들의 도움을 받을 때 우리 삶은 원활하게 돌아간다(아니 통제된다고 말할 수도 있다). 엄밀히 말해 우리는 컴퓨터, 전자기기, 기업, 정부기관, 가방, 옷, 의사, 자동차, 그 밖의 유용한 물품에 날마다 우리 일을 맡기고, 이 '협력자'들은 우리 일을 처리한다. 비유하자면 우리는 무심코 맺은 '위임계약'에 의존해 세상을 살아간다. 그리고 이 계약 관계를 기반으로 무신경하게 현실에 안주하며 살아갈 수 있는 사회를 세계 곳곳에 건설할 수 있었다.

　　우리는 정부 또는 민간의 보안기관이 위험으로부터 우리를 지켜줄 거라 믿고 살아간다. 외진 곳이라도 자동차가 무사히 우리를 목적지까지 데려다줄 거라 믿는다. 기업에서 적정하게 상품 가격을 매길 거라 믿는다. 노트북과 컴퓨터가 이상 없이 작동할 거라 믿는다. 처방받은 약이 아픔을 없애줄 거라 믿는다. 거리를 오가는 사람들이 교양 있게 행동할 거라 믿는다. 휴대전화가 긴급한 상황에서 제대로 작동할 거라 믿는다. 건축가들이 설계하고 지은 건물이 무너지지 않을 거라 믿는다. 의사가 우리의 생명을 구해줄 거라 믿는다. 하지만 '과도한' 신뢰 속에서 현실에 안주한 나머지 우리는 어느새 반드시 필요한 탐구 기능을 꺼버렸다. 그러는 사이 더 많이 알고 싶은 기질을 스스로 억압한다(호기심은 인간의 본성으로 어린아이일 때 가장 왕성하고 모두가 그런 것은 아니지만 불행히도 어른이 되면 사라진다). 그뿐만 아니라 자립을 포기하고 다른 사람과 기계와 기관이 우리를 통제하도록 삶을 내맡긴다. 그러므로 폴리매스 기질을 회복한다는 것은 과도한 의존성에서 탈피하는 것이고 그런 면에서 진정한 자유를 찾는 일이다. 예측할 수 없는 요소들을 신뢰하지 말고 (에머슨의 말을 빌리면) '자기를 신뢰'해야 한다.

폴리매스는 정규 교육과정에 의존하기보다는 독자적으로 학문과 기술을 익혔다. 따라서 그들은 자유사상가 내지는 '자유행동가'일 때가 많다. 폴리매스이자 교육가인 햄릿 이사칸리는 폴리매스가 되는 요소를 꼽으면서 '독학, 끊임없는 학습 욕구, 강한 의지와 인내심'을 먼저 강조했다. 역사적으로 이름을 남긴 폴리매스들도 예상 가능하겠지만 대부분 독학으로 학문을 익혔다. 르 코르뷔지에Le Corbusier, 하워드, 에디슨, 라이프니츠, 괴테, 프랭클린, 다 빈치, 타고르 같은 폴리매스는 거의 모든 지식을 독학으로 습득했다.

독학자, 곧 '스승 없이 다양한 경로로 지식을 습득하고 혼자 배우기를 선호하는 사람'은 정규 교육과정의 한계를 잘 알기에 자신이 가치 있게 여기는 관심사를 찾아 자율적으로 공부한다. 실용적인 이유로 정교한 계산법을 배운 인도의 한 상인도 있었고, 체제에 대항하는 수단으로 지식을 탐구한 프랑스의 자유사상가도 있었다. 누가 됐든 독학자는 지적으로나 사회적으로 자신을 해방시키려는 과정에서 자신의 개성을 알아차리고 이를 실현한다. 처음에는 주류에 역행하는 것처럼 보일지 모르지만 이 길에는 무한한 가능성이 열려 있다.

오늘날 이른바 만물박사로 통하는 사람들을 보면 정규 교육과정을 거친 지식인 계층 출신이 아닌 경우가 많다. 대학 학위는 고사하고 기본 교육조차 받지 못한 이들도 있다. 역설적이지만 오늘날에는 현대 서구에서 고등교육을 받은 전문가 집단보다 콜롬보에서 툭툭 (3륜 차량)을 모는 운전기사나 라이베리아의 구멍가게 주인 혹은 몽골의 구두수선 장인 중에서 만물박사를 찾는 게 더 빠를지 모른다. 월스트리트의 파생상품 전문가나 식물학 교수, 그리고 아르빌(이라크)의 택시 운전기사나 카르툼(수단)의 이발사를 한 방에 모아놓고 다양한 주제로 토론을 시키면 이 말이 무슨 뜻인지 알게 된다. 정규 교육과정을 거치지 못한 사람이 어떻게 전문가보다 다양한 방면에 관해 아는 게 더 많을까? 그것은 명문 학교에서 좋은 운동 장비에 우수한 코치에게 훈련 받으며 기존의 복싱 기술을 모두 습득한 학생보다 거리의 폭력배였던 청년 마이크 타이슨Mike Tyson이 더 나은 선수가 된 것과 같은 이치다. 타이슨은 성공을 위해 처절하게 싸워야 했다. 더 배고팠고 틀에 갇히지 않았고 본능적으로 움직였다. 반면에 공식대로 '제조된' 선수는 배가 고프지 않았고 전통을 중시하고 기계적이고 지나치게 계산적이었다. 교육적으로나 사회적으로 특혜를 누리지 못한 이들은 호기심이 강렬하고 기회가 오면 절실한 태도로 매진하는 경향이 있다. 20세기 초 미국의 흑인들은 선수로 경기장에 서기 위해 백인들보다 열 배는 더 노력해야 했다. 폴 롭슨, 호세 리잘, 체 게바라 같은 혁명가형 폴리매스의 사례에서 보았듯이 열악한 환경에서 억압받는 이들은 강력한 동기를 키울 때가 많다.

○ 최적의 자아

레온 바티스타 알베르티는 평생 동안 '최적의 자아'를 실현하는 일에 몰두했다. 우리에게는 주로 15세기의 인문주의 철학자로 알려진 바티스타가 저술한 《가장家長에 관하여De Iciarchia》는 폴리매스 궁정인의 세계관을 규정하는 고전으로 평가 받는다. "인간은 의지만 있다면 뭐든지 할 수 있다"는 그의 선언은 인문주의 운동의 구호가 되었으며 그는 자신이 설파한 내용대로 실천하며 살았다.

알베르티는 세계 최고의 명문으로 꼽히는 볼로냐 대학교에서 법학을 공부했으며, 교회법 박사 학위를 받았다. 그리고 로마 교황청 공문서 보관소의 비서로 임명되어 성인과 순교자의 일대기를 다시 기록하는 일을 담당했다.

시각 예술에 관심이 있었던 그는 도나텔로Donatello와 브루넬레스키Brunelleschi 등 시대를 앞서간 미술가들과 의견을 교환하며 《회화론On Painting》을 완성했다. 여기서 그는 최초로 원근법 이론을 소개했다. 이후 알베르티는 교황청의 건축 고문으로 임명되었다. 그가 쓴 《건축십서Ten Books on Architecture》는 르네상스 건축의 경전이 되었으며, 그에게 '피렌체의 비트루비우스Vitruvius(로마시대의 유명 건축가―옮긴이)'라는 명성을 안겨주었다. 또 그는 토지를 측량하고 이를 지도에 옮기는 규칙을 정리해 지리학 책을 기술했고, 이탈리아어 문법책을 저술해 토스카나 방언이 라틴어와 마찬가지로 문학에 적합한 언어임을 증명했다. 암호학에 관한 책도 썼다. 이 책에서 그는 최초로 빈도분석에 해당하는 방법을 소개했고 암호 바퀴를 이용해(이 역시 알베르티가 발명한 것으로 생각된다) 암호를 작성하는 다중문자 암호장치를 최초로 도입했다.

알베르티 같은 폴리매스는 '최적의 자아'를 유지하려고 끊임없이 노력했다. 여기서 말하는 '최적'이란 한 사람의 잠재 가능성을 마음껏 실현하는 상태를 의미한다. '완벽'이라는 신기루를 추구하는 게 아니다. 매슬로Maslow에 따르면 "어떤 존재가 될 '가능성'이 있다면 '필히' 그 존재가 되어야" 하고 "자기 안에 있는 '모든 가능성'을 실현했을 때" 우리는 비로소 자아를 실현한다. 우리 안에는 최적의 자아를 실현하려는 욕구가 내재되어 있으며 적절한 환경을 제공했을 때 활성화할 수 있다. 그러니 어느 한 영역에서 높은 성과를 올리더라도 사람은 자기 안에 내재하는 가능성을 전부 성취할 때까지 만족하지 못한다. 먼저 자기 안에 있는 다양한 가능성과 이를 모두 실현하고 싶은 욕구를 알아차려야 한다. 그러면 자연히 자신의 관심사와 재능을 탐구할 것이고 이 탐구는 결실로 이어진다. 폴 롭슨을 움직인 동기도 이와 다르지 않았던 모양이다. 그의 부친은 아들에게 '자아를 최대한 실현해야' 한다고 가르쳤다. 그러니까 돈과 출세의 관점에서 성공을 평가하지 말고 자신의 잠재 가능성을 최대한 계발하는 것을 목표로 삼으라는 것이었다.

알베르티가 활약한 르네상스 시대의 이탈리아처럼 역사를 훑어보면 다양한 시대와 장소에서 자아실현의 욕구를 상식으로 받아들였다. 그런 시대를 살았던 걸출한 역사가 야코프 부르크하르트에 따르면, 이 같은 사회는 "먼저 각자의 개성을 최대한 개발하도록 부추겼고, 그런 다음에는 가능한 한 모든 조건하에서 갖가지 모습으로 자아를 열정적으로 또 철저하게 탐구하도록 이끌었다." 동시에 인간의 탐구 대상도 신에게서 인간으로 대거 이동한 것으로 보인다. 이는 미술가들이 자화상을 그리고 작가들이 자서전을 집필한 사실에서도 드러난다. 이러한 변화는 철저한 자기계발의 시대를 촉발했다. 사람들은 '위인들'의 전기를 탐독했고 신사다운 품행을 도야하는 데 힘썼으며, 세상의 지식을 끊임없이 탐구하고 예술 및 문학적 교양을 지속적으로 함양하는 사람들을 선망했다. 인간의 가능성을 향한 믿음이 고양되었고 '최적의 자아'를 실현하는 것을 이상적인 목표로 삼았다.

폴리매스이자 르네상스 인문주의의 기틀을 마련한 조반니 피코 델라 미란돌라는 그의 수상록 《인간 존엄성에 관한 연설》에서 이렇게 말했다. "그[인간] 안에 모든 가능성이 있다. (……) 그러므로 그가 모든 것이 되어 모든 것을 이해하고 마침내 신이 되도록 하라." 누군가에게는 이 선언이 과장되게 들리겠지만 요지인즉 우리 안에는 발견되기만을 기다리는 다양한 가능성이 있으며 최적의 자아를 실현하려고 노력하는 것이 바로 자기 자신에 대한 마땅한 도리라는 것이다. 그리고 미란돌라의 선언에는 이를 위해 누구에게도, 무엇에도 의존하지 말아야 한다는 뜻이 담겨 있다.

뛰어난 심리학자 칼 로저스Carl Rogers에게 최적의 자아를 실현하는 문제는 현재의 나와 실현 가능한 나 사이에 발생하는 불일치를 없애는 문제다. 로저스에 따르면 '좋은 삶'이란 '충분히 기능하는 인간fully functioning person'으로 살아가는 것이다.

단언컨대, 소심한 사람은 좋은 삶에 이르지 못한다. 좋은 삶이란 자신의 가능성들을 하나하나 실현하며 자기를 확장하고 성장하는 과정을 수반한다. 여기에는 반드시 용기가 필요하다. 온전히 자기 힘으로 인생을 개척해나가는 일이기 때문이다.

2. 호기심

우리는 새로운 문을 열고 새로운 일을 하면서 멈추지 않고 앞으로 나아갑니다. 우리는 호기심으로 가득 차 있고 이 호기심이 우리를 새로운 길로 이끕니다. — 월트 디즈니

○ **인간은 호기심을 타고난다**

배움을 향한 욕구만큼 자연스러운 욕구도 없다. 우리는 온갖 수단을 써서 지식을 얻으려고 한다. — 미셸 드 몽테뉴

11세기 페르시아 출신의 천재 알 비루니Al-Biruni는 한평생 지식을 탐구한 인물이다. 그는 광범한 분야에서 교육을 받았고 특히 천문학과 수학에서 두각을 보이며 이미 십 대 때 당대에 알려진 해당 지식을 모두 섭렵했다. 이슬람 전통이 그렇지만 그는 모든 신학적 담

론에도 일찌감치 통달했다. 가즈나Ghazni 왕조를 통치하던 마흐무드 Mahmud 술탄 밑에서 고문이자 대사로 일했다. 알 비루니는 이때 각종 종교 축제들을 연대순으로 정리한 책을 처음으로 펴내는데, 이후 이 책은 수학자이자 천문학자일 뿐 아니라 유능한 역사가, 인류학자, 신학자로서 그의 명성을 드높였다.

마흐무드 궁정에 들어간 알 비루니는 마흐무드가 정복한 지역(지금의 파키스탄)에서 끌려온 사람들과 교류한 덕분에 인류학과 철학 분야에서 중요한 업적을 이룰 수 있었다. 당시에 힌두교는 다신을 숭배하는 이교로 취급받았지만 알 비루니는 힌두교가 복잡한 철학적 세계관으로서 연구할 가치가 있다고 평가했다. 그는 무슬림 철학자로서는 최초로 힌두교를 종교로서 진지하게 탐구했으며 인도의 풍습과 언어, 관례를 기록했다. 이 책에서 그는 인도의 역사와 과학, 문화, 철학, 언어, 신학을 집대성해 무려 600쪽이 넘는 책으로 만들었으며 여기에 《인도》라고 제목을 붙였다. 그의 다음 대작 《카눈 Qanun》은 프톨레마이오스의 《알마게스트Almagest》보다 한층 진화한 작품으로 광물학, 약학, 식물학, 의학을 비롯해 다양한 과학적 주제로 140여 편에 이르는 논문을 모아 편찬했다(번역한 글도 있고 직접 저술한 글도 있다). 알 비루니는 천성이 호기심으로 가득했고 평생 그를 재촉하는 호기심에 이끌려 방대한 영역을 탐구했다.

호기심은 폴리매스를 움직이는 원동력으로 우리의 의식과 몸속에 깊이 뿌리내리고 있다. 사회학자들의 공통된 의견에 따르면 호기심은 인간의 타고난 특성 중 하나다. 그러니까 계급과 인종, 성별에 무관하게 모든 인간이 타고나는 기질이다. 진화생물학에서 수없이 입증하고 뒷받침한 바와 같이 인간은 유전적으로 호기심을 갖도록 생겨 먹었다. 일례로 영장류는 식량이나 구애 상대를 찾을 때보다 마룻바닥의 비밀문 너머에 무엇이 있는지 알아내려고 할 때 더 열심히 더 오래 노력하곤 한다. 인간과 동물의 행동을 연구한 저명한 동물학자(덧붙여 초현실주의 화가로도 성공한) 데즈먼드 모리스는 1967년에 《털 없는 원숭이》에서 "모든 포유류는 미지의 것을 탐구하려는 충동이 강하다"고 결론지었고, 그중에서도 인간의 호기심이 가장 강하다고 했다.

어린 원숭이들은 모두 호기심이 많지만 성체가 되어갈수록 호기심의 강도가 약해지는 경향을 보인다. 그러나 인간은 나이가 들어도 유아기의 호기심을 간직하고 때로는 호기심이 더욱 강해지기도 한다. 인간은 탐구하기를 중단하는 법이 없다. 살아가는 데 필요한 만큼 아는 것으로는 결코 만족하지 않는다. 어떤 질문에 답을 찾으면 여지없이 또 다른 질문을 던진다. 이 호기심은 인류가 생존하는 데 가장 중요한 기술이 되었다.

행동과학자이자 신경경제학 교수인 조지 뢰벤슈타인George Lowenstein에 따르면, 호기심은 "우리가 아는 것과 알고 싶은 것" 사이에 간극이 느껴질 때 발생하는 충동이라고 한다. 우리는 이 간극을 느끼는 순간 마치 뇌가 모기에게 물린 듯 간지러움을 느낀다. 간지러움을 해소할 때 가려운 부위를 긁듯이 새로운 지식을 찾아 나선다. 우리가 호기심을 발동하는 이유는 첫째, 우리 뇌는 천성적으로 모호하고 애매한 것을 싫어해서 이를 해소하고 싶기 때문이다. 둘째, 자극이 부족할 때 우리는 뇌를 각성해 '최적의 균형 상태'에 도달하고자 자동적으로 지루함에서 벗어날 방법을 모색한다.

정보를 얻고자 하는 욕구는 호기심을 일으키는 원인이기도 하지만 애초에 도파민을 얻고자 하는 욕망이다. 정보를 접할 때도 "섹스나 약물, 로큰롤에 반응할 때" 도파민을 생성하는 보상 회로가 똑같이 작동한다. 이를 고려한다면 아리스토텔레스가 "모든 인간은 본능적으로 지식을 욕망한다"고 공언하고, 다 빈치가 "아무리 많이 배워도 정신은 질리지 않는다"고 말한 것도 이해가 된다. 찰스 밴 도렌은 그의 책 《지식의 역사》에서 인간의 특성인 호기심의 위력과 무한함을 강조했다.

무지를 깨달았을 때 자신이 모르는 바를 알고 싶은 욕구는 거부하지 못할 보편적 욕망이다. 그것은 인류가 최초로 느낀 유혹이었다. 남자도 여자도 그렇고 특히 어린아이라면 더더욱 이 욕망을 이겨내지 못한다. 셰익스피어가 말했듯 이 욕망은 채울수록 더욱 커지는 욕망이다. 지식에 대한 갈증을 말끔히 해소하기란 불가능하다. 그리고 지적인 사람일수록 이 욕망은 더욱 커진다.

레오나르도 다 빈치 연구의 권위자인 마틴 켐프는 호기심이야말로 폴리매스의 특징이라고 단언한다.

다 빈치의 마음은 아이처럼 호기심으로 가득하다. 왜 저런 일이 일어났을까? 내가 지금 보고 있는 것은 무엇일까? 어떻게 하면 저걸 알아낼 수 있을까? 이처럼 어린아이 같은 호기심을 품고 거기에 엄청난 지능을 결합한다면 당신은 막강하고 중요한 것을 얻는다.

지식을 대하는 태도에서 이슬람 제국은 훌륭한 본보기다. 무함마드는 사람들에게 "요람부터 무덤까지 지식을 탐구할" 것과 "분야를 가리지 말고 배움에 힘쓸" 것을 격려했다. 그는 "지식을 탐구하는 것은 모든 무슬림의 의무"라고 강조했고, "알라께서는 지식을 탐구하는 자를 위해 천국에 이르는 길을 평탄케 하신다"고 선언했다. 또한 그는 "학자의 잉크는 순교자의 피보다 더 거룩"하고, "한 시간의 성찰이 70년의 예배에 버금"하고, "수천 명의 무지한 신도들보다 한 명의 학자가 악마에게 더 많은 괴로움을 안겨준다"고 언명했다. 여기서 지식이란 세속적 지식과 종교적 지식을 모두 지칭하는 말이며, 어느 한쪽을 결여하면 다른 것도 존재할 수 없다.

높은 성과를 올리려면 뛰어난 지능과 호기심이 결합되는 게 중요하지만 아무래도 주된 동력은 호기심에 있다고 봐야 한다. 아인슈타인도 "나는 특별한 재주가 없다. 열정적으로 호기심을 채우려고 했을 뿐"이라고 말했다. 여러 문화와 종교, 철학에서는 인간의 타고난 호기심, 다시 말해 '지식을 향한 갈증'을 채우도록 수천 년 동안 장려해왔다.

지능이나 창의성과 마찬가지로 호기심을 충족할 때는 두 가지 경로 중에 하나를 선택할 수 있다. 하나는 특정 주제를 깊이 파고드는 직선적 경로로 피라미드의 정상에 어서 도달하고 싶어 하는 전문가들이 으레 선택하는 길이다. 다른 하나는 한없이 지식의 폭을 넓히는 경로로(여기에는 피라미드가 존재하지 않는다), 이는 폴리매스가 되는 길이다. 폴리매스는 호기심에 경계가 없다. 인간이 학문의 경계를 어떻게 정하든 폴리매스의 정신은 특정 분야에 매이지 않는다. 가령 탐사보도 기자나 형사처럼 뭔가를 캐기 시작하면 조사 과정에서 생기는 의문을 풀기 위해 생체모방生體模倣이나 배관, 천체물리학 혹은 벽돌 쌓기까지 기꺼이 배울 사람이 폴리매스다. 몽테뉴가 말했듯이 "지식을 탐구하는 사람은 지식이 있는 곳에 가서 지식을 낚을 일이다."

호기심 충만한 사람은 (서로 관련이 있거나 관련이 없어 보이는) 다수의 현상에 관해 끊임없이 질문을 제기하는 특징이 있다. 폴 롭슨 역시 어려서부터 "배움에 대한 애정, 전력을 다해 끝까지 진리를 탐구하는 마음"을 키웠다. 어린이는 끊임없이 질문하고, 다방면에 호기심을 보인다. 성인이 되어서도 인간의 원초적 특징인 호기심은 사라지지 않지만 호기심의 질이 떨어지고, 그 유형이 단조로운 경향을 보인다. 성인은 '원인'보다는 '방법'에 더 집착하고 어떤 사실에 대한 '이해'보다는 '정보'를 얻는 데 더 집중한다.

폴리매스 철학자들처럼 비판적으로 사고할 줄 아는 성인은 보다 성숙하고 체계적인 방식으로 유년기의 호기심을 계속 유지하는 반면('괴짜' 예술가, 애호가, 그리고 '잡기에 능한' 사람들도 이와 비슷하지만 재미를 더 추구한다), 그 밖의 사람들은 대부분 일상에서 한 가지 분야에만 집중한다. 무엇을 알아야 하는지 스스로 안다고 생각하기에 갈수록 사고가 협소해지고 무엇보다도 경이로움을 느낄 줄 모르게 된다.

어른이 되면서 호기심을 억압하는 성향은 호기심의 위험성을 경고하는 여러 신화와 속담들과 결합하면서 우리의 무의식에 견고하게 자리 잡았다. 판도라의 상자 얘기도 그렇고 '호기심이 고양이를 죽인다' 같은 속담을 보면 호기심을 힐난하는 사회의 시선이 그대로 드러난다. 지적 엘리트주의에서 출발한 이런 문화는 대중이 지식에 접근하지 못하도록 억압하며 이 안에서 사람들은 '제 일에나 신경 쓰도록' 길들여졌다.

○ 어떻게 알 수 있는가?

지식은 인식 주체가 접근하는 방법에 따라 결정된다.

- 아리스토텔레스

호기심 많은 폴리매스는 인간이 한 가지 경로가 아니라 여러 가지 경로로 '지식'을 획득한다는 사실을 인식하는 이들이다. 우리는 다양한 지식의 원천에서 지식을 얻고 사물을 분별하고 판단하는 능력을 기른다. 여기서 말하는 지식의 원천은 '정보의 원천'과는 다르다.

역사적으로 널리 인정되고 존중되는 지식의 원천 중에 먼저 '인간의 증언'이 있다. 여기에는 아프리카 설화, 아랍의 시, 사회 담론, 텔레비전, 대학 강의, 테드 강연TED Talks 같은 형식으로 구전되는 지식이 있고, 아니면 고대 점토판이나 논문 책자, 컴퓨터 화면에 찍힌 문자로 전달되는 지식도 있다. 이처럼 지식을 소유한 사람이 그렇지 않은 사람에게 지식을 전달하는 방식은 지식을 전달하고 획득하고 축적하는 방식 중에 인류에게 가장 익숙한 경로 중에 하나다.

누군가 증언한 지식(혹은 정보)을 수용하는 문제는 대체로 신뢰에 근거하지만 그 지식의 맥락을 살피고 사리를 분별하고 이해하기 위해서는 직관과 합리적 추론도 필요하다. 이 과정에서 인간의 '합리적 추론'은 그 자체로(누군가의 증언이 있든 없든) 지식을 획득하는 인식의 원천이 되었다. 합리적 추론을 이용해 지식을 획득하는 가장 대표적인 형태가 철학이다. 철학자들은 이성의 힘을 이용해 존재와 본질, 도덕에 관해 다양한 질문을 제기하고, 새로운 가능성을 고려하고 추론을 거쳐 어떤 결론에 도달한다. 부처와 소크라테스, 공자 같은 독창적인 사상가들은 누군가 증언한 지식에 의존하기보다는 합리적 추론과 직관을 통해 지식을 획득하는 대표적인 철학자다.

인간은 합리적 추론 과정에서 지각적 경험을 활용하는데 이 경험은 인간이 지식을 획득하는 주요 원천 중 하나다. 지각적 경험은 인간의 오감(시각, 청각, 촉각, 후각, 미각)을 통해 획득한다. 다 빈치가 지적했듯이 "모든 지식은 우리의 지각에서 기원한다." 하지만 이 경험적 지식은 기억 속에 저장되고 다른 지식과 결합해 전반적인 이해도를 높이지 않는 한 일시적 지식에 불과하다. 기억과 지식을 결합해 얻은 통찰이야말로 우리가 지식을 획득하는 주요 원천 중 하나다.

현대 인식론을 연구하는 서양의 학자들은 대부분 지식의 원천으로 증언과 이성, 경험, 기억을 꼽는 데 이의가 없을 테지만, 서양과 다른 지적 전통을 쌓아온 지역에서는 그들만의 인식론적 틀을 상정한다(예를 들어, 힌두교의 요가 철학에서는 16가지로 지식의 원천을 구분한다). 세계 여러 전통에서 인정되는 중요한 지식의 원천은 대체로 비전秘傳(슈타이너가 그의 책 《높은 세계의 지식과 획득Knowledge of Higher Worlds And Its Attainment》에서 묘사했듯이), 계시(《코란》, 《성서》, 《아베스타》, 《베다》 같은 경전을 통해 전달된 신성한 지혜), 언어(각 언어는 특정한 유형의 사상을 대변한다), 문화(각기 다른 가치와 도덕, 관행은 앎의 방식에도 영향을 미친다), 예술(음악이나 미술이라는 '언어')에 있다. 일각에서는 (카너먼Kahneman이 말한 이원화된 정보처리 모델에서 시스템 1에 해당하는) 직관, 유전자(카를 융Carl Jung의 무의식 이론), (한 감각에 주어진 자극이 또 다른 감각을 자극하는) 공감각, 정서('비합리적' 감정들은 우리 자신과 세상에 대해 많은 것을 가르친다), 약물(분야를 막론하고 수많은 천재들이 오래전부터 증명했듯이 향정신성약물에 기인한 창의성이 있다), 자연(식물, 동물, 우주), 신기술(인간과 인공지능의 융합으로 일반적인 생체 능력을 넘어 의식의 유형이 크게 바뀔 전망이다), 섹스(일부 힌두교 전통에서는 성행위에 인식의 전환을 일으키는 효력이 있다고 믿는다), 상호작용(변증법)을 포함하기도 한다.

하와이에는 이런 속담이 있다. "한 학교에 모든 지식이 있다고 생각지 말라." 지식의 원천은 다양하고 목적에 따라 저마다 가치가 있다. 우월하고 열등한 지식이 따로 있지 않다. 각각의 원천은 맥락에 따라 동등한 가치와 타당성을 지닐 수 있음을 아는 것이 무엇보다 중요하다. 큰 뜻을 품은 폴리매스라면 다양한 원천에서 지식을 얻어야 하고 그 과정에서 자연스럽게 여러 분야의 지식을 습득하게 된다.

○ 정신의 한계

한때는 객관적 세계라 불렸던 실재가 사실은 로르샤흐 잉크 얼룩과 같아서 이를 바라보는 사람의 개성과 문화, 과학 체계, 종교에 따라 그 모양과 색채에서 저마다 다른 의미를 발견한다.

- 루이스 멈퍼드(Lewis Mumford)

〈에스콰이어〉 지의 편집장 A. J. 제이콥스Jacobs는 스스로 실험동물이 되었다. 그는 삶의 다양한 영역에서 자신의 능력을 향상하려는 사명감에 일련의 극단적인 생활방식을 실험했다. 이를테면 인도의 팀을 고용해 삶의 번거로운 일을 아웃소싱하기, 1년 동안 성경의 모든 계율을 지키며 살기, 완벽하게 건강한 몸 만들기, 지구 가족 상봉 행사 조직하기, 건국의 아버지들이 주장한 110가지 사회 규범을 모두 지키기 등의 실험을 했다. 그는 각각의 경험을 책으로 썼다. 한번은 자신이 너무 멍청해졌다는 생각에 1년 동안 《브리태니커 백과사전》을 전부(대략 4,400만 단어!) 읽어서 '모르는 게 없는' 사람이 되어보기로 결심했다. 이 실험을 완수하고 나서 그는 뜻밖의 깨달음을 하나 얻었다. "나는 모든 일에 함부로 단언하지 않게 되었다. 딱 하나 내가 확신하는 게 있다면 무슨 일이든 확신하는 것은 위험하다는 사실뿐이다. 뭐든 단정하지 말고 그럴 개연성이 있다는 말을 더 자주 입에 올려야 한다. 우리 지식의 한계를 인정해야 한다." 제이콥스가 내린 결론은 선조들의 지혜를 상기시킨다.

인류 역사상 현자들은 예외 없이 인간이 일생 동안 습득할 수 있는 지식에 한계가 있음을 깨닫는 게 중요하다고 거듭 강조했다. 3세기에 중국의 도교 이론가인 갈홍葛洪은 말했다. "인간이 알지 못하는 것에 견줘보면 인간이 아는 것은 지극히 하찮다. 세상에는 가없이 다양한 것들이 존재한다." 선지자 무함마드의 사촌이자 이슬람 제국의 4대 칼리프인 알리 이븐 아비 탈리브Ali ibn Abi Talib가 한 말도 이와 다르지 않다. "진정으로 배운 자는 자신이 아는 것보다 모르는 게 훨씬 많다는 사실을 아는 자이다."

중국의 철학자 공자는 "참 지식은 자신이 얼마나 무지한지를 아는 것"이라고 말했고, 독일의 철학자 니콜라우스 쿠자누스Nicolas of Cusa는 15세기에 "사람이 자신의 무지함을 깊이 깨달을수록 그의 학식은 더욱 깊어진다"고 말했다. 인도의 철학자 스와미 람다스Swami Ramdas 역시 "자신이 아무것도 모른다는 사실을 안다면 모든 것을 안 것이다"라고 발언했다. 보다시피 이들의 가르침 사이에는 거의 차이가 없으며, "지혜로운 자는 자신의 무지를 아는 자"라고 말한 도교 철학자 노자의 선언과도 일치한다.

폴리매스는 자신의 무지를 똑바로 인식하고 이를 겸손하게 인정하는 특징이 있다. 데이비드 쿠퍼David E. Cooper가 저술한《세계 철학자들World Philosophies》은 역사적 관점에서 (전부는 아니지만) 수많은 철학 사조를 조사한 책으로 그는 이 과정에서 중요한 깨달음을 얻었다.

수많은 철학적 관점을 역사적으로 탐구하는 과정은 겸손을 배우는 시간이기도 했다. 다른 이들의 생각을 배우지 못한 이들은 자신이 최초로 어떤 발견을 했다고 자부하지만 사실은 이미 수 세기 전에 앞서간 자들이 있었다.

인간의 의식이 실재를 이해하는 데 한계가 있다고 강조한 이들은 동양 철학자들과 현대 이전의 철학자들만은 아니다. 현대 신경과학은 인간의 뇌가 감각 지각과 일치하는 실재만 파악할 수 있고, 사실상 이 감각 지각이 접근할 수 있는 영역은 거대한 전자기파 스펙트럼의 10조 분의 1도 안 된다는 사실을 밝혀냈다(우리는 가시광선만 눈으로 직접 볼 수 있고 감마선, 엑스선, 전파, 와이파이 등과 같은 것을 포착하려면 기계가 필요하다). 베스트셀러 작가이자 인지과학자인 데이비드 이글먼에 따르면 "인간은 신체적 한계로 인해 실재를 경험할 때 제약이 있다. (……) 인간의 뇌는 세상의 극히 일부를 표본추출하고 있을 뿐이다." 다른 동물들은 인간이 보지 못하는 실재를 볼 수 있다(일례로 뱀은 적외선을 보고 꿀벌은 자외선을 본다). 인간의 의식은 자신만의 '움벨트umwelt'('환경'을 뜻하는 독일어로 감각 기관에 따라 달라지는 주관적 세계를 일컬을 때 과학자들이 사용하는 표현)를 지니기에 통찰력이 뛰어나면서도 매우 제한적일 수밖에 없다.

　인간의 인식에 한계가 있으니 지식을 획득하려는 시도 자체가 가망 없는 무익한 시도라고 보는 이들도 있다. 하지만 사고가 열려 있는 폴리매스들이 보기에는 여러 세계가 존재한다는 사실을 보여주는 증거일 뿐이며 따라서 이들 세계를 각각 이해하고 그 지식을 통합할 필요가 있다. 인간의 사고와 지식을 얻는 경로가 일차원적일 때가 많고 또 수많은 인지적 편향과 문화적 편견에 둘러싸여 제약을 받는다는 사실을 폴리매스는 잘 안다. 그렇기에 이들은 끝없이 호기심을 채우며 지식을 탐구한다.

○ 사물을 보는 다양한 관점

　폴리매스들은 보다 객관적인 시각을 유지하려고 노력한다. 그들의 움벨트를 확장하려는 것이다. 그들은 지식을 탐구할 때 세계를 보는 관점을 다양하게 습득하고 경험하고 이해하는 방법을 쓴다. 그리고 이를 맥락을 통해 해석하고 종합해 세상에 대해 보다 공정하고, 완전한 그림을 그린다. 과학철학자 E. O. 윌슨은 이 방법이 실재를 밝히는 최선의 방법론이라고 제안했다.

　능숙하게 학문의 경계를 넘나들 줄 알아야 당장의 필요성 때문에 근시안적으로 반응하지 않고, 사회 통념이나 종교 신념의 편견에서 벗어나 세상을 있는 그대로 명확하게 볼 수 있다. (……) 균형 잡힌 관점을 얻으려면 다른 학문들과 단절된 채 학문을 연구해서는 안 되고 학문들 간에 통섭이 이루어져야 한다.

더 많은 분야의 지식과 경험을 쌓으며 자신의 레퍼토리를 늘릴수록 더 많은 관점에서 사물과 현상을 파악해 이를 종합하고, 훨씬 포괄적이고 풍부하게 세상을 보는 관점을 (알아내거나) 형성할 수 있다. 여러 관점을 통합해 인식론적 통일성을 획득해야 훨씬 높은 수준의 객관성을 확보하게 된다. (지금처럼 다양한 민족과 사회가 연결되어 지내는 글로벌한 사회에서 특히 요구되는) 인식론적 통일성은 진정성 있는 공감과 이해의 가능성을 높여줄 뿐 아니라 특정한 사회적 통념과 지적 관점에 매여 있던 의식이 자유를 획득할 가능성을 높인다. 결과적으로 이는 인간의 본질을 보다 종합적으로 이해할 수 있는 방법이다. 한마디로 '진짜' 교육이다.

다양한 관점을 익히고 통합해야 한다는 말은 너무나 당연한 말처럼 들리지만, 폴리매스 기질을 지닌 소수를 제외하면 놀랍게도 이를 실천하는 사람이 거의 없다. 심지어(감히 말하건대) 위대한 학자들이 그런 면에서는 부족하다. 고대 인도에서는 이 점을 충분히 이해하고 있었다. 그래서 자이나교 철학자들은 '아네칸타바다 Anekantavada'라는 사고방식을 배양하는 데 힘썼다. 다시 말해, 단일한 절대 진리는 없으므로 다양한 관점을 인정하고 타당성을 살펴야 한다는 것이다. 이 가르침을 설명할 때 자주 인용되는 비유가 그 유명한 '장님 코끼리 만지기'이다. 하지만 여기서는 현대인이 공감할 수 있도록 '도시와 거주민의 관계'에서 그 의미를 살펴보겠다.

21세기의 런던처럼 역동적이고 다차원적인 도시를 떠올려보자. 거주민들은 출신 사회도 민족도 다르고, 사는 곳도 직업도 교육 수준도 다르다. 그러니 각 거주민은 같은 도시에 살면서도 고유한 경험을 쌓는다. 런던 자체는 확고한 실재를 지니지만 사람들은 그들만의 경험에 따라 런던을 각기 다르게 지각한다. 그러므로 일차원적 경험에 의지해서는 객관성을 확보할 수 없고 런던을 다양하게 경험할수록 런던을 실재에 더 가깝게 알게 된다.

지식이란 참으로 방대해서 별로 똑똑하거나 영리하지 않아도 나름의 가설을 세우고 그럴 듯한 논증으로 이를 뒷받침할 수 있다. 또 아무리 유식한 사람이라도 (인간의 지식을 거대한 바다라고 할 때 한 줌에 불과한) 몇 가지 사실이나 의견만 취사선택해서 인간이라는 유기체의 특성상 편파적이고 제한적일 수밖에 없는 합리적 추론에 의지해 꽤나 자신감 넘치는 목소리로 자신의 주장을 펼치기도 한다.

삶은 매우 복잡다단하다. 만약 모든 요소를 엄밀하게 고려해야 한다면 판단이나 결정에 도달하는 것 자체가 대체로 불가능할 것이다. 게다가 인생은 또 얼마나 짧은가. 사람들은 복잡한 문제(사람, 상황, 지식)를 만나면 (에고와 생존 본능에 따라) 부득이 문제를 단순화하고 정형화하고 범주화하여 판단하고, 전제를 세워 재빨리 결론을 도출하곤 한다. 결정을 내리고 의견을 수립하기까지 엄격한 시간적 제약을 안고 있다는 것도 우리를 곤란하게 만드는 요소다. "인간이 겪는 가장 큰 속임수는 자신의 의견에서 비롯된다"라고 다 빈치가 말한 것도 이런 맥락에서다. 대부분은 아니지만 다수의 폴리매스가 '혼합주의' 태도를 취한다. 철학자 데이비드 E. 쿠퍼에 따르면 혼합주의는 "진리를 찾는 방법이며 다양한 관점을 가능한 한 많이 합쳤을 때 공통된 핵심이 드러나는데 거기에 '진리'가 놓여 있을 것"이라고 강조한다.

이런 맥락에서 보면 부득이 하나의 의견에 정착하기 전까지는 최대한 다방면에 걸쳐 진리를 탐구하는 것이 중요하다. 어떤 문제에 대해 판단을 내릴 때도 가능한 한 오랫동안 열린 마음으로 다양한 정보를 살피는 것이 중요하다. 열린 마음으로 다수의 요인을 관찰하고 그 지식을 효과적으로 이용할 때, 충분한 정보에 입각해(따라서 진리에 더 가까운) 결정을 내릴 수 있다. 이와 마찬가지로 삶에서 다양한 경험(과 지식)을 쌓을 때, 통찰력 있는 의견을 형성하고 보다 가치 있는 자아를 구축할 것이다. 다양한 관점과 경험을 추구하는 것은 인지적 편향을 줄이는 가장 효과적인 방법으로 보인다.

자부심 강한 전문가 두 사람이 벌이는 토론보다 겸손한 폴리매스 두 사람의 토론이 훨씬 유익할 가능성이 높은 것도 이런 이유에서다. 예컨대 두 전문가가 과학과 종교, 자본주의와 사회주의, 자유주의와 보수주의 등의 첨예한 문제로 대결하면 자신의 전문 분야에 의존해 상대의 이해 부족을 비난하기 때문에 상호 이해가 깊어지는 방향으로 토론이 진행될 가능성이 낮다. 지능지수가 가장 높은 사람으로 기네스북에 올랐던 메릴린 보스 사반트Marilyn vos Savant은 이렇게 설명했다. "다방면에 걸친 지식이 없으면 적절한 평가 수단이 없어서 다른 사람의 판단과 신념에 설득당할 처지에 놓인다." 자부심

강한 전문가들은 자신의 입장을 의심하기보다는 유지하는 데 여념이 없으므로 서로 평행선을 달린다(하기야 오늘날과 같은 전문화 패러다임에서는 새로운 관점을 탐구하기보다는 자신의 기존 관점을 방어하며 사는 게 손쉽긴 하다). 다양한 관점을 얻으면 생각도 달리할 수밖에 없다.

에드워드 드 보노Edward de Bono가 그의 베스트셀러 《여섯 색깔 모자 Six Thinking Hats》에서 소개한 평행 사고 기법은 여러 사람이 함께 차례로 다양한 관점을 따르며 문제를 관찰하는 방법으로 논란을 해소하고 창의적으로 문제를 해결하는 데 매우 효과적이다. 소크라테스의 대화술이 그러하듯이 팀원들이 여러 관점에서 대상을 관찰하는 동안 자신의 편견이나 무지를 깨닫고 에고에서 벗어나기 때문이다.

○ 개방적 사고

배움이 위대한 인물을 키운다.   - 나미비아 속담

호기심이 많은 사람은 언제나 열린 마음으로 대상을 본다. 대부분의 사람은 삶에서 일찌감치 특정한 견해를 산출하거나 결정을 내리고 그 과정에서 이런저런 이유로(합리적인 이유보다는 주로 감정적인 이유로) 강한 신념을 형성한다. 이 '신념'에 이끌려 사회에서 성공을 거두거나 높은 지위에 오르고 명성을 얻기도 한다. 이 경우에 자신의 신념을 뒤집거나 조금이라도 변경하려는 시도는 전문가로서 자살 행위이자 심하게는 정체성에 심각한 타격을 입는 행위가 되기도 한다. 이는 전문가들이 그들의 직업이나 학문에서 한 가지 경로를 유

지하는 이유를 짐작케 하는 부분이다.

현상 유지에 집착하는 폐쇄성이나 새로운 사상을 배척하는 태도는 모호함을 싫어하는 뇌의 본능에서 기인한다. 인간의 뇌는 모호한 점을 탐구하기보다 해소하려는 경향이 있다. 모호함이 호기심을 자극하는 경우도 있지만 빨리 분명한 답을 찾고 싶은 이들은 조금씩 막연함을 제거하면서 해답을 찾는 노력 자체를 하지 않는다. 대부분의 사람은 설령 주어진 답이 부정확하거나 최선의 것이 아니어도 따로 정보를 수집하거나 처리하는 과정을 싫어해서 서둘러 결론을 내리고자 한다. 인지과학자들은 이를 가리켜 '인지적 종결 욕구'로 칭한다.

게다가 인간의 뇌는 원형 혹은 도식에 따라 정보를 분류해 자동적으로 인지하는 방향으로 진화했다. 사물이나 개념을 범주화하여 신속하게 정보를 처리하고 실행으로 넘어가려는 효율적인 방법이다. 이렇게 정보를 '구조화'하는 사고방식은 인간이 생존하는 데 중요한 기술인 반면에 지금과 같은 현대사회에서는 인간의 창의성과 폭넓게 사고하는 능력을 억제하는 측면이 있다. 인간은 자신의 가설에 좀처럼 의문을 제기하지 않고 신속하게 결론으로 비약하는 경향이 있고 이로써 문제를 다르게 생각해볼 여지를 차단한다.

인간과 동물의 행동을 연구한 데즈먼드 모리스는 인간의 성격을 네오필리아neophilic와 네오포비아neophobic로 구분할 수 있다고 설명했다. 전자는 새로운 것을 좋아하고, 후자는 두려워한다. 네오필리아 성향의 개방적으로 사고하는 사람이야말로 다방면에 정통한 폴리매스 사상가로 진화한다. 정보가 부족한 상태에서 성급하게 결론을 내리기보다는 미지의 영역을 들여다보고 싶은 충동을 느끼기 때문이다. 심리학자들이 폴리매스의 성격을 분석한다면 다섯 가지 성격 특성 가운데 개방성 항목의 점수가 높다는 사실을 확인하리라 본다.

사람들은 개방성을 우유부단한 태도로 치부할 때가 너무나 많다. 여러 정보나 관점을 살피는 것은 확실하게 결론짓기를 회피하는 (혹은 보류하는) 태도라고 가정한다. 하지만 호기심이 풍부한 이들이 보이는 개방성은 기질적인 성향이며 문제를 해결할 요령이 없거나 우유부단해서가 아니라 학문과 인생을 체계적으로 탐구하고 알아가는 접근법이다. 진리를 탐구하는 일을 중단하지 않는다고 가정할 때 개방성이 높은 이들이 실제로 더 명확한 이해에 도달할 때가 많다. 11세기 페르시아의 폴리매스 알 가잘리는 자신의 지적(영적) 탐험을 기록한 글에서 이에 관해 명확히 지적했다.

단언컨대 어떤 학문에 오류가 있는지 파악하려면 그 분야에서 출중한 학자들 못지않게 해당 학문의 기본 원리와 구조를 잘 알아야 한다. 나아가 해당 학문의 대가들조차 넘보기 힘든 복잡한 영역을 이해할 정도로 깊이를 갖추고 그들보다 더 두각을 나타내야 한다. 그래야만 기존 학설에 오류가 있다고 주장할 때 신빙성 있게 받아들여진다.

소크라테스의 문답법에서는 기본적으로 대화를 나누는 양측 모두 알고 있는 게 아무것도 없다고 전제한다. 따라서 독단을 배제하고 열린 자세로 온갖 주제를 넘나들면서 질문하고 답하는 과정에서 남들이 보지 못하는 진리를 이해하게 된다. "참된 지혜란 자신이 아무것도 모른다는 사실을 아는 데 있다"고 소크라테스는 강조했다.

열린 사고를 줄곧 유지하는 일은 쉽지 않다. 르네상스 시대의 프랑스 출신 수필가이자 폴리매스인 미셸 드 몽테뉴는 이런 말을 했다. "소크라테스처럼 말하고 소크라테스처럼 사는 것보다는 아리스토텔레스처럼 말하고 카이사르처럼 사는 쪽이 훨씬 쉽다." 다시 말해, 영원히 구도자로 남아 끈질기게 진리를 추구하는 삶에 비하면 이미 진리를 소유한 사람으로서 기쁨을 누리며 도도하게 사는 쪽이 훨씬 쉽다.

○ 삶에 필요한 지식

무릇 인간이라면 기저귀를 갈고, 침공 계획을 짜고, 돼지를 잡고, 건물을 설계하고, 배를 조종하고, 시를 쓰고, 돈을 관리하고, 담을 쌓고, 뼈를 맞추고, 죽어가는 자를 위로하고, 명령을 따르고, 명령을 내리고, 협력하고, 혼자 행동하고, 방정식을 풀고, 새로운 문제를 분석하고, 거름을 주고, 컴퓨터 프로그램을 짜고, 맛있는 요리를 하고, 효율적으로 싸우고, 용감하게 죽을 줄 알아야 한다. 전문화란 곤충에게나 어울리는 짓이다.

- 로버트 하인라인(Robert A. Heinlein)

각 사회는 이상적으로 여기는 인생 목표에 따라 무엇이 '유용한' 지식인지 저마다 다양한 관념을 형성한다. 유교 사회에서 지식 습득은 도덕성 함양의 수단이었고, 힌두교도와 무슬림 사회에서는 예로부터 신을 알아가는 수단으로 여겼다. 수렵과 채집 생활을 했던 선사시대 사람들에게 지식은 적대적이고 불리한 환경에서 생존하기 위한 수단이었다. 현대사회에서 지식은 전략적 지식과 전술적 지식으로 구분할 수 있다. 전자는 최종 목표가 무엇이든 그 목표를 향해 나아가는 데 필요한 지식이다. 전체 그림을 이해하고 그 안에 자신의 인생을 배치해보는 것이다. 그러니까 우주에서 우리가 차지하는 위치, 거시적 결정과 방침 들이 우리 삶에 미치는 영향, 영적이고 도덕적인 삶, 경력 목표, 가족계획 등을 파악하는 것이다. 폴리매스들은 이와 같은 전략적 지식에 관한 이해도가 높다.

전술적 지식이란 현실적이고 일상적인 차원에서 인생을 이해하는 데 필요한 지식을 가리킨다. 말하자면 '현실적인 제너럴리스트'가 추구하거나 보유하는 기능적인 지식이 여기에 해당한다. 이들은 자신의 삶에 영향을 미칠 중요한 요소들을 분야에 관계없이 스스로 폭넓게 익혀 일상에서 이용한다. '지식: 인류 최후 생존자를 위한 리부팅 안내서The Knowledge: How to Rebuild our World from Scratch'라든가 '뉴욕타임스의 모든 것에 대한 실용안내서The New York Times Practical Guide to Practically Everything' 같은 책에서 강조하는 지식 유형이다.

전략적 지식과 전술적 지식을 모두 효과적으로 습득하려면 의식이 깨어 있어야 한다. 수동적으로 현실에 안주하면서 살아가는 무감각한 상태에서 깨어나 각성 상태로 전환해야 한다. 다시 말해 좌뇌와 우뇌, 의식과 무의식 시스템이 균형을 찾고 최적 상태에서 기능하도록 해야 한다.

먼저 견문을 쌓고 지식을 습득하는 일을 한가한 '취미놀음'으로 여겨서는 안 된다. '알맞은' 지식, 그러니까 개인에게 실용적 가치(효용)가 있고 의미 있는 지식은 일상을 더 풍요롭게 만드는 데 없어서는 안 될 요소이고 더구나 날로 복잡해지는 세상에서는 생존에 꼭 필요할 때가 많다. 물론 아무리 열심히 탐구하고 자급자족하는 방식으로 살아간다 해도 세상에는 우리의 통제를 벗어나는 일이 수두룩하다. 삶을 둘러싼 것들에 대한 진실을 전부 파악하지도 못할 것이고, 삶에 필요한 모든 도구를 혼자 생산하거나 제조할 수도 없다. 이 점은 14세기에 이븐 칼둔이 그의 대작《역사서설》에서도 지적한 바 있다.

개인은 자연을 완전히 통제할 수 없고 그 영향력에서 자유로울 수 없다. 인간은 상호 간에 의지하며 살 수밖에 없고 상황에 따라서는 마땅히 그래야 한다. 그러나 적어도 자신의 삶을 구성하는 기본 영역에 관해 배우는 일은 혼자서도 가능하다. 예컨대 사회 구조나 체계, 자연, 기계, 경제, 건축, 사람의 작동과 영향을 아는 것이 중요하다. 나아가 이런 요소들이 직간접적으로 자신의 삶에 어떻게 적용하고 영향을 미치는지 알아야 한다. 경제, 정치, 과학, 철학, 심리학, 종교, 역사, 수학 같은 다양한 분야의 지식을 계속 확장해야 한다는 의미다. 지식을 다양하게 쌓을수록 필요에 따라 적절한 지식을 끌어와 적용할 수 있고 정보를 다양하게 갖출수록 더 나은 선택을 하고 더 좋은 결정을(합리적 추론에 의하든 직관적 판단에 따르든) 내릴 수 있다.

다능하고 박식한 폴리매스이자 계산용 소프트웨어 매스매티카 Mathematica를 개발한 스티븐 울프럼Stephen Wolfram은 이런 말을 했다. "뭔가를 배우려면 동기가 필요하다." 특별하고 거창한 동기도 있지만 삶 자체, 즉 생존의 문제가 배움의 동기가 될 때가 많다. 이를테면 두 진통제의 성분 차이, 카레curry의 기원, 주택 정책, 동아프리카의 성 철학에 관해 알게 되면 우리의 기분, 소득, 건강, 대인 관계, 전반적인 활력을 끌어올릴 수 있다. 반면에 현실에 안주하고 무지한 채로 살게 되면 삶의 질이 떨어지고 삶을 통제하는 능력을 잃는다. 무지는 축복이라는 말은 현실에서는 통하지 않는 말이다.

미셸 드 몽테뉴는 말했다. "내가 공부하는 이유는 오로지 나 자신을 알기 위함이며, 잘 사는 법과 잘 죽는 법을 배우기 위함이다." 배움에 관한 사고방식이 이랬기에 몽테뉴는 다방면에 정통한 폴리매스가 되었다. 우리 삶에 영향을 미칠 가능성이 있고, 실제 영향을 미치는 요소는 그 수가 많고 다방면에 걸쳐 있다. 그러니 우리의 배움역시 어느 한 방면에만 치우치면 안 된다. 차를 운전하는 일, 끼니를 준비하는 일, 컴퓨터를 작동하는 일, 가족을 아끼고 사랑하는 일. 모두 우리가 일상적으로 수행하는 작업이며 이 일들이 모여 우리의 하루를 채운다. 각각의 일은 그 성격이 매우 달라서 다양한 유형의 지식과 인지능력이 필요하다. 우리는 이런 일들을 익히고 배우는 데 아무 거리낌이 없다. 이 일들이 우리의 생존을 용이하게 하고, 하루를 더 알차게 보내도록 해준다는 사실을 받아들인다. 그렇다면 어째서 학계나 재계에서는 '여러 분야'를 넘나드는 것을 이상하게 여기는가?

우리 일상에 영향을 미칠(혹은 언젠가 영향을 미칠) 여러 면에 대처하려면 삶에 필요한 기본 지식과 인지능력 외에도 다양한 방면으로 지식을 확장해나가야 한다. 이를테면 변호사, 회계사, 의사, 수리공, 컴퓨터 엔지니어, 예능인, 군인이 하는 일 중에서 (적어도) 기본 기술은 반드시 배워야 한다. 현대사회에서는 법률, 금융, 의료, 집수리, 기술, 생존과 관련한 문제에 일상적으로 직면한다. 이런 기술들을 스스로 익히지 않고 값비싼 '전문가'에게만 의존하다가는 지극히 간단한 문제도 제 손으로 해결하지 못하는 지경에 이를 수 있다. 비단 금전적인 부분만 아니라 다른 부분에서도 치러야 할 대가가 크다. 이런 문제점을 깨닫는 사람들이 늘어나는 모양이다. 일상의 다양한 문제를 해결하는 생활 정보를 공유하는 게 목적인 '라이프해커Lifehacker' 같은 블로그 이용자가 증가하는 현상을 보면 삶에 필요한 지식을 확장하려는 사람들의 욕구를 읽을 수 있다.

3. 지능

재능 있는 사람이 한 가지 일만 잘하는 경우는 없다. - 햄릿 이사칸리

윌리엄 시디스William Sidis는 미국에서 유명한 신동이었다. 지능
지수가 역대 최고였다고 한다. 생후 18개월에 〈뉴욕타임스〉를 읽었
고, 여덟 살 때까지 독학으로 8개 국어(라틴어, 그리스어, 프랑스어, 러시
아어, 독일어, 히브리어, 터키어, 아르메니아어)를 깨쳤다. 그의 부친은 아이
의 지능이 특출하다는 사실을 알고 하버드 대학교에 입학 지원서를
냈다. 처음에는 나이가 너무 어리다는 이유로 거절되었지만 2년 후
인 11세에 역대 최연소 나이로 하버드 대학교에 입학했다. 16세에
최우수 등급으로 학부를 졸업하고 대학원에서 수학을 전공하며 학
생들에게 수학을 가르쳤다. 이후 그는 하버드 로스쿨에 입학했다.
훗날 그는 우주론(열역학 이론을 대체할 이론을 제시했다), 아메리카 원주
민의 역사와 인류학(《부족과 국가The Tribes and the States》에서 아메리카 원
주민의 10만 년 역사를 다루었다), 언어학(그는 '밴더굿'이라는 인공어를 창조했
다), 운송 시스템을 비롯해(자동차 운송에 대한 논문을 썼다) 다양한 주제
로 글을 썼다. 세상을 떠들썩하게 만든 유명인이었지만 사람들의 눈
을 피해 은둔하며 살았다. 시디스는 52세에 생을 마감하는 순간까지
다양한 분야에 대한 호기심을 잃지 않고 탐구 역량을 발휘했다.

탁월한 지능은 천재의 가장 큰 특징이다. 시디스의 사례에서도
보듯 진정한 천재는 어느 한 분야에 매이지 않는다. 오타고 대학교
Otago University의 심리학자 조프리 화이트Geoffrey White에 따르면 "천재
는 관심의 폭과 (……) 능력의 다양함에서 전형적인 대학 졸업생을
압도한다." 사회는 시디스를 특정 분야의 인물로 분류하려고 했다.
처음에는 수학자였고 그다음엔 법학도였고 그다음엔 언어학자였으

며 그다음엔 역사학자였다. 명함이 붙을 때마다 시디스는 경계를 허물고 또 다른 분야를 탐구했다. 결국 사회는 그에게 괴짜라는 꼬리표를 붙였다. 사실 시디스는 사회적으로 억압 받고 차별 받았던 폴리매스였다. (높은 지능지수가 언제나 천재성을 증명하는 것은 아니지만) 시디스의 경우는 확실히 지능지수가 폴리매스 성향과 상관있음을 보여준다.

미국의 심리학자 키스 시몬튼Keith Simonton은 높은 지능지수와 다능하고 박식한 폴리매스 사이에는 밀접한 연관성이 있다고 주장했다. "아이큐는 사회적 명성뿐 아니라 다재다능함 같은 역량과도 관련 있다. 아이큐가 높을수록 더 많은 분야에서 성공할 수 있다." 시몬튼에 따르면 그 이유는 "이 일 저 일 벌이지만 결국 시간 낭비에 그치는 호사가와 달리 지적인 역량이 높을수록 실제로 여러 일을 직업으로 삼을 수 있기" 때문이다. 지능이 높은 사람은 지능이 평범한 사람에 비해 자신의 지적 자원을 넉넉히 여러 분야에 분배한다. 그렇기 때문에 제한된 지적 자원을 여러 분야에 투입하느라 별다른 성과를 올리지 못하는 평범한 사람들과 달리 큰 성과를 올린다. 한때 세계에서 가장 높은 지능지수를 기록했던 메릴린 보스 사반트도 이 의견에 동의한다. "우수한 지능과 다재다능함 사이에는 밀접한 관련이 있다고 생각한다."

킹스 칼리지 런던King's College London의 행동유전학 교수인 로버트 플로민Robert Plomin은 이렇게 설명한다. "머리가 더 좋은 사람은 맡은 역할에 구애받지 않고 더 전략적으로 사고하는 경향이 있다. 그러니까 아주 똑똑한 사람은 여러 가지 역할을 잘 해내리라는 뜻이다." 역사상 천재로 꼽히는 100명의 특징들을 평가한 《부잔의 천재론Buzan's Book of Genius》에 따르면, 폴리매스와 천재 사이에는 깜짝 놀랄 정도로 상관관계가 선명하다. 상위 20대 천재들은 예외 없이 폴리매스 성향 점수가 90퍼센트 이상으로 나타났다. 폴리매스 성향이 90퍼센트인 사람들은 대부분 지능지수 점수도 90퍼센트를 상회했다. 점수를 산정한 방법을 밝히지는 않았지만 저자는 천재와 폴리매스 사이에 밀접한 상관관계가 있다고 결론지었다.

호기심과 마찬가지로 지능 역시 폭넓게 사용하는지 아니면 한 분야에만 깊이 사용하는지에 따라 폴리매스 성향을 촉진하기도 하고 저해하기도 한다. 그러니까 새로운 분야를 탐구하고 연결하는 데 지능을 사용하기보다 하나를 잘게 해체하고 추론하는 데 주로 지능을 쓰면 특정 분야에 갇히게 된다. 현대사회는 대체로 영역을 세분화하는 방향으로 나아가도록 격려한다. 지능은 진실을 찾는 데 효율적이지만 거짓을 방어하는 데도 효율적인 도구다. 지능은 정신을 폭넓게 확장하는 데 효과적이지만 마음을 굳건히 닫아걸고 새로운 사상을 거부하는 데도 강력한 도구다. 시디스 같은 신동들이 외부 요인에 의해 방해받지 않는 한 다수의 분야에서 탁월한 능력을 보여준 사실만 봐도 알 수 있듯이, 지능은 여러 경계를 넘나드는 것이 자연스러운 속성이다. 그렇지만 현행 교육제도와 전문화 시스템은 이 같은 성향을 자연스럽게 펼치도록 격려하지 않는다.

○ 일반지능 VS 다중지능

인간의 지능은 다채롭고 다차원적이며 다양한 형태를 띤다.

- 켄 로빈슨

안나 마리아 반 슈르만Anna Maria van Schurman은 지능이 특출했다. 당시 남자들이 지배하는 세상에서 독보적인 여성 지식인으로서《기독교 여성은 교육을 받아야 하는가?*Whether a Christian Woman Should Be Educated and Other Writings from Her Intellectual Circle*》라는 기념비적인 작품을 발표해 특히 18세기 네덜란드에서 페미니스트 지식인으로 선두에 섰다.

슈르만은 위트레흐트 대학교University of Utrecht를 졸업하고 법학 학위를 취득했다(유일한 여학생으로 장막으로 가려놓은 자리에서 강의를 들었다).《인생의 마지막에 대하여*De Vitae Humanae Termino*》는 생을 마감할 때 경험하는 신과 의사의 역할에 관해 각각 설명한 책으로 그녀는 신학자로서 여러 서적을 집필했다. 또한 프랑스의 라바디 사제가 주도한 프로테스탄트 운동의 일원이자 이 운동을 앞장서 옹호한 작가로도 유명하다.

슈르만은 예술가로서도 다재다능했다. 판화가, 유리장인, 조각가(밀랍, 나무, 상아), 초상화 화가, 서예가로서 남긴 작품 다수가 현전한다. 언어에도 재능이 있어서 라틴어, 그리스어, 히브리어, 아랍어, 시리아어, 아람어, 에티오피아어 등 14개 국어를 능숙하게 구사한 것으로 알려졌다. 다수의 언어로 시를 썼으며 작품 모음집《히브리어, 그리스어, 라틴어, 프랑스어로 쓴 소품, 시와 산문Opuscula hebraea, graeca, latina, gallica, prosaica et metrica》은 당시 학자들 사이에서 널리 읽혔다.

슈르만이 지닌 재능은 한두 가지가 아니었다. 그러면 이 다양한 재능은 어디서 비롯되었는가? 엄청나게 높은 일반지능인가 아니면 그가 탁월함을 보인 분야와 관련된 각각의 특수지능인가? 하나의 일반지능이 모든 영역(혹은 인지과제)에 공통적으로 영향을 주는지 아니면 다양한 유형의 지능이 따로 존재하는지, 심리학자들 사이에서 오래전부터 논쟁이 이어지고 있다.

20세기 초에 일반지능 이론이 처음 등장했다. 영국인 심리학자 찰스 스피어먼Charles Spearman은 연관성이 적은 여러 과목에서 학생들이 받은 성적에 유의미한 연관성이 있음을 포착했다. 그러니까 여러 교과 성적에 공통적으로 영향을 주는 지능이 있으며 이 일반지능이 각종 지능검사 결과에 관여한다고 설명했다. 스피어먼에 따르면 인간의 지능에는 다양한 인지 활동에 적용할 수 있는 단일 요인이 있고(그는 이를 가리켜 'g요인'이라고 약칭했다), 특정한 인지 활동에 적용하는 특수 요인이 있다.

스피어먼의 이론은 이후 인지능력을 세 개 층위로 구분하는 모델로 발전했다. 하층에는 수많은 특수 요인이 자리하고, 중간층에는 이보다 다양한 영역에 연관되는 일반지능 요인이 자리하고, 최상층에는 모든 인지 작업에 관여하는 지능인 g요인이 자리한다. 만약 이 이론이 옳다면 폴리매스는 일반지능이 매우 높다는 뜻이다. 다시 말해, 상이한 인지능력이 요구되는 과제를 비롯해 여러(이론상으로는 모든) 영역의 과제를 처리할 때도 우수한 능력을 발휘할 수 있다는 의미다. 게다가 다양한 과제를 처리하는 행위는 결과적으로 일반지능을 더욱 향상시킨다. 토론토 대학교의 최근 연구에 따르면 6세 아동들은 드럼 레슨을 받고 나서 지능검사 점수가 큰 폭으로 올랐다.

1980년대에 하워드 가드너Howard Gardner는 기존의 지능 이론에 반대하고 다중지능MI 이론을 창시했다. 가드너는 여러 지능을 지배하는 단일한 일반지능이 존재하는 게 아니라 정도가 다를 뿐 모든 개인은 다양한 유형의 지능을 소유한다고 주장했다. 지능이란 아이큐 형식 외에도 다양한 형태로 나타날 수 있고 인간은 이 다양한 능력을 발견하고 개발해야 한다고 격려했다.

가드너가 말한 다중지능에는 음악지능, 공간지능, 언어지능, 논리수학지능, 신체운동지능이 포함된다. 가령 공간지능, 음악지능, 논리수학지능, 신체운동지능이 모두 높은 사람은 음악, 미술, 수학, 스포츠에서 특출한 역량을(동시에 혹은 순차적으로) 보일 가능성이 높다. 가드너는 이렇게 주장한다. "폴리매스는 다중지능 이론과 완벽히 일치한다. 여러 분야에 재능이 뛰어난 이들이 있고 그러지 못한 이들이 있다."

다중지능에 관해서는 이견도 있지만 여기서 요지는 인간의 지능은 다양한 형태로 나타나고 다양한 학문에 관여한다는 것이다. 켄 로빈슨이 말했듯이 "인간의 지능은 우리 사회의 문화적 개념에 의해 우리가 흔히 수용하는 몇몇 개념보다 훨씬 더 풍부하고 다양하고 미묘하고 흥미롭다."

○ 비판적 사고와 판단력

이란의 시아파 최고성직자인 무함마드 알 후세이니 알 시라지 Muhammad al-Hussaini Al Shirazi는 20세기에 매우 왕성하게 활동한 작가다. 법률, 경제, 신학, 사회학, 역사, 철학, 정치 분야를 비롯해 저술한 책만도 1,200권이 넘는다. 만일 정보화시대에 누군가 비슷한 업적을 세웠다면 작업 방식이 어느 정도 머릿속에 그려지겠지만 알 시라지는 인터넷이 탄생하기 전에 살았던 사람이다. 그는 어떻게 인터넷 검색 서비스도 없는 상황에서 이토록 다양한 분야에 관해 심도 깊게 논평할 수 있었을까?

모든 주제에 관해 상세하게 정보를 얻을 수 없는 대신 알 시라지는 비판적 사고 능력이 탁월했다. 비판적 사고란 주어진 전제에 의문을 제기하고 지능과 이성을 바탕으로 체계적으로 올바른 사실을 알아내는 과정이다. 기존의 사실을 그대로 수용하지 않고 논리와 증거에 따라 검증하는 것이다. 호기심이나 창의성과 마찬가지로 비판적 사고 능력은 모든 학문에 걸쳐 보편적으로 적용된다. 이마누엘 칸트Immanuel Kant는 진리를 인식하는 도구로 인간의 사고능력을 강조했고 이는 학문간 구분을 넘어 "자유롭게 모든 것을 평가"할 수 있는 도구로 쓰여야 한다고 주장했다.

아리스토텔레스도 칸트보다 2,000년 앞서 폴리매스의 중요한 특징 중 하나인 비판적 사고 능력을 언급한 바 있다. 아리스토텔레스는 어떤 학문을 숙련하는 방법에는 두 종류가 있음을 강조하며 그 차이점을 설명했다. "해당 주제를 과학적으로 탐구해 지식을 얻는 방법"이 있고, "교육을 통해 지식을 얻는 방법"이 있다. 과학적 지식이 누구나 인정하는 명백한 참이라면(이 과정에는 부단한 호기심으로 지식을 획득하는 노력이 필요하다), 후자의 경우에는 교사가 제공한 "설명이 적절한지 부적절한지 즉석에서 공정하게 판단할 수 있는" 능력이 필요하다. 바꿔 말하면 모든 분야에 적용할 수 있는 '판단력'이 필요하다.

판단력은 비판적 사고 능력의 핵심이다. 하지만 아리스토텔레스가 본래 의도한 대로 비판적 사고를 사용하지 않는다면, 이 역시 환원주의적 사고로 전락해 전문화가 영속화되는 결과를 초래할 수 있다. 그래서 아리스토텔레스는 '보편 교육을 받은 사람'을 배양하기 위해 '모든(혹은 거의 모든) 학문 분야에서 필수적인' 유형의 지식을 모두가 익혀야 한다고 결론지었다. 이 말은 곧 특정 분야의 전문 지식보다는 비판적 사고 능력을 활용해 여러 분야의 지식을 폭넓게 이해하는 제너럴리스트를 강조한 말이다. 아리스토텔레스 본인 역시 이런 생각을 몸소 구현했다.

구체적인 방법론이야 어찌되었든 비판적 사고 능력, 그러니까 '보편 교육을 받은 사람'이 획득하는 이 능력 자체는 거의 모든 분야에 적용 가능하다. 비판적 사고를 활용해 다양한 주제로 글을 쓰는 작가 지아우딘 사르다르Ziauddin Sardar는 지적인 사람이라면 누구나 이 판단력을 이용해 이른바 전문가의 영역도 탐구할 수 있다고 말했다.

외부인을 당혹시킬 요량으로 수수께끼처럼 고안한 전문용어만 벗겨내고 나면, 누구든지 해당 분야에 통달할 수 있는 방법론이나 인지 과정을 찾아낸다. 이런 점에서 폴리매스는 진정한 지식인이다. 폴리매스는 날카로운 판단력과 학문의 경계를 거리낌 없이 넘나드는 자세, 이 두 가지 기본 도구를 이용해 모든 학문, 모든 주제, 모든 지식을 파헤칠 수 있다.

폴리매스는 이른바 전문가들이 하는 말을 무비판적으로 수용하지 않는다. 해당 분야의 전문 지식은 없을지 몰라도 제한되나마 자신의 경험과 지식을 토대로 일반지능과 비판적 사고 능력을 최대한 활용해 해당 분야의 원리를 이해할 수 있다. 나아가 이들은 다수의 관점(혹은 분야)을 조사하는 것이 실증적으로 객관성을 확보하는 가장 논리적이고 지적인 경로임을 알고 있다.

○ 사회지능과 정서지능

재능을 숨기지 마라. 재능은 사용하라고 있는 것이다. 해시계를 그늘에 놓아두면 무슨 소용이 있겠는가.　　　　　　- 벤저민 프랭클린

조만간 인공지능이 튜링 테스트Turing Test를 자유자재로 통과할 시대가 오면 기계가 인간의 판단력을 앞지르게 된다. 그렇지만 인간의 지능에는 인공지능이 (적어도 아직까지는) 모방하지 못하는 측면이 있다.

사회지능이란 복잡한 사회적 관계와 사회적 환경을 효과적으로 탐색하며 사람들과 교섭하는 능력을 말한다. 정서지능이란 사람의 감정을 알아차리고 조절하고 표현하는 능력이자 사람의 감정에 공감하며 사려 깊게 대인 관계를 처리하는 능력이다. 이 두 지능은 컴퓨터 프로그램으로는 짤 수 없는 인간의 고유한 장점으로 인류가 경쟁우위를 갖출 수 있는 원천이 아닐까 한다. 옥스퍼드 대학교의 프레이 교수와 오스본 교수는 그들의 논문 〈직업의 미래The Future of Employment〉에서 "운동 능력은 자동화할 수 있지만 사회지능과 정서지능은 쉽게 자동화할 수 없다"고 밝혔다. 폴리매스의 관점에서 특히 중요한 사실은 이 두 가지 지능은 다수의 분야에 적용될 수 있다는(혹은 적용되어야 한다는) 것이다.

4. 다재다능성

다재다능한 사람이 되려면 자신의 관심 분야를 제한하지 말아야 한다.
　　　　　　　　　　　　　　　　　　　　　　　　- 레이먼드 탤리스(Raymond Tallis)

미국의 '밀리언 달러 베이비' 줄리 크로켓Juli Crockett은 무패의 프로 복싱선수였으며 극작가이자 연극 감독, 목사, 음반을 발매한 밴드의 리드싱어 겸 작곡가이자 철학 박사이며 다국적 기업을 운영하는 경영자다. 스코틀랜드 출신의 파키스탄 사람 아짐 이브라힘Azeem

Ibrahim은 영국군에 복무했고, 스코틀랜드 부자 순위에 이름을 올린 금융 기업가이자 하버드 대학 정치학 교수이며, 파키스탄 정부의 교육 고문, 신학 싱크탱크 설립자 그리고 수많은 자선단체의 후원자다. 크로켓과 이브라힘이 성격이 판이한 분야에서도 이처럼 빠르게 두각을 나타낸 까닭은 다른 어떤 재능보다 다재다능성이 출중했기 때문이다.

앞서 살핀 대로 호기심과 지능은 폴리매스를 결정짓는 중요한 특성이지만 넓게(다방면에 걸친 탐구) 사용하지 않고 좁고 깊게(전문화) 사용할 수도 있다. 후자의 경우에는 오히려 폴리매스 성향을 저해한다. 고도로 전문화된 현대사회는 후자의 방향을 장려하지만 폴리매스가 되려는 사람은 호기심과 지능에 다재다능성을 더해야 한다.

다재다능성은 폴리매스 정신을 대표하는 특징 혹은 '핵심 역량'으로 폴리매스와 다른 유형의 천재를 구분하는 요소이기도 하다. 다재다능성이 항상 폴리매스를 의미하는 것은 아니지만 창의성, 일반지능, 비판적 사고 능력 같은 특성과는 달리 폴리매스를 규정하는 선결요건이자 필수 요소다. 다재다능성versatility은 라틴어 versātilis에서 유래한 말로 '쉽게 방향을 전환한다'는 뜻인데 영어에서는 '여러 가지 일을 할 수 있는 역량'이나 '다양한 용도나 다양한 기능을 지닌다'는 뜻으로 통한다. 간단히 말해 무관해 보이는 여러 영역을 매끄럽게 넘나드는 능력을 뜻한다.

다재다능성이라 하면 주로 요즘에는 음악, 영화, 스포츠 분야에서 자주 언급되지만 원래는 삶의 모든 영역에서 드러나는 자질이다. 다재다능성은 우리 안에 내재한 특성으로 인류의 공통 조상에게서도 그 성향을 찾을 수 있다. 1950년대에 영장류 동물학자들은 꼬리감는원숭이 '이모Imo'가 곡물을 구분하는 능력뿐 아니라 고구마를 물에 씻어 먹을 방법을 알아냈다는 사실을 관찰했다. 이는 원숭이에게 다수의 인지능력이 있고 이런 능력들을 능숙하게 전환할 수 있음을 보여준다.

○ 교대하고 전환하기

사람은 다종다양하고 변화무쌍한 본성을 지닌 생물이다.

— 메소포타미아 격언(《인간 존엄성에 관한 연설》에서)

오절노인五絶老人으로 알려진 쳉만칭鄭曼靑은 20세기에 중국 문화를 서양에 소개하는 데 큰 역할을 한 사람이다. 그는 시와 서예, 그림, 의술, 태극권에 뛰어났다. 일찍이 유능한 의원이 되어 독자적으로 의원을 운영하다가 대만에 있을 때 중국의 정치인 장제스蔣介石의 주치의가 되었다. 쳉만칭은 전통적인 중국의학뿐 아니라 서양 약리학에도 정통했다.

'청 교수'로 통했던 쳉만칭은 다양한 형태의 예술에 조예가 깊었으며 특히 고대 기법을 계승한 3절三絶(시, 서, 화)에 뛰어났다. 18세에 처음 시를 발표했고 19세에 유원대학교Yu-Wen University에서 시를 가르쳤다. 처음에는 돈을 벌기 위해 그림을 그렸으나 당대의 뛰어난 스승들 밑에서 수학한 후 상하이 미술전문학교의 학장에 임명되어 거기서 서예와 회화를 가르쳤다(그가 가르친 학생 중에는 장제스 총통의 아내도 있다). 그의 작품은 중국뿐 아니라 파리와 뉴욕에 전시되었으며, 그는 중국미술문화학교College for Chinese Arts and Culture를 설립했다.

무엇보다 쳉만칭은 서양에 태극권을 유행시킨 사람으로 유명하다. 태극권은 몸과 마음과 영혼을 유익하게 하는 중국의 전통 무술이다. 그는 태극권을 공부하고 수련한 전문가이자 교사이자 저술가였으며 양식楊式 태극권을 창시했다. 또한 신비주의자이자 철학자로서《도덕경》과《역경》같은 중국 고전을 소재로《인간과 문화에 관해Essays on Man and Culture》라는 주해서를 쓰기도 했다.

상기한 일들을 동시에 수행한 것으로 보아 쳉만칭은 다재다능성을 완벽히 숙달한 게 분명하다. 다재다능한 인재는 오늘날 수많은 기업에서 찾는 인재 유형으로 다재다능성을 키우려면 특정한 사고방식이 필요하다. 의식적으로든 무의식적으로든 지속적으로 변화하는 환경에 열린 마음으로 대응해야 한다(혹은 그러한 변화를 열망해야 한다). 더 중요한 것은 변화를 상수로 받아들이는 자세다. 이는 불교에서 말하는 무상(덧없음)과 다르지 않다. 다시 말해 일체 만물은 끊임없이 변화하고 생멸하거니와 우리가 사는 세상도 마찬가지다.

여기서 말하는 변화는 당연히 형이상학적 개념이 아니라 물리적 실재에 적용되는 변화를 말한다. 사람의 적혈구는 4개월마다 전부 새것으로 교체되고 피부 세포는 몇 주 간격으로 교체된다. 인간의 몸을 구성하는 원자는 대략 7년 주기로 전부 교체된다. 물리적 관점에서 우리는 끊임없이 새로운 존재가 된다. 변화를 삶의 본질로 인정하고 받아들이는 사람이라면 삶의 다양한 영역과 여러 국면 사이를 비교적 수월하게 넘나들고 전환할 가능성이 높다.

변화는 다양성을 동반한다. 폴리매스 예술가 빌리 차일디시는 다른 많은 이들과 마찬가지로 단조로운 삶에 쉽게 싫증을 냈으며 이렇게 강조했다. "한 가지 일만 하는 전문가로서 살지 않을 때 정신이 훨씬 자유로워진다. (……) 자신에게 제약을 두지 않는다면 훨씬 신속하고 유연하게 변화할 수 있다." 인간은 (의식적으로든 무의식적으로든) 서로 전혀 다르게 느껴지는 '인생들'을 살 때 그 자체로 가치와 희열을 느끼기도 한다. 다채로운 삶을 그저 꿈꾸는 데 그치지 않고 (동시에 혹은 순차적으로) 여러 신분을 획득해 다양한 인생을 살 때 우리는 자아를 마침내 실현했다는 성취감을 느낀다. 이 같은 삶을 사는 데 거창한 학제적 의제가 반드시 필요한 것은 아니다. 두 가지 이상의 분야를 굳이 연결 지으려고 애쓸 필요가 없다는 얘기다. 성격이 다른 각각의 '삶' 혹은 '시간'은 그 자체로도 충분히 가치가 있다. 가야트리 스피박은 말했다. "[폴리매스는] 모든 것을 한 지붕 아래 모아놓을 수 없다는 것을 인정한다. 한 자리에 머물지 않고 춤을 추듯이, 모험을 떠나듯이, 여러 개의 공을 동시에 돌리는 저글링처럼 옮겨 다녀야 한다."

크로켓과 이브라힘은 자신이 하는 일들을 분리해 일간 단위로 혹은 시간 단위로 번갈아 수행한다. 각기 다른 세계를 넘나드는 삶은 경제적으로 보상이 클 뿐 아니라 활기를 되찾게 하는 심리적 효과도 크다. 실제로 여러 일을 돌아가면서 수행하는 방법으로 심신을 회복하는 사람들을 예로 들어보자. 팀 페리스Tim Ferriss는 수없이 많은 활동 중에 언제 휴식을 취하는지 혹은 쉬고 싶은 생각이 있기는 한지 질문을 받자 이렇게 답했다. "저는 다른 일로 집중력을 전환할 때 가장 회복력이 좋습니다. 그래서 아무것도 하지 않고 쉬기보다는 여태껏 하던 일과 무관한 일에 집중합니다." 이것은 서킷트레이닝circuit training 운동 원리와 비슷하다. 운동 시간 내내 쉬는 시간 없이 전신운동을 하는 방법으로 몸의 일부를 단련하는 동안 사용하지 않는 부분은 잠시 휴식을 취하는 방식이다. 격언으로 들었듯이 "변화는 휴식만큼이나 좋은 것이다."

한시적이든 간헐적이든 다른 일로 전환하기 위해 원래 하던 활동에서 '벗어날' 생각만 해도 사람은 새로운 활력을 느끼고 그에 따라 전반적인 생산성과 만족도가 올라가곤 한다. 이런 점에서 본다면 한 가지 일만 하는 단조로움에서 발생하는 생산성 저하 문제는 여러 가지 활동을 번갈아 수행하는 방법으로 극복할 수 있다. 이와 관련해 데이비드 이스트번David Eastburn이 미국철학학회 강연 중에 했던 말을 살펴보자. "특정한 활동에 노동력을 추가 투입할 때 일정 수준이 지나면 만족감은 오히려 감소한다. 이때 다른 활동에 참여하는 방법으로 만족감을 올릴 수 있다." 당시 이스트번은 경제학자로서 한계 효용 개념과 고원 효과the plateau effect를 언급했는데 이들 개념은 경제와 기업뿐 아니라 개인의 삶에도 똑같이 적용된다.

이스트번은 이렇게 제안한다. "여러 활동을 조합해 전체 만족도를 극대화하는 것이 열쇠다." 팀 페리스에 따르면, 이런 이유로 어떤 사람들은 "한 과목을 집중해서 공부하되 수확 체감이 급격히 떨어지는 시점을 넘기지 않는다." 페리스는 이렇게 비유했다. "일본어를 2년 동안 집중해서 체계적으로 공부한 제너럴리스트가 있다고 하자. 반면에 '배움이란 평생이 걸리는 일'이라며 10년 동안 찬찬히 일본어를 공부한 스페셜리스트가 있다고 하자. 이 두 사람 간에 일본어 이해도의 차이는 5퍼센트 정도에 불과하다." 이는 흔히 80대 20 법칙으로 불린다.

아제르바이잔 출신의 폴리매스 햄릿 이사칸리에 따르면 꼭 필요해서 하는 일과 열정으로 하는 일을 번갈아 하면 정신 건강에 좋다. "하는 일을 때때로 바꿔 마음 깊은 곳의 열정을 끌어올리고 삶에 활력을 불어넣는 것이 바람직하다." 그러니까 기존에 하던 일과 무관해 보이는 일을 교대로 하는 전략으로 한 가지 일만 하는 우물 안 개구리로 살 때 경험하는 수확체감을 극복할 수 있다. 사람들은 다른 일을 하는 동안 곧잘 독창적인 생각을 떠올린다. 종전과 다른 분야나 일을 경험하면서 얻은 통찰력 덕분이기도 하고 아니면 지겨운 일에서 벗어나 기분을 전환한 덕분이기도 하다. 피트니스 트레이닝에 다시 비유하자면 달리기나 벤치프레싱을 하면서 저강도 운동을 한 후에는 전혀 다른 고강도 운동으로 한계지점까지 몸에 충격을 주는 요법이 중요하다. 많은 작가들이 이런 방법을 써서 한계를 극복한다.

다재다능한 사람은 멀티태스킹 작업으로 최적의 각성 상태를 유지할 수 있고 그만큼 성취도가 높다. 최근 카스 경영대학원Cass

Business School 연구진은 〈하버드 비즈니스 리뷰〉에 기고한 논문에서 멀티태스킹을 옹호하는 주장을 펼쳤다. 다중시간형 경영자polychronic executive(즉 동시에 여러 가지 작업을 하는 경영자)가 다른 경영자에 비해 훨씬 다양한 정보를 바탕으로 신속히 의사결정을 내리고 더 높은 실적을 올린다는 사실을 발견했기 때문이다. 왜 멀티태스킹을 하는지 묻는 질문에 한 경영자는 이렇게 설명했다. "다양성을 즐기는 거죠. 그러려면 끊임없이 변화해야 하고 그만큼 더 집중해야 합니다."

테드 컨퍼런스TED Conferences 기획자인 크리스 앤더슨Chris Anderson은 여러 활동을 '번갈아' 수행하는 것이 사고를 개혁하는 데 중요한 방법론이라는 데 동의한다. 앤더슨은 자신의 테드 강연에서 가치 있는 아이디어를 탐구하는 가장 효과적인 방법에 관해 조언하면서, 다양한 활동으로 뇌에 활력을 불어넣고 사고를 확장하는 것이 중요하다고 설명했다. 그러면서 테드 강연이 성공한 이유를 이렇게 밝혔다.

여러 주제를 번갈아 탐구해야 한다. (……) 동일한 구역의 뇌신경을 반복적으로 사용하지 않도록 한다. 뇌를 근육이라 생각해 보자. (……) 너무 분석적인 얘기만 하고 너무 영적인 얘기만 하면 그 부분을 담당하는 뇌신경이 피로해진다. (……) 테드 컨퍼런스가 성공을 거둔 이유는 다양한 주제를 혼합했기 때문이다. (……) 음악적인 주제, 시각적인 주제, 영감을 불러일으키는 주제, 분석적인 주제를 혼합해보라. 그러면 우리 뇌는 사고를 확장한다.

이소룡은 32세에 죽었지만 생전에 이미 천재적인 무술 고수이자 배우로서 세계적인 명성을 얻었다. 그게 다가 아니다. 이소룡은 깊이 있는 사상가이자 시인이었다. 그가 말하는 무술철학의 본질 역시 다재다능성과 통한다. "고정된 형태나 모양을 지니지 말고 물처럼 유연해야 한다. 물을 컵에 따르면 물은 컵이 된다. 물을 병에 따르면 물은 병이 된다. 물을 찻주전자에 따르면 물은 찻주전자가 된다. 물은 한 방울씩 떨어지기도 하고 요란하게 쏟아져 내리기도 한다. 물이 되어라, 친구여." 이소룡이 쌍절곤을 탁구 라켓 삼아 중국 탁구 챔피언과 경기를 했던 데에는 이 같은 사상이 배경이 되었다.

폴리매스가 사고를 전환하고 삶의 양식을 전환하는 것은 철학적 관점에서 보면 여러 '형태의 앎과 존재' 사이에서 인식의 변화를 경험하는 것이다. 그리고 과학적 관점에서는 인지 작용과 신경계의 작용을 통해서도 설명할 수 있다.

○ 인지 전환 능력과 신경가소성

제임스 쿡(일명 '쿡 선장')은 18세기에 영국왕립학회의 의뢰를 받아 남태평양으로 첫 항해를 떠났다. 그가 이끄는 탐사대는 대외적으로는 금성식을 관측하는 임무를 띠었지만 내부적으로는 식민지 개척의 일환으로 미지의 남쪽 대륙을 찾는 것이 목적이었다. 폴리네시아인들이 남태평양 지역에 훤한 항해사라는 사실을 알고 쿡은 이 지역의 폴리매스를 고용해 항해, 기후, 언어, 문화, 지도 제작, 천문학 문제를 다루는 데 도움을 받았다.

투파이아Tupaia는 타히티 출신의 언어학자이자 웅변가, 사제, 정치인으로서 문자나 지도 제작에 대해 아는 바가 전혀 없었지만 쿡 선장 탐사대와 함께 태평양 지도를 제작했다. 마르키즈 제도부터 로투마 섬과 피지 제도에 이르기까지 무려 4,000킬로미터가 넘는 지역을 아우르고 폴리네시아의 주요 섬들을 모두 포함하는 지도였다. 투파이아는 쿡 선장의 함대에서 통역사 역할도 했다. 마오리족, 자바인, 타히티인과 소통하면서 필요할 때는 화가로서 솜씨를 발휘해 삽화를 이용해 설명을 보충하기도 했다. 투파이아에 관한 전기를 쓴 작가는 남태평양 지역의 민족과 문화에 대한 중요한 정보의 원천이었던 투파이아를 가리켜 '태평양 지역의 첫 번째 인류학자'라고 묘사했다.

투파이아는 부호 전환code-switching에 특출한 재능이 있어서 상이한 종류의 지식과 기술, 환경을 능숙하게 넘나들었다. 부호 전환 능력은 다수의 언어를 다루는 언어학자들과 주로 관련 있지만 다양한 성격의 인물을 넘나드는 배우와도 관련 있다. 또한 다국적자로서 문화 및 사회적 정체성이 고정되어 있지 않아 자신이 만나는 사람이 어느 문화권에 속한 사람인지 혹은 머무는 지역에 따라 사고방식을 조정해야 하는 사람들과도 관련이 있다. 비유하자면 윈도우 창이나 브라우저 탭 혹은 문서를 여러 개 띄워놓고 필요할 때마다 전환하는 사람과 같다. 21세기를 사는 이들은 여러 현실을 경험할 수 있는 증강현실 기술을 떠올리면 더 이해가 쉬울지 모른다.

여러 명상법에서도 인지 전환을 촉진하는 과정을 실천하고 권장하고 있으며 이를 연구하는 심리학자와 인지과학자도 늘어나는 추세다. 서로 무관해 보이는 여러 작업을 뇌가 어떻게 넘나드는지 보다 깊이 이해하기 위함이다. 인지 전환은 뇌가 가진 집행 기능의 일부다. 우리 뇌는 다수의 무관한 작업을 넘나들며 수행할 때 전전두피질, 기저핵, 전측대상회피질, 후두정피질 같은 특정 영역이 활성화된다. 폴리매스가 이 상황에서 저 상황으로 혹은 이 문제에서 저 문제로 효과적으로 사고를 전환하고, 변화에 적절하게 반응할 때 이들 부위가 전부 관여한다.

인간의 뇌는 생물학적으로 지속적인 변화에 대처할 수 있게끔 설계되었다. 뉴런과 시냅스는 지속적으로 유동적 상태를 유지한다. 뉴런과 시냅스의 연결은 역동적이어서 연결된 크기와 강도, 위치가 수시로 바뀌고, 연결되었다가 단절되기도 한다. 이 같은 현상을 신경가소성이라 하는데 이 과정에서 뉴런과 신경망은 새 정보, 감각 자극, 발달, 손상, 비정상적 기능에 반응해 연결과 작동을 변경한다. 중요한 변화를 경험하는 동안에 뇌에서는 신경망의 급속한 변화나 재구성이 일어난다.

우리 뇌가 새로운 것을 경험할 때, 자주 사용되는 시냅스(뉴런 간에 전기 및 화학 신호를 주고받는 통로)는 강화되는 반면 사용되지 않는 시냅스는 약화된다. 결국 사용되지 않는 시냅스들은 시냅스 가지치기 과정을 거쳐 제거되고 효율적인 신경망만 남는다. 이 과정은 아이가 한창 성장하는 유년기와 신체가 부상을 입고 회복하는 순간 매우 활발하게 진행되지만, 새 정보를 받아들이거나 삶을 살아가면서 새 환경에 적응할 때도 활발하게 일어난다. 인지과학자 데이비드 이글먼에 따르면 인간이 변화하는 것은 어렵지 않다. 인간의 뇌에서는 지금도 반사적으로 그리고 끊임없이 변화가 일어나고 있기 때문이다.

뇌는 쉴 새 없이 형태를 바꾸고 끊임없이 회로를 갈아치운다. 당신의 경험은 유일무이하므로 방대한 신경 연결망의 패턴 역시 유일무이하다. 신경망 패턴은 평생에 걸쳐 계속 변화하기 때문에 당신의 정체는 움직이는 표적과 같다. 당신의 정체성은 절대로 종착역에 이르지 않는다. (……) 우리는 고정된 존재가 아니다. 요람에서 무덤까지 우리는 미완성 작품이다.

옥스퍼드 대학의 인지과학자 앤더스 샌드버그가 말했듯이, 아무리 완고한 사람이라도 전두엽을 지니고 있고 이 전두엽에서 변화가 생기면 생각도 바뀐다. "한마디 말로도 누군가의 인생을 바꿀 수 있다는 것. 이것이야말로 인간으로 살면서 가장 멋지면서도 두려운 일이 아닌가 한다. (……) 이것은 고양이한테는 통하지 않는다!"

물리학 박사인 레너드 플로디노프Leonardo Mlodinow가 그의 책《유연한 사고의 힘Elastic》에서 언급했듯이, 다재다능성과 적응력, 개방성과 회복탄력성을 배양하는 사고방식, 다시 말해 '유연한 사고'를 기를 때 우리는 거의 모든 삶의 영역에서 변화가 증폭되는 21세기에 적응하고 번성할 수 있다.

○ 다면성

날마다 적어도 짧은 노래 한 곡을 듣고, 좋은 시 한 편을 읽고, 강렬한 그림 한 편을 감상하고, 그리고 가능하다면 몇 마디 분별력 있는 말을 해야 한다.

- 요한 볼프강 폰 괴테

마트락츠 나수Matrakçi Nasuh는 16세기에 오스만 제국 해군에 입대했고 탁월한 검술 실력으로 곧 이름을 알렸다. 그는 제국에서 손에 꼽히는 뛰어난 전사가 되었을 뿐 아니라 무기 교관이자 검을 만드는 장인이었으며, 전투 교본(《전사의 재능》)을 저술한 작가이자 마트락(자신의 이름)이라는 놀이를 고안한 발명가였다.

검술은 그가 지닌 다양한 면모 중 하나에 불과하다. 먼저 나수는 유명한 수학자로서 《제마뤼 큇타브》와 《케마뤼 히사브》를 비롯해 여러 기하학 저서를 썼고 셀림Selim 술탄에게 극찬을 받았다. 유럽의 르네상스 학자들이 곱셈 방법을 최초로 발명했다고 알려졌지만, 사실은 (그의 저서 《움뎃울 히사브》에서 나오듯이) 나수가 최초다. 나수는 유명한 화가로서 특히 세밀화에 뛰어났다. 세밀한 도시 풍경과 서사시적인 전투 장면이 특징인 '마트락츠 화풍'의 그림들은 지금도 터키의 유명 화랑과 박물관에서 전시 중이다.

또한 나수는 당대의 출중한 역사가들과 어깨를 나란히 하는 역사가였다. 술레이만이 이끈 전쟁을 다룬 《페티흐나메으 카라부으단》(검은 몰도바의 정복 기록)을 비롯해 1520년부터 1543년까지의 시기를 다룬 《메즈마윗테바리》(역사의 총합), 《술레이만나메》(술레이만의 기록) 같은 대작을 저술했다. 나수는 군인, 검술가, 다중언어자, 화가, 수학자, 역사가로 살면서 자기 안의 다양한 면모(지적 능력, 신체 능력, 창의성)를 유감없이 과시했다.

역사상 존재했던 수많은 폴리매스들과 마찬가지로 나수 역시 술탄에게 신임 받는 궁정인으로서 그 지위를 활용해 자신의 다양한 재능을 발휘했다. 그렇지만 다재다능성은 직장 생활이나 지적 생활에서만 드러나야 하는 게 아니라 삶 전체에서 드러나야 한다. 실제로 한 사람의 전인격을 실현하는 데에는 여러 가지 요인이 작용한다. 여러 지역을 여행하고, 다양한 언어와 문화를 습득하고, 많은 것을 경험하고, 많은 사람을 만나고, 다채롭게 느끼고, 많은 대화를 나누고, 깊이 성찰하고, 이런저런 책과 논문을 읽고, 학위를 받고, 자신이 하는 일에서 성과를 올리는 것, 이 모든 일들이 전인격을 구성하는 재료가 된다. 폴리매스 혹은 박식가란 그저 많이 아는 사람이 아니다. 다재다능함polymathy은 아주 복잡하고 심오한 개념으로서 이를 정확히 측정하기는 거의 불가능하다.

모두 그렇지는 않지만 대부분의 사람은 다면적이다. 각 면이 발현되는 정도와 드러나는 방식은 저마다 다르며 이에 따라 다재다능함의 수준과 성격이 결정된다. 예를 들어, 전통적인 힌두교 철학에 따르면 자아를 실현하는 방법은 네 가지이다. 지식(즈나나 요가)과 노동(카르마 요가), 사랑(박티 요가), 심신 훈련(라자 요가)이 있다. 현대사회에서 개인은 자신의 다양한 면을 여러 방식으로 드러낸다. 여기에는 개인의 개성, 행동, 윤리, 직업, 취미 활동, 사생활, 일상적 경험, 문화적 관점, 습득한 언어 등이 있다. 예컨대 좋은(혹은 유능한) 배우자, 아들, 부모, 형제, 애인이 된다는 것은 각 자리에서 당연시되는 모든 행동이나 역할을 상대에게 보여주는 것을 의미한다. 그렇다면 각자 성격이 다른 이 모든 역할에서 쌓은 기량 역시 그 사람의 다재다능함을 평가할 때 고려되어야 마땅하다.

앞서 살폈듯이 다재다능함이란 여러 종류의 학문과 다양한 삶의 영역에서 쌓은 기량을 전부 포괄한다. 그렇다면 사람은 누구나 나름의 방법으로 자신의 다면적 재능을 개발하고 표출할 수 있음을 알 수 있다. 신체적 재능은 스포츠나 운동, 음식 혹은 섹스를 통해 나타나고, 지적인 재능은 정규 교육이나 독학, 혹은 진지하게 성찰하는 시간을 통해 나타난다. 영적인 재능은 예배나 신비주의, 명상을 통해 나타난다. 창의적 재능은 걸작을 그리는 일을 통해서도 나타나지만 자녀와 재밌는 놀이를 하면서도 나타나고 음악을 듣거나 만드는 일을 통해 나타난다. 정서적 재능은 소중한 사람에게 다양한 방식으로 감정을 표출하는 과정에서 나타난다. 실무적 재능은 건강이나 재정관리, 살림, 수작업으로 하는 일, 대인관계, 생존에 관계된 일을 처리하는 과정에서 나타난다. 이런 일들을 하는 과정에서 사람은 숨은 재능을 발견하기도 하고 새로운 꿈을 품기도 한다.

우리 안에 있는 다양한 면과 재능을 어떻게 분류하든 중요한 사실은 바뀌지 않는다. 우리에게는 다양한 재능이 있으므로 전인격을 실현하는 방식으로 다채롭게 인생을 경험하며 각각의 재능을 개발해야 한다는 사실이다. 다면적 삶이란 각 방면을 단순히 총합하는 것을 넘어 전인격을 갖춘 사람이 된다는 점에서 폴리매스의 삶에 더 가깝다. 특히 경험을 다각화할수록 폴리매스가 될 가능성이 높다.

○ 경험의 다각화

영국의 방송인 패트릭 무어Patrick Moore는 말하자면 '연쇄 아마추어serial amateur'다. 그는 아마추어 천문학자이자 체스 선수, 크리켓 선수, 골프 선수, 군인, 배우, 소설가였다. 그가 하는 일들이 세계적인 전문가로 인정받거나 뛰어난 업적을 남길 정도는 아니었지만 무어는 무척 다양하고 다채로운 삶을 살았다. 스포츠, 군사, 예술, 과학, 문학을 공부하고 경험하면서 세상에 대해 독특하고도 균형 잡힌 시각을 얻었다. 미국의 작가 조지 플림턴George Plimpton도 비슷한 삶을 살았다. 열성적인 탐조인探鳥人(새를 관찰하는 사람)이자 불꽃놀이 애호가, 배우, 언론인, 문학 비평가였으며 여러 스포츠를 즐기는 만능 아마추어 선수였다. 게다가 미식축구, 아이스하키, 농구, 테니스, 복싱뿐 아니라 브리지 카드게임과 줄타기 서커스 묘기 분야에서도 프로 대회에 참여했다!

무어와 플림턴 같은 이들은 만물박사라기보다는 다양성의 달인이었다. 지식이 얕아도 넓게 알면 폴리매스가 되기에 부족하지 않다. 모든 경험은 체험한 시간이 아무리 짧아도 (그 사람에게 새롭게 느껴질수록) 사생활에서나 직장생활에서 몸과 마음과 영혼이 원숙한 인격체로 성장하는 재료가 된다.

돈벌이가 되는 일이 아니라는 이유로, 고작 몇 분밖에 걸리지 않는 일에 돈과 시간을 쓴다는 이유로 스카이다이빙을 단념해야 할까? 직접 책을 쓸 것도 아니고 공부해서 박사 학위를 딸 것도 아니라는 이유로 문화사 책 읽기를 단념해야 할까? 대부분의 사람은 이 질문에 고개를 저을 것이다. 모든 학습 경험이 그들의 삶에 중요하고, 소소하게 혹은 엄청나게 개인이나 사회에 유익하다는 사실을 확인할 때가 많기에 그렇다. 요컨대 삶의 경험을 다각화하면 삶이 매우 다채롭고 풍요로워진다. 다만 이 사실은 실제로 시도해보기 전에는 알 수가 없다.

경험의 다각화를 자연스럽게 촉진하려면 무엇보다 자신을 보는 시선이 열려 있어야 한다. 운동선수이자 극작가, 음악가, 학자인 줄리 크로켓은 이 점을 잘 알았다. "내가 어떤 사람인지 '이름표' 하나에 매이지 않고 내 자아에 한계를 두지 않으려 했다. 무엇이든 잘하려면 먼저 형편없는 성적을 받아들 각오를 해야 한다. 잘할 수 있는 '안전한' 것들만 시도하면서 자기를 제약하면 새로 시도해볼 만한 일은 얼마 되지 않는다. 평범한 성적표를 받더라도 개의치 않고 무엇이든 해본다면 할 수 있는 일이 아주 많다." 기상천외하게 자신을 실험하며 인생을 즐기는 A. J. 제이콥스는 이렇게 요청한다. "어떤 모험이든 절대 사양해선 안 된다. 모험을 사양하면 지루하기 짝이 없는 인생을 살 것이다."

게다가 다양성은 자아를 실현하는 과정에서도 매우 중요한 요소다. 지식과 경험이 다양할수록 날카로운 통찰력을 발휘해 창의적으로 문제를 해결할 가능성이 높다. 만물박사가 되는 것은 곧 통찰력이 뛰어난 사람이 되는 것이다. 지식과 기술, 경험이 다양한 사람일수록 자신의 핵심 분야는 물론이고 여러 분야에 관해 자신만의 고유한 관점을 가진다. 다양한 생각과 기억, 인지능력이 자기 안에서 융합할 때 독창적인 발상과 생각이 떠오른다.

일을 하고 취미활동을 하고 혹은 사건이 발생할 때마다 우리는 경험의 지평을 넓힌다. 일례로 취미 생활은 그저 시간 때우기가 아니라 지적 능력을 키우는 데 중요하게 기여한다. 이 시간들은 모두 당신의 '정체성'을 구성하는 퍼즐 조각이 된다. 심지어는 당신이 인식하지 못하는 동안에도 잠재된 재능을 깨우고 개발하는 데 도움을 준다. 취미생활에 열성인 노벨 과학상 수상자들이나 여러 직업을 거친 사업가, 정치인, 철학가 들이 이 사실을 증명한다. 이들 중 많은 이들이 '가외' 활동과 과거에 경험한 여러 직업이 획기적인 생각을 떠올리는 데 중요한 역할을 했노라고 입을 모았다.

초전문화 시스템이 사회에 깊이 뿌리내렸다고 해서 마음을 사로잡는 일에 열정을 태우는 폴리매스들이 사라진 건 아니다. 현대 세계는 경험을 다각화할 기회를 풍부하게 제공한다. 사람들은 과거보다 훨씬 많은 지역을 간편하게 여행할 수 있고, 책을 저렴하게 구입할 수 있고, 다양한 분야의 사람들과 폭넓은 주제로 토론할 수 있고, 새로운 기술을 배울 수 있다. 경험을 다각화할 때 무엇보다 중요한 사실은 세상이 어떻게 서로 연결되어 있는지 이해할 수 있다는 점이다. 경제가 어떻게 상호작용하는지, 특정 문화와 철학이 지역 정치에 어떻게 작용하는지, 한 대륙의 예술이 어떻게 다른 대륙의 예술과 영향을 주고받으며 발전하는지, 각 사회에서 어떻게 윤리 개념이 형성되는지, 자연이 어떻게 지금과 같은 형태가 되었는지, 스포츠와 사업이 어떻게 부족 본능을 충족하는지, 기술 덕분에 어떻게 우리가 발전하고 동시에 구속당하는지 이해할 수 있게 된다. 또한 각기 다른 형태의 정부가 어떻게 작동하는지, 빈부의 차이가 어떻게 이토록 급격하게 벌어졌는지, 여러 종족과 언어가 어떻게 공통 조상에서 생겨났는지, 북서 유럽의 한 부족이 쓰던 방언이 어떻게 수십억 인구가 사용하는 영어가 되었는지에 관해서도 깊이 있게 이해할 수 있다. 요컨대 경험의 다각화는 세계에 대한 인식을 확장하도록 자아를 깨운다.

경험을 다각화하면 일반적으로 삶이 더 다채롭고 즐거워진다. 다양한 경험은 세상을 이해하는 도구인 동시에 자기를 이해하는 도구가 된다. 다양한 외적 경험이 내적 성찰에 중요한 역할을 맡는다는 뜻이다.

한 우물만 파는 사람이라 해도 경험을 다각화하는 데 시간을 투자하면 자신이 하는 일에서 새로운 발상을 하고 사고를 전환할 가능성이 올라간다. 역사상 위대한 거장들의 공통 특성을 연구한 베스트셀러 《마스터리의 법칙Mastery》을 쓴 로버트 그린Robert Green은 이렇게 강조했다. "과거에 무슨 일을 했든 시간낭비로 여기지 말라. 아무리 하찮은 일이라도 배움의 기회로 쓴다면 나중에 결합해서 활용할 수 있다." 역사상 몇몇 사회에서는 한 가지 일만 하는 전문가에게도 다양한 자질을 요구했다. 일례로 11세기 안달루시아에서는 주요 모스크 사원에서 무에진(기도 시간을 알리는 사람)으로 일하려면 천문학, 언어학, 철학, 음악학 등 다양한 학문에 능통해야 했다. 무에친은 지금의 관점에서 보면 고도로 세분화된 작업을 반복하는 직업에 해당한다.

글로벌 경영 컨설팅 회사인 베인앤컴퍼니Bain and Company의 회장인 오릿 가디시Orit Gadeish는 거의 모든 산업 분야의 의뢰인들과 함께 일한 제너럴리스트로서 이렇게 주장한다. "호기심이 생기면 본업과 별로 관계없는 일에도 기꺼이 '시간을 낭비할' 수 있어야 한다. 하지만 그 일들에 익숙해지고 나면 때로는 자기도 모르는 사이에 거기서 얻은 지식과 경험을 자신의 본업에 통합할 수 있다." 로버트 트위거Robert Twigger는 세계 곳곳을 다니는 탐험가이자 기자이자 《작은 몰입Micromastery》을 쓴 저자로서 크고 작은 돌발 상황에서 해결책을 찾는 일에 익숙한 사람이다. 트위거 역시 가디시 회장과 같은 생각이다. "더 많은 분야의 지식을 갖출수록 즉흥적으로 이용할 자원이 늘어난다." 다양한 경험과 감정과 정보가 무의식에서 '배양'되고 '숙성'되어 일종의 통합 과정을 거치면 어느 날 문득 떠오르는 중요한 아이디어가 된다.

꿈이나 무의식의 체험처럼 모든 사람이 경험하는 초현실적 경험을 보면 상상력과 창의성이 인간의 타고난 능력임을 알 수 있다. 이런 체험에는 우리의 생각과 경험, 관념이 자연스럽게 녹아 있다. 다시 말해, 인간의 생각을 구성하는 다양한 요소들은 무작위로 결합해 새로운 실재를 만든다. 사실은 예술도 이와 같다. 의식과 무의식이

결합한 이 실재가 바로 영성의 원천(혹은 산물)이라고 여기는 이들도
있다.

○ 생각과 행동이 일치하는 사람

행동이 따르지 않는 지식은 정신 이상이고, 지식이 없는 행동은
허영이다.   - 알 가잘리

경험은 지능을 향상시키고 또 지능은 경험을 향상시킨다. 25세
에 최연소로 인도 의회 의원이 된 스리칸스 지츠카르Shrikanth Jichkar
는 의원직을 시작으로 여러 정부 부처 장관을 지냈고 그 사이 여러
위원회 소속으로 재정, 관개, 세금, 운송, 전력, 특허, 기획 등을 다뤘
다. 지츠카르는 행동하는 정치인으로 아마추어 무선통신 협회를 설
립해 홍수가 나면 수재민을 위해 효과적으로 구제 활동을 펼쳤으며
나중에는 인도에서 손꼽히는 힌두 사제가 되었다.

지츠카르는 정치인으로 일하는 와중에도 다양한 학문을 동시에
섭렵했다. 1972년부터 1990년까지 여름과 겨울마다 학위 취득 시험
을 치렀고(총 42차례) 최종적으로 20개의 석·박사 학위를 취득했다.
의학, 법학, 경영학, 행정학, 사회학, 역사, 철학, 영문학, 정치과학,
고고학, 심리학 분야의 석사 학위와 산스크리트 박사 학위를 비롯해
현대사에서 가장 많은 학위를 보유한 사람이 되었다. 당연히 예상
했겠지만 그의 개인 장서는 인도에서 가장 큰 규모로 5만 2,000권이
넘었다.

지츠카르는 실천가로 시작해 여러 학문을 공부하며 그 지식을 끊임없이 자신의 사고 과정에 통합했다. 그에 반해 루트비히 비트켄슈타인은 정반대로 접근했다. 그는 자신의 사유를 삶 속에서 적극적으로 실천했다. 그는 항공기 기술자로 사회생활을 시작했지만 수학에 흥미를 느꼈고 특히 수리철학에 빠져들었다. 그는 케임브리지 대학에 들어가 버트런드 러셀 교수 밑에서 수학했으며 러셀은 이 젊은 청년의 천재성에 깊은 인상을 받았다. 비트겐슈타인은 논리와 심리학뿐 아니라 수리철학과 언어철학 분야에서 뚜렷한 업적을 남겼다. 그가 발행한 책은 분량으로 따지면 동료 학자들의 것보다 한참 모자라지만 그 영향력은 20세기 철학자로서 첫손에 꼽힌다.

비트겐슈타인은 철학이 "이론이 아니라 활동"이라고 주장했으며 학계에서 물러나 '현실 세계'로 돌아가야 한다는 강박감을 자주 느꼈다. 그는 제1차 세계대전 중에 오스트리아군 장교로 복무하며 용감한 활약을 펼쳐 수차례 훈장을 받았고, 제2차 세계대전 중에는 런던 병원에서 잡역부로 근무하며 육체노동과 사회적 노동에 대한 욕구를 충족했다. 교사로 학생들을 가르쳤고 정원사로도 일했으며 사진작가로도 명성을 얻었다(그의 작품은 최근 런던 정경대학과 케임브리지 대학교에서 전시되었다). 또한 건축가로 일하며 자신의 집을 직접 설계하고 지었으며 시각화와 미학의 중요성을 강조했다.

요즘에는 '사상가'와 '실천가'가 일치하지 않는다. 지도자들은 사색에 잠길 여유가 없고 지식인들은 사회를 이끌 실용주의 정신이 결여되어 있다. 하지만 처칠, 스뮈츠, 루스벨트는 역사상 지대한 영향을 미친 지도자들로 동시에 사상가였으며 폴리매스 지식인이었다.

로마제국이 융성하던 시기의 폴리매스들은 학문 발전에 기여했을 뿐 아니라 사회 속에서도 주도적인 역할을 담당했다. 《생각의 역사》를 저술한 피터 왓슨Peter Watson에 따르면, 그들은 실용성을 추구했고 쓸모 있는 생각들을 세상에 적용하는 데 관심이 많았다. 고로 그들은 실용주의 철학자로서 자연과학, 인문학, 예술을 연구했고 군인, 법률가, 총독, 사서, 정치인으로서 공직을 맡아 사회에 기여했다.

철학적 사유는 그들이 사회에서 맡은 직업을 수행하는 데 유용했고 그 역도 마찬가지였다. 마르쿠스 툴리우스 키케로Marcus Tullius Cicero는 언어, 철학, 정치과학을 탐구한 학자일 뿐 아니라 정치인, 법률가, 웅변가로서 동일하게 찬사를 받았다. 대大 플리니우스Pliny the Elder는 베스파시아누스 황제가 통치하던 시기에 중요한 정치인이자 군사령관이었고 《박물지Naturalis Historia》를 쓴 저자였다. 이 책은 로마시대로부터 현전하는 종합 백과사전의 하나로 역사와 문법 연구에 크게 기여했다.

이슬람 세계에서 폴리매스는 사상가이면서 동시에 실천가였다. 이 같은 태도는 분명 코란을 집필한 선지자와 코란의 가르침에서 비롯되었다고 해도 틀리지 않다. 코란을 정밀하게 연구한 지아우딘 사르다르는 그의 책 《코란 읽기Reading the Quran》에서 이렇게 결론지었다. "코란은 사유와 실천을 똑같이 강조하는 경전임을 알게 되었다." 이슬람 제국(들)에서는 전쟁, 통치, 무역과 관련해 해결해야 할 문제가 끊이지 않았기에 폴리매스들은 지식인 역할뿐 아니라 사회적 역할, 그러니까 상인이나 군인, 법률가, 외교관, 의사, 사제로서도 뛰어난 역량을 발휘하곤 했다. 역사적으로 위대했던 폴리매스들은 대부분(다 빈치, 프랭클린, 심괄, 롭슨, 타고르, 슈바이처, 괴테, 모리스, 리잘, 임호텝, 쳉만칭을 비롯해) 지식인일 뿐 아니라 실천가였다.

폴리매스 중에서도 실천가 유형은 다양한 분야의 지식을 활용함은 물론이고 지적인 역량을 실행함에 있어서도 다재다능성을 보여준다는 면에서 사회 구성원으로서 가장 눈에 띄고 가치 있는 인재라 할 것이다. 하지만 이슬람 사회와 달리 사상가와 실천가를 분리하고 둘 중에 어느 하나만 인정하고 다른 하나를 무시해온 사회들이 적지 않다. 이를 생생하게 보여주는 사례가 영국의 산업혁명 시기이다. 이때는 부르주아 계급 지식인과 노동자 계급이 극명하게 분리되어 있었다. 영국의 폴리매스 존 러스킨John Ruskin은 그의 절망감을 이렇게 표현했다.

우리 사회에는 생각하는 사람이 따로 있고, 항상 일하는 사람이 따로 있다. 전자를 신사라고 부르고 후자를 직공이라 부른다. 그렇지만 노동자도 자주 생각해야 하고 사상가도 자주 일해야 한다. 두 사람 모두 참다운 의미에서 신사가 되어야 한다. 실상은 한쪽이 다른 한쪽을 시기하고, 또 한쪽이 다른 한쪽을 경멸하여 모두 비신사적인 사람들이 되었다. 이 사회는 불건전한 사상가와 불행한 노동자로 구성되어 있다. 그러나 사상은 노동 없이는 건강해질 수 없고, 노동은 사상 없이는 행복해질 수 없다. 서로 분리된 채로는 무탈할 수 없다.

이런 점에서 세상은 그 후로도 크게 바뀌지 않았다. 사회는 여전히 사상가와 실천가를 구분하고 싶어 한다. 사람을 어느 한 범주로 묶어 놓는 것이 오히려 자연스럽게 여겨질 정도다. 소방대원이면서 미술사학자인 사람 혹은 신학자이면서 자동차 정비공인 사람을 우리 사회에서 흔하게 볼 수 있는가? 기업이나 정부에 의지하지 않고 자신의 사상을 실천하는 지식인을 흔하게 볼 수 있는가? 지식인에게 조언을 구하거나 대필을 부탁하지 않고 직접 자신의 사상을 막힘 없이 말하는 기업인이나 정치인을 흔하게 볼 수 있는가?

과거의 몇몇 사회에서는 상인, 음악가, 공예가의 사회적 지위가 시인, 철학자, 역사가와 대동소이했던 까닭에 활기차고 창의적이며 다재다능한 인간이 많이 배출되었다. 오늘날에도 사상가와 실천가는 동일하게 대접받아야 마땅하다. 사상과 실천은 개인의 발달과 사회 발전에 동일하게 중요하고, 정도의 차이는 있지만 어느 분야든지 탁월한 역량을 발휘하려면 이 두 가지가 모두 필요하다.

중국의 폴리매스 철학자인 주희朱熹는 참다운 배움을 위해서는 앎과 실천 중 어느 하나도 빠져서는 안 된다고 말했다. "앎과 실천이 제 역할을 하려면 다른 한쪽이 있어야 한다. 이는 눈이 멀쩡해도 다리가 없으면 걷지 못하고, 다리가 멀쩡해도 눈이 없으면 걷지 못하는 이치와 같다." 사는 동안 사색하고 성찰하는 데 주로 시간을 쓴 사람은 어느 순간부터는 몸을 쓰는 일이 하고 싶어진다. 사색가형으로 발전할지 행동가형으로 발전할지는 주변 환경과 사회적 영향에 따라 달라지겠지만 우리는 모두 생각하고 행동하는 능력을 타고난다.

○ 시간 관리

멋지게 산 인생은 길다.   - 레오나르도 다 빈치

인생은 짧지 않다. 100세까지 장수한 인도의 지식인 쿠쉬워트 싱 Khushwant Singh은 마지막 순간까지 변호사, 외교관, 역사가, 정치인, 소설가, 언론인으로서 왕성하게 활동하며 성공적인 경력을 쌓았다. 의사이자 트랜스휴머니즘(첨단과학기술을 이용해 지능을 향상하는 등의 방법으로 인간의 조건을 변형하려는 운동—옮긴이) 지지자인 테리 그로스만 Terry Grossman이 예측한 바에 따르면 생명공학 분야의 첨단 기술 덕분에 수십 년 안에는 인간의 노화 과정을 늦출 수 있을 듯하다.

그렇지만 오늘날에도 좋은 여건에서 건강하게 살아가는 개인의 평균 수명은 대략 75세에 이른다. 이 가운데 실제로 '일하는' 시간(활발하게 직장생활을 하는 나이가 20세에서 65세까지인 점을 고려하면)은 대략 45년이며 이는 40만 시간이 안 된다. 이 시간도 3분의 1은 잠을 자는 데 쓰고 있으니 깨어 있는 시간은 약 27만 시간이다. 오늘날 생물학자들은 인간에게는 하루 6~8시간의 수면이 적정하다고 주장하지만 세계적으로 성공한 명사들 중에는 그보다 훨씬 적게 잠을 자도 충분

하다고 주장하는 사람들도 있다. 이들은 잠을 적게 자고도 효과적으로 일하도록 몸을 단련할 수 있다고 확신한다.

설령 잠을 충분히 자더라도, 말콤 글래드웰Malcom Gladwell이 전파한 '1만 시간의 법칙'이 옳다면 이론상으로는 죽을 때까지 최대 27개 분야에서 뛰어난 역량을 갖출 시간이 있다! 현실에서는 대부분의 사람이 상당한 시간을 그들의 사회생활과 가정생활에 배정한다. 이 문제를 보다 현실적인 시각에서 보자면, 1만 시간은 정규직으로 5년간 근무할 수 있는 시간이다(주 40시간 × 50주 × 5년). 평균적인 사람이라면 은퇴 연령에 도달하기 전까지 5년씩 최대 8군데에서 근무할 수 있다. 이론상으로는 전혀 다른 분야에서, 겹치는 기간 없이 순차적으로 8가지 경력을 성공적으로 쌓을 수 있다는 의미다.

생활코치lifestyle coach인 팀 페리스는(35세가 되기 전에 미국인 최초 탱고 기네스북 기록 보유자이자 미국 무술 챔피언이 되었고, 다중언어를 구사하는 작가가 되었고, 사업가로 성공해 자신의 말을 입증했다) 올바른 접근법을 따르면 누구든지 "1년 안에 어느 분야에서나 세계 정상급 수준에" 도달할 수 있다고 강조한다. 페리스에 따르면 여기서 관건은 기술을 해체하여 개인의 필요에 맞게 재구성하는 데 있다. 조시 카우프만Josh Kaufman은 심지어 어떤 기술이든 훌륭한 수준으로 습득하는 데 20시간이면 충분하다고 주장한다. 학습 곡선에 따르면 처음 20시간 법칙에 따라 이 구간에서 실력이 급격히 향상한다. 여러 분야에서 단기간에 다수의 성과를 올리는 것이 가능하다는 사실은 40세 이전에 생을 마감한 호세 리잘, 루돌프 피셔Rudolph Fisher, 체 게바라, 피코 델라 미란돌라의 삶으로도 미루어 짐작할 수 있다. 요컨대 제대로만 관리하면 시간은 항상 넉넉하다. 고로 시간이 없다거나 부족하다는 변명은 통하지 않는다. 레오나르도 다 빈치가 말했듯이 "시간은 그것을 사용하는 사람을 위해 충분히 오래 머물다 간다."

5. 창의성

창의적인 사람과 보통 사람을 구분 짓는 한 단어가 있다면 그것은 '복합성'이다. 그들의 정체는 하나가 아니라 다수다.

- 미하이 칙센트미하이(Mihaly Csikszentmihalyi)

창의성은 항상 인류 발전의 근간이었다. 그런 점에서 폴리매스가 개인과 사회에 주는 가장 큰 가치는 그가 창의성의 산물이자 다른 이들에게 창의적 영감을 불러일으키는 존재라는 것이다.

이 점을 이해하려면 창의성이 오로지 예술과 관련이 있다는(혹은 예술에서 가장 잘 드러난다는) 흔한 전제부터 극복해야 한다. 실제로 창의성은 인간이 하는 모든 활동에서 필수 요소다. 기사를 작성하는 기자, 거래를 성사시키려는 사업가, 작전 중에 지략이 필요한 군인, 새로운 장치를 발명하는 기술자, 변론을 준비하는 변호사, 교통정체를 피해 경로를 재조정하는 택시기사, 자선단체를 세운 복지가, 배수구를 고치는 배관공은 물론이고 사람들은 항상 새로운 개념, 새로운 조직, 새로운 작품을 창조한다. 그리고 문제를 만나면 새롭고 혁신적인 방식으로 해결책을 내놓는다. 예술 작품을 만드는 일만이 창작 활동이 아니다. 거시적 차원이나 미시적 차원에서 혹은 학문이나 실생활에서 뜻밖의 돌파구나 방법을 찾는 모든 행위가 창작 행위다.

대부분의 사람들 안에는 창의성이나 창의적 잠재력이 있다. 우리가 흔히 예술가로 평가하는 사람들은 사실 우리의 창의적 사고를 부추기는 촉진자이자 조력자다. 작품을 읽고 듣고 관람하는 사람들이 창의력과 상상력을 보태야 그 예술이 비로소 의미를 갖는다. 이렇게 보면 가브리엘 가르시아 마르케스Gabriel Garcia Marquez와 바실리 칸딘스키Wassily Kandinsky 같은 작가와 화가 들이 하는 일이란 어쩌면 우리의 상상력을 자극하고 부추기는 일이 전부라고 해도 틀리지 않다. 예술을 해석하는 독자의 역할이나 인간의 삶이 지닌 다면적 속성을 고려할 때 대부분의 사람은 평생에 걸쳐 여러 분야에서 창의적으로 활동했을 가능성이 높다. 그렇지만 소수의 폴리매스를 제외하고 대개의 경우는 자신이 다방면에 걸쳐 창의성을 발휘하고 있다는 사실 자체를 알아차리지 못한다.

○ 창조의 힘

창의적으로 사고하는 자들은 어느 분야에서든 새로운 아이디어를 개발할 수 있다.

- 에드워드 드 보노

19세기 일본에서 태어난 히라가 겐나이Hiraga Gennai는 무슨 일을 하든지 남들처럼 하지 않고 새로운 방법을 찾기에 골몰했다. 먼저 그는 본초학에 심취해 새로운 약재를 만드는 방법을 탐구했으며 실력이 소문나서 다카마쓰 성의 약리학자가 되었다. 하지만 자신의 창의성을 더 다양한 일에 발휘하고 싶었던 겐나이는 곧 사임하고 낭인 생활에 나섰다. 겐나이는 낭인으로 지내면서 경제학을 파고들었다. 일본의 대외 무역 불균형을 지적하는 글을 썼으며 일본의 자립 능력을 키울 산업을 육성하는 일에 앞장섰다. 서양의 수입품을 대체할 목적으로 양모의 제조 방법을 개발했고, 중국 수입품을 대체할 도자기 제조 방법을 개발했으며 네덜란드에 대한 올리브유 수입 의존도를 줄이고자 올리브나무 농장을 지었다.

겐나이는 자신의 창의성을 사업 분야에도 적용했다. 일본의 강점이 철강에 있음을 파악하고 채광 산업, 바지선 운송 서비스, 목탄 도매 사업을 포함해 다양한 사업을 벌였다. 그는 발명가로서로 재능이 뛰어났다. 대표적으로 '에레키테루'라는 발전기는 절연된 유리 실린더를 은박지 조각에 마찰시켜 전기를 생산하는 기계였다.

겐나이의 창의성은 미술을 통해서도 여실히 드러났다. 네덜란드 사람에게 서양의 유화 기법을 배운 겐나이는 유화 물감과 염료를 직접 개발해 수많은 작품을 그렸다. 특히 〈서양부인도〉라는 작품이 유명하고 미술 교사로도 활동했다. 나중에는 소설가로 변신했다. 일본에서 최초의 과학소설로 평가되는《풍류지도헌전風流志道軒伝》을 비롯해 여러 편의 소설을 썼고,《방귀론放屁論》이라는 풍자 글도 썼다.

창의적 사고가 자리 잡으면 다양한 분야에서(경제, 미술, 학문의 영역이든 혹은 일상의 영역이든) 창의성이 발휘될 수 있음을 겐나이는 우리에게 보여주었다. 겐나이는 과학자도 화가도 작가도 발명가도 아니었다. 그는 그냥 창작자였다. 더글러스 호프스태터Douglas Hofstadter는 우리에게 중요한 사실을 상기시킨다. "대부분의 사람은 레오나르도 다 빈치를 폴리매스보다는 여러 분야에서 활동한 창작자로 볼 것이다." 다 빈치 역시 자신을 창작자로 규정했으며 그의 안에 있는 창조의 힘은 여러 개의 초를 밝힐 수 있는 성냥과 같았다. 인지심리학자 랜드 스피로는 "한 분야에서 창의적인 사람은 폴리매스가 될 잠재력을 지닌다"고 말했다. 폴리매스 예술가 빌리 차일디시 역시 같은 생각이다. "창의성은 경계도 한계도 없으며 모든 것에 적용된다. 그렇지 않다면 그것은 참이 아니다. 요리를 하고 일상적인 활동에 참여하는 것과 동일한 방식으로 그림을 그릴 수 있어야 한다. 그렇지 않다면 십중팔구 참된 길이 아니다."

폴리매스들에게 창의적 힘이 존재한다는 사실은 학계의 연구를 통해서도 거듭 밝혀진 사실이다. 1926년에 심리학자 캐서린 콕스 Catherine Cox가 발표한 연구 결과에 따르면 창의적인 사람일수록 관심 분야가 다양하다. 심리학자 엘리엇 돌 허친슨Eliot Dole Hutchinson은 창의적인 천재에게는 경계가 없다고 강조했다. 허친슨은 창조성이 뛰어난 사람들을 광범위하게 조사한 결과를 밝히며 이렇게 강조했다. "창조성이 뛰어난 사람들에게 직업의 경계가 무의미한 것은 우연이 아니다. (……) 이들은 언제든 또 다른 분야로 넘어갈 수 있는 사람들이므로 과학사, 예술가, 음악가 중 어느 하나로 규정할 수 없다. 이들은 창작자이다." 오늘날 심리학자들 사이에서는 다재다능성과 창의성 간의 상관관계를 인정하는 추세다. 미국의 심리학자 로버트 루트번스타인Robert Root-Bernstein은 이렇게 지적한다. "심리학자들이 오래전부터 관찰한 바에 따르면 혁신적인 사람이 보통 사람에 비해 훨씬 폭넓게 활동하고 보다 다양한 기술을 배양하는 경향이 있다."

지능의 경우에도 그랬지만 심리학자들 사이에서는 창의성이 '모든 영역에 보편적으로 적용되는' 특성인지 아니면 '몇몇 영역에만 적용되는' 특성인지 오래전부터 논쟁이 있었다. 전자의 관점에 따르면 창의적 역량은 모든 영역에 걸쳐 근본적으로 동일하거나 비슷하게 나타난다. 이는 우리 모두에게 창의적 힘이 내재한다는 사실을 뒷받침한다. 반면에 (심리학자 배어Baer와 카우프만이 옹호하는) 후자의 관점에 따르면 특정 영역에서 발휘된 창의적 역량은 해당 영역에만 영향을 줄 뿐 다른 영역과는 무관하다. 그럼에도 두 심리학자는 모든 사람에게 '다중적인 창의성'이 잠재한다고 결론지었다.

○ 잡종이 창의성을 낳는다

다양성은 혁신을 발견하고 발명하는 과정을 촉진한다.

- 프레이저 스토다트(Fraser Stoddart), 노벨 화학상 수상자

창의적 산물은 잡종hybridity이 있는 곳에서 발아하고 자라고 열매

를 맺는다. 이런 점에서 세상의 모든 창의적 산물은 잡종이다. 이론상(철학과 과학 모두) 고유한 개체를 두 개 이상 융합하면 성격이 다른 고유한 개체가 새로 생긴다. 이 개체는 서로 섞이기 전까지는 존재하지 않았으므로 새롭게 창조된 것이 맞고 따라서 융합 자체가 창조 과정임을 증명한다. 일례로 화학 실험에서 새로운 물질을 얻고 싶으면 두 개 이상의 원소가 필요하다. 하나의 화학 물질만으로 실험하는 경우에는 그 물질을 끓이고 얼리고 녹이는 게 고작이다. 두 개 이상의 물질을 결합해야 완전히 새로운 물질을 창조할 수 있다. 이와 같이 잡종이란 서로 무관한 다수의 현상을 통합할 때 탄생하는 창의적 산물이다.

잡종 개념은 생물과 물질은 물론이고 관념에도 적용할 수 있다. 원자, 세포, 유전자, 생각, 언어, 장치, 개념, 물질은 시간이 생긴 이래로 지금까지 잡종을 통해 새로운 것을 만들어냈다. '잡종'이라는 용어는 생물학 분야에서 식물의 '교차 수분' 혹은 동물의 '이종교배'를 지칭할 때 처음 사용되었다. 19세기에는 기존의 언어가 섞여 새로운 언어가 출현하고 기존의 인종이 뒤섞여 새로운 인종이 출현한 것을 묘사하고자 언어학과 인종 이론racial theory에서 이 용어를 사용하기 시작했다. 하지만 융합 혹은 통합을 뜻하는 잡종이라는 개념은 어떤 형태로든 세계 여러 사회에 항상 존재했다.

그렇다면 잡종이라는 개념은 다재다능한 폴리매스와 어떤 관련성이 있는가? 세상에 심오한 영향을 미친 위대한 아이디어는 그 속성상 여러 가지 개념을 통합한 잡종이다. 《세계를 바꾼 아이디어

Ideas That Changed the World》의 저자 펠리페 페르난데스 아르메스토는 다양한 영역의 다양한 관념을 끊임없이 통합함으로써 중요한 아이디어가 태어난다고 결론지었다. "아이디어는 '번식'한다. 서로 접촉하며 증식한다"고 그는 말했다. 다양한 사상이나 생각이 혼합되는 일은 공동체 안에서만 일어나는 게 아니라 개인의 사고 과정에서도 일어난다.

각 분야의 지식이나 '학문'을 이종교배하는 것을 가리켜 오늘날에는 '학제적 연구'라고 한다. 최근 들어 현대 학계와 지식인 사회에서는 입바른 소리로라도 학제적 연구를 장려하는 추세다. 새로운 문제가 닥쳤을 때 특정 분야의 지식이나 사고방식이 낡아서 진부하고 연관성이 부족하거나 배타적으로 보이면, 문제를 해결하기 위해 기존의 것과 새로운 요소를 교배한 학문이 새로 부상하기 마련이다. 공동체 안에서든 개인의 사고과정 안에서든 학제적 연구를 하는 목적은 해당 문제나 질문에 다차원적으로 접근하고, 이 과정에서 여러 학문을 접목시켜 주어진 현상을 더 깊이 이해하는 데 있다.

○ 연결점을 찾는다

하나를 알면 그 앎이 다른 곳에 빛을 비춘다.

- 아이작 배로(Isaac Barrow)

성공이란 한 분야의 아이디어를 빌려와 다른 분야에 적용하고 발전시킬 때 그 결과로 흔히 나타난다. 이는 예술이나 과학에도 해당하지만 기초 학문이나 실용 학문에도 해당한다. 알베르트 아인슈타인과 찰스 다윈은 논란의 여지가 없는 천재들이지만 사람들이 흔히 생각하는 것과 달리 물리학이나 생물학에만 몰두한 전문가는 아니었다. 사실 관계를 살펴보면 (그들이 손수 남긴 기록에도 나오듯이) 다양한 취미와 경험, 자기 일과 동떨어진 학문을 탐구하면서 쌓은 지식이 연결되는 지점에서 획기적인 돌파구를 찾아낼 수 있었다. 루이 파스퇴르Louis Pasteur가 세균을 발견해 새로운 과학의 신기원을 이룩한 데에는 결정학에 대한 배경지식이 있었다. 그 덕분에 미생물을 관찰하는 데 현미경이 필요하다는 생각을 떠올렸다. "폴리매스는 여러 취미와 활동을 상당한 수준까지 습득하고 그 사이에서 중요한 유사성을 찾아내 연결할 줄 안다." 심리학자 로버트 루트번스타인의 말이다.

거듭 말하지만 혁신이란 새로운 관점, 즉 기존과 다른 원리로 바라볼 때 발생하는 경우가 많다. 19세기 영국인 출신의 저명한 과학자 윌리엄 로언 해밀턴William Rowan Hamilton은 물리학, 천문학, 수학을 아우르고 연결해 각 분야에서 학자로서 이름을 날렸다. 해밀턴은 각 학문에서 중요한 특질을 통합함으로써 특히 대수학, 고전 역학, 광학 분야에서 획기적 성과를 올렸다. 루트번스타인에 따르면 "그들[만능인]은 폭넓은 관심을 가지고도 뛰어난 성과를 거둔 게 아니라 바로 그 덕분에 학문 발전에 기여했다." 또 앞으로 우리 미래는 통합적 이해에 도달한 폴리매스가 창출하는 혁신에 달려 있다고 루트번스타인은 확신한다. 역사가 펠리페 페르난데스 아르메스토도 이를 뒷받침한다. "한 영역에서 뛰어난 사상가는 다른 영역에서도 뛰어난 경향을 보이고 서로 보완하면서 깊이를 더한다." 레오나르도 다 빈치 연구로 이름 높은 마틴 켐프는 이렇게 말했다. "폴리매스가 보여주는 특성 중 하나는 우리가 서로 무관하다고 여기는 곳에서 연관성을 본다는 것이다. 다 빈치에게는 모든 것이 연결되어 있다."

아무리 한 분야에 정통한 전문가라도 창의적이고 새로운 해결책을 찾기 위해 (의식적으로든 무의식적으로든) 지속적으로 다른 분야에서 아이디어를 빌려온다. 전문 기술(법률, 목공, 건강 등)을 사업에 접목해 돈을 번다든지, 군대에서 얻은 경험을 정부 정책에 반영하거나 학술 논쟁에 적용한다든지, 과학 지식을 요리에 사용한다든지, 심리학 이론으로 경제학을 설명하는 것 등이 모두 이에 해당한다. 폭넓은 기술과 지식, 경험을 갖추고 있으면 더 큰 그림을 보는 능력이 생기고 창의적 혁신을 가능하게 한다. 21세기에 지대한 영향을 미친 창작자 스티브 잡스는 이런 연관성을 정확히 설명한 적이 있다.

창의성이란 서로 연결하는 능력이다. 창의적인 사람들에게 어떻게 대단한 일을 해냈는지 물어보라. 자신이 딱히 한 일은 없고 그저 뭔가를 보았을 뿐이라고 느끼기에 어쩌면 세상이 보내는 칭송에 그들은 약간 죄책감을 느낄지도 모른다. 그리고 얼마 후에는 해결책이 더 선명하게 보였을 뿐이다. 그들에게는 그동안의 경험을 연결하고 종합해 새로운 것을 창조할 능력이 있었다. 다른 사람들보다 더 많이 경험했고 그 경험들에 관해 더 많이 생각했기에 가능한 일이었다. 불행히도 이런 자질은 매우 희소하다. 우리 업계에서 일하는 사람들은 대부분 다양한 경험을 해보지 않았다. 그들에게는 연결할 만한 점들이 부족하기 때문에 해당 문제를 폭넓은 관점에서 보지 못하고 일차원적인 해결책만 내놓을 뿐이다. 인간의 경험에 대한 이해의 폭이 넓을수록 더 훌륭한 디자인이 나온다.

(스티브 잡스, <와이어드(Wired)> 지 1995년 2월)

다양한 경험과 지식을 통합하는 과정이 무의식 속에서 진행되다가 어느 순간 창의적인 아이디어가 나오는 것으로 보인다. 이 과정에 관해서는 혁신적인 광고의 대가 제임스 웹 영James Webb Young이 이미 50년 전에 그의 유명한 책《아이디어 생산법A Technique for Producing New Ideas》에서 지적한 바 있다. "아이디어란 기존 재료들을 새로 조합한 것에 불과하다"고 영은 말한다. "통찰이란 서로 멀리 떨어진 시간에 뇌에서 일어난 모든 과정과 의식이 축적되어 정점에 이른 순간에 빛난다. (……) 어떤 이들에게는 각각의 사실이 동떨어진 단편적 지식에 불과하지만 어떤 이들에게는 그 지식이 각기 다른 지식을 연결하는 고리가 된다."

학제적 연구를 중시하는 폴리매스 지식인 바츨라프 스밀Vaclav Smil도 동일한 의견을 표명했다. 그는 "복잡한 현실 세계를 이해하려면 (역사적 평가들을 포함해) 다양한 관점이 필요하고 많은 연결점들을 찾아낼 필요가 있다"고 주장한다. 오늘날 첨단 기술을 선도하거니와 획기적인 돌파구를 찾기 위해 애쓰는 과학자들에게는 더더욱 맞는 말이다. 폴리매스 과학자 레이 커즈와일은 우리 시대가 안고 있는 중대한 기술적 문제들을 해결할 방책은 여러 분야의 지식을 연결하는 능력에 달려 있다고 본다. "다양한 분야가 교차하는 지점에서 문제를 해결할 방법을 찾는 경우가 갈수록 늘어나는 추세다. 일례로 내가 진행하는 음성 인식 연구에는 음성 과학과 언어학, 수학적 모델링, 음향 심리학, 컴퓨터 과학이 포함된다."

심리학자들 역시 이를 뒷받침하는 연구 결과를 일관되게 발표했다. 루이스 터먼Lewis Terman이 조사한 바에 따르면 한 분야에서 탁월한 성과를 이룬 이가 다른 분야에서 평균 이상의 능력을 드러내지 않은 경우는 거의 없다. 로베르타 밀그램Roberta Milgram은 연구를 통해, 성공한 사람들의 공통점을 살펴보았는데 분야를 막론하고 지능지수나 학점, 공인된 시험 점수보다는 지적 자극을 주는 취미나 여가 활동에서 관련성이 더 크다는 사실을 발견했다.

역사가들 역시 동일한 사실을 발견했다. 일례로 과학사가 폴 크랜필드Paul Cranfield는 19세기 중엽에 생물물리학bio-physics을 창시한 학자들을 분석한 결과, 그들이 즐기는 취미나 여가 활동의 개수와 다양성, 그리고 그들이 이룩한 학문적 성과 및 과학자로서의 위상 사이에는 밀접한 상관관계가 있음을 발견했다. 또 다른 역사가 마이너 마이어스Minor Myers는 르네상스 시기부터 현대에 이르기까지 위대한 인물들의 일생을 연구한 결과, 그들이 이룩한 업적의 중요성과 다양성은 그들이 습득한 능력의 범위에 따라 달라진다는 사실을 발견했다. 그리고 개인이 보유한 지식과 기술이 다양할수록 이를 통합해 새롭고 유용한 아이디어를 생각해낼 경우의 수가 늘어난다고 결론지었다.

토머스 영, 라빈드라나트 타고르, 사티아지트 레이의 전기를 집필한 앤드류 로빈슨은 폴리매스들의 인생을 분석해 창의성과 다재다능함 사이에 깊은 연관성이 있음을 보여주었다. 로빈슨은 "상당수의 탁월한 창작자들이 두 개 이상의 영역에서 활동"했다고 지적하며, 토머스 영과 20세기의 영국인 마이클 벤트리스Michael Ventris가 고대 문자 해독에서 이룬 쾌거를 사례로 제시했다. "두 사람(벤트리스와 영)이 고대 문자 해독에서 돌파구를 찾을 수 있었던 것은 자신의 전공 분야와 무관한 분야, 즉 동종업계 종사자들은 갖추지 못한 지식에도 그들이 능통했기 때문이다." 로빈슨에 따르면 두 사람이 고대 상형문자를 해독하는 과정에서 떠올린 "뛰어난 아이디어들은 다재다능성에서 탄생했다." 교육학자이자 창의성 전도사인 켄 로빈슨 역시 이러한 견해를 지지한다. "창의성은 감정과 사고의 상호작용에 의존하고, 학문의 경계를 넘어 여러 분야의 아이디어들을 연결할 때 생긴다."

○ 과학과 예술의 결합

위대한 과학자는 위대한 예술가이기도 하다.   - 알베르트 아인슈타인

지금까지는 크게 주목받지 못했지만 학제적 연구의 중요성을 가

장 잘 보여주는 부분이 예술과 과학의 연관성이다. 실제로도 뛰어난 예술가는 과학을 접목하고, 뛰어난 과학자는 예술을 접목하는 경우가 많다. 예술과 과학이 만났을 때 창의성이 발현된 사례는 역사적으로도 증거가 끊이지 않는다. 다 빈치는 〈최후의 만찬〉 그림에서 수학을 적용해 완벽한 기하학의 미를 성취했고, 아인슈타인은 일반상대성이론을 발전시키는 동안 음악을 하면서(그는 바이올린을 연주했다) 상상력을 자극했다. 두 사람이 기록한 메모를 보면 본업과 무관한 외부 활동이 그들이 하는 일에 크게 영향을 끼쳤다고 언급한다. 두 영역 사이에 차이점을 찾는다면, 이론상 예술가들은 '있을 법한' 세계를 자유롭게 다루는 반면 과학자들은 '실제' 세계를 다루어야 한다는 점이다. 실제로는 우리가 이미 알고 있듯이 상상력이 새로운 현실을 실현하는 데 영향을 주고, 현실이 상상력을 펼치는 데 영향을 준다.

아인슈타인과 다 빈치 같은 천재들이 예술과 과학에서 영감을 받는 이유는 과학과 예술이 둘 사이의 간극을 채우고, 다른 세계로 도약하는 발판 역할을 수행하기 때문이다. 실제로 아인슈타인 같은 선구적이고 창의적인 과학자는 이렇게 발언했다. "지식보다 상상력이 더 중요하다. 지식은 우리가 지금 알고 이해하는 것에 한정되는 반면, 상상력은 우리가 알고 이해해야 할 세계와 그 이외의 것들을 모두 아우른다."

미국인 심리학자 버니스 이더슨Bernice Eiduson이 수많은 노벨상 수상자들의 증언을 토대로 수행한 '시그마 사이 설문조사Sigma Xi Survey'

에서 뛰어난 과학자들은 대체로 다수의 취미를 즐겼다고 밝혔다. 또한 1901년부터 2002년까지 노벨 문학상을 수상한 예술가와 작가 들을 심도 깊게 분석한 결과 이들 역시 다수의 취미를 즐겼음을 발견했다. 노벨상을 수상한 과학자들은 실험실 밖에서도 뛰어난 실력을 과시했다. 절반 이상이 하나 이상의 예술 관련 부업을 가졌고, 거의 모든 이들이 체스가 되었든 곤충 수집이 되었든 적어도 하나의 취미를 평생 즐겼다. 그들 중 4분의 1이 음악가였고, 18퍼센트가 드로잉이나 유화 같은 시각 예술을 즐겼다. 노벨상 수상자들은 일반적인 과학자들에 비해 노래, 춤, 연기를 취미로 즐길 가능성이 25배나 높았다. 화가로 겸업할 가능성은 17배 높았고, 시나 문학 작품을 쓸 가능성은 12배 높았고, 목공 등의 공예를 즐길 가능성은 8배 높았다. 음악가를 겸업할 가능성은 4배 높았고 사진 작가를 겸업할 가능성은 2배 높았다.

관련 사례들은 수없이 많다. 해부학자 로널드 로스Ronald Ross는 주목받는 소설가이자 극작가, 시인, 화가였다. 물리학자 머리 겔만Murray Gell-Mann은 과학뿐 아니라 언어의 역사, 창의적 사고에 대한 심리학 연구, 조류학, 고고학에서도 권위자로 인정받는다. 이는 예술 취미가 일반지능에 긍정적 영향을 미칠 수 있음을 의미한다. 아인슈타인처럼 특별한 전문가들은 그들이 즐기는 취미가 실제로 그들의 본업에서 연구 성과를 향상하는 데 중요하게 기여했노라고 밝혔다. 아인슈타인은 "나는 종종 음악으로 생각한다"고 말했다.

많은 폴리매스 과학자들이 다양한 과학 분과를 깊이 이해하는 데 예술을 활용했다. 12세기에 왕성하게 활동한 발명가이자 공학자인 이스마일 알 자자리Ismail Al-Jazari는 자신이 설계한 아름다운 자동 인형을 제작할 때 미술을 이용했다. 알 자자리가 대상을 관찰하고 어떻게 표현할지 구상하면서 사전에 그린 스케치 작품이 레오나르도 다 빈치에게 영감을 주었으리라고 주장하는 학자들도 있다. 18세기의 영국인 과학자 이래즈머스 다윈Erasmus Darwin은 의사이자 식물학자, 생물학자, 우주론자, 공학자였으며 자연에 대해 성찰한 바를 시로 표현한 것으로 유명하다. 벵골 출신의 과학자 자가디시 찬드라 보스jagadish Chandara Bose는 생물학자이자 물리학자, 식물학자였다. 그는 과학적 사실을 설명할 때 이야기를 만들어 전달했는데 이 과정에서 현대적 형태의 과학소설을 개척한 선구자로 평가 받는다. 호주의 과학자 에른스트 헤켈Ernst Haeckel은 의사, 동물학자, 생물학자, 과학 철학자로서 자연에 대한 감상을 아름다운 회화 작품과 드로잉 작품으로 표현했다. 아프리카계 미국인 조지 워싱턴 카버 역시 식물화가였던 경험을 살려 식물학을 더욱 깊이 이해할 수 있었다. 이 밖에도 조지 워싱턴 카버는 플라스틱, 페인트, 염료, 휘발유와 관련된 수많은 농업 용품을 발명했으며 1941년에 미국의 〈타임〉 지는 그를 가리켜 '검은 레오나르도 다 빈치'라고 평가했다. 스페인의 인지과학자이자 노벨상 수상자인 산티아고 라몬 이 카할Santiago Ramon y Cajal 역시 뉴런을 묘사한 드로잉 작품으로 유명하다. 미국인 새뮤얼 모스Samuel Morse도 발명가이자 화가였다. 이 밖에도 사례는 무수히 많다.

마찬가지로 수많은 예술가들이 그들의 대작을 완성하는 데 과학 개념을 활용했다. 재즈 음악가 존 콜트레인John Coltrane이 우주의 순환 원리를 담아 수학적으로 만든 '순환 구조' 모델이 좋은 예이다. 살바도르 달리Salvador Dali는 프로이트의 정신분석 이론과 아인슈타인의 핵물리학에 영향을 받아 〈위대한 자위행위자The Great Masturbator〉와 〈공으로 그린 갈라테이아Galatea of the Spheres〉 같은 독특한 회화 작품을 그렸다. 데즈먼드 모리스는 초현실주의 화가로도 호평 받았는데 자신의 동물학 지식을 활용해 작품을 그렸다. "다른 것은 몰라도 내 그림은 최소한 과학자니 화가니 하는 말로 사람의 정체를 규정하는 일이 부질없음을 보여줄 것"이라며 모리스는 강조했다. "그림은 단순히 기술이 아니라 일종의 개인적 탐구다. (……) 오늘날 사람들은 과학자도 미술가도 아니다. (……) 그들은 탐험가 아니면 비非탐험가이며 그들이 어떤 분야에서 탐구하는가는 부차적인 문제다."

미술사가 케네스 클라크에 따르면 미술과 과학은 상상력이라는 동일한 원천에서 나온다. "미술과 과학은 (……) 흔히 생각하듯이 두 개의 상반된 활동이 아니다. 사실 이 두 가지 활동이 일어날 때 인간의 뇌에서는 다수의 인지능력이 동일하게 활성화된다. 최종적으로는 두 활동 모두 상상력에 의지한다. 미술가도 과학자도 어렴풋한 아이디어에 구체적인 형태를 부여하려고 시도한다는 점에서 비슷하다." 최근의 심리학 연구에서도 이 연관성을 입증했다. "과학자와 예술가가 그들의 창작 습관을 묘사한 내용을 보면 차이가 없을 때가 많다. 사용하는 언어가 같을뿐더러 관찰, 형상화, 추상화, 패턴 파악, 몸으로 생각하기, 공감하기 등을 비롯해 경계를 초월하는 공통된 생각도구를 이용한다."

산업혁명 이래 학문 분화와 구획화 현상으로 예술과 과학이 한 뿌리에서 갈라져 나왔지만 근래에는 이 둘을 다시 하나로 결합할 필요성이 대두되고 있다. 특히 이와 관련해 과학자이자 소설가였던 찰스 스노C. P. Snow는 1959년에 '두 문화'라는 강연에서 예술과(인문학을 포함해) 과학을 구분하는 것의 위험성을 경고했다. 미술가이자 발명가이며 심리학자인 토드 사일러Todd Siler는 아트사이언스artscience라는 용어를 제안하기도 했다. 1990년에 이 두 영역이 긴밀하게 연결되어 있음을 고려해 사일러가 고안한 용어인데 사회에 정착하지는 못했다. 최근에는 세계에서 가장 창의적이고 영향력 큰 기업으로 꼽히는 구글의 최고경영자였던 에릭 슈미트Eric Schmidt 역시 현대 세계에서 혁신적인 기술을 육성하려면 이 둘을 다시 연결해야 한다고 주장했다. 영국의 과학기술자들을 대상으로 한 최근 강연에서 슈미트는 이렇게 설명했다. "우리는 예술과 과학을 하나로 결합해야 합니다. 빅토리아 시대의 영광스러운 날들을 생각해보죠. 그때는 같은 사람이 시도 쓰고 다리도 놓았습니다."

○ 뇌 화학과 창의성의 비밀

정약용은 18세기 정조 대왕 밑에서 도시 공학자로 일했고(그는 지금의 수원에 화성을 설계했다) 이어 경기도 암행어사가 되었다. 정약용은 일찍이 아홉 살부터 글을 쓰기 시작해 시인으로도 이름이 높았는데 특히 그의 시는 19세기에 다도 문화가 부흥하는 데 일조했다. 정조

후 새 임금이 들어서 천주교 신도를 박해하면서 정약용은 유배되었다. 그는 유배 생활 중에 정치에서 철학, 경제, 자연과학, 의학, 음악에 이르기까지 다양한 주제에 관해 무려 500권에 달하는 책을 지었다고 한다. 유배지에서 돌아오고 나서는 법학(《흠흠신서》), 언어학(《아언각비》), 외교(《사대고례산보》), 통치술(《목민심서》), 행정(《경세유표》)에 관해 중요한 저작을 완성했고 책으로 묶었다. 정약용은 상이한 환경에서 전혀 다른 모습으로 자신을 재설계하는 능력을 보였다. 이는 정약용의 뇌가 아주 놀라운 가소성을 지녔음을 의미한다.

인간의 뇌는 약 1,000억 개의 뉴런으로 구성되어 있고 각 뉴런은 최소 1,000여 개의 시냅스를 통해 무한에 가까운 방식으로 상호작용한다(일각에서는 서로 연결되는 접합부의 수를 100조 개로 추정한다). 이는 시냅스의 저장 용량을 보여줄 뿐 아니라 조합의 다양성이 한없이 크다는 사실을 보여준다. 영국의 정신과의사 이언 맥길크리스트는 뇌에서 일어나는 상호연결성을 이렇게 설명한다.

두뇌는 종합적이고 동적인 단일 시스템이다. 뇌에서 일어나는 사건은 그 부위가 어디든 간에 서로 연결되어 있어 다른 부위가 그 사건에 반응하여 최초의 사건을 증식하고 고조하고 발전시키거나 그 사건을 바로잡거나 억제하기도 하고, 혹은 평정을 되찾으려고 노력한다. 인간의 뇌에는 개별적인 파편은 존재하지 않고 무한한 경로로 이어지는 네트워크만이 존재한다.

만약 서로 연결된 경로들을 1초에 하나 꼴로 세어나간다면, 지금으로부터 3,000만 년이 지나도 다 세지 못할 것이다. 얼기설기 얽힌 신경망을 풀어서 길게 늘어뜨린다면, 지구를 무려 두 바퀴 감쌀 만큼 길다! 우리의 생각은 그만큼 무한하다.

우리 뇌는 상호연결성뿐 아니라 가소성을 지닌다. 가소성은 다재다능성뿐 아니라 이종교배가 어떻게 일어나는지 설명해준다. 뇌의 화학적 성질과 구조는 경험에 의해 물리적 변화를 겪는데 이것이 뇌의 가소성이다. 인간의 뇌는 행동을 결정하지만 고정된 물질이 아니어서 행동에 따라 뇌의 성격이 변하기도 한다. 과거의 경험은 대부분 의식에서 사라지더라도 현대 인지과학이 아직 밝혀내지 못한 여러 방식으로 우리 삶을 형성한다. 고로 다양한 경험이 우리의 정체성을 결정한다. 사람은 자신이 쌓은 경험과 지식의 산물이 된다. 어쩌면 힌두교 신도들이 믿는 카르마도 이런 것인지 모른다(힌두교 신앙은 인간이 윤회를 통해 생을 되풀이한다고 전제하지만 윤회와 별개로 카르마는 다음 생에 유효하다). 서섹스 대학교University of Sussex의 신경과학 교수 마이클 오시어Michael O'Shea는 이렇게 단언한다.

뉴런이 시냅스로 연결되어 생성된 회로를 납땜한 전기회로처럼 생각하면 오산이다. 뉴런의 연결은 고정되어 있지 않고 경험에 따라 유동적이다. 이런 까닭에 뇌는 끊임없이 변하는 주변 환경과 경험에 따라 지속적으로 행동을 변경해나간다.

인지과학자들이 신경가소성이라 부르는 이 과정은 다재다능함과 깊은 관련이 있다. 하버드 의대 신경과학 교수 알바로 파스쿠알레온Alvaro Pascual-Leone의 말을 들어보자. "한 가지 일만 하는 것은 아무래도 실수다. 실제로는 여러 가지 일을 하면 그중 어느 일이든 실력이 향상한다." 이 말은 어느 한 분야에서 쌓은 지식이나 경력, 취미, 특정한 경험은 전혀 다른 분야의 일을 할 때도 분명히 영향을 미치며 나아가 유익할 가능성이 크다는 의미다. 전과 다른 영역을 탐구할 때 뉴런은 떨어져 있던 구역과 연결되며 새로운 회로를 형성한다. 기술을 다양하게 익힐수록 사용 가능한 신경 회로가 더욱 다양해진다.

《메디치 효과The Medici Effect》의 저자 프란스 요한슨Franz Johansson은 이렇게 말한다. "이곳은 다양한 문화와 영역, 학문이 하나의 지점에서 만나 함께 흘러가는 곳이다. 그것들이 한 지점에서 연결될 때 기존의 개념들은 충돌하거나 결합을 시도하면서 마침내 새롭고 획기적인 아이디어들을 형성한다." 현대 뇌 과학 연구에 따르면 인간의 뇌는 끊임없이 새로운 신경 회로를 창조하고, 기존 회로를 변경해 새로운 경험에 적응하고 새로 정보를 익히고 새로운 기억을 창출한다. 인지과학자 도날드 수스Donald Seuss에 따르면 "뇌는 신경 회로를 재조직한다. 하나의 동일한 작업을 다른 부위에서 넘겨받아 수행할 수 있고 이를 위해 기존의 것과 다른 신경 회로나 신경망을 이용한다. 여기에 인간의 잠재력이 존재한다." 다만 사람은 나이가 들수록 뇌를 자극하는 새로운 것을 시도하기보다는 이미 아는 것을 강화하려는 공통적인 경향을 보인다.

창의성은 다재다능함을 촉진하고, 다재다능함은 창의성을 촉진하는 것으로 보인다. 인지심리학자 랜드 스피로는 그 배경을 이렇게 설명한다. "왜냐하면 창의성이란 외부의 관점에서 아이디어를 내고, 유추하고, 패턴을 파악하는 과정을 요구하기 때문이다." 여기서 우리는 좌뇌와 우뇌의 차이점에 주목해야 한다. 많은 인지과학자들이 창의성은 오른쪽 뇌의 앞부분(상위측두이랑)에서 담당한다고 여긴다. 창의적인 순간에 좌반구는 거의 반응하지 않지만 우반구는 감마파가 크게 증가하며 활발한 반응을 보인다. 좌반구의 뇌 세포들은 수상돌기가 짧아서 근접한 곳에서 정보를 끌어오는 데 유리하고, 우반구의 세포들은 훨씬 멀리 가지를 뻗치고 있어 서로 무관해 보이는 동떨어진 아이디어들을 연결한다.

뇌가 지닌 놀라운 지적 잠재력과 창의력은 여러 신경 질환이나 영적 체험, 환각성 약물이나 인지 강화 약물로(일명 '머리 좋아지는 약') 촉발되는 것으로 보이는 의식의 변성이나 기발한 재능에서도 드러난다. 서번트 증후군과 아야와스카 미술Ayahuascan art(아야와스카는 아마존 부족이 병 치료에 쓰던 환각성 식물로 이를 복용한 후 본 이미지를 묘사한 그림—옮긴이)도 우리 뇌의 잠재력을 보여주는 사례다. 물론 인간은 약물에 의지하지 않아도 세심한 교육으로 의식의 변형이 가능하다.

6. 통합성

통합된 원리 없이는 그 어떤 실재도 인식하지 못한다.

- 고트프리트 라이프니츠

○ 큰 그림을 보는 능력

'일부' 영역이 서로 연결되어 있다는 생각을 발전시키면(아리스토텔레스의 '자연의 사다리'나 최근 인물인 프리초프 카프라Fritjof Capra의 '생명의 그물'이 보여주듯이) '모든' 영역이 불가분의 관계로 연결되어 있다는 주장에 이른다. 〈에스콰이어〉 지의 편집장 A. J. 제이콥스는 자신이 기획하는 인생 실험의 일환으로 《브리태니커 백과사전》을 완독하고 나서 이렇게 결론지었다. "6단계만 거치면 모든 사람이 연결되어 있다는 6단계 분리 이론처럼 만물은 서로 연결되어 있다." 에드윈 허블은 지식을 세분화해서 인식하는 것은 인위적인 절차에 불과하고 실상은 하나로 통합된 전체라고 판단했다. "오감을 갖춘 인간은 자신을 둘러싼 우주를 탐구하고, 이런 모험을 일컬어 과학이라 칭한다"고 허블은 말했다.

이처럼 인간의 활동과 학문을 구획별로 나누고 이름표를 붙이는 데 집착한 배경에는(물론 '정보 폭발' 때문에 촉진된 면이 있지만) 우리 사회가(그 영향으로 인간의 뇌도) 비교적 최근에 채택한 행동이다. 유럽의 계몽시대 전까지만 해도 학문 간 경계가 엄격히 구분되지 않았기에 '딴 길로 샐 위험' 없이 다수의 학문을 탐구할 수 있었다. 사실은 딴 길로 들어선다는 개념 자체가 없었다. 우주의 모든 것은 서로 연결되어 있으므로 다양한 관점에서 사물을 인식해야 한다는 당위성이 있었다. 과거의 폴리매스는 전일적 관점에서 사유하고 인생을 관찰했으며 "가지와 가지가 모여 하나의 나무를 이루듯 통합된 지식은 곧 하나로 연결된 우주를 반영한다"고 여겼다.

인류 역사상 각 사회를 풍미했던 철학 사상은 비록 이유는 저마다 달랐지만 다재다능함을 촉진하는 역할을 했다. 하지만 시대와 장소를 불문하고 역사를 관통하는 공통의 세계관이 하나 있다. 바로 전일적 세계관으로 이는 고대 이집트, 그리스, 로마, 기독교, 유럽의 르네상스, 서아프리카 지역 요루바족의 철학은 물론이고 유교, 도교, 이슬람, 힌두교, 폴리네시아를 비롯해 마야족의 우주론에서도 발견할 수 있다. 과학사가이자 이슬람 철학자인 세예드 호세인 나스르는 이렇게 단언했다.

모든 이슬람 과학의(그리고 보다 일반적인 관점에서 고대와 중세 시대의 우주론의) 목적은 만물의 통합성과 상호관련성을 보여주는 데 있다. 인간으로 하여금 우주의 통일성을 성찰하도록 하고 하나로 연결된 우주 만물에서 신성한 원리를 발견하도록 하려는 것이다.

예를 들어, 유일신과 우주의 통일성을 암시하는 이슬람의 '타우히드'라는 개념은 전 시대에 걸쳐 무슬림 폴리매스의 사상에 영향을 끼쳤다. 나스르는 이렇게 얘기한다.

아랍어 타우히드는 통일성을 의미할 뿐 아니라 '하나로 만들다' 즉, 전일성을 의미한다. 전일성 개념은 이슬람 신앙에서 가장 중요한 개념 중 하나다. 코란이 전하는 통일성의 메시지는 이슬람 문명에서 다방면의 지식을 두루 통합하는 폴리매스를 전통적으로 중시한 배경이었으며 결과적으로 많은 폴리매스를 배출했다.

무슬림에게는 유일신으로 통하는 '무와히둔muwahidun'은 만물을 하나로 '통합하는 자'로서 이 신성한 원리는 대부분의 사회에서 저마다 다양한 이름으로 불렸다. 오스트레일리아 부족에게는 '아룽퀼타arungquiltha'가 있고 폴리네시아 부족에게는 '마나mana'가 있으며 메소아메리카 부족에게는 '와켄waken'이 있었다. 《현대물리학과 동양사상*Tao of Physics*》의 저자인 프리초프 카프라는 이렇게 선언했다.

체계적 사상가인 폴리매스들의 핵심적 깨달음, 즉 모든 현상을 우주적이고 본질적인 상호연관성으로 보는 시각은 힌두교와 불교부터 도교에 이르는 동양의 영적 전통에서도 중심 사상이었다.

13세기의 기독교 철학자이자 폴리매스인 토마스 아퀴나스는 신학이 모든 영역의 지식을 통합하는 보편 진리임을 설명하며 "만물을 설명하는 순전하고 유일한 관점으로서의 신의 지식"을 제안했다. 여기에 영향을 받은 케임브리지 교수 키스 아이온스Keith Eyeons는 자신의 책 《만물의 신학*The Theology of Everything*》에서 기독교인 폴리매스가 신성하고 완전한 통일성을 만물의 근원으로 삼고, 거기서 만물의 상호연관성을 추론한 과정을 설명했다.

과학자들이 밝혀낸 우주의 구조가 합리적인 것은 그 근원이 하느님이기 때문이다. 우리는 하느님의 영광과 아름다움을 창조된 세계를 통해 일부 엿볼 수 있다. 또한 하느님은 사랑이시고, 기독교의 삼위일체 신앙은 삼위 간의 관계가 사랑에 기초함을 의미한다. 그러므로 우주를 빚으신 신성한 의식은 인간의 관계와 공동체에도 반영된다. 이 신학적 개념들을 결합하면, 이를테면 물리학도 예술도 우정도 모두 연결되어 있음을 알 수 있다.

역사상 최고의 폴리매스로 평가받는 레오나르도 다 빈치가 기독교 신앙의 영향으로 위와 동일한 세계관을 지녔는지는 확실치 않다. 다만 그가 동양의 전일적 세계관에 관심이 있었다는 사실은 알려져 있다. 다 빈치 연구의 권위자 마틴 켐프는 이렇게 단언한다.

다 빈치는 선장들과 대화를 나누면서 유럽 외의 문화에 대해 알아보곤 했다. 당시 유럽에서는 전문화 경향이 뚜렷하고 실증적 자료에 근거한 엄격한 방법론이 팽배했는데, 다 빈치는 이러한 경향이 지배적이지 않고 세계를 보다 통합적으로 이해하고자 하는 유럽 바깥의 철학에 특히 관심이 많았다.

모든 것이 불가분하게 연결되어 있다고 주장한 다 빈치는 여러 학문에 대한 탄탄한 이해 없이는 어느 학문도 제대로 이해할 수 없다고 믿었다. 그는 회화, 음악, 시, 과학이 근본적으로 연결되어 있다고 자주 강조했다. "회화를 싫어하는 사람은 철학이나 자연을 사랑하지 않는 사람이다." 또 그는 "음악은 회화의 누이라 불릴 만하다"고 말했고 "시가 도덕철학을 다룬다면, 회화는 자연철학을 다룬다"고 했다. 다 빈치에 따르면 만물(과 그것에 관한 지식)은 하나의 대가족이다(역시 이탈리아 사람답다!). 범주에 따라 사물을 분류하지 않았기에 사실 다 빈치가 메모한 노트를 보면 무척 불규칙해 보인다. 모든 것이 연결되어 있다고 본다. 다 빈치는 여러 주제를 자연스럽게 넘나들었다. 켐프는 이렇게 말한다.

다 빈치는 일면 병적일 정도로 수평적 사고를 했는데 (……) 해부학을 연구할 때는 심장을 살펴보면서 물의 운동을 떠올리고 (……) 물의 운동을 살필 때는 고불고불하게 말려 있는 머리털을 생각하는 식이었다. 그의 머릿속에서는 이렇게 관심사가 연결되어 꼬리에 꼬리를 물고 이어졌다. 이 모든 다양성 아래는 원인과 결과라는 공통 주제가 놓여 있다.

전일적 관점은 고대 혹은 근대 이전의 철학과 종교적 우주론만의 전유물이 아니다. 이는 근대 과학 패러다임의 특성이기도 하다. 세계적으로 저명한 과학자로서 이성과 과학적 방법론을 옹호하는 에드워드 윌슨은 그의 책 《통섭Consilience》에서 지식의 통합을 요구했다. "통일된 지식 체계를 갖추는 것이 아직 탐구하지 못한 영역의 실재를 파악하는 가장 확실한 수단이다." 윌슨에 따르면 인간의 타고난 의식은 전일적 관점으로 세계를 볼 때 자연스럽다. 지식의 통합은 "인간 본성의 고귀한 충동을 만족시키고" 또 "지성이 추구할 마땅한 목표를 제공한다"고 윌슨은 강조했다.

근대 서양의 과학사에서 손꼽히는 위대한 사상가는 다수가 이 세계관의 유용함(과 때때로 필요불가결함)에 관해 언급했다. 쉽게 예상하듯이 이들 가운데 다수는 실제로 폴리매스였다. 괴테는 자연을 '하나의 거대하고 조화로운 전체'로 보았고, 훔볼트는 '지구를 하나의 거대한 전체로 보는 시각'을 지녔다. 세상이 단일한 개체 혹은 '분리되지 않은 전체'라고 강조한 바 있는 버크민스터 풀러Buckminster Fuller는 절대적 통일성과 포괄주의자의 역할을 강조했다. 포괄주의자란 전체적 관점에서 우주를 하나로 아우르는 사람을 일컫는다. 온 세상이 하나로 전체를 이루고 그 안에서 모든 만물이 연결되어 있다고 간주하는 사고방식이다.

전일주의는 그 뿌리가 힌두교 우주론의 고대 철학이지만 수세기에 걸쳐 서양 철학에서 중요한 축을 담당했다(칸트, 스피노자, 헤겔, 니체는 전일주의에 깊은 영향을 받았다). 사실 전일주의holism라는 용어는 20세기의 저명한 폴리매스 얀 스뮈츠가 만든 철학 용어다. 스뮈츠는 그의 책 《전일주의와 진화Holism and Evolution》(1927)에서 모든 만물과 지식을 하나로 통합할 필요성에 관해 목소리를 높였다. 과학자, 예술가, 철학자 들은 오랫동안 소실점이라는 용어로 전일적 관점을 암시했다. 소실점은 철학적 함의를 지닌 기하학 개념으로 특정한 탐구와 지식과 이해를 수렴하는 하나의 지점을 가리킨다.

오늘날에도 과학 분야든 예술 분야든 다수의 폴리매스는 각기 동떨어진 영역이 사실은 불가분의 관계라는 데 의견을 같이한다. 폴리매스 철학자인 로저 스크러턴은 "만물이 하나로 연결되어 있다고 본다. 단절된 상태에서는 아무런 의미도 없기에 나는 늘 연결점을 찾는다"고 밝혔고 이렇게 덧붙였다. "많은 과학자들이 이 사실을 인정한다. 물리 법칙의 관점에서 보지 않으면 생물학을 이해할 수 없고, 물리학 법칙 자체도 이를 적용할 때는 생물학 안에서 이해할 줄 알아야 한다."

다재다능한 배우 비고 모텐슨Viggo Mortensen은 연기, 시, 음악, 회화 중 제일 좋아하는 활동이 무엇이냐고 질문 받고 이렇게 대답했다. "나는 그것들을 구분하지 않습니다. 그것들은 모두 같은 것입니다." 또 다른 폴리매스 예술가 빌리 차일디시의 생각도 비슷하다. "나 자신을 작가로도 화가로도 음악가로도 규정하지 않는다. 자아를 실현해가는 과정에 있는 사람이다. 그것은 내게 영적인 삶이다." 모텐슨이나 차일디시처럼 자신을 어느 하나로 규정하지 않는 이들에게서는 창조력이 자연스럽게 발현한다. 현대의 르네상스인으로 묘사되는 음악가 데이비드 스튜어트David Stewart는 말했다. "틀에서 벗어나 생각해야 한다고 사람들은 얘기한다. 그런데 나는 틀을 본 적이 없다."

○ 맥락적 사고

> 만물은 상호 의존을 통해 존재하고 본성을 지닌다. 그 자체로는
> 아무것도 아니다.　　　　　- 나가르주나(Nagarjuna), 불교 철학자(150~250)

통합성은 맥락과 밀접한 관련이 있다. 특정한 대상이나 현상을 제대로 이해하려면 대상이나 현상을 둘러싸고 있는 큰 그림 안에서 의미를 파악해야 한다. 이를 가리키는 말이 맥락이다. 맥락을 파악하려면 문제와 직간접적으로 관련된 다수의 현상을 고려해야 다차원적이고 전방위적인 분석이 가능하다. 맥락적 사고는 폴리매스의 중요한 특징이다. 맥락의 중요성을 강조한 이는 철학자로서 헤겔이 대표적이고, 이후 존 듀이가 철학자들이 맥락을 무시하는 중대한 실수를 저지른다고 지적하며 맥락의 중요성을 재차 강조했다. 물론 실수는 철학자들만 범하는 게 아니다. 폴리매스였던 라빈드라나트 타고르는 문자와 글을 배우는 학생들을 예로 들어 맥락의 중요성을 설명했다.

아이들은 알파벳 철자를 하나씩 배울 때 거기서 어떤 즐거움도 찾지 못했다. 배우는 진짜 목적을 이해하지 못했기에 그렇다. 아닌 게 아니라 문자만 따로 떼어내 배울 때 우리는 피로감을 느낀다. 그것들은 낱말과 문장으로 결합되어 의미를 전달할 때라야 우리에게 즐거움을 준다.

맥락을 무시할 때 발생할 위험성이 무엇인지는 삶의 모든 영역에서 쉽사리 목격할 수 있다. 책이나 연설, 종교 문헌에서 맥락과 무관하게 대충(때로는 교묘하게) 인용한 구절이 얼마나 많은 오해를 낳고 참담한 결과를 초래하는지 생각해보자. 빼어난 소네트 작품에서 잘라낸 시구 한 절, 뛰어난 소설에서 잘라낸 챕터 하나, 전체 이론에서 잘라낸 방정식 하나, 심포니 곡에서 잘라낸 마디 하나, 대형 그림에서 조그맣게 잘라낸 부분만 감상할 때 발생할 무의미한 해석과 오해를 생각해보라. "제 맥락에 놓여 있지 않은 것들은 모두 의미가 없다. 맥락을 제거하면 그 속성이 바뀐다." 이언 맥길크리스트의 말이다. 철학자 에드가 모랭은 대상을 주변 환경에서 떼어내려는 태도를 가리켜 '눈먼 지능blind intelligence'이라고 말했다.

일부 다윈주의자들의 주장에 따르면, 인간의 뇌는 진화 과정에서 필연적으로 전문화 성향을 발전시켰는데 자연선택 과정에서 생존에 도움이 되었기 때문이다. 하지만 이 전제는 재고할 필요가 있다. 정말로 생존을 도모하려면 임박한 위협이나 기회를 파악하는 것은 물론이고 자신을 둘러싼 위협과 기회도 모두 파악해야 한다. 다시 말해, 생존을 위해서는 뇌의 좌반구 못지않게 우반구도 중요하다. 각 위협을 큰 그림에서 떼어내 개별적으로 다루면 자살 행위가 될 수 있다.

생존한다는 것은 이해한다는 것이고, 제대로 이해하려면 맥락을 고려해 해당 주제나 상황을 종합적으로 평가해야 한다는 사실을 폴리매스들은 잘 알고 있다. 이 작업을 위해서는 고도의 집중력이 요구된다. 인지과학자들에 따르면 뇌의 우반구에서 맥락을 고려한 종합적 사고를 책임지는데 우반구는 전체 주의력의 5분의 4를 제어한다. 맥길크리스트는 야생동물을 예로 들어 설명한다. 야생동물은 먹을 때 먹이에 집중하면서 동시에 주변을 경계해야 한다. 이때 뇌의 좌반구는 먹이에 집중하는 일을 담당하고, 우반구는 보다 폭넓은 범위로 주의를 기울이며 포식자나 짝이 접근하는지 살핀다.

그러니 생존을 위해서는 협소한 영역에 집중하는 것과 폭넓은 맥락을 살피는 사고가 모두 필요하다. 통계학자이자 철학자인 나심 니콜라스 탈레브Nassim Nicoalas Taleb는 우리가 '블랙 스완'(시장 붕괴와 테러 공격 등 개연성은 낮지만 피할 수 없는 극단적인 사건들)에 대비하지 못하는 이유를 들면서 전체보다 개별 사건, 전반적인 원리보다 개별 정보에 집착하는 오늘날의 태도를 그중 하나로 꼽았다.

○ 시스템적 사고

모든 것을 똑같이 사랑하라. 우주는 하나이다.　　　　　－ 혜사(慧思)

지식을 다각화하는 것과 지식을 통합하는 것은 별개다. 후자는 능숙하게 지식을 종합해서 전체를 보는 그림을 제시하는 작업이다. 태양중심설을 밝혀 일대 혁명을 일으킨 니콜라우스 코페르니쿠스는 지식을 종합적으로 탐구하는 과정에서 돌파구를 찾았다. 그는 당시 주목받기 시작한 이른바 '전문' 천문학자들의 방법론에 답답함을 토로했다.

그들 주장대로라면 화가는 하나의 그림을 완성하기 위해 여러 모델로부터 손 따로 발 따로 머리 따로 가져오는 식으로 각각의 부위를 빼어나게 그려서 합치는 격인데 본래 한 사람이 아니기에 어우러질 리가 없고 완성된 그림은 사람이 아니라 괴물에 가까울 것이다.

르네상스 이래 서양의 사상가들은 프랑스 철학자 르네 데카르트의 영향으로 대개 환원주의 접근법을 채택해 과학과 철학을 연구했다. 데카르트식 접근법에서는 개별적 실재를 중심으로 세계를 보았으며 환원주의적 관점에서 분석할 때 실재를 비로소 이해할 수 있다고 여겼다. 이후 300년 동안 세계는 환원주의적 접근법에 따라 다양한 자연 현상을 조사하고 설명했다.

하지만 20세기 들어 과학 지식이 갈수록 파편화되는 까닭에 사람들이 자연현상에 내재하는 연관성과 통일성을 놓치고 있음을 문제 삼는 과학자들이 등장했다. 이 사상가들은 계몽시대 이전의 전일적 사고방식으로 회귀하면서 시스템적 사고Systems Thinking라는 과학적 틀을 개발했다. 시스템적 사고는 소련의 폴리매스 알렉산더 보그다노프Alexander Bogdanov가 창안하고 오스트리아계 미국인 생물학자 루드위그 본 버탈란피Ludwig von Bertalanffy가 대중화시켰다. 이 패러다임은 새로운 ('심층 생태학'으로 불리는) 생태운동이 태동하는 데 영감을 주었으며 특히 제임스 러브록James Lovelock이 제창한 '가이아 이론'은 큰 호응을 얻었다. 미국에서 생태운동을 주도한 선구자 중 한 명이었던 베리 코모너Barry Commoner는 "모든 것은 다른 모든 것과 연결되어 있다"고 주장했다.

생태학적 세계관을 앞장서서 지지한 프리초프 카프라에 따르면, 시스템적 사고란 곧 '연결, 관계, 맥락'을 말한다. 시스템적 사고에서 전체는 각 부분의 단순 총합이 아니다. 고로 대상 자체보다는 대상들 간의 관계가 중요하다고 전제한다(대상은 거대한 네트워크 안에 내재하는 작은 네트워크일 뿐이다). 그러니까 시스템 사상가들에 따르면 지식은 '건물'이 아니라 '네트워크'이다.

카프라는 1975년에 그의 베스트셀러 《현대물리학과 동양사상》에서 서양의 근대 과학을 깊이 이해하기 위해 동양철학을 접목해 시스템적 사고를 보급하는 데 기여했다. 그는 (시스템 사상가의 원조로 평가 받는) 레오나르도 다 빈치의 사상에 대해 연구하고 시스템적 사고와 폴리매스 사이에는 상관성이 있다고 단언했다. 오늘날 시스템적 사고는 여러 분야에서 그 가치를 인정받고 있으며 경제학, 생태학, 철학 등의 학문은 물론 산업계와 정부에서도 그 원리를 채택해 적용하고 있다.

○ 전뇌 사고(Whole brain thinking)

완전한 정신을 배양하기 위한 원칙들이 있다. 예술의 과학을 연구하라. 과학의 예술을 연구하라. (……) 모든 것은 다른 모든 것과 연결되어 있음을 인식하라.　　　　　　　　　　- 레오나르도 다 빈치 현대의 수많은 유물론 과학자들은 '전일적 사고'라는 개념에 늘 눈살을 찌푸렸고 뉴에이지 운동에서 떠들어대는 '철학적 허튼소리'로 치부했다. 하지만 현대 신경과학의 발전으로 우리는 이 같은 사고방식이 우리 뇌에서 어떻게 전개되는지 이해할 수 있다. 뇌의 우반구와 좌반구의 역할을 이해함으로써 맥락을 고려한 전일적 사고의 중요성을 확인한 것이다. 우반구는 "모든 복잡한 상호의존성을 고려하며 전체적으로 사물을 보는" 성향이 있는 반면에 좌반구는 "협소한 관점에서 별개의 사물을 본다." 정신과 의사인 이언 맥길크리스트는 이렇게 말한다. "좌반구는 부분에 대한 지식을 제공하는 반면 우반구는 전체에 대한 지혜를 제공한다."

더욱이 수많은 신경심리학 연구에 따르면 우반구는 모든 종류의 주의력(경계, 각성, 주의지속, 주의분배)을 담당하는 것으로 보인다. 다만 '주의 집중'만은 좌반구에서 담당한다. 뇌의 우반구가 '전 지구적으로 폭넓고 유연한 주의력'을 담당하는 반면, 좌반구는 '국부적으로 정밀하게 집중된 주의력'을 담당한다는 것이다. 맥길크리스트는 그의 역작 《주인과 심부름꾼 The Master and His Emissary》에서 서구권 역사에서 특히 통합적 사고를 강조했던 시대를 예로 들었다. 즉 고전기 그리스, 르네상스 시대 유럽, 계몽주의 시대는 문화적으로 가장 융성했던 시대로 평가받고 있으며 그 어느 때보다 창의적이고 지적 생산성이 뛰어났다는 것이다.

영국의 저명한 석학 이사야 벌린 Isaiah Berlin은 1950년대에 레오 톨스토이의 지적 틀을 분석한 책을 발간했다. 그는 역사상 위대한 사상가들을 여우와 고슴도치라는 두 가지 유형으로 구분하고 톨스토이가 어느 유형에 해당하는지 살폈다. 벌린에 따르면 고슴도치형 인간은 "모든 것을 하나의 핵심적인 비전, 즉 하나의 일관되고 명료한 시스템과 연결시켜 그 관점에서 이해하고 사유하고 느낀다." 이 시스템은 "모든 것을 조직하는 하나의 보편 원리로서 이 관점에서만 모든 존재와 모든 말이 의미를 지닌다."

반대로 여우형 인간은 "대개 서로 무관하거나 심지어 상충되는 다수의 목표를 추구한다. 설령 관련이 있다 치더라도 심리적이거나 생리적인 관계를 가질 뿐 도덕적이거나 심미적인 원리로 연관성을 갖지 않는다. 그들은 분야를 여기저기 옮겨 다니며 생각을 확산하므로 산만하고, 엄청나게 다양한 경험과 대상 들을 살피며 본질을 파악하려고 든다." 요컨대 고슴도치형 인간은 "하나의 중대한 사실을 알고" 여우형 인간은 "자잘한 사실들을 많이 안다." 여기서 우리가 주목할 부분은 벌린이 내린 결론이다. 벌린은 톨스토이가 어느 한 범주에도 깔끔하게 들어맞지 않는다는 사실을 발견했다. 톨스토이는 제너럴리스트도 스페셜리스트도 아니었으며 두 가지 모두에 해당했다.

세부적으로 어느 하나를 깊이 파고들어 가는 성향과 두루두루 폭넓게 관심을 보이는 성향은 정도의 차이는 있지만 우리 모두에게 내재한다. 뛰어난 폴리매스는 확실히 두 가지 성향을 동시에 보인다. 그들은 보편성과 특수성을 이분하지 않고 상호보완적인 개념으로 받아들인다. 음양의 원리처럼 이 두 가지가 동시에 작용해 실재를 명료한 모습으로 드러내준다고 본다. 이러한 자세는 사안을 종합적으로 탐구하는 데 반드시 필요하다. 다시 말하면 진리의 탐구는 두 단계에 걸쳐 이루어지는데, 먼저 '다양한 분야에 몰입'할 필요가 있고 이어서 '각 점들을 연결해' 전체 그림을 이해할 필요가 있다. 그러니까 논리적 추론(전문화를 촉진하는 사고방식)과 종합적 직관(제너럴리스트의 특징)은 진리를 탐구하는 과정에서 똑같이 중요하다.

이런 까닭에 뇌의 우반구와 좌반구는 인간의 사고에 똑같이 중요하고(맥길크리스트에 따르면 전자가 주인이고 후자가 심부름꾼이지만), 둘이 함께 작용해야 다재다능한 잠재력이 최적의 상태로 실현된다. 정상급 화가들은 복잡한 세부 그림에 집중함은 물론 이따금 뒤로 물러나 전체 그림을 머릿속에 떠올리며 균형과 비례가 적절한지 살필 필요가 있음을 안다. 작가의 경우에는 각 문장이나 문단에도 집중하지만 이 모두가 하나의 이야기로서 일관성, 응집성, 통일성을 띠고 있는지도 중요하게 따진다.

레바논 출신의 위대한 시인 칼릴 지브란Khalil Gibran이 류트 연주를 예로 들어 아름다운 조화를 말했던 대목을 떠올려보자. 류트에 달린 줄은 따로 존재하는 것처럼 보여도 소리를 내는 데 똑같이 중요하기에 각기 꼼꼼하게 조율해야 하지만 함께 공명할 때 비로소 우리의 귀를 즐겁게 하는 아름다운 음악이 나온다. 이는 예술가와 과학자 들이 동일하게 인정하는 원리이다. 모든 수학 분과에서 탁월함을 드러내어 '마지막 만능인'으로 불리기도 하는 앙리 푸앵카레Henry Poincare는 이렇게 설명했다.

다양한 부분들의 조화, 대칭, 적절한 균형. 한마디로 이런 것들이 질서를 가져오고, 통일성을 부여해 우리로 하여금 전체와 부분을 뚜렷하게 알아보고 즉시 이해할 수 있게 한다.

노벨상을 수상한 신경심리학자 로저 월콧 스페리Roger Wolcott Sperry에 따르면 "뇌가 온전하게 작동할 때, 좌반구와 우반구의 기능이 하나로 통합되면 이는 각 반구에서 수행하는 기능의 합을 넘어선다." 스페리가 설명한 바에 따르면 진정한 폴리매스의 뇌는 우반구와 좌반구를 상호보완적으로 동등하게 사용해 창의적인 돌파구를 찾아낸다(역사적으로 뛰어난 폴리매스는 특히 창의력이 뛰어난 사람이었다).

맥길크리스트에 따르면 서구 역사에서 좌우 반구의 균형이 특히 돋보였던 시기는 르네상스와 계몽주의 시대다. 이들 시기는 서양에서 다재다능함이 절정에 달했던 시기와 일치한다. 그리스, 로마, 르네상스 시대에는 "반구 간의 '주도권'이 균형 상태를 이루면서 풍성한 결실을 맺었고 (……) 세상의 한 부분을 이해하려면 다른 부분까지 가능한 한 많이 이해하는 것을 당연하게 여겼다. 우반구는 사물을 단절된 상태로 보지 않고 서로 연결된 것으로 보는 데 주력하기 때문이다."

오늘날 우리는 복잡성이라는 새로운 패러다임에 진입한 만큼 좌반구가 주도하는 (지난 수세기에 걸쳐 경험하고 있는) 사고에서 벗어나 '완전한' 정신을 지향해야 한다. 다시 말해 두 반구를 상호보완적으로 이용하는 방향으로 사고를 전환할 필요가 있다. 이를 위해서는 무엇보다 좌우 반구의 균형 잡힌 사고를 효과적으로 촉진하는 교육 제도와 업무 환경 그리고 이를 뒷받침하는 문화를 조성해야 한다.

○ 진정한 스페셜리스트

그들 주장대로라면 화가는 하나의 그림을 완성하기 위해 여러 모델로부터 손 따로 발 따로 머리 따로 가져오는 식으로 각각의 부위를 빼어나게 그려서 합치는 격인데, 본래 한 사람이 아니기에 어우러질 리가 없고 완성된 그림은 사람이 아니라 괴물에 가까울 것이다.
                                                        - 니콜라우스 코페르니쿠스

천재들이 몰입할 때는 '자기만의 구역'에 들어가 과제에 집중하느라 주변의 모든 요소들을 차단하고 그 안에서만 갇혀 지낸다고 생각하는 사람이 너무 많다. 그러나 마운드에 선 투수든 노트북을 마주보고 앉은 작가든 바이올린을 든 연주자든 누구든 간에 천재들이 몰입할 때는 당장의 과제와 동떨어진 사안이라도 모든 면(핵심적 사안과 지엽적 사안)을 고려해 '자기만의 구역'에서 통합성과 조화를 찾아낸다. 아들러Adler는 여러 기술로 구성된 한 가지 기능을 익히는 과정에 빗대어 이 원리를 설명했다. "처음에는 각 기술을 배우는 자기 자신과 해당 기술에만 주의를 기울인다. 하지만 각 기술이 그 '개별성'을 상실하고 (독서라는) 총체적 행위로 수렴될 때 우리는 비로소 독서를 통해 도달할 수 있는 최종 목표에 집중할 수 있다." 아들러는 독서의 기술에 대해 얘기하고 있지만 여기에 담긴 이치는 모든 '전분' 업무에 동일하게 적용할 수 있다. 심리학자 미하이 칙센트미하이가 '몰입flow'이라고 칭한 최적의 심리 상태도 이와 같다. 오늘날 신경과학자들이 설명하는 바에 따르면 이 상태는 자기를 잃어버린 무의식 상태가 아니라, 일시적으로 뇌 기능 저하가 수반되지만(전전두엽 피질 부분) 의식이 깨어 있는 상태에서 정신이 경험하는 완벽한 일체감이다.

이 '몰입 상태'는 뛰어난 성과를 내는 여러 분야의 정상급 전문가들이나 사상가들과 연관이 깊지만 보통 사람들도 일상에서 순간순간 경험한다. 일례로 자동차 운전은 하나의 행위로 보이지만 사실은 다수의 작업으로 구성되어 있으며 시동을 거는 순간부터 여러 인지능력이 완벽하게 조화를 이루어야 하는 행위다. 운전자가 자동 반사적으로 운전을 하면서 무의식적으로 일체감을 경험하듯이 폴리매스도 유사한 일체감을 경험한다. 폴리매스는 다양한 면(거울, 변속 기어, 클러치, 브레이크, 액셀, 운전대)을 모두 고려해 인생이라는 운전대를 조종한다.

폴리매스가 실용적인 이유나 관리상의 이유로 이 세계를 여러 면으로 세분화하는 경우도 있지만 그들은 모든 부분이 서로 밀접하게 연결되어 전체를 구성한다는 사실을 놓치지 않는다. 그들이 인식하는 전체는 부분의 합보다 크다. 그 의미가 자명한 개념처럼 보여도 오늘날처럼 극단적으로 세분화된 세상에서는 좀처럼 성찰하기 힘들고 일상에서 너무나 쉽게 놓치는 개념이다.

두루두루 아는 것은 소용이 없다고 경고하는 사람들은 사실은 다양성이 전문화에 비해 전반적인 지식과 지능을 발전시킨다는 사실을 간과한다. 한 분야만 추구하는 전문화 시스템에서는 (종합적 관점에서도, 해당 분야에서도) 개인이 성장에 제약을 받는다. 단면적으로 사고하는 사람에게 언제나 전체는 각 부분의 총합과 일치할 것이다. 폴리매스는 다양한 부분들을 종합하는 과정에서 창의적인 결과물을 만들어내므로 전체의 크기와 가치가 향상한다. 창의적 사고의 권위자 데이브 트롯Dave Trott이 이 주제로 집필한《1 더하기 1은 3One Plus One Equals Three》은 베스트셀러에 올랐다.

○ **정보의 시대를 항해하는 법**
배우고 생각지 않으면 얻는 것이 없다! - 공자

오늘날처럼 방대한 정보에 둘러싸인 환경에서는 전체에 대한 명확한 그림을 그리는 일이 쉽지 않다. 우리는 매일 10만 단어가 넘는 정보를 접한다. 하지만 우리는 이 가운데서 자신에게 가치가 있는 정보를 취사선택해야 하고, 좁게는 개인의 삶과 넓게는 세계 공동체라는 맥락에 맞게 정보를 배치해야 한다. 에드워드 드 보노는 이를 가리켜 '가치를 창출하는 사고'라고 표현했다. 정도의 차이는 있겠지만 정보화 사회에서는 우리 모두 폴리매스가 되어야 한다. 핵심 분야가 따로 있는 게 아니라 전 세계를 탐구해야 하고 우리에게 의미 있는 대상이라면 모든 측면을 살펴서 이를 종합적으로 이해해야 한다.

"정보가 차고 넘쳐 익사할 지경인데 우리는 지혜에 굶주린다." 오늘날 세계를 선도하는 과학철학자 에드워드 윌슨의 말이다. "이제 세계는 통합하는 사람들이 이끌어갈 것이다. 그들은 올바른 정보를 적시에 연결하고, 비판적으로 사고하고, 지혜롭게 중요한 결정을 내릴 줄 아는 사람들이다." 다종다양한 지식이 유럽에서 어떻게 진화했는지에 관해 광범위하게 탐구한 전문가 피터 버크 역시 동일한 결론을 내렸다.

전문화 시대에는 그 어느 때보다 제너럴리스트가 더욱 필요하다—큰 그림을 그리기 위해 지식을 통합하는 작업도 필요하지만 현재 규정 기준과 구분에 따라 발생한 각 학문 사이의 '간극에 주의하고' 그 틈새로 사라져버릴지 모를 지식까지 살피고 분석하는 사람이 필요하기 때문이다.

프랑스의 철학자이자 복잡성 이론의 아버지 에드가 모랭은 이런 말을 했다.

우리는 단절되고 구분된 지식을 연결하는 사고, 통합성을 인정하면서 다양성을 존중하는 사고, 상호의존성을 꿰뚫어보는 사고가 필요하다. 우리는 (문제의 근원에 접근하는) 급진적인 사고, 다차원적 사고, 조직적 혹은 시스템적 사고가 필요하다.

학교와 대학은 전통적으로 지식을 보급하는 중심지였으며 교사가 강의와 책을 통해 학생에게 지식을 전파했다. 하지만 오늘날과 같은 '정보화 시대'에는 정보의 가용성은 더 이상 문제가 되지 않는다. 정보의 바다를 무사히 항해하는 것이 우리 시대의 난제다. 위키피디아의 설립자인 지미 웨일스는 이렇게 강조했다. "모든 사람이 정보의 해일 속에서 살고 있으므로 사람들에게 항해하는 법을 가르치는 것이 매우 중요해졌다. 무슨 정보를 믿어야 할지 어떻게 알 수 있는가? 수많은 사람들이 이 항해술을 배우지 못했다." 이 항해술을 익히려면 사유하는 법을 알아야 한다. 하지만 에드워드 드 보노가 지적했듯이 현재의 교육제도는 생각하는 기술을 가르쳐야 하는 역할을 제대로 수행하지 못한다. 추론하고, 종합하고, 적용하는 사유과정을 거쳐야 비로소 정보는 지식이 된다.

과거에는 정보를 '주지 않는' 형태로 사람들을 통제했다면 오늘날에는 단절된 정보를 무작위로 '쏟아내는' 방식으로 통제한다. 후자의 경우 엄청난 정보의 양에 압도되거나 혼란에 빠져 전체를 이해하려는 노력을 일찌감치 포기하고 하나의 세부 사항에 집중하게 된다. 폐쇄적 사고와 협소한 전문화를 강화하면서 현대사회는 이로 인한 병폐를 곳곳에서 겪고 있다. 멀티미디어 교육을 강조한 심리학자 랜드 스피로는 "우리는 바빌로니아나 알렉산드리아 도서관 이래로 전 세계의 모든 지식을 보유한 도서관을 구축하려고 노력해왔다"면서 덧붙였다. "지금 우리는 인터넷이라는 형태로 그 도서관을 갖게 되었지만, 불행히도 사람들은 따로 생각하는 수고를 기울이지 않고 지극히 제한적으로만 이 도서관을 이용한다. (……) 하지만 웹은 또 다른 관점을 모색하는 데 아주 좋은 장소다."

넘치는 정보는 오히려 사람들에게서 인간다운 사유를 빼앗고 소극적인 자세로 현실에 안주하도록 부추겼지만(여러 연구에서 이 같은 부작용을 밝힌 바 있다), 개인이 인터넷을 지적으로 활용할 줄 안다면 그 편익은 무궁무진하다고 해도 틀리지 않다. 햄릿 이사칸리는 이렇게 말한다. "현대 정보화 시대에서는 정보를 더 빨리 획득할 수 있으므로 다능하고 박식한 사람이 증가하리라고 예상할 수 있다. 많은 것을 배우고 싶어 하는 사람에게 엄청나게 많은 기회가 창출되고 있다." 다양한 분야의 강사들이 출연하는 컨퍼런스와 포털사이트, 팟캐스트(아이디어 시티Idea City, 리프트Lift, 빅싱크Big Think, 아르에스에이RSA, 인텔리전스 스퀘어드Intelligence Squared, 조 로건 익스피어런스Jo Rogan Experience, 팀 페리스Tim Ferriss, 런던 리얼London Real 등)를 비롯해 새롭게 떠오르는 '지식 산업'은 사고의 지평을 확장하고 자아 계발을 촉진하는 데 중요한 역할을 한다.

이론적 지식이든 경험적 지식이든 손가락만 까딱하면 해당 정보에 간단히 접근할 수 있는 세상이다. 자동차 정비, 폴리네시아족의 철학, 비상시 생존법, 러시아 미술사, 소프트웨어 문제 해결법, 휴대전화 수리, 마르크스 경제학, 응용약리학, 수도관 설치 등 인터넷에 가면 거의 모든 것을 배울 수 있다. 구글이나 위키하우wikihow에서 검색하면 정보를 찾는 일은 식은 죽 먹기다. 웹 기반의 정보를 현명하게 이용하면 누구나 박식한 사람이 될 수 있다. 무료로 제공되는 전자책 500만 권과 온라인에서 보는 신문과 잡지는 말할 것도 없고, 유튜브(온갖 종류의 동영상이 올라온다), 칸 아카데미Khan Academy(교육 동영상을 무료로 제공하는 서비스), 테드 강연(폭넓은 주제에 관해 새로운 아이디어를 제공한다), 엣지Edge(지성계를 이끄는 과학자와 사상가 들의 다양한 아이디어를 제공한다), 위키피디아(267개 언어로 3,100만 건의 글이 올라와 있다) 같은 인터넷 사이트들이 막대한 정보를 공급한다.

하지만 지식을 제대로 구성하고 이해하고 이용하는 법을 가르쳐야 하는 교육기관들은 지식을 수집하고 보급하는 일과 관련해 그들이 수세기에 걸쳐 해온 방식에서 조금도 진보하지 않았다. 어떤 정보가 언제, 얼마나, 어떤 맥락에서 필요한지 알기 위해서는 과거와 마찬가지로(어쩌면 더욱) 비판적 사고가 필요하다.

7. 혁명

인류 진화에 대한 가장 일반적인 설명에 따르면, 200만 년에서 1만 년 전 사이에 이 지구에는 여러 인종이 거주했다. 호모 네안데르탈렌시스, 호모 에렉투스, 호모 솔로엔시스, 호모 플로레시엔시스, 호모 루돌펜시스, 호모 에르가스테르, 호모 사피엔스. 이 가운데 사피엔스는 나머지 종과 달리 인지혁명을 거쳐 살아남았다. 큰 두뇌, 도구의 이용, 우수한 학습 능력, 복잡한 사회 구조 덕분에 사피엔스 종은 명맥을 유지했다.

이것이 최초의 인지혁명이다. 두 번째 혁명은 아직 일어나지 않았다. 물론 11세기의 코르도바, 13세기의 팀북투, 15세기의 피렌체, 18세기의 파리를 비롯해 인류 역사에는 여러 차례 문예 부흥기가 존재했다. 지구상 여러 지역에서 과학 혁명, 정치 혁명, 경제 혁명이 일어났을 뿐 아니라 기술 혁신과 영적 각성이 있었다. 하지만 뇌 신경구조가 바뀌고 전체 종의 의식에 변화를 가져오는 인지혁명은 아직 오지 않았다. 금세기에는 새로운 인지혁명이 틀림없이 일어나야 한다. 인류가 현재 멸종 위기에 직면해 있으므로 중대한 결단을 내려야 한다는 평가에 이의를 제기할 사람은 거의 없다. 유구한 세월을 생존해온 폴리매스형 인간들이 다시 한 번 어려운 과업에 도전해야 할 때다.

다른 길은 없는가?

POLYMATH

　　지난 장에서 내가 제안한 것은 다름 아닌 인지혁명이다. 전문화 시스템이 밀어붙이는 비인간적 정책으로부터 자아를 해방시켜야 한다는 뜻이다. 전문화가 초래하는 문제는 근본적으로 사회 시스템과 관련 있으므로 해결책 역시 시스템을 바꾸는 것이 되어야 한다. 따라서 6장에서는 사회와 교육, 노동 그리고 더 중요하게는 미래를 인식하고 규정하는 방식에 관해 영향력을 미칠 수 있는 사람들의 관심을 촉구하는 내용이 될 것이다. 일군의 폴리매스들이 미래를 통제하기를 바라는가, 아니면 모두가 자기 안의 잠재력을 끌어내 폴리매스가 되기를 바라는가?

1. 다른 사회를
꿈꾼다

○ 다양성이 높은 집단

위대한 문명이 꽃 피운 곳에서 (역사적 가치가 있는 인간의 업적을 많이 발견하는 것은 말할 것도 없고) 폴리매스를 그토록 많이 배출한 이유 중에 하나는 대부분의 제국(오스만제국, 로마제국, 대영제국)이 영토를 확장하면서 문화와 세계관, 언어, 사상이 다양한 사람들을 흡수하고 동화시켰기 때문이다. 따라서 개인이 맺는 사회적 관계의 종류가 매우 다양했을 테고, 이질적인 사회 혹은 지식 간의 이종교배가 자연스럽게 일어났을 것이다. 로널드 버트Ronald Burt 역시 그의 책《좋은 아이디어의 사회적 기원Social Origin of Good Ideas》에서 동일한 결론에 도달했다.

이질적인 두 사회의 교차점에 사는 사람들은 좋은 아이디어를 얻을 가능성이 높다. (……) 그러지 않았으면 단절되어 지냈을 여러 집단과 연결되어 있으므로 기존의 사고방식이나 태도와는 다른 요소들을 접할 가능성이 높고, 따라서 여러 가지 대안을 종합해 취사선택할 수 있다.

복잡성 이론가 스콧 페이지Scott Page가 그의 책《다름The Difference》에서 자신의 광범위한 연구 결과를 밝힌 바에 따르면, 지능지수는 높지만 교류가 별로 없는 사상가들보다는 각자 개성을 살리며 다양한 사람들과 함께 작업하는 사람들이 진보와 혁신을 이루는 경우가 더 많은 것으로 나타났다. 비슷한 생각을 지닌 전문가 집단보다 다양한 관점을 지닌 사람들로 구성된 집단이 더 뛰어난 성과를 낸다는 사실을 입증한 것이다. 배심원제가 사법체계에서 중요한 이유 중 하나도 이와 연관이 깊다. 무작위로 선정된 배심원단은 다양한 배경을 지닌 사람들로 이들이 함께 모여서 해당 사건에 대한 각자의 관점을 제시하고 그것들을 종합해 새로운 관점에 도달한다. 이는 고등 교육을 받고 평생에 걸쳐 자기 분야에서만 전문성을 키워온 법률가 혼자서는 지닐 수 없는 통찰이다.

이 같은 의견 수렴 과정은 아리스토텔레스가 말했듯이 '대중의 지혜'를 활용하는 과정으로 언론(뉴스에 무엇을 포함시켜야 하는지 결정할 때), 정치(아테네 민주정의 투표제), 학문(학제적 연구), 사업(초부서적 업무 협력과 크라우드소싱)을 비롯해 여러 분야에서 사용된다.

다양성이 창의적 사고에 미치는 영향력은 집단에만 적용되는 원리가 아니다. 개인이 경험하는 다양성 역시 창의성과 관련해 동일한 영향력을 발휘한다. 개인 역시 새로운 문화와 사람, 새로운 개념과 사고방식을 접하고 상호작용할 때 의식적 차원 및 무의식적 차원에서 인생의 다양성을 깊이 파악하고 이해하게 된다. 집단의 다양성은 한 개인의 사유에 영향을 미치고 그 역도 마찬가지이다. 인지과학자 랜드 스피로는 '개인의 지성과 집단의 지성 차원에서 이루어지는 협력'에 관해 이야기한다.

한 사람에게 유익한 것이라면 세상에도 유익하다. 개인이 또 다른 개인을 지지하면서 (……) 함께 모여 일할 때 개인은 다양한 관점을 접하게 되고, 기존과는 다른 관점을 형성하게 되고 (……) 그 결과 집단 안에서 함께 일하기에 더 적합한 사람이 된다. (……) 더 많은 촉수, 더 많은 연결점이 생기고 (……) 개인이지만 '집단적 지성에 능한 사람'이 되어 자기 안에서 여러 사람의 관점을 스스로 대변할 수 있다.

이 과정은 실제로 뇌에 물리적 영향을 미친다. 사회적 교류의 범위와 종류, 속성에 따라 뇌의 무게, 대뇌피질의 두께, 신경망이 변한다는 것은 이미 알려진 사실이다.

개인의 생각과 경험이 다양해지면 사회 전체의 다양성이 폭발적으로 증가하고, 이는 다시 개인에게 긍정적인 영향으로 돌아간다. 그리하여 계급 간에 분야 간에 또 문화 간에 상호작용이 지속적으로 일어나는 범세계적 환경에서는 이질적인 사람들과 생각과 영역들 간에 각기 이종교배가 일어날 가능성이 높다. 다양한 관점을 내면화하는 성찰의 시간뿐 아니라 다양한 생각을 자유로이 외부로 표출할 수 있다면 상기한 환경에서는 자연스럽게 다재다능한 인재를 양성할 수 있다.

하지만 집단에 의존해야 하는 환경에서는 폴리매스 기질을 억제하는 사례도 있다. 산업화 시대 이후 신자유주의 경제가 등장해 세계 곳곳에서 사회경제 시스템으로 뿌리내리면서 특정 조직, 즉 기업이 개인을 지배하게 되었다. 세계를 흔들고 움직이는 힘이 위대한 개인에서 위대한 기업으로 넘어간 것이다. 기업은 국가의 역할과 영향력을 추월할 만큼 성장했고(재정 규모 순으로 선정한 세계 100대 경제 주체를 보면 현재 대부분 국가가 아니라 기업이 그 자리를 차지하고 있다), 이 같은 변화는 다재다능한 역량을 기르고 싶은 개인에게 엄청난 영향을 미친다. 기업은 자신에게 인격을 부여했고 그들만의 가치관은 물론 그들만의 비전과 사명을 수립하고 권리까지 획득했으며 그 영향력은 개인의 영역을 침범해 개인을 압도하는 지경에 이르렀다.

지식의 폭발적 증가(정보 폭발)와 비인간화 그리고 기업의 비대해진 영향력 탓에 개인보다는 팀 혹은 조직적 차원에서 다양성과 다학문적 연구를 우선순위로 고려할 필요가 생겼다. 과학기술 전문가인 비니 미찬다니Vinnie Mirchandani는 폴리매스에 비유해 21세기 기업을 분석한 책을 내놓았다. 일례로 브리티시 페트롤륨BP과 제너럴일렉트릭GE 같은 기업은 '신종 폴리매스'에 해당한다. 여러 첨단기술 분야에서 뛰어난 역량을 발휘하고, 다양한 분야의 인재들을 모은 다국적 기업은 사람으로 치면 레오나르도 다 빈치요 벤저민 프랭클린이다.

집단 내의 다양성이 주는 편익이 (개인과 공동체 간에) 쌍방향으로 흐르도록 하려면 재계를 변화시키는 노력이 필요하다. 과학자이자 철학자인 재런 러니어Jaron Lanier가 경고했듯이 개인을 희생해가며 집단의 영광을 도모하는 것은 안 될 일이다.

○ 진정한 세계화

(소설가, 데생화가, 생물학자, 역사와 정치 분야 작가로서) 그 자신이 폴리매스였던 허버트 조지 웰스는 1936년에 '세계 두뇌World Brain'라는 개념을 주장했다. 그는 이렇게 밝혔다. "종합하고 합성하는 것에는 언제나 자신이 있었다. 분리된 사건과 단절된 세부사항 들을 그대로 두고 보는 게 싫었다." 웰스가 제안하는 아이디어는 언제나 그 규모가 전 지구적이었다. 그는 세계사를 썼으며 세계평화 운동의 저명한 일원이었고 제2차 세계대전 후 세계정부를 창설하는 운동에 참여했다. 웰스는 인종차별과 계급주의를 공개적으로 반대했으며 제국주의라는 프리즘 밖에서 세상을 보았던 몇 안 되는 영국의 지식인이었다. 웰스는 인류 문명의 다양한 지식이 인류 역사에 미치는 영향력을 꿰뚫어 보았으며 세계 평화를 지키려면 올바른 역사관을 정립해야 한다고 강조했다. 웰스는 각자의 다양성을 인정하면서도 조화롭게 통합된 세계를 꿈꿨다. 진정한 세계화였다.

21세기 세계화 과정에서 공동체 의식이 확장하고 결합함에 따라 지구적인 규모의 이종교배가 여러 곳에서 진행되어 전에는 상상하지도 못했던 다양한 신세계가 열렸다. 오늘날 우리 사회는 다양한 형태와 플랫폼을 통해 상호작용할 수 있다. 스카이프Skype, 이메일, 왓츠앱Whatsapp(메신저 프로그램), 소셜미디어, 블로그, 토론 포럼 등을 통해 다양한 배경을 지닌 사람들이 함께 아이디어를 공유하고 개진한다. 과학저술가 매트 리들리Matt Ridley의 말을 인용하자면 "아이디어들이 사랑을 나누는" 공간이다. 진정한 기술 혁신은 집단 지능에서 나오므로 사람들이 얼마나 연결되어 있느냐가 관건이라고 리들리는 주장한다. 같은 맥락에서 리들리는 우리가 놀라운 기술 혁신의 황금기를 누리는 이유를 인터넷에서 찾는다.

하지만 세계화는 인류에게 기회이면서 동시에 위협이라는 사실이 드러나고 있다. 정보의 바다를 적절히 항해하고 이해한다는 전제 하에 세계화 체제는 지적 호기심이 강렬한 사람에게는 더없이 좋은 기회를 제공한다. 다재다능한 사회를 형성하는 원동력이 될 수도 있다. 산업혁명과 제국주의는 그에 어울리는 사고방식, 즉 기계적이고 선형적인 사고와 환원주의적 전문화를 낳았다. 그리고 이 사고방식은 산업혁명 시대의 필요를(모두가 바라는 필요는 아니었을지라도) 충족했다. 오늘날 우리는 지구적으로 통합된 정보화시대를 살아간다. 따라서 현대인에게는 전혀 다른 사고방식, 즉 유동적이고 종합적이며 상호 연결된 사고가 필요하다. 개인의 관심은 더 이상 단일하지도 간단하지도 않다. 그것들은 다면적이고 복잡해졌다.

세계화 체제가 다재다능한 인재를 키워내는 촉매 역할을 하려면 가짜가 아니라 진짜 세계화가 실현되어야 한다. 21세기에는 모든 나라가 식민지 지배에서 벗어나 세계화에 편입되었으니 서구권 중심의 사고가 사라졌으리라고 가정할지도 모르지만(혹은 그러기를 바라겠지만), 현실은 그렇지 않다. 우리가 경험하는 세계화는 그 지지자들이 얘기하듯 전체 혹은 대다수의 세계 문화가 조화롭게 통합된 형태가 아니다. 지배적인 문화, 다시 말하면 마침 공교롭게도 오늘날의 서구 문화가 전 세계적으로 확산되었을 뿐이다. 이것은 바로잡아야 할 문제다. 이와 같은 세계화는 하나 또는 몇몇 세계 언어(이를테면, 유엔 공식 언어)만 확산시키는 부작용을 낳기도 했다. 모든 것이 이 소수의 언어로만 번역된다. 하지만 많은 역사서와 철학서, 문학 작품은 이 외에도 다양한 언어로 접할 수 있어야 한다. 그러니 지구촌이라는 개념은 환상에 불과하다.

전 세계 원주민의 문화, 역사, 철학을 더 진지한 자세로 존중할 필요가 있다. 특히 이 가운데 다수가 전일적 관점에서 세계를 해석하고 그 속성상 다재다능함을 촉진한다는 점에서 현대 환경에 더 적합하리라고 생각한다. 편의에 따라 형식적으로 언급하고 말 게 아니라 서구의 사상과 동등하게 대우해야 한다. 세계화 시대에 다양한 사람의 문화와 세계관을 제대로 이해하려면 다양한 언어를 익히는 문화가 조성되어야 한다. 예를 들어, 아즈텍 언어로 일본 역사서를 기술하고, 말리족 언어로 폴리네시아족의 철학서를 기술하고, 이집트 말로 중국 문학 작품을 비평하는 일이 흔한 풍경이 된다면 우리의 역사관을 재편하고, 현재 우리가 당연시하는 전제를 수정할 수밖에 없으리라.

이런 점들을 고려할 때 세계화된 사고방식을 배양하기 위한 세계화된 교육이 날로 중요해지고 있다. 어린이와 청소년에게 다양한 언어를(당연히 선택할 몇몇 언어 외에) 가르치고, 여러 사회에서 발생한 지식을 각기 동등하게 다루는 방식으로 세계 문학과 세계 영화, 세계 미술, 세계 철학을 소개해야 한다는 뜻이다. 또한 교과과정과 밀접하게 연계해 여행 등을 통해 세계를 직접 경험할 기회를 제공해야 한다.

계몽주의 시대에 유럽의 상류층 자제들이 그랜드 투어Grand Tour
를 통해 문물을 익혔듯이 오늘날의 청소년도 세계를 여행하며 견문
을 넓히는 것을 당연히 생각해야 한다. 특히 요즘에는 세계 여행이
훨씬 쉬워졌으므로 어렵게만 볼 일은 아니다. 대학에 진학하기 전에
갭 이어gap year를 통해 세계를 경험하지만 여전히 부족하다. 학생들
이 전 세계 문화를 습득하고 세계관에 통합할 수 있도록 이 같은 여
행을 교과과정에 정식으로 포함시켜야 한다. 세계를 직접 체험하는
여행이 어째서 폴리매스 기질을 발현하는 데 중요할까? 사고의 지
평을 넓히고 지식과 경험을 통합하고, 개성을 키우고, 다양한 관점
에 노출시키기 때문이다.

○ **예술과 문화**

고급문화나 대중문화를 통해서든(T. S. 엘리엇은 '문화를 완성'하는 데
두 가지 모두 중요하다고 보았다) 혹은 힙합 음악이나 연극, 시, 영화, 소
설, 음악, 동화를 통해서든 다재다능함을 인간의 고유한 특징으로
더욱 부각시킬 필요가 있다. 다소 놀랍게 느껴지겠지만 예술 작품과
문학 작품에서 (다재다능성이라는 개념을 포함해) 폴리매스가 칭송받는
(혹은 묘사되는) 경우는 별로 없다.

예를 들어, 폴리매스는 (그 삶이 매우 흥미롭고, 모험 가득하고, 다채롭다
는 점에서) 예술 및 문학적 탐구 대상으로는 더없이 훌륭한 영감의 원
천이 될 수 있지만 놀랍게도 이 책에서 언급한 폴리매스 중에 주류

영화에서(심지어 독립영화에서도) 깊이 다룬 인물은 거의 없다. 실존 인물은 아니지만 셜록 홈즈, 제임스 본드, 제이슨 본, 윌 헌팅, 포레스트 검프, 맥가이버 같은 캐릭터를 보면 진취적이고 천재적이며 다재다능한 인물을 향한 영화 제작자들의 관심이 여전히 뜨거워 보인다. 그런데 할리우드나 주류 영화사에서는 임호텝이나 아리스토텔레스, 심괄, 다 빈치, 프랭클린, 괴테, 이븐 칼둔처럼 감동과 재미를 주기에 충분한 폴리매스의 삶을 어째서 영화 소재로 쓰지 않는지 모르겠다.

에드워드 즈윅Edward Zwick이 메가폰을 잡고 에릭 바나Eric Banna가 주연을 맡아 리처드 프랜시스 버튼Richard Francis Burton의 파란만장한 인생을 추적한 할리우드 블록버스터를 만들면 어떨까, 스파이크 리Spike Lee 감독의 영화에서 윌 스미스Will Smith가 폴 롭슨으로 연기하는 건 어떨까, 톰 행크스Tom Hanks가 〈포레스트 검프〉나 〈아폴로 13호〉 같은 어드벤처 영화에서처럼 프랭클린 스토리 머스그레이브F. S. Musgrave 역할을 맡는다면 틀림없이 사람들을 사로잡는 작품이 되리라. 마지드 마지디Majid Majidi 감독이 오마르 하이얌의 탐험을 그린 작품을 만들어도 좋고, 베르너 헤어초크Werner Herzog 감독이 루돌프 슈타이너의 다차원적인 정신을 영화에 담아도 좋고, 마니 라트남Mani Ratnam 감독이 라빈드라나트 타고르의 다양한 면모를 묘사한 작품을 내놓아도 좋으리라. 이들의 이야기는 유쾌한 오락거리일 뿐 아니라 교육적으로도 훌륭한 작품이 될 것이다. 이야기를 꾸며내지 않고도 또 다른 삶이 가능하다는 사실을 보여줄 수 있으리라.

오늘날 정부와 기업은 대부분 한 분야에 수력하는 전문가를 선호하고, 폴리매스를 인정하고 격려하고 적극 지원하는 역할은 후원 단체에서 맡는 경우가 많다. 후원자 중에는 빌 게이츠, 리처드 브랜슨, 일론 머스크, 네이선 미어볼드 같은 유명한 기업가도 있다. 본인들 역시 다방면에 재능이 많은 폴리매스라는 공통점이 있다. 자율적으로 사고하고 독자적으로 행동하는 기업가들은 (행동에 제약이 많은 정부 관료나 기계적으로 사고하는 경영자와 달리) 개인이 지닌 다양성의 힘과 가능성을 알아보고, 기존의 관습과 절차에 얽매이지 않고 기꺼이 폴리매스를 지원할 가능성이 높다.

예술계와 문화계에서 '현대의 메디치'라 불리는 나세르 칼릴리 Nasser D. Khalili는 많은 이들에게 폴리매스로 평가 받는다. 그는 예술, 문화, 교육, 종교, 사업 분야에서 학제적 프로젝트를 다수 지원해왔다. 거기에는 아시아와 아프리카 청년들의 다재다능성을 극대화하고 개방적인 사고를 격려하기 위한 국책 사업도 포함된다.

2. 다른 교육을
꿈꾼다

앞에서 우리는 현행 교육제도가 어째서 지금과 같은 상태에 놓이게 되었는지 살펴보았다. 켄 로빈슨은 몇 가지 주된 문제점을 다음과 같이 간략하게 정리했다.

교육 현장에서 진행된 전문화는 증거와 연역적 추론 과정을 통해서만 지식이 도출된다고 이해한 결과이기도 하다. 이에 따라 예술 같은 문화 영역은 자연스럽게 교육에서 열외로 취급되었다. 이 경향은 19세기에 대중 교육제도가 성장하면서 더욱 가속화되었다. 공장에서는 특정한 인지능력을 요구했고 이에 따라 수학과 영어 교육이 중시되었다. 명제적 지식과 연역적 추론 능력을 강조한 지식에다가 순응적인 노동자를 배출할 필요성을 결합한 결과 우리는 특정한 관점의 지능을 강조하고 정서적 역량을 무시하는 교육체제를 채택하게 되었다. 이런 일이 벌어졌던 기간에 발생한 정신의학과 정신분석, 경제학 이론은 모두 이와 비슷한 방식으로 세상을 이해하는 관점에서 생겨난 학문이다.

○ 배움의 목표

지식은 힘이다. 어떤 이들에게는 지배하기 위한 힘이고 또 어떤 이들에게는 해방되기 위한 힘이다. 이런 까닭에 지식의 획득(혹은 교육)은 역사적으로 매우 중요하다. 인류 역사상 대부분의 시기에 교육의 목적은 한 사람의 도덕성을 함양하고, 인류 발전에 공헌할 능력을 신장하고, 일상적인 삶과 문제에 대처하도록 자신을 최적의 상태로 준비하는 것이었다. 유교에서는 교육을 도덕성 함양의 수단으로 보았다. 힌두교와 무슬림은 신을 알아가는 수단으로 보았다. 선사시대의 수렵채집인들은 적대적이고 불리한 환경에서 생존하기 위한 수단으로 보았다. 아리스토텔레스는 우리가 아이들을 교육하는 목적에 관해 말하면서 해당 학문이 주는 유용성 때문이기도 하지만 배움 자체가 유용하기 때문이라고 말했다.

그렇지만 언젠가부터 사회진화론이 만연하고 자본주의가 지배적인 패러다임이 되면서 교육을 물질적인 성공과 신분 상승을 얻기 위한 주요 수단으로(때로는 유일한 수단으로) 여기게 되었다. 현행 제도와 문화 안에서 사람들은 자신의 몸값을 올리는 과정인 교육에 의존할 수밖에 없고, 교육과정을 마친 후에는 이를 잣대로 능력을 평가하고 신뢰하는 고용주에게 자신의 노동력을 팔아야 한다. 우리의 가치는 대부분 얼마나 전문성을 갖췄는지를 기준으로 판단된다. 그런 점에서 교육은 안정된 일자리와 지위를 얻는 도구가 되었다.

그러나 이제는 교육의 진짜 목적을 재평가할 필요가 있다. 세상 전체를 보다 촘촘하게 이해하지 않고서 장차 세상의 어느 영역에 몸담을지 어떻게 결정할 수 있는가? 오늘날 우리에게는 무엇보다 호기심(자율성을 배양하는 학습), 통합적 사고(맥락을 고려하는 전일적 학습), 창의성(다재다능한 인재에게 획일적인 전문화를 강요하지 않는 교육)을 육성하는 교육이 필요하다. 폴리매스 교육가인 햄릿 이사칸리는 다수의 재능과 다양한 관심을 격려하는 학습 환경을 조성해야 한다고 단언한다. "현실적으로 한 분야에만 관심을 갖는 학생은 아무도 없다. 학생들은 여러 분야와 다양한 취미에 관심을 갖는다. 이들 분야에서 자신의 기량을 보여줄 수 있는 기회를 학생들에게 제공해야 한다."

아울러 스스로 점검할 몇 가지 질문이 있다. 우리는 왜 지식을 얻으려고 하는가? 배움이나 교육은 우리에게 어떤 의미를 지니는가?

우리가 생각하는 성과, 행복, 만족, 성공이란 무엇인가? 현실이 그렇지만 우리는 어려서부터 일자리를 얻으려면 배워야 한다고 들었다. 물론 이 일자리도 조만간 자동화될 가능성이 높다! 그러므로 지식이 자신에게 무엇을 의미하는지 솔직하고 분명하게 입장을 정리해야 한다. 마치 자동 조종 장치에 자신의 삶을 맡긴 듯 무엇을 배워야 하는지, 어째서 배워야 하는지에 대해 사회가 알려주기를 기다리는 이들이 너무 많다. 상기한 질문을 성찰하고 스스로 답을 찾을 때 배움을 향한 열정뿐 아니라 배움을 공유하려는 열정이 자기 안에서 우러난다.

○ 자율적으로 창의성을 발휘하도록 격려하라

각자의 재능을 격려하고 칭찬하는 다양한 교과과정을 제공할 때 아이들은 가장 크게 꽃을 피운다.　　　　　　　　　　　　－ 켄 로빈슨

우리는 현행 교육체제의 뿌리가 머나먼 부족 시대의 구시대적 학습 방식에서 죽 이어져왔다고 가정하지만 이는 재고할 필요가 있다. 폴리매스 인류학자인 재레드 다이아몬드Jared Diamond가 연구를 통해 밝힌 바에 따르면, 현대 서구권의 교육 체제와는 그 형태가 전혀 다르지만 다수의 부족 사회에서는 다방면에 걸쳐 자유롭게 재능을 개발해 천차만별한 삶에 대비하도록 아이들을 교육하는 과정이 있었다. 다이아몬드는 파푸아뉴기니의 원시 부족을 예로 들어 교육과정을 설명했다. "이곳에는 맥락에서 따로 떼어낸 지식을 한 사람

이 다른 사람에게 전달하는 공식 교육도, 암기해야 하는 내용도, 학급도, 시험도, 학교도 없었다." 그의 말에 따르면 원시 부족의 교육 현장에서 "지식은 사회생활과 불가분의 관계에 있다."

사회생활과의 연관성이 중요한 이유는 자신들이 배우는 지식이 왜 중요하고 어떤 쓸모가 있는지 아이들이 알아야 하기 때문이다. 자신에게 전달되는 기술과 지식의 가치를 제대로 이해해야 세상을 이해하는 수단으로(그리고 생존하는 수단으로) 그 지식을 활용할 수 있다. 사회생활과 연계된 지식을 전수하는 경우 여러 영역을 넘나드는 교육이 자연스럽게 이루어진다. 이탈리아 의사 마리아 몬테소리 Maria Montessori가 개발한 교육법을 비롯해 현대에도 일부 교육 현장에서는 원시 부족의 교육철학을 반영하고 있다.

아이들을 제약 없이 양육해 사회생활에 폭넓게 대비하도록 한 부족 사회의 교육철학이나 창의성 개발의 원동력으로 아이들의 놀이에 주목한 몬테소리 교육법에는 우리가 주목할 부분이 많다. 현대 사회의 부모들은 자녀들을 과잉보호하거니와 아이들의 탐구 정신과 자율성을 축소한다. 재레드 다이아몬드는 아카 피그미족, 피라항족, 서호주의 마르투족의 전통 사회를 연구했고 우리가 배울 점이 있는 몇 가지 양육 방식을 소개했다. 이들 부족 사회에서는 다양한 연령대가 모여 놀이를 즐겼고, 아이들이 직접 장난감을 만들면서 창의성을 키웠고, 여러 영역에서 성인의 삶을 직접 체험했다. 이처럼 "교육과 놀이의 구분이 없는" 환경에서 아이들은 "누구에게도 의존하지 않는 주체로서" 강인하고, 창의적이고, 회복탄력성을 갖춘 젊은이로 자랐다.

자율성을 보장하는 교육 환경에서 아이들은 호기심이 이끄는 대로 자연스럽게 문제를 탐구한다. 이는 교육학자인 켄 로빈슨이 주장한 바와도 일치한다. "아이들의 호기심에 불을 붙인다면, 누가 곁에서 도와주지 않아도 스스로 배우려 할 것이다." 이런 교육 환경에서는 각자의 개성도 증진한다. 자율적으로 창의성을 키우는 부족 사회의 교육 방식을 현대사회에 적용한다면 우리 아이들은 유년기에 보다 다양한 재능을 개발할 것이다. '관습적인 마음'이 원시적 본능 혹은 로버트 그린이 칭하듯이 '본래의 마음Original Mind'을 되찾는다면 어른이 되어서도 자기 안에 내재하는 창의성과 호기심을 유지할 것이다.

○ 다재다능한 인재 육성

교육은 여러 현상 사이에 숨은 연관성을 알아보는 능력을 길러주는 것이다.　　　　　　- 바츨라프 하벨(Vááclav Havel), 체코의 극작가이자 정치인

《대학》을 통해 밝힌 유교의 교육철학에 따르면 교육은 매우 복잡하게 연결된 체계로서 그 안에서 우리는 균형을 찾아야 한다. 공자의 말에 따르면, 배움은 모든 면에서 서로 연결되어 있어서 어느 한 가지 덕을 함양하지 못하면 전체 관점에서 그 배움은 실패한 것이다.

고대에서 근대로 시간을 빨리 돌려보자. 괴테의 친구 프리드리

히 실러는 예나 대학교의 첫 강의에서 아우스빌둥Ausbildung(전문 인력을 양성하는 교육 제도)에 맞서 빌둥Bildung(일반 교양교육)이라는 개념을 강조했다. 훗날 니체는 빌둥을 중시한 교육운동에 참여해 학자들이 전체를 파악하는 관점을 놓치고 있다며 날로 강화하는 전문화의 위험성을 경고했다. "주변을 둘러보고 아래를 내려다보며 세상을 살피려면 높은 시점을 확보해야 하는데 전문가들은 높은 시점에 도달하지 못할 것"이라고 니체는 지적했다.

폴리매스 탐험가 알렉산더 폰 훔볼트도 교양교육을 강조하는 운동에 참여한 중요한 인물로 비센샤프트Wissenschaft(학문) 개념을 도입했다. 이는 인간의 정신뿐 아니라 인격 전체를 갈고 닦는 전인적 교육의 중요성을 함의한다. 훔볼트는 대학의 목표가 "모든 지식을 펼쳐 보이고 그 지식의 원리와 기초를 설명하는 것"이어야 한다고 주장했다. 헤겔과 칸트를 비롯해 18~19세기에 독일 지성계를 이끌었던 지식인들 역시 전인 교육을 지지했다. 특히 카를 마르크스는 공산당 선언문에서 젊은이들의 다면적인 재능을 양성하기 위한 '다각적인 교육'을 제안했다.

20세기에 사회교육social pedagogy이라는 새로운 교육운동이 일어나 아이들을 동등한 인격체로 대하도록 교사를 훈련하고 아이들이 전 부문에 걸쳐 조화롭게 발달하도록 지원하기 시작했다. 그리고 오늘날에는 전인적 관점에서 통합적인 교수 및 학습 모델을 따르는(혹은 지향하는) 학교가 많이 생겼다. 일부 학교는 전인적 발달을 교과과정에 통합했다. 예컨대 루돌프 슈타이너가 설립한 발도르프 학교는 지식, 실용기술, 예술을 가르칠 뿐 아니라 사회적 의식과 영적 의식을 기르는 데 힘쓴다. 크리슈나무르티 학교도(슈타이너와 동시대를 살았던 신지학자 크리슈나무르티가 설립했다) 이와 유사한 교육철학을 지향한다. 신비주의자이자 폴리매스였던 이샤 사드구루Isha Sadhguru가 세운 이샤Isha 학교도 마찬가지다. 전인 교육을 선도한 학교들은 공교롭게도 모두 영적인 기초 위에 세워진 학교들이다.

학교 교과과정과 별개로 학교 교사들은(그들 중 다수가 제너럴리스트이므로) 학생들이 다방면의 재능을 기르도록 격려하는 데 중요한 역할을 할 수 있다. 햄릿 이사칸리는 이런 시나리오를 제안했다.

자연과학을 잘하는 학생에게 음악을 가르칠 때 소리와 화음에 대해 설명하며 간단한 수학 이론이나 물리학 이론을 상기시키고, 시와 음악 간의 연관성을 다루면서 음악사를 들여다보는 방법도 있고, 관련 맥락에서 작문 과제를 주는 방법도 있다.

아이들은 배우는 과정에서 저마다 다른 시기에 저마다 다른 재능을 기른다는(혹은 보여준다는) 사실을 잊어서는 안 된다. 켄 로빈슨은 이렇게 설명했다. "내가 알기로는 특정 과목에서 또래 아이들보다 두각을 보이는 아이가 있는가 하면, 하루 중 특정 시간대에 집중이 잘되는 아이가 있고, 대규모 그룹으로 공부할 때보다 소규모 그룹일 때 공부가 잘되는 아이가 있는가 하면, 혼자서 공부하고 싶어 하는 아이도 있다."

다능하고 박식한 폴리매스 네이선 미어볼드는 쌍둥이 자녀를 위해 맞춤형 교육방식을 설계했는데 현행 교육제도에 두 가지 속성이 있음을 파악했기 때문이다. 하나는 공장식 품질관리(표준화된 교과과정과 시험) 개념이고, 또 하나는 노동자로 합격 가능한 수준의 학생을 가능한 많이 졸업시키기 위한 목표로 학생들을 다룬다는 것이었다. 미어볼드의 얘기를 들어보자.

다들 예상하겠지만 일반 학교에서 흔히 제공하는 것보다 교과목이나 교수방식을 훨씬 다양하게 제공한다. 아이들은 한동안 시애틀에 있는 이름난 학교에 다녔는데 학교에 다닐 때도 나와 아내는 아이들이 뛰어난 실력을 보이는 생물학 같은 과목은 따로 대학교수 한 분을 초빙해 가르쳤다. 우리는 아이들의 교과활동과 연계해 가족 여행을 많이 떠났다. 예를 들어, 오디세이의 배경이 되는 그리스의 섬들을 방문하는 식이다. 아이들은 1년 동안 버몬트Vermont에 있는 대안 학교에도 다녔는데 농장 일을 하며 야외에서 많은 수업을 받았다. 이렇게 교육하면 확실히 다수의 부모들이 생각하는 것보다 (비싸고 번거롭다는 사실은 말할 것도 없고) 훨씬 넓게 세상을 배운다. 나는 아이들이 일찌감치 드러낸 열정이나 재능을 격려하면서 세상을 살아가는 다양한 방식에 노출시키는 것이 현명한 일이라고 생각한다.

일반 교양과목은 이미 오래전에 대학입시 시험과목의 지위를 상실했지만 지금은 그 가치를 다시 회복할 때다. 각 과목이 전체 교과과정에서 어떤 연관성을 가지는지 또 이들 과목이 아이들의 인생에 어떤 의미가 있는지 맥락을 강조하는 교육이 되어야 한다. 이렇게만 된다면 교양과목은 교과과정에서 가장 중요하게 다루어질 수밖에 없다.

어느 경우든 학생들은 다방면에 걸쳐 균형 잡힌 학업을 쌓은 것에 대한 보상을 받아야 한다. 학생은 각 과목에서 쌓은 지식과 실력만이 아니라 그들이 갈고 닦은 과목이 얼마나 다양한지에 따라서도 평가를 받아야 한다. 설령 특정 분야의 전문가가 되는 것이 최종 목표라 할지라도, 심리학자 구트만Gutman과 슌Schoon이 제안하듯이, 전문화에 대한 유예기간을 제공해서 학생이 다양한 재능과 관심 분야를 탐구하는 데 더 많은 시간을 쓸 수 있도록 해야 한다.

○ **고등교육**

현대 교육체제가 대부분 피라미드 구조의 전문화 과정임을 고려할 때 위로 올라갈수록 세분화되는 고등교육에서 배움의 다양성을 유지하기란 대단히 어려운 과제이다. 그러니 여러 문명에서 존재했던 성공적인 고등교육 모델로 회귀하는 방안도 유용한 선택이 아닐까 한다. 세계에서 가장 오래된 대학인 탁실라 대학교(현재 파키스탄)는 성인 학생을 대상으로 의학과 법률, 군사과학 같은 학문은 물론이고 코끼리 신화, 궁술, 사냥 등의 다양한 분야를 똑같이 중요하게 가르쳤다. 무슬림 세계에서 고등교육을 실시한 대학과 교육기관들은 전통적으로 전인 교육의 관점에서 다재다능함을 갈고 닦는 장소였다. 카이로의 알 아즈하르Al Azhar 대학과 이란의 쿰Qom 대학이 좋은 예이다. '대학university'이라는 단어는 라틴어 'universitas'(보편적 혹은 전체적)에서 유래했다. 유럽에서 고등교육(특히 고등교육)이 란 모든 사람에게 폭넓은 스펙트럼의 학문을 제공해야 한다는 사실을 의미했다. 실제로 중세 초기의 대학들은 교과과정으로 'studia generalia(교양 과목)'를 가르쳤다.

하지만 오늘날에는 근 200년 전부터 그래왔듯이 기업의 주문에 따라 평생 한 분야만 파고드는 전문가들을 제조하고 있다. 그런데 모든 개인이 다차원적이고 다면적인 기질을 타고나는 게 사실이라면(이 책을 통해 재차 강조했듯이) 이론상으로는 전문가보다는 폴리매스를 '제조하는' 편이 훨씬 쉽지 않을까? 노벨 생리의학상 수상자이자 근대 신경과학의 아버지로 불리는(그리고 화가로도 칭송받는) 산티아고 라몬 이 카할은 균형 잡힌 전인교육의 편익을 다음과 같이 증언했다.

명석한 교사가 훨씬 더 선호할 만한 학생의 특징을 들자면 다소 고집스러운 면이 있거니와 1등자리를 우습게 여기고, 허영심을 채우는 데 무관심하고, 풍부한 상상력을 지닌 것으로 보이며 문학, 예술, 철학을 비롯해 심신을 단련하는 모든 여가 활동을 익히는 데 에너지를 쓰는 학생일 것이다. 그런 학생을 멀찍이서 관찰하는 사람에게는 마치 에너지를 여기저기 분산하며 낭비하는 것처럼 보일 테지만 실은 에너지를 적절히 흘려보내며 강화하는 것이다.

다재다능함을 갈고 닦는 중세 대학의 교과과정 구조에 가장 가까이 근접한 형태는 (다른 나라보다는 특히 미국에서 보편적인) 교양학과 시스템이다. 원래는 유럽에서 기원했으며 오늘날 브리태니커 백과사전은 이렇게 정의한다. "대학의 교과과정은 전문적인 혹은 직업적이고 기술적인 교과과정과 대비해 일반교양을 전달하며 일반적인 인지능력을 발달시키는 것을 목표로 한다."

교양 과목liberal arts에서 'liberal'은 라틴어로 '자유민에게 가치 있다'는 뜻으로 대학에서 교양을 배운다는 것은 전문교육 중심의 신조에서 벗어나 자유를 찾는 일이 목표임을 의미한다. 이것은 학생뿐 아니라 학자에게도 해당한다. 더글러스 호프스태터가 하버드 대학의 에드워드 윌슨 교수에게 리버럴 아츠 칼리지liberal arts colleges에서 근무하는 두 명의 다재다능한 교수들에 대해 얘기했을 때 윌슨은 다음과 같이 대답했다(아래 인용문은 필자가 재구성한 것이다).

그렇습니다. 탁월한 사상가와 교사 들은 화려한 아이비리그 대학보다는 소규모의 리버럴 아츠 칼리지에 몸담는 경우가 많습니다. 아이비리그 대학에서는 언제나 깊이 있는 사상과는 별개로 이른바 '최첨단' 인재를 고용하니까요. 이들은 오직 하나의 분야에서 '세계 정상급'으로 평가받는 전문가들이지요. 하버드 대학에는 이런 세계 정상급 인재들이 넘치지만 누군가 나한테 자녀에게 진정한 교육을 시킬 수 있는 곳이 어디냐고 물으면, 너무 재고 유행에 민감한 하버드 같은 상류층 대학 대신 작은 규모의 리버럴 아츠 칼리지를 언제나 추천합니다. 하버드대에 다니면 많은 특권을 얻 겠지만 그만큼 좋은 교육을 받지는 못할 겁니다.

다수의 대학에서 다양한 동아리 활동(스포츠, 미술, 책, 사회활동 등) 을 비롯해 활발한 '과외활동' 프로그램을 갖추고 있지만, '과외'라는 딱지가 붙은 것 자체가 그 모든 활동을 지엽적인(따라서 열등한) 활동 으로 여기고 있음을 의미한다. 미국에는 교양학 학사Bachelor of General Studies: BGS 학위가 있지만, 전통적인 대학과 기업에서는 교양학 학위 는 주력 분야가 없고 어중간하다는 이유로 인정하지 않는다. 영국에 서는 유니버시티 칼리지 런던University College London: UCL이 교양 과목 을 가르치는 교육기관 중 하나다. 이곳에서는 교양학 학사 학위를 제공해 학생이 다학문적으로 연구의 길을 가도록 격려한다. 졸업 후 에 이 학위 때문에 고용주들이 채용을 꺼리지 않을지 걱정하는 사람 은 학생취업관리기관Institute for Student Employment: ISE에서 최근 발표한 보고서에 주목할 필요가 있다. 통계를 보면 영국의 사업체 중 지원 자 심사 때 학위 취득을 명시적으로 요구하는 경우는 26퍼센트에 불 과하다.

○ 독학하기

20세기의 저명한 지식인 중 한 명인 루이스 멈퍼드는 결핵 때문 에 대학을 중퇴했다. 하지만 그는 건축, 미술, 역사, 도시 기획, 신기 술, 문학, 철학에 이르기까지 다양한 분야에서 세계적인 석학으로

인정받는다. 그는 내셔널 북 어워드National Book Award를 수상한 두 역
작 《기술과 문명Technics and Civilization》, 《역사 속의 도시City in History》
를 비롯해 상기한 여러 분야에 관해 책을 썼다. 멈퍼드는 정식 고등
교육을 다 받지 않고도 폴리매스 지식인이 될 수 있음을 보여주었다.

제도권 내의 교육기관에서 전일적 교육을 체험하기는 어렵다.
그러니 보편적 정신을 함양하고자 한다면 스스로 길을 찾아야 한
다. 자신의 내면을 성찰하는 일이 곧 지적으로나 재정적으로 영적
으로 자유를 얻는 길로 통할 때가 많다. 초전문화 사회가 만들어낸
감방에서 탈출하는 열쇠는 개성과 자율성을 회복함으로써 찾을 수
있다.

폴리매스 지망생에게 자기주도 학습(혹은 독학)은 유효한(혹은 선호
하는) 실행 방안이다. 역사적으로 셀 수 없이 많은 폴리매스가 정식
교육과정에 크게 실망하고(대개는 그 과정이 갑갑하기 그지없을 만큼 세분
화되어 있고 교양을 기르기에 불충분했기에) 정규 교과과정 밖에서 스스로
지식과 기술을 익혔다.

전반적으로 자기주도 학습은 가장 참된(그리고 가장 효과적인) 학습
과정이라고 해도 틀리지 않다. 사회나 제도적 압박 혹은 부모의 압
박에 못 이겨 억지로 배우는 게 아니라 내면의 호기심과 자신의 결
단에 이끌려 오로지 자신의 욕구를 위해 배움을 추구하기 때문이
다. 무엇보다 독학자는 한 분야의 전문가로만 남는 경우가 거의 없
다. 지식을 쪼개고 구획화한 범주들이 사실은 정규 교육과정에서 지
식을 전달하는 자들이 인위적으로 만든 산물이거니와 인간의 사고

력을 크게 제약한다는 사실을 일찌감치 알아차렸다.

독학자이자 박식한 힙합 가수인 아칼라Akala는 대학을 나오지 않았지만 영국의 주요 대학에서 두 개의 명예박사 학위를 받았다. 그는 자기주도 학습을 지적 자유를 얻기 위한 최고의 방법으로 여긴다. 아칼라의 말을 들어보자.

특히 오늘날처럼 정보가 널리 전파되는 시대에는 우리의 사고를 정치적으로 통제하는 대학의 울타리를 벗어났을 때, 학계에서 '음모설'이니 '미친 소리'니 폄하하고 금기시하는 주제에도 열린 자세로 도전하며 자유로이 배움을 구할 수 있다. 이런 형태의 학습은 엄격한 규율 아래 지식을 가르치는 학교 교육을 대체할 수는 없지만 스스로 부과한 규율에 따라 '교사'가 아닌 학생 자신이 해답을 찾아가는 방법을 배운다.

오늘날엔 자기주도 학습이 무척 용이해졌다. 온라인 자료(개인지도 교재나 강의 영상, 백과사전, 전자책, 블로그, 포럼, 소셜미디어 등)를 통해 필요한 정보에 쉽게 접근할뿐더러 수많은 도서관이 개방되어 있거니와 저렴한 가격에 책을 구입할 수 있다. 외진 지역에 거주하는 탓에 환경의 제약을 받는 똑똑한 청년도 수많은 무료 디지털 플랫폼이 등장한 덕분에 개인지도 교재 등을 무료로 받아보면서 세계 유수의 대학에 버금가는 교육을 받을 수 있다.

우리는 사이버교육e-learning이 전 세계적으로 부흥하고 있는 현장을 오늘도 목격한다. 대중적인 플랫폼 중에는 W3스쿨W3Schools, 칸 아카데미Khan Academy, 유니버시티 오브 더 피플University of the People, 오픈 유니버시티Open University, 아카데믹 어스Academic Earth, 루미노시티 브레인 트레이닝Luminosity Brain Training, 마인드 짐Mind Gym, 젬스 에듀케이션Gems Education, EdX, 스킬셰어Skillshare, 유다시티Udacity, 유데미Udemy, 티쳐튜브TeacherTube, MIT 오픈소스MIT Opensource, CK-12 등이 있다. 사이버교육은 장래가 밝지만 두 가지 한계가 있다. 첫째, 아이디어를 직접 교환하는 오프라인 교육 현장을 효과적으로 대체하기 어렵다. 둘째, 다양한 분야를 연결하는 통합적 세계관을 제공하는 플랫폼이 없다. 정보를 종합하고 통합하는 것은 학생의 몫으로 남는다.

○ 폴리매스를 기르는 교과과정

개념과 지식이 발전함에 따라 과목이 생겨나고 각자 형태를 갖추며 분리되었다. (······) 이들 과목은 온갖 방식으로 연결되어 있다. 그럼에도 현행 교육제도는 학생들에게 이 연관성을 관찰하도록 격려하지 않는다.   - 켄 로빈슨

(적어도 이론상으로는) 손가락만 까딱하면 지식을 얻을 수 있는 세상에서 인식의 폭을 넓히고 더 중요하게는 맥락을 이해시키려면 학교 교과과정에서 지식의 깊이를 희생해야 한다. 학교는 단순한 정보 전달 대신 비판적 사고와 창의적 사고, 맥락적 사고, 속독, 감성지

능, 의사결정 능력, 지식을 내면화하는 성찰, 회복탄력성을 키우는 일에 더 집중해야 한다.

대학수학능력을 평가하는 인터내셔널 바칼로레아International Baccalaureate: IB 과정처럼 16세에서 18세 학생들에게 필요한 교과과정을 개발하는 데 필요한 기본 틀을 여기에 체계적으로 정리해보았다. 정규 교육과정을 마치고 혼자서 배움을 더 이어가고 싶은 어른들에게도 유용한 틀이 될 것이다. 그냥 문자로 죽 열거해놓으니 각기 분리된 것처럼 보이지만 과목들이 하나의 체계를 이루도록 구성했다. (우주의 별자리나 신경망처럼) 모든 요소가 근본적으로 연결되어 있음을 보여준다면 더없이 좋았겠지만 그러지 못한 것이 아쉽다. 이들 과목은 인간의 조건을 구성하는 8가지 기본 요소, 곧 자연, 사회, 정신, 육체, 생존, 노동, 자기표현, 초월성에 따라 구분했다. 특정한 순서나 위계구조는 없으며 각 과목은 모두 똑같이 중요하고 서로 연결되어 있다. 8가지 요소로 구성된 지식의 기본 틀을 제공하는 이유는 관점을 확보하기 위함이다. 올바른 관점이 확보되어야 학생은 적절한 정보를 기반으로 장차 어느 분야에 주력할지 선택할 수 있다. 스스로 세상을 해석하는 능력이 있어야 무엇이 중요하고 자신이 어디에 끌리는지 판단할 수 있다.

각 단위가 끝날 때마다 다음과 같은 질문을 성찰하도록 하고 이 과정이 습관이 되도록 지도한다. 이것을 배우는 것이 왜 중요한가? 이 지식은 내 삶과 무슨 관련이 있는가? 이 지식은 다른 지식과 어떤 연관성이 있는가? 새로 얻은 깨달음은 무엇인가? 이 지식이 어떻게 내 삶을 향상시키는가? 이 지식으로 어떻게 다른 사람을 도울 수 있는가? 이 지식과 연계해 추가로 조사할 내용은 무엇인가?

초월성

- 우주론: 우주와 그 목적에 대한 관찰
- 실존주의: 인생의 의미와 의식의 기원
- 자기 성찰: 내면 여행과 명상 기법
- 세계 전통: 세계의 주요 종교와 영적 전통
- 도덕성: 윤리 기준, 시대와 장소에 따른 도덕규범의 변화
- 종말론: 사후 세계에 대한 추측과 주장
- 사랑: 관계의 맥락과 속성에 따른 역사, 철학, 문학 작품에 나타난 사랑과 효과적인 표현

자연

- 물리학: 에너지, 힘, 물질, 운동
- 지리학: 지질학, 자연재해, 기후, 물리학, 천문학, 환경
- 식물학: 식물, 초목, 원예학
- 화학: 물질의 구성 요소, 구조, 특성, 변화
- 동물학: 동물의 세계, 다양한 동물의 생태
- 친환경: 인간이 자연에서 살아가는 데 필요한 실용적 도구, 방법론, 윤리

사회

- 인류 역사: 세계 인류사(알려진 모든 기록과 관점)
- 인류 지리학: 이주, 인구, 유행병
- 국제관계: 지정학, 국제기구들
- 사회조직: 사회주의, 민주주의
- 정의: 법률의 역사와 세계 각지의 법률 제도
- 인도주의: 자선, 재난 구호, 빈곤 완화
- 성: 평등, 차별, 성 역사와 성 철학
- 미래: 과학과 신기술 동향 및 미래 시나리오, 사회 조직, 초지능 사회
- 난제와 해결책: 지구온난화, 핵확산, 기아, 유행병과 질병, 자연재해, 전쟁, 테러리즘과 범죄

정신

- 인지과학: 신경해부학과 심리학
- 사고 방법론: 비판적 사고, 수평적 사고, 전략적 사고, 인지 편향, 인지 훈련
- 학습 방법론: 독서, 암기, 담론, 통합
- 지식의 원천: 세계 곳곳의 인식론적 전통에서 이어져온 지식의 갈래
- 관념의 역사: 여러 세계 전통에 담긴 관념과 철학의 역사
- 수학: 논리, 기하학, 대수학, 미적분학

육체

- 인체 해부학: 인간의 신체와 각 기능, 잠재성과 한계
- 영양학: 음식의 영양소와 각 영양소가 신체 기능과 정신 기능에 미치는 긍정적 효과와 부정적 효과
- 신체 훈련: 호신술 및 여러 가지 운동의 목적과 방법
- 스포츠: 신체 기능을 요구하는 다양한 스포츠를 연구하고 실행하기
- 섹스: 목적, 함의, 최적 수행
- 위생: 신체, 거주지, 작업장의 청결 유지

생존

- 관리: 통신 관리와 물류 및 재정의 효과적 관리
- 산술: 일상에 필요한 산수와 연산
- 응급상황 대응: 자원 확보, 응급처치, 상황 판단, 위기관리, 자기방어
- 수작업: 기본적인 배관 수리, 집안 꾸미기, DIY(자가 조립), 청소, 운전
- 가족계획: 콘돔, 피임 기구의 이용
- 디지털 기술: 주요 디지털 장비, 애플리케이션, 소프트웨어를 효과적으로 이용하기
- 정보: 디지털 공간에서 효과적으로 정보를 탐색하는 방법, 뉴스 소비 방식, 언론 윤리 및 언론 정치학

노동

- 경제학: 미시 및 거시 경제학, 협동조합, 소비주의, 다양한 경제 모델(신고전주의, 신자유주의, 마르크스주의, 이슬람 경제, 공산주의 등)
- 직업 환경: 재정 안전을 확보하고 경제적 능력을 향상하는 방법 및 사람들의 삶에 유의미하게 기여하는 방법, 미래의 가능성을 고찰하고 경력 계획 세우기
- 조직 기술: 프로젝트 관리, 업무 효율성
- 리더십: 의사결정, 리더로서 영향력을 발휘하고 조직을 설득하는 법, 리스크 감수와 종합적 판단력
- 팀워크: 협업, 협력, 공감, 시너지, 기능주의, 의사소통
- 기업가정신: 리스크 분석, 시장 지형 분석, 비즈니스 모델링/기획/성장
- 자기계발: 언어, 마인드 트레이닝, 독서, 직업 교육

표현

- 창의적 사고: 창의성을 실행하는 방법으로서 과학과 예술 개괄하기
- 미학: 아름다움의 철학과 그 역사
- 시각 예술: 회화/드로잉/조각/사진/디자인 이론 및 역사, 실행, 창의성

- 음악: 세계 음악과 춤의 이론 및 역사, 창의성과 훈련
- 문학: 세계 문학 이론 및 역사, 창의성과 훈련
- 영화/연극: 세계 영화와 연극 이론 및 역사, 창의성과 훈련

3. 다른 직업을 꿈꾼다

○ 노동의 개념을 재정립한다

현행 교육 제도에서는 결국 기업이 요구하는 노동자가 되기까지 수십 년간 통과의례로서 교육을 받는 셈이지만 내가 제시한 기본 틀을 따른다면 인간의 조건과 삶을 전방위로 탐사하는 과정으로 바뀌게 된다.

'생존하려면 전문가가 되어야 한다'는 개념은 이제 진지하게 재고할 필요가 있다. 생존 수단을 얻기 위해 하는 활동이 자신의 정체성을 규정하도록 놔둘 필요도 없을뿐더러 그런 활동이 대부분의 시간을 차지할 필요도 없다. 생존을 위해 쉴 새 없이 분투했으리라고 많은 이들이 가정하는 전통 사회의 수렵채집인조차 실제로 식량을 획득하는 데에는 일주일에 사나흘 정도 시간을 할애했다. 심지어 이일도 힘든 노동으로 인식하기보다 축제나 의식으로 여겼다. 한 사람이 평생에 걸쳐 하는 활동의 대부분이 식량을 구하는 데 소비되어야 한다는 생각은 현대의 자본주의가 낳은 개념이다.

역사를 살펴보면 노동과 여가를 항상 오늘날처럼 뚜렷하게 구분하지는 않았다. 노동이란 인생에서 생존 내지는 자기계발과 관련해 가치 있는 모든 활동을(유급이든 무급이든, 지적 만족을 위한 것이든 실질적인 필요를 충족하기 위한 것이든) 아우르는 말이어야 한다. 일례로 오스트레일리아의 원주민 이르요론트Yir-Yoront 부족이 쓰는 '노동woq'이라는 말은 사냥, 의식, 오락, 성행위를 비롯해 사실상 모든 행위를 가리킨다. 그러니까 여러 영역에서 수행하는 인간 활동을 통합하는 말로서 각각의 활동이 서로 연결되어 있고, 이는 하나의 생활방식에 가깝다. 역사가 펠리페 페르난데스 아르메스토에 따르면, 석기시대에는 "노동과 여가를 구분할 일도 없었고 필요도 없었거니와 계급이나 성별에 따라 여가 시간이 달라질 일도 그럴 필요도 없었다."

비슷한 맥락에서 폴리매스에게 노동은 전통적인 의미의 직업이나 경력을 의미하지 않는다. 그들은 자신이 하는 노동을(유급이든 무급이든) 가리켜 즐거운 일pursuits, 프로젝트projects, 기회opportunities, 모험ventures, 주도적 과제initiatives로 칭한다. 다시 말해 그들에게 노동은 싫어도 해야 하는 일이 아니라 신나는 모험이 될 수 있음을 뜻한다. 그렇지만 여전히 우리 사회에는 평생 한 우물만 파는 사람을 우대하는 사고방식이 지배적이다. 사람들은 자기에게 꼭 맞는 천직을 찾아 평생 고수하기를 고집한다. 우리 사회에서는 직업이 곧 그 사람의 전 존재를 규정하고 식별하는 이름표 역할을 한다.

○ 21세기의 직업 풍경

직업의 세계는 엄청나게 복잡해졌다. 나무로 치면 직업의 세계는 수없이 많은 가지와 잔가지를 뻗은 거대한 나무이고, 각 가지는 하나의 직함을 대표한다. 오늘날에는 직업뿐 아니라 업종 구분도 재규정되고 있다. 일례로 상인merchant은 비교적 오래전에 생긴 직업인데 지금은 새로운 형태의 직업을 다수 포함한다. 본래 상인이라 하면 장인이나 농부에게서 상거래의 부담을 덜어주는 사람을 가리켰다. 장인과 농부는 상인 덕분에 다른 일에 신경 쓰지 않고 그들의 기술에 집중할 수 있었다. 오늘날에는 저작권 대리인, 예술가 대리인, 스포츠 대리인, 전문 강사 대리인, 부동산 중개인, 인재채용 대리인도 상인업종에 포함되고 각기 뚜렷하게 하는 일이 나눠져 있다.

개인의 다재다능함을 평가할 때 지금까지 우리는 전통적인 직업 개념에 따라 사회에서 그 성과를 인정받는 업종을 그 잣대로 써왔다. 여기에는 과학자, 예술가, 운동선수, 음악가, 정치인, 군인, 작가, 건축가, 의사, 사제, 시인, 법률가, 외교관 등이 있다. 예로 든 직업은 세월이 많이 흘렀어도 건재하다. 하지만 오늘날엔 새로운 업종이 등장했고 여기에 종사하는 사람들 역시 이론의 여지는 있겠지만 기존의 직업들과 마찬가지로 탁월한 역량을 보인다. 따라서 신종 직업 역시 21세기 폴리매스의 성격을 규정하는 데 고려해야 할 요소다.

파산집행인, 경영 컨설턴트, 광고대행사, 인사담당자, 고객서비스 담당자, 부동산 개발업자, 물류관리자, 자선 코디네이터 같은 (주로 기업의 등장과 정보화 시대의 산물로 생겨난) 새로운 업종이나 직종이 등장해 궁정인, 연금술사, 검투사, 전령 같은 직업을 대체했다. 영양사나 패션모델, 스포츠 대리인, 음악 홍보담당자music promoter, 소프트웨어 개발자, 리얼리티 TV 스타, 블로거, 이베이 트레이더eBay trader, 소셜미디어 마케터, 왕실전문 기자, 가십 칼럼리스트, 사교계 명사 socialite 같은 일은 또 어떤가? 물론 이 가운데 데이비드 그래버David Graeber가 말한 '엉터리 일자리bullshit jobs'도—사회에 보탬이 되지 않는 일자리가 늘어나 사람들은 자신만의 프로젝트나 비전, 아이디어, 즐거움을 추구하지 못하며 시시한 일에 시간을 쏟고 있다—있겠지만 따로 따져볼 문제다.

더욱이 기술이 급격하게 발전하고 21세기에 들어 신종 직업들이 생겨나면서 직업 지형은 완전히 달라졌다. 이런 직업들이 '고유한 재능'으로서 폴리매스를 평가할 잣대로 쓰일 수 있는지는 이론의 여지가 있겠지만 적어도 고려 대상인 것은 분명하다. 산업혁명 이래로 줄곧 수많은 직업이 자동화되고 있으며 이 과정은 컴퓨터 기술의 발전으로 더욱 급격히 진행 중이다. 옥스퍼드 대학의 베네딕트 프레이 교수와 마이클 오스본 교수는 연구를 통해 우리가 안전하다고 여기는 인간 고유의 영역조차 자동화될 위험에 놓여 있음을 보여주었다.

19세기의 제조기술이 작업의 단순화를 통해 숙련 노동자들을 대거 대체했듯이 20세기의 컴퓨터 혁명은 중간 소득 일자리들을 쳐내고 있다. (……) 기존의 컴퓨터 자동화가 일정한 법칙에 따라서 진행되는 반복 업무에 국한해서 적용되었다면, 지금의 빅 데이터 알고리즘은 패턴 인식 영역까지 침범해 인지능력이 요구되는 업무까지 빠른 속도로 대체하고 있다. 게다가 첨단 로봇은 민첩하고 감지 능력도 뛰어나 수작업으로만 가능했던 일도 처리할 수 있다. 이로써 산업과 직업 전반에 걸쳐 노동 개념에 근본적 변화가 일어날 가능성이 높다.

경력을 계획할 때는 노동의 미래를 염두에 두고 직장생활과 노동에 대해 창의적으로 접근해야 한다. 자율성을 보장하고 사회적으로 쓸모가 있으며 개인의 성장을 도모할 수 있는 방향이어야 한다. 그리고 자신이 교육과정에서 깨달은 가치와 방법론, 세계관이 충실히 반영되어야 한다.

21세기를 살아갈 폴리매스 지망생에게 어울리는 경력 개발 계획에는 세 가지 유형이 있다. 이직하는 길, 여러 직업을 동시에 수행하는 길, 다재다능한 역량을 발휘하는 직업을 찾는 길이다.

성공적으로 이직하는 길

하버드 대학 심리학자 댄 길버트Dan Gilbert에 따르면, 사람들은 별 변화 없이 앞으로도 지금과 같은 모습으로 살게 되리라는 착각에 빠져 있다. "사람들은 삶에서 일어나는 변화를 과소평가한다"고 주장한 길버트는 우리 인생에서 유일한 상수가 있다면 그것은 '변화'라는 사실을 일깨운다. "우리의 착각과는 달리 인간은 완성품이 아니라 여전히 신행 중인 미완성이다."

우리가 형성하는 견해, 세계관, 우선순위와 목표는 그것들이 아무리 확고해 보여도 유동적이라는 사실에는 변함이 없다. 이것들은 모두 속성상 유동적이기에 움직이고 변화한다. 변화는 불가피하다. 길버트가 지적하고 있듯이 "시간은 강력한 힘을 지녔다. 시간이 흐르면 선호도가 바뀌고 가치관이 달라지고 우리의 개성이 변한다." 그렇다면 우리는 인생을 살면서 시기마다 각기 다른 것을 꿈꿀 가능성이 높다. 사랑, 영성, 스포츠, 가족, 섹스, 신기술, 물질의 소유, 동물, 여행, 음식 등 그 무엇이 되었든 간에 개인이 생각하는 우선순위와 기호는 나이와 환경에 따라 변한다. 이 변화를 주로 담당하는 것이 우리 뇌의 가소성이다. 그러니 적어도 이론상으로는 인생을 살면서 어느 때라도 자신에게 소중한 가치가 새로 생기면 자유로이 변화를 추구해도 좋다.

우리 뇌의 가소성은 인생을 흥미롭고 다채롭게 만들 뿐 아니라 더 중요한 사실, 즉 인간은 누구나 폴리매스가 될 가능성이 있음을 암시한다. 그러므로 주기적으로 직업을 옮기는 것은 놀라운 일도 아니며 눈살을 찌푸릴 일도 아니다. 살면서 습득하는 지식과 경험에 따라 우리 안에 내재한 재능과 열정이 언제든 깨어날 수 있기에 장차 무엇에 사로잡히게 될지 또 무슨 기술이나 지식을 배우게 될지 우리는 결코 알지 못한다. 알베르트 슈바이처는 30대에 의학 공부를 시작했고, 기타노 다케시는 40대에 첫 영화를 연출했고, 라빈드라나트 타고르는 60대에 화가의 자질을 발견했고, 폴 뉴먼은 70대에 레이싱 챔피언이 되었다. 폴리매스에게 나이는 숫자에 불과하다.

계속 직업을 바꾼다는 개념은 전혀 새로운 게 아니다. 19세기를 살았던 윌리엄 펨버 리브스William Pember Reeves는 뉴질랜드에서 태어나고 교육받은 1세대 백인으로 운동선수로서 사회생활을 시작했고 이후 변호사, 외교관(런던 고등판무관), 은행가(뉴질랜드 중앙은행 회장), 언론인(〈캔터베리 타임스〉 편집장), 시인(〈숲속의 소멸The Passing of the Forest〉과 〈정원의 식민지 주민A Colonist in his Garden〉을 지었다), 역사가(《뉴질랜드사 History of New Zealand》를 저술했다)로 활동했다.

오늘날 초전문화가 지배적인 직장에서 이직에 대한 욕구는 갈수록 증가하고 있다. 예를 들어, 한 연구에 따르면 영국에서는 직장인 10명 가운데 1명 꼴로 직종을 변경할 생각이 있다고 밝혔다. 이는 대략 250만 명이 이직을 고려한다는 의미이다. 20대 근로자 중에는 51퍼센트가 그들이 선택한 직업을 후회하고 일찌감치 이직을 고려하고 있다. 더욱이 영국 노동자의 45퍼센트가 새로운 직종으로의 이직을 고려하고 있다. 이 연구는 경기 침체가 임박한 시점에 진행한 조사이지만 직장생활을 하다 보면 심심치 않게 경기 침체에 맞닥뜨린다는 점에서 그 결과는 여전히 유효하다. 그리고 인생에서 한 가지를 바꿀 기회가 주어진다면 무엇을 바꾸겠냐는 질문에 조사 대상 성인 가운데 25퍼센트가 새 직업을 선택하겠다고 답했다.

먼저 짚고 넘어갈 사실은 대부분의 사람이 서로 무관한 두 개의 직업을 성공적으로 수행할 가능성이 높아졌지만 이를 가리켜 폴리매스 자질을 실현했다고 보기는 어렵다는 점이다. 폴리매스polymath

의 'poly'는 세 개 이상을 의미하는데 서로 무관한 세 개 이상의 분야에서 성공적인 경력을 쌓는 사람은 찾기 쉽지 않다. 관련한 통계자료를 찾기도 어렵다. 예를 들어, 미국의 노동통계청American Bureau of Labor Statistics: BLS만 해도 사람들이 평생 이직한 횟수를 분석해본 적이 없다. 이직을 구성하는 요소를 정확히 평가하기가 어렵기 때문이다. 폴리매스라면 직종 변경뿐 아니라 업종 변경까지 포함해야 한다.

다른 분야로 이동하는 경우에 해당하지만 비교적 쉽게 납득이 되는 이직 유형이 있다. 이를테면 군인이 외교관이 되었다가 정치인이 된다. 패션모델이 배우가 되었다가 영화 제작자가 된다. 운동선수가 코치가 되었다가 해설가가 된다. 또 하나 흔하게 찾아볼 수 있는 이직 유형은 아주 어린 나이에 시작하는(그래서 대개 은퇴 시기가 빠른) 직업과 관련 있다. 운동선수, 가수, 배우, 음악가는 그 속성상 이직률이 높을 수밖에 없다. 어린 나이에 특정 분야에서 걸출한 실력을 보이고 신동으로 등극한 이들 가운데 성인이 되어서도 그 일을 유지한 경우는 별로 없다(신동이었던 앨리사 쿼트Alissa Quart는 그녀의 책 《영재부모의 오답백과Hothouse Kids: The Dilemma of the Gifted Child》에서 이 사실을 지적했다).

스포츠인, 연예인, 군인처럼 수명이 짧은 직종에서도 이직이 흔한 편이다. 그리고 대개 이들은 이전 직업과 밀접한 분야로 이직한다. 축구선수는 코치나 해설가가 되고, 군인은 군사고문이나 정보원이 되고, 영화감독은 제작자나 극작가가 되는 식이다.

성공적인 경력을 쌓고 나서 관련 사업을 시작하는 경우도 비교적 흔한 이직 유형에 속한다. 의사, 변호사, 엔지니어, 기자로 일한 사람이 나중에 관련 분야에서 사업가로 변신하는 식이다. 물론 사업이란 전혀 다른 기술이 요구되는 업종이지만 사람들은 일반적으로 익숙한 분야에 머무는 성향이 크다. 현실적으로도 자신이 몸담았던 분야에서 사업 기회를 찾기가 훨씬 쉽다.

이런 까닭에 폴리매스 중에서는 '경력과 유관한' 일을 여러 개 하는 경우가(과학, 스포츠, 예술처럼 폭넓은 분야에서 다양한 재능을 보이는 사람들) 가장 일반적이다. 하지만 J. P. R. 윌리엄스Williams(1970년대 웨일스의 럭비 국가대표 선수—옮긴이), 소크라치스Socrates(20세기 브라질 축구선수), 임란 칸Imran Khan(파키스탄의 크리켓 선수—옮긴이), 조지 포먼George Foreman(미국의 권투선수) 같은 이들은 경력과 무관한 분야에서 새 삶을 시작했다. 새로운 경력을 의식적으로 계획한 이도 있고, 인생을 송두리째 흔들 경험이나 사건(이를테면 죽음이나 질병, 영적 각성, 사회적 대의나 정치적 대의)을 만나 극적으로 경로를 바꾼 이들도 있다.

장차 폴리매스를 꿈꾸는 이에게는 한 분야에서 크게 성공을 거두는 일이 축복이자 저주가 되기도 한다. 해당 분야의 사람으로 분류되거나 낙인이 찍히면 여간해서는 변신하기가 쉽지 않다. 직업적 폐쇄성 때문에 새 영역에 진입하지 못하는 경우도 있다. 외부인을 아마추어로 인식하는 내부자들이 자신들의 전문직을 지키려고 울타리를 치기 때문에 진입장벽이 높다. 반면에 한 분야에서 성공을 거두면 돈과 인맥, 전문성을 쌓고 이를 기반으로 전에는 접근하지 못했던 수많은 기회의 문 앞에 설 수도 있다.

한 분야에서 성공적으로 쌓은 경력이 또 다른 분야로 이어져 성공을 거두는 선순환이 일어나기도 한다. 유명 보디빌더나 무예의 고수가 할리우드에서 주연 배우로 변신하고, 이후에는 제법 짭짤한 사업기회를 제공받는다. 그리고 사업으로 벌어들인 돈과 할리우드 스타로서 얻은 명성을 기반으로 효과적인 선거운동을 벌여 정치인이 될 수도 있다. 이 같은 현상을 가리켜 누적 효과나 마태 효과Matthew Effect라고 하는데, 성공한 기업가가 이름난 자선가나 열렬한 애호가가 되고, 유명 가수가 주연 배우로 변신하고 '이름 값'으로 힘들이지 않고 패션 사업을 시작할 수 있는 이유를 설명해준다.

오늘날 세계에서 가장 큰 영향력을 행사하는 여성으로 꼽히는 오프라 윈프리Oprah Winfrey는 토크쇼 진행자로서 성공을 거두었고, 이를 발판으로 여배우가 되었고, 이어서 영화 제작자가 되었으며, 이후 사업가가 되었고 이를 이용해 수많은 자선사업을 벌이고 사회운동을 이끌었다(어쩌면 훗날 대통령이 될지도 모를 일이다). 폴리매스인 스티븐 프라이Stephen Fry는 오늘도 그의 명성과 인지도 덕분에 상품 광고, 객원편집 위원, 방송 사회자, 강연, 창업을 비롯해 그의 경력과 무관한 온갖 분야에서 사업을 함께하자는 제안을 받고 있을 것이다. 권투선수에서 시작해 연주자, 극작가, 학자가 된 줄리 크로켓은 "모든 것이 다른 모든 것의 발판이 된다"고 인정했다.

개인적 차원에서만 보면 이 같은 누적 효과가 근사한 일이지만 사회나 공동체의 차원에서 보면 사회경제적 불평등을 일으키는 주된 원인이 된다. 이미 성공을 경험한 소수 계층이 인맥을 활용해 서로 격려하면서 가진 것을 기반으로 영역을 확장하고 연이어 성공을 거두는 악순환이 일어나기 때문이다. 이렇게 보면 세계 역사상 대다수의 폴리매스가 상류층 출신이거나 상류층에 편입한 사람인 것도 (물론 개중에는 우연찮게 기득권에 발을 들인 이들도 있을 테지만) 쉽게 납득이 간다.

대부분의 사람은 극적인 변신을(전혀 다른 업종으로 이직하기는) 꺼린다. 호기심보다는 미지의 세계에 대한 두려움이 크다. 여기에는 다른 이유도 있겠지만 나이가 들수록 생산성, 지능, 창의성이 감소한다는 전제 아래 새로운 것을 학습할 수 있다는 자신감을 상실하기 때문이다. 이 같은 전제는 평생 하나의 직업에만 종사하는 개인에게는 유효할지 몰라도 경험을 다각화하는 사람에게는 해당하지 않는다.

그동안 인지과학자들은 나이가 들수록 뇌가 환경에 적응하고 변화하는 능력을 상실한다고 생각해왔다. 그러나 최근 들어 신경과학자들은 뇌가 평생에 걸쳐 가소성을 어느 정도 유지하고, 나이가 많아도 자신의 부족한 점을 극복하는 방법을 새로 배울 수 있음을 발견했다. 심리학자 키스 시몬튼에 따르면, 노년에는 (선형적으로 하나의 경력만 쌓을 경우 수확체감의 법칙에 따라) 창의적 역량이 감소하는 경향을 보이지만, 전혀 다른 직업으로 이직한 사람의 경우에는 이러한 경향성이 사라지거나 심지어 역전되기도 한다. 다른 재능을 키워보고 싶지만 주저하고 있는 중년의 전문가에게 참으로 반가운 소식이리라.

유발 하라리는 실제로 《호모 데우스》와 《21세기를 위한 21가지 제언》에서 몇 년마다 자신을 재규정하는 것은 선택이 아니라 필수가 될 것이라고 언급했다.

"2050년의 세상에서 뒤처지지 않으려면 새로운 아이디어와 제품을 개발하는 능력만으로는 부족하다. 무엇보다 자기 자신을 끊임없이 재발명할 수 있어야 한다."

신체적 변화, 인지적 변화, 환경의 변화가 불가피하다는 것은 각자 시점은 달라도 사는 동안 관심사가 바뀌고 뜻하지 않은 능력을 발휘하는 게 전혀 놀랄 일이 아니라는 의미다. 이 같은 전환은 우리 내면이나 외부에서 일어나는 사건 혹은 변화된 환경에 대한 대응으로 나타나기도 하고 갑작스러운 충동으로 나타나기도 한다. 그러니 변호사가 한창 성공가도를 달리다가 별안간 미술사에 빠져 산다 해도 이상하게 여길 이유가 없다. 음악을 하는 사람이 50세에 수학을 배우려고 학원에 등록하거나 60세에 정비공 수습 과정에 들어가더라도 부자연스러운 일이 아니다. 말콤 글래드웰은 〈앙트러프러너 매거진Entrepreneur Magazine〉과의 인터뷰에서 몇 가지 흥미로운 조언을 제공했다.

자신의 선택을 제한하는 결정을 내리지 않는 것이 가장 중요합니다. 자아상은 자기 자신을 제약하는 강력한 힘을 가집니다. 자신이 어떤 사람이라고 규정하는 순간부터 변화의 가능성이 차단됩니다. 아직 85세가 되지 않은 사람이 자신을 스스로 제약하는 것은 제가 보기에 참으로 어리석은 짓입니다.

4. 포트폴리오
노동자

> 직업정체성이란 우리 마음 깊은 곳에 숨어서 언젠가 발견되기만
> 을 기다리는 보물 한 개가 아니다. 그보다는 수많은 가능성들로
> 이루어져 있다. (……) 우리 안에는 수많은 나가 있다.
>
> — 허미니아 아이바라

직업 세계에서 자신의 다양한 재능을 발휘하는 길에는 두 가지
가 있다. 차례로 직종을 옮기는 방법이 있고, 다수의 직종을 동시에
추구하는 방법이 있다. 후자의 경우에 해당하는 사람은 '포트폴리오
노동자portfolio career'로 불리기도 한다. 어느 한 시점에 다수의 프로젝
트 혹은 여러 직무를 맡는 방식이다. 동종업계에서 여러 일자리를
동시에 수행하는 것은 경쟁금지 조항 때문에 좀처럼 가능하지 않지
만, 서로 무관한 여러 영역에서 다수의 직업을 갖는 것은 가능하다.
최근 들어 포트폴리오 노동자 개념이 서구권의 중산층 노동자 사이
에서 하나의 트렌드로 자리 잡고 있지만 사실 하나의 직업으로는 생
계가 여의치 않은 노동자에게는 오래전부터 필수적인 생활방식이
었다.

특히 개발도상국에서는 생계를 유지하기 위해서라도 여러 수단
을 강구할 수밖에 없다. 이런 까닭에 개발도상국에 사는 평범한 시
민은(남성이든 여성이든) 동시에 여러 직업을 갖는 경우가 많다. 아디

스아바바에 가면 택시 운전도 하고 보석 판매도 하는 호텔 직원을 만나고, 콜롬보에서는 거리 공연을 하고 테니스 코치도 하는 인명구조원을 만나는 일이 그리 특이하지 않다.

빈곤선에 놓여 있는 사람은 기업가정신을 발휘해야 한다. 그들은 어떻게든 '노동력을 팔아야' 하는 압박감을 느낀다. 주방 도구를 드럼 삼아 길거리에서 연주하며 군중을 즐겁게 하는 능력이든 수중에 넣은 것은 무엇이나 팔아 치울 수 있는 말솜씨와 영업 능력이든 쓸 만한 재능이 있다면 모두 동원해 돈을 벌어야 한다. 이런 일자리는 불안정하고 소득이 크지 않으므로 또 다른 소득원을 찾아 동시에 여러 일을 할 수밖에 없다.

선진국에서는 최근 들어 특히 중산층 노동자들이 다중 직업의 혜택을 깨닫기 시작했다. 다니엘 핑크Daniel Pink는 그의 책 《프리에이전트의 시대Free Agent Nation》에서 미국 내에서 직업 지형이 바뀌고 있으며 조만간 프리랜서와 다중 경력자를 흔히 접하는 세상이 오리라 전망했다. 빌 브리지스Bill Bridges 역시 그의 책 《직업 전환Jobshift》에서 비슷한 주장을 펼쳤다. 마르시 앨보허Marci Alboher는 《한 사람, 다중 경력One Person, Multiple Careers》에서 미국의 평범한 직장인들 사이에 이 같은 추세가 뚜렷해지고 있음을 강조했다. 최근에 엠마 개논Emma Gannon은 다중 경력을 개발하고 싶은 밀레니엄 세대의 목소리가 커지자 이들의 요구를 반영해 《멀티하이픈 메소드Multi-Hyphen Method》를 내놓았다. 21세기에는 다양한 형태로 잠재적 소득원이 증가할 전망이다. 어떤 이에게는 긱 경제gig economy(단기 계약직이나 임시

직 형태로 원하는 만큼 노동력을 공급하고 대가를 지불받는 형태─옮긴이)가 경제적 불안정성을 의미하지만 또 어떤 이에게는 기회를 의미한다.

포트폴리오 노동자를 권장하는 사회나 체제는 고용 불안정성과 노동력 착취와도 연관이 있기에 긱 경제라는 용어는 이를 비난하는 의미에서 쓰이기도 한다. 실제로도 여러 사회에서 나타나는 부작용이므로 다중 경력은 어디까지나 개인의 선택사항으로 남아야지 사회 표준이나 강제 사항이 되어서는 안 된다.

세계를 선도하는 경영학자 찰스 핸디Charles Handy는 경제가 어려울 때는 포트폴리오 노동자가 되면 실업 위험이 줄므로 현명한 생존 전략이라고 설명했다. 《포트폴리오 노동자가 되기 위한 10단계*10 Steps to Creating a Portfolio Career*》의 공동저자인 베리 홉슨Barrie Hopson은 여러 일자리를 유지하는 생활방식이 재정적으로나 직업적으로 안전망 역할을 한다고 보았다. 그는 연구를 통해 실험에 참여한 이들의 대부분이 한 직장에서 정규직으로 근무할 때보다 2년 동안 포트폴리오 노동자로 일할 때 소득이 더 많았다는 사실을 발견했고, 표본 집단인 포트폴리오 노동자 46명 가운데 2년 후 종전으로 돌아가 직업을 한 개만 유지한 사람은 1명뿐이었다고 밝혔다. 무엇보다 중요한 사실은 실험에 참여한 사람이 모두 포트폴리오 노동자로 살아가는 방식이 일과 생활 간의 균형을 유지하는 데 더 만족을 주었다고 말했다는 점이다. 앞서 살펴보았듯이 개인이 느끼는 만족감은 재정적 소득 못지않게 (어떤 사람에게는 한층) 중요한 요소다.

이 결과는 놀라운 일이 아니다. 우리에게는 잠재된 다양한 재능을 발현하고 싶은 욕구가 있다. 로만 크르즈나릭Roman Krznaric은 그의 책《일에서 충만함을 찾는 법How to Find Fulfilling Work》에서 "여러 경력을 동시에 추구하는 것은 잘 사는 길일뿐더러 우리 안에 있는 다수의 자아에 솔직해지는 길"이라고 주장했다. 특히 한 영역에만 너무 많은 시간을 투자하는 경우에는 수확체감의 법칙에 따라 만족감이 줄어든다. 앨보허에 따르면, 다중 경력 추구는 다수의 소득원을 개발하며 다양한 인생을 살고 싶은 내면의 욕구를 충족하는 길이다. 덧붙여 그는 "오로지 하나의 소득원에 의지하며 일하는 사람에게서 흔히 나타나는 탈진 현상을 예방하는 역할"을 한다고 밝혔다.

포트폴리오 노동자 개념은 사회 계층에 따라 다양한 방식으로 채택되고 있다. 일례로 유명인사(특히 예술과 연예계 종사자) 중에는 포트폴리오 노동자가 흔한 편이다. 간혹 특권을 누리는 호사가로서 다양한 분야에 관심을 보이는 경우도 있지만 대개는 경쟁이 살벌한 업계에서 살아남기 위한 수단으로서 여러 일에 몸담는 경우가 많다. 예컨대 미국에서는 현재 레니 크래비츠Lenny Kravitz, 윌 아이 앰 Will-i-am, 제이미 폭스Jamie Foxx, 마돈나Madonna, 제니퍼 로페즈Jennifer Lopez, 도널드 글러버Donald Glover, 퍼렐 윌리엄스Pharrell Williams 같은 다재다능한 예술가들이 음악과 영화, 패션, 사업 분야를 넘나들며 대중문화를 이끌고 있다.

이들이 다양한 활동에 몸담는 이유는 무슨 일이나 저지를 수 있는 호사를 누려서가 아니라(더러 이런 경우도 있지만) 연예계에서 누리는 화려함과 부의 수명이 너무 짧다는 사실을 알기 때문이다. 그러니 이들에게는 기업가정신을 발휘해 창의적이고 다양하게 경력을 개발하는 것이 오래도록 (자신의 생활방식을 유지하며) 그 자리를 고수하는 확실한 방법이다. 유명인사들 중에는 사업에 개입하는 정도는 각자 다르지만 여러 상업 활동에 적용할 수 있는 자신의 '브랜드'를 구축하는 데 주력하는 이들이 많다. 〈와이어드〉의 공동창업자 케빈 켈리Kevin Kelly에 따르면, 자기 브랜드를 구축하고 수익성이 쫄쫄한 사업을 전개하기 위해 대단한 유명세가 반드시 필요한 것은 아니다. 그들이 내놓는 제품이라면 앞뒤 가리지 않고 구매하는 충성도 높은 열성팬 1,000명만 있으면 충분하다. 이 경우 폴리매스 연예인은 열성팬에게 자신의 그림이나 책, 음악, 향수, 패션을 팔며 생계를 유지할 수 있다.

포트폴리오 노동자 전략은 당신에게도 유익한 전략일까? 대답은 노동에 대한 가치관이 어떤가에 따라 달라진다. 포트폴리오 노동자는 전통적인 노동자와는 시각이 다르다. 전자는 노동에 전통적 의미의 경력이나 직업으로 접근하지 않는다. 이들에게는 자신이 하는 일이 마지못해 하는 생업이 아니라 즐거운 취미 내지는 프로젝트 혹은 기회이며 모험 혹은 자신이 주도하는 과업이다. 사실 산업화 시대 전까지 '직업job'이라는 단어는 특정 과업이나 프로젝트를 의미했다. 조직이나 특정 분야에서 장기적으로(혹은 평생에 걸쳐) 수행하는 역할과 동의어가 된 것은 비교적 최근의 일이다.

각 프로젝트는 평생 유지하는 직업에 비하면 그 기간이 상당히 짧고, 시간 사용이 자유롭다. 프로젝트 실행 기간은 하루가 될 수도 있고 일주일이나 한 달 혹은 한 해가 될 수도 있다. 이런 이유로 루크 존슨Luke Johnson은 자신을 프로젝터projector로 규정하는 쪽을 선호한다. 존슨은 TV 프로그램 제작, 피자 체인점 사업, 금융 상담, 경영 서적 집필 등 다수 분야에 종사하고 있으며 다수의 사업을 출시한 기업가다. 프리랜서로 일하는 기자, 컨설턴트, 예술가, 스포츠 코치가 정규직과 비슷한 소득을 확보하기 위해 다수의 프로젝트를 동시에 진행하듯이, 포트폴리오 노동자도 마찬가지다. 다만 기존의 프리랜서와 차이점이 있다면 각 프로젝트가 동종업계와 연결되기보다 서로 다른 재능이나 관심사를 요구하는 분야와 연결된다.

포트폴리오 노동자로 살면 덤으로 생기는 이득을 볼 때가 많다. 무관하게 보였던 활동들이 연결되며 시너지 효과를 일으킨다. 한 프로젝트를 실행하면서 획득한 아이디어, 인맥, 자원을 다른 프로젝트에 활용할 수 있다. 각 프로젝트에 개입하는 정도는 저마다 다르겠지만 아짐 이브라힘 같은 경우는 기업, 자선단체, 교육기관, 비영리 단체와 관련된 분야에서 40여 개의 프로젝트를 동시 진행하기도 했다. 기업가이자 학자이자 독지가인 이브라힘은 이렇게 밝혔다. "나는 다양한 프로젝트에서 좋은 아이디어와 전략을 빌려와 또 다른 프로젝트를 훨씬 효과적으로 진행할 수 있었다."

벤저민 던랩Benjamin Dunlap의 일과는 세미나 기획 및 진행, 아시아 문학 교수, 발레 댄서, 오페라 대본 창작을 비롯해 다양한 분야의 프로젝트로 구성되어 있다. 포트폴리오 노동자는 "타고난 재능과 끊임없는 열정에 이끌려 여러 분야에서 프로젝트를 실시하고 그 과정에서 많은 기회를 만날 수 있다. 이는 한 분야만 파고들면 접하지 못할 기회"라고 강조하면서 던랩은 이 같은 삶이 "전혀 다른 분야에서 기발한 연결점을 찾는 사고력을 키운다"고 밝혔다. 던랩 역시 자신의 인생에서 "무관해 보이는 프로젝트들이 결합하면서 전에는 생각지 못했던 선택지가 새로 생긴 경험을 했다. 그런 의미에서 자신의 열정에 충만한 삶 자체가 실용적인 가치가 있다고 주장해도 무방하다"고 언급했다.

요컨대 포트폴리오 노동자로 사는 것은 직장생활을 하면서 자기 안에 내재된 다면성을 일깨우는 방법 중 하나다. 경력개발 전문가인 크르즈나릭에 따르면, 우리는 바로 이 다중 경력을 통해서 "꽃잎이 피어나 마침내 한 송이 꽃을 이루듯 자아 정체성을 구성하는 여러 면이 깨어나는 기회를 제공한다." 다중 경력을 쌓아갈 때 우리는 남들은 보지 못하는 연결점을 발견하고, 한 분야의 전문가로만 살았더라면 떠올리지 못했을 창의적 돌파구를 떠올릴 수 있다.

5. 다재다능한 역량을
요구하는 직업

자기에게 맞는 일로 바쁘게 지낼 때 사람은 그 일을 하면서 갈수록 즐거워한다.
— 존 러스킨

이점바드 킹덤 브루넬Isambard Kingdom Brunel은 평생 공학자로 살았다. 하지만 대부분의 공학자들과 달리 그의 손길이 미친 건축물을 보면 놀라우리만치 다양하다. 다리(브리스톨의 클리프톤 서스펜션 브리지), 터널(템스 터널), 증기선(그레이트브리튼 호 같은 대서양 횡단 증기선), 철도(광궤를 도입한 그레이트 웨스턴 철도), 건물(레니코이 병원), 조선소. 브루넬이 설계한 건축물은 대부분 시대를 앞서가는 혁신적 작품으로 평가받았으며 200년이 지난 오늘날에도 건재하다. 실제로 그는 현대사에서 가장 위대한 공학자로 손꼽힌다.

역사적으로 살펴봤듯이 다수의 분야를 탐구하면서 재능을 기여했던 폴리매스들에게는 사회적 지위 내지는 전문직이라는 도약대가 필요했다. 그들이 몸 담았던 일 자체가 그들로 하여금 다재다능함을 표출하도록 촉진(혹은 요구)했다. 브루넬에게는 공학자라는 직업이 그러했다.

과거에는 다학문적이고 간학문적인 접근을 격려하는 발판 그러니까 베네치아 길드(회화, 조각, 건축, 공학)라든가 코르도바나 바그다드 왕조(문화, 정치, 학문)처럼 다재다능함을 촉진하는 직업이나 직장이 있었다. 앞서 언급했듯이 그런 일자리의 대표적 사례가 궁정인이다. 궁정인은 서아프리카의 그리오나 아랍의 와지르, 유럽의 젠틀맨처럼 시대와 장소에 따라 다양한 형태를 띤다.

하지만 계몽주의 시대 이후, 특히 산업혁명을 계기로 조합주의corporatism와 관료주의가 대두하면서 (다능하고 박식한 궁정인과 이들을 후원하는) 왕실은 과거의 유물이 되었고 폴리매스를 위한 새로운 무대가 생겨났다. 법인 기업은 오늘날의 초전문화 시스템을 촉진한 주범이지만 한편으로는 사실상 모든 분야를 아우르는 주체로서 자체적으로 폴리매스를 배출하고 있다. 이는 과학과 예술이 다른 세계로 도약하는 발판 역할을 수행하는 것과 비슷한 이치다.

오늘날 기업 부문에서 다재다능함을 촉진하는 무대로 기능하는 직무는 최소한 여섯 가지가 있다.

- 기업 관리자 혹은 최고경영자: 기업의 여러 부서(재정, 회계, 법률, 마케팅과 커뮤니케이션, 정보기술, 비즈니스개발, 물류 등)가 제 기능을 다하도록 관리하는 실력을 보여주는 사람들.
- 연쇄 창업가: 다양한 분야나 부문에서 다수의 신생기업을 창업하고 각 기업을 성공적으로 운영하는 데 적극 참여하며(혹은 진두지휘하며) 결과적으로 각 부문에서 전문가가 되는 사람들.
- 벤처 투자자 혹은 엔젤투자자: 여러 업종에서 다종다양한 사업에 (적극적 혹은 소극적으로) 투자하는 사람들.
- 비즈니스 컨설턴트: 다양한 부문에서 기업에 전략적 차원의 조언을 제공하는 사람들.
- 이사회 구성원: 여러 조직의 이사회에서 집행이사 또는 사외이사로 일하는 사람들.

마지막으로 찰스 핸디가 언급한 '기업 해결사interim managers'가 있다. 요즘 두각을 나타내는 기업 해결사는 (산업 부문이나 종류에 무관하게) 이 기업에서 저 기업으로 옮겨 다니며 단기간 조직을 이끌면서 문제를 해결한다. 일반 직원들은 직무순환제도에서 이와 비슷한 혜택을 누린다. 직원들은 기업 내에서 여러 직무를 옮겨 다니며 신선한 자극을 제공받고 업무 몰입도를 높인다. 물론 기업 부문에서 활동하는 제너럴리스트들이 다능하고 박식한 폴리매스의 자격을 갖출 가능성은 희박하지만(다능하고 박식한 폴리매스는 희귀한 종으로 평범한 제너럴리스트를 넘어 뛰어난 폴리매스에 도달하는 사람은 매우 적다), 그렇다고 기업이라는 무대 자체가 다재다능함을 촉진하는 발판이 될 수 없다고 주장하는 것은 옳지 않다. 기업가이자 베스트셀러《제로 투 원 Zero to One》의 작가인 피터 틸Peter Thiel은 21세기를 이끄는 비즈니스 리더들은 폴리매스가 되는 경향을 보인다고 밝혔다.

> 수많은 세계 정상급 기업가 (……) 그들은 스페셜리스트가 아니며 폴리매스에 더 가깝다. 예를 들어 마크 저커버그만 해도 이야기하는 걸 들어보면 엄청나게 많은 주제에 관해 놀라우리만치 박식한 지식을 갖고 있다. (……) 페이스북 제품은 물론 소셜미디어에 대한 사람들의 생각, 심리학, 문화가 바뀌는 흐름, 기업 경영과 관련해 구체적이고 세부적인 이야기를 풀어갈 능력이 있다. (……) 그리고 이러한 변화가 기술의 역사라는 큰 그림에서 어떤 위치를 차지하는지도 진술할 수 있거니와 (……) 이러한 박식함은 폴리매스에 더 가깝다. (……) 지난 13~14년 동안 이사회에서 나누었던 대화들을 모두 아우를 만큼 (……) 정말이지 엄청나게 방대한 지식

이다.

　다재다능함을 개발할 수 있는 무대 역할을 하는 직업을 몇 가지 더 살펴보자. 정치인은 일을 하면서 여러 부처(이를테면 보건부, 경제부, 문체부 등)의 장관을 역임할 수 있고, 기자 역시 금융에서 음악, 종교로 자신의 보도 분야를 변경할 수 있다. 직업의 다각화를 위해 반드시 업종까지 바꿔야 하는 것은 아니다. 한 분야에서만 전문성을 키우더라도 다양한 인지능력과 지능이 요구되는 직무를 경험하는 방식으로 폴리매스의 자질을 발현할 수 있다.

　심리학자로서 심리학 분야에서만 활동하는 사람을 예로 들어보자. 이 사람은 학문을 연구하고(학자), 책을 쓰고(작가), 학생들을 가르치고(교사), 정책과 관련해 정부에 조언을 제공하고(컨설턴트), 전문 잡지에 사설이나 글을 기고하고(칼럼니스트), 공개 강연을 하고(강사), 심리학에 대한 TV 다큐멘터리를 진행하고(진행자), 심리치료실을 운영한다(사업가). 이렇게 활동을 다각화하면 한 '분야'의 지식인이지만 다양한 '직업'에서 자신의 지식을 활용할 수 있다.

　수많은 정규직 노동자들이 아르바이트 일자리를 겸하거나 자기 사업을 벌여 부족한 소득을 보충한다. 이러한 '부업'을 심지어 격려하는 고용주들도 있다. 직원이 다른 분야를 탐구하도록 허용하는 것이 오히려 조직에 이롭다는 사실을 아는 것이다. 일부 기업에서는 회사 정책 속에 이런 발상을 반영하기도 한다. 대표적인 사례가 구글의 20퍼센트 시간제이다. 구글 직원들은 근무 시간 중 20퍼센트를 주요 업무와 무관한 프로젝트에 자유롭게 사용할 수 있다. 구글의 최고경영자였던 에릭 슈미트는 이렇게 언급했다. "이 제도 덕분에 직원들은 자존감을 얻을 뿐 아니라 더 폭넓은 선택지를 얻게 된다." 실제로 큰 성과를 안겨준 사업 가운데 다수가 구글 직원들이 자유롭게 진행한 프로젝트에서 태어났다. 한 예로 구글 아츠 앤 컬쳐 Google Arts and Culture 플랫폼은 세계 여러 문화 기관들이 소유한 시각 미술 콘텐츠를 디지털화하여 관리하고 게재함으로써 사람들이 한층 쉽게 세계의 위대한 예술 작품을 접할 수 있도록 했다.

특정 직업 외에도 성격에 따라 다학문적이고 간학문적인 사상가를 배출하는 무대로서 기능하는 학문이 있다. 대표적으로 철학은 폴리매스에게 도구이자 목표였다. 참다운 지식을 탐구할 수 있는 방법론이자 목적(하나의 완성된 세계관으로서)이었다는 의미다. 최근까지도 철학(종교 철학과 세속 철학 모두)은 폴리매스에게 일개 학문이라기보다는 세상을 탐구할 보편적 방법론을 제공한다는 점에서 더없이 좋은 무대였다. 폴리매스 철학자 레이먼드 탤리스는 이렇게 말했다. "철학이 존재하는 유일한 이유는 그것이 최고의 보편성을 띠기 때문이다."

따라서 초기의 폴리매스들(중세시대 이전) 가운데 다수가 철학자였다는 사실은 그리 놀랍지 않다. 과거에는 철학을 함으로써 폴리매스 자질을 개발했다고 치면 요즘에는 폴리매스이기에 철학을 하는 경우가 생겨나고 있다. 다시 말해 아리스토텔레스와 알 파라비가 철학자였기 때문에 다양한 과학과 인문학을 연구했다면, 비트켄슈타인, 슈바이처, 뢰리히는 여러 분야에서 다양한 경험을 쌓고 성과를 올린 폴리매스였기에 철학 분야에서 자신만의 사상을 제시할 수 있었다.

사실은 직업이 무엇이든 개인의 사고방식과 접근법에 따라 그 직업은 '한 분야에 전념하는' 무대가 되기도 하고 '여러 분야를 넘나드는' 무대가 되기도 한다. 모든 직업과 모든 학문은 (그 속성상 아무리 다양한 면을 지니고 있더라도 혹은 다양성을 촉진할 가능성이 크더라도) 폴리매스를 위한 무대가 아니라 초전문화를 강화하는 무대로 간단히 바뀔 수 있다. 기업가는 자신의 사업에 너무 몰두한 나머지 낯선 분야에 뛰어들어 새로 사업을 시작하고픈 충동을 상실할지도 모른다. 철학자는 (요즘 흔히 목격하듯이) 논리나 형이상학 같은 철학의 한 분과에만 한평생 매진할지 모른다. 또 어떤 기자는 덴마크 왕족에 대한 기사만 평생 쓸지 모른다.

사실은 이 같은 위험성을 피할 방법이 있다. 활동하는 분야가 무엇인지는 상관없다. 경제학자도 변호사도 예술가도 물리학자도 정치인도 우선 자신의 전공 분야와 관련해서 폭넓게 독서하고 여러 관련 분야에 참여함으로써 이 과정에서 획득한 지식과 경험을 종합해 자신의 전공 분야를 더 깊이 있게 다질 수 있다. 직업에도 동일한 원리가 적용된다. 본업과 무관한 공부와 취미는 자신의 전문 분야를 방해하는 짓이 아니라 전문 분야를 한층 더 깊이 이해하고 성과를 향상시키는 수단임을 알아야 한다. 다양성 안에서 통합성을 발견하는 것이 중요하다. 직업 자체가 다방면에 걸쳐 지식을 습득해야 하는 경우라면 평생에 걸쳐 그 일에만 주력해도 문제가 되지 않는다. 스토리 머스그레이브의 말을 빌리면, 그 일 자체가 폴리매스의 놀이터가 된다. 요컨대 다재다능성을 촉진하는 직업은 유한한 인생을 살아가는 동안 최대한 다양한 성과를 낼 수 있는 길, 다시 말해 '돌 한 개로 여러 마리의 새를 잡을 수 있는' 방법이다.

경쟁우위를 점하려고 한 우물만 판 사람들은 결국 다수의 분야를 넘나드는 접근법이야말로 목적에 부합하는 최선의 방법이라는 것을 알게 된다. 21세기에 맞이하는 경쟁은 다차원적인 양상을 띠기 때문이다. 수확체감의 법칙을 피할 수 없으므로 실제로는 한 우물에만 매진하는 전략으로는 갈수록 뒤떨어진다. 경쟁에서 이기는 최선의 전략은 깊이가 아니라 창의성에 있다. 스티브 잡스는 깊이의 함정에 빠진 기업 문화를 비판하며 직원들에게 말했다. "경쟁업체보다 우리가 더 잘할 텐데라고 생각할 일이 아니다. 우리는 다르게 할 것이라고 생각해야 한다." 초전문화 시스템이 지배적 환경일지라도 다양한 지식과 경험을 쌓아 고유한 전문성을 배양한다면 다른 사람들과 자신을 차별화할 수 있다. 기존의 한 가지 틀에 갇혀 지내기를 거부하고 자신만의 고유한 틀을 여럿 만들어 마음대로 넘나들도록 하자. "자기에게 맞는 일자리란 한 우물만 파는 것을 의미하지 않는다." 이것이 핵심이다.

'자기에게 맞는 일'은 결국 '정체성'을 결정짓는다. 사람은 자기만의 특별한 정체성을 확립하려고 끊임없이 노력한다. 이때 다양한 지식과 경험으로 넓이를 확보하는 것은 고유한 정체성을 형성하는 데 더없이 좋은 방법이다. 열정적으로 깊이를 추구하는 스페셜리스트가 한층 돋보이는 고유한 정체성을 형성할 수 있다. 사람은 대부분 일찌감치 자신의 정체성을 결정하는 편이고 한 번 정체성을 결정하고 나면 이후에 습득하는 모든 지식과 경험은 이를 굳건히 다지는 데 쓰이는 경우가 태반이다. 자기 정체성을 넓게 확장하거나 의문을 품고 변경하는 경우는 흔치 않다. 정체성도 그렇지만 자기만의 견해를 형성하는 과정도 마찬가지다. 문제는 제대로 빚기도 전에 정체성을 결정한다는 데 있다. 유명 운동선수가 보디빌딩에 대해 얘기하며 점토 조각에 비유했듯이 조각을 만들려면 먼저 점토를 준비해야 한다. 물리학, 경제학, 미술 등 다양한 분야에 조예가 있으면 이 재료를 이용해 당신만의 고유한 전문성을 빚을 수 있다. 이를테면 원자 과학이 반영된 살바도르 달리의 작품을 전문으로 연구하는 미술품 거래상이 되어도 좋고, 원자물리학과 시각 예술이 제2차 세계대전 후의 미국경제에 미친 영향을 분석하는 박사 학위 논문을 써도 좋을 것이다. 넓이를 확장하고 다양성이 지닌 힘을 이용한다면 자신을 차별화하는 전문성을 빚을 수 있다.

아래쪽에 두 개, 위쪽에 한 개 이렇게 세 개의 원이 서로 걸쳐 있는 모습을 떠올려보자. 폴리매스는 세 개의 원에서 공통분모를 찾아 자기만의 전문성을 구축한다. 《마스터리의 법칙》을 쓴 로버트 그린에 따르면 "여러 분야가 중첩된 지점을 파고들면 자신의 관심과 성향에 부합하는 자기만의 커리어를 개척할 수 있다." 그는 컴퓨터 과학자 요키 마츠오카Yoky Matsuoka를 예로 들었다. 마츠오카는 스포츠,

생리학, 기계공학, 신경학 분야에 관한 관심과 재능을 결합해 뉴로보틱스neurobotics라는 학제적 학문을 창시했다. 자기에게 가장 잘 맞는 일을 찾으려면 서로 무관해 보이는 다수의 관심사가 중첩되는 부분에서 공통분모를 찾아 개발하는 것이 좋다. 어느 한 분야의 대가가 되려면 다수의 기술과 다양한 형태의 지식을 개발하는 과정이 반드시 필요하다는 것이 로버트 그린이 내린 결론이다. "여러 형태의 지식과 기술을 결합할 줄 아는 자들이 미래를 결정한다. 내가 만났던 현대의 거장들은 하나같이 이 점에서 예외가 없었다."

○ 위로부터 VS 아래로부터

아이디어를 만드는 데 가장 흔히 쓰이는 촉매제는 물론 돈이다 (혹은 그 동반자인 권력이다). 부유하고 힘 있는 자들이 폴리매스들을 후원하고 그들이 재능을 발휘하는 데 큰 역할을 담당한 것도 이런 이유다. 과거에는 왕실, 종교 조직, 대학, 부유한 상인들이 주로 후원자 역할을 했다. 지금은 신기술 분야 기업가, 독지가, 경영인, 언론 재벌, 유명인사, 정부 기관이 이 역할을 맡는다. 물론 이들이 전부 선한 의도로만 폴리매스를 후원하는 것은 아니다.

사회에서 강력한 힘과 영향력을 지닌 기관과 행위주체 들이 오늘날에도 기득권을 형성하고 있다. 곧 정부 각료, 기업(금융 기업과 첨단기술 기업을 비롯해), 사법부, 종교 단체, 군대, 언론, 기업가, 자선사업가, 교육기관, 유명인사(스포츠와 연예계), 소수의 사회운동가들이 여기에 해당한다. 각 분야를 선도하는 인물들을 한데 묶으면 '현대의 상류층'이라 하겠다. 이들 가운데 많은 이들이 다보스에서 열리는 세계경제포럼에 참석하고 여기서 도출한(의도적인 합의이든 자연스럽게 수렴한 것이든) 아이디어나 시스템이 전 지구적으로 확산되기도 한다.

하지만 프랑스의 역사학자 쥘 미슐레Jules Michelet가 지적했듯이 역사는 또한 민중의 손길이 빚는다. 말콤 글래드웰이 베스트셀러 《티핑포인트The Tipping Point》에서 논증했듯이 새로운 사상이 들불처럼 퍼져나가기 위해 언제나 상의하달식의 후원이 필요한 것은 아니다. 아이디어는 그 자체로 생명력이 있고 때로는 아주 간단한 기폭제만 있어도 불이 붙는다. 사회 구조를 혁신함으로써 인간의 잠재력을 극대화하려는 현대의 새로운 사상 중에 비너스 프로젝트Venus Project를 예로 들어보자. 이 프로젝트는 현재의 화폐 기반 시스템을 자원 기반 시스템으로 대체할 것을 제안하고, 그저 입에 풀칠하기 위해 다양한 재능과 관심을 쓸모없이 낭비하는 처지에서 개인이 해방되는 세상을 상상한다. 하지만 이 프로젝트는 개인이 주도하는 소규모 운동에 그쳤고 결코 대규모 운동으로 확산되지 못했다. 그러니 화폐 기반의 자본주의 시스템을 대체할 때까지(혹은 이를 대체하지 못하는 한) 폴리매스의 가치를 신뢰하고 이들을 후원하는 과제는 부유한 개인과 기관에 자주 기댈 수밖에 없다.

○ 우리가 맞이한 기회

전 세계적으로 불평등이 증가하고 있는 안타까운 상황이지만 이를 역전시킬 수 있는 기회도 증가하고 있다. 미디어와 기술의 세계화로 접근성이 향상되었고 역사상 최초로 수많은 보통 사람이 지식에 접근하고 이를 활용할 기회를 손에 넣었다. 인터넷, 휴대전화, 서적, 대중교육, 디지털 미디어처럼 지식을 전달하는 데 중요한 매체가 전례 없는 수준으로 전 세계에 보급되었다. 위키피디아의 설립자 지미 웨일스의 말을 들어보자. "지식의 대제사장 노릇을 하던 상아탑에 대한 고정관념이 사실상 붕괴되었고, (……) 사회 곳곳에 흩어져 있는 똑똑한 인재들의 존재를 인식시켰다는 점은 위키피디아가 지닌 놀라운 매력 중 하나다."

개인은 상업, 예술, 지적 활동에서 역사상 유례없는 자율성을 누리고 있다. 이는 소상공인과 중기업, 시민사회 그룹, 독립영화 제작자, 음반사, TV 뉴스 채널, 신문사, 출판사의 수가 급증한 사실에서도 드러난다. 이들 가운데 다수가 자금을 자체 조달하고 기득권에 반대하며 전통적 모델을 따르지 않는다.

더욱이 인공지능AI, 로봇, 사이버네틱스, 생명공학, 나노테크놀로지, 사물인터넷IoT, 뇌와 뇌를 연결하는 인터페이스, 가상현실, 3D 프린팅, 생물의공학Biomedical Engineering 같은 혁신적 신기술이 기하급수적으로 발전하며 인간의 능력과 지식을 최적화하고 향상할 기회를 제공하고 있다. 저명한 신경과학자 미겔 니코렐리스의 말을 들어보자. "인간은 기술을 자신의 일부로 흡수해도 기술은 절대 인간을 흡수하지 못한다. 그것은 불가능하다." 우리가 제대로 활용할 수만 있다면 이런 모든 변화가 우리에게 기회이자 가능성이다.

6. 미래를
프로그래밍하라

　　　　　세계 첨단기술을 이끄는 폴리매스 레이 커즈와일은 트랜스휴머니즘을 신봉한다. 그는 머지않은 21세기, 즉 지구상의 많은 이들이 죽기 전에 인류가 다음 단계로(어쩌면 최종 단계로) 진화하리라 믿는다. 그렇게 되면 인류는 유기체로서 가진 한계를 초월하는 존재가 된다. 특이점Singularity은 이미 알려진 대로 (나노기술을 통한) 초지능 기계의 등장으로 기계와 인간이 결합해 기계는 인간처럼, 인간은 기계처럼 기능할 수 있는 미래의 가까운 시점을 가리킨다. 초지능 기계는 인간 지능과 기계 지능을 연결하는 인터페이스 형태가 될 것이다.

　커즈와일이 전망한 바에 따르면 2030년경에는 나노봇nanobot이 신경세포들과 상호작용하며 신경망 내에서 가상현실을 창조함으로써 인간의 경험을 대폭 확장할 것이다. 뇌의 모세혈관으로 주입된 수십억 개 나노봇이 인간의 지능을 크게 향상시킬 것이다. 인간 지능과 기계 지능의 융합으로 인간은 수많은 인지능력을 개발할 수 있고, 방대한 양의 정보를 신속하고 효율적으로 처리할 수 있게 됨을 의미한다. 그는 이렇게 말한다. "클라우드 속 인공 신피질에 인간의 신피질을 연결해 사고를 확장함으로써 우리는 다수의 영역을 처리할 수 있고 혁신 역량 또한 크게 증가한다." 따라서 다방면에 걸쳐 박식한 지식을 쌓을 수 있는 능력이 전례 없는 수준으로 향상될 것이다.

우리가 '생각'이라고 여기는 활동의 대부분을 책임지는 뇌의 부위인 신피질 안에는 3억 개의 모듈이 있다. 모듈은 정보의 패턴을 학습하고 인식하고 기억한다. 이들 모듈은 정교한 위계구조를 이루며 결합한다. 인간의 신피질은 인지적 사고를 바탕으로 이들 위계구조를 만들어간다. 하지만 초지능 나노봇을 신경계에 주입하면 판도가 완전히 바뀐다. 커즈와일은 설명한다.

인류가 진화하면서 우리 뇌의 신피질을 확장했을 때 (그리고 전두엽이 커졌을 때) 어떤 일이 일어났는지 기억하는가? 우리는 언어, 예술, 과학을 발명했다. 우리가 뇌를 클라우드에 연결해 다시 한 번 신피질을 확장할 때 우리는 차원이 다른 추상 능력을 얻을 것이다. 그러면 오늘날의 예술과 신기술을 능가하는 표현 수단을 발명할 것이다. 더 이상 고정된 울타리(우리의 두개골)에 제약받지 않고 우리 뇌의 정보처리 방식보다 수백만 배 빠른 정보처리가 가능한 디지털 신피질을 이용하게 된다. 신피질의 확장 능력은 기하급수적으로 발전할 것이고 인간의 지능도 수십억 배 확장한다 (그것이 내가 말하는 특이점이다).

특이점 이후에 탄생할 신인류posthuman의 미래를 예측하면서 일각에서는 인간이 영원불멸한 존재가 될 것이라고 한다. 유전자를 교체할 수 있고 시냅스가 10경 개에 달하고 다수의 상황을 동시에 처리하는 인지능력을 지닌 존재가 되리라고 전망한다. 상상할 수 없는 세계이지만 갈수록 증가하는 트랜스휴머니즘 과학자들의 주장에 따르면 믿지 못할 이유는 또 무엇인가? 커즈와일은 "우리는 원한다면 클라우드에 접속해 신피질 확장자를 공유할 수 있고, 원한다면 그것들을 사적인 공간에 보관해 자기만의 개성을 지킬 수도 있다"고 말했다. 이것이 커즈와일이 그리는 미래의 폴리매스다. 우리는 획일적인 로봇이 되기보다는 "오늘날보다 훨씬 고유한" 존재가 될 것이라고 그는 덧붙였다.

다재다능한 사이보그들이 미래를 지배하느냐 마느냐는 뜨거운 쟁점 사안이다. 세계적인 물리학자 스티븐 호킹은 인공지능이 지배하는 세상은 과학소설이 아니라 '과학적 사실'이라고 말했다. 반면에 노엄 촘스키와 미겔 니코렐리스 같은 인지과학자와 신경과학자 들은 이러한 전망에 대해 판단을 유보한다. 여하튼 한 가지 사실은 분명하다. 인간의 정신이 제대로 기능하기 위해서는 근본적 변화가 필요하다는 사실이다. 가까운 미래에 신경과학 분야에서 엄청난 진보가 이루어지기 전에 초지능 기계의 등장에 대비해 인간의 사고를 최적화하는 작업이 우선적으로 이뤄져야 한다. 어째서 이 일이 중요한가? 인간의 정신이 결국 기계를 프로그래밍하기 때문이다!

인간 학습보다 기계 학습이 매력적인 산업으로 부상하고 있다. 오늘날엔 인간의 지능을 개발하는 사업보다 인공지능을 개발하는 사업에 더 많은 자원과 관심이 쏠리고 있다. 하지만 몇 년 지나지 않아 어쩌면 인류 역사상 가장 큰 과업을 책임져야 할 주체는 기계가 아니라 인간의 정신이다. 우리가 바라는 가치관을 기계에 프로그래밍하고 초지능 시스템이 인류에 위협이 되지 않도록 대비해야 한다. 옥스퍼드대 인류미래연구소의 앤더스 샌드버그는 "향후 몇 십년 안에 인간의 가치를 반영한 코드를 창조해야 한다"고 강조했다. 우리는 이 일이 얼마나 시급한지 깨달아야 한다. 역사학자이자 미래학자인 유발 하라리는 이렇게 강조했다. "만약 이 문제에 대해 어떤 조치를 취할 생각이라면 지금 당장 시작해야 한다. 30년 후에는 너무 늦다."

　기계에 심을 핵심 가치를 누가 결정하는가? 무엇이 실재에 대한 가장 정확한 그림인지 누가 결정하는가? 누가 인류의 운명을 결정할 자격을 갖췄는가? 이런 까닭에 우리는 세상의 복잡성을 깊이 이해해야 한다. 다재다능함과 도덕성 사이에 어떤 연관성이 있는지는 단언할 수 없지만 다재다능한 사람이 그렇지 않은 사람보다 명쾌한 사고를 하는 것은 틀림없다. 명쾌한 사고가 곧 절대적 객관성을 보증한다고 할 수는 없지만 절대적 객관성을 획득하는 효과적 수단임은 분명하다.

　제이슨 본과 터미네이터의 중간쯤에 위치하는 어떤 '존재'가 되고 싶은가, 아니면 최적화된 '인간'이 되고 싶은가? 만약 후자를 원한다면 우리의 인지능력과 의식 상태를 한 차원 높은 수준으로 끌어올려야 한다. 미래를 지배할 주인공은 사이보그나 초지능 기계가 아니다. 이들 기계가 인류의 진화에서 어떤 역할을 수행하는 것이 가장 좋을지 결정할 만한 시각, 창의성, 비판적 지능을 갖춘 사람, 그리고 이에 따라 프로그램을 개발할 역량이 있는 사람들이다. 이런 까닭에 폴리매스가 우리의 희망이다. "나는 기계가 중대한 문제들을 해결하리라고 생각하지 않는다. 기계의 도움을 받은 인간만이 해낼 수 있다"고 대니얼 레비틴Daniel Levitin은 주장했다.

우리의 미래에 영향을 미칠 '기계'를 프로그래밍할 사람들보다 더 중요한 사람은 '인간'의 정신을 프로그래밍할 사람들이다. 그리고 나는 인간이 스스로 자신의 의식을 개조해야 한다고 제안하는 바다. 내가 이 책을 쓴 이유가 이 인지혁명에 불을 붙이기 위함이다. 모든 사람(감비아의 기업가, 노르웨이의 농부, 미국의 어머니, 볼리비아의 군인, 티베트의 상인)이 미래에 제 몫을 차지하기를 바란다.

Twenty-First-Century Polymaths

21세기의
폴리매스

POLYMATH

폴리매스는 아직 멸종하지 않았지만 멸종 위기에 처해 있다.

- 피터 버크, 《지식의 사회사(A Social History of Knowledge)》

통념의
파괴자

인도의 요기는 어찌 보면 고도로 세분화된 업무를 수행하는 전문가다. 신비주의자인 요기들은 형이상학적 실재를 추구하고자 속세에서 자신을 해방시키거나 속세와 인연을 끊는다. 이들은 영적인 가치에 헌신하고 그 임무에 정진하느라 그 밖의 세속적 활동을 갈고 닦는 일에는 관심이 없어 보인다. 하지만 21세기의 저명한 신비주의자 이샤 사드구루는 이 같은 전제가 틀렸다고 지적한다. 사드구루는 '이너 엔지니어링inner engineering'이라는 명상 프로그램을 개발하고 비영리 단체인 이샤 재단을 설립했다. 세계

각지에서 온 사람들이 이샤 재단의 명상 센터에서 가르침을 받는다.

사드구루는 행동하는 사람이었다. 사회적 기업을 창업하고, 골프를 스포츠로서 즐기고, 미식을 주제로 책을 쓰고, 오토바이를 타고 모험을 즐기고, 뱀을 부릴 줄 알고, 산을 오른다. 그는 이것을 '야생 생활'이라 부른다. 자신은 학자가 아니라고 말하지만 사드구루는 세계적으로 유명한 신경과학자, 교육학자, 기자, 예술가와 대담 프로그램에서 심도 깊은 대화를 나눈다. 그는 다양한 주제에 관해 8개 국어로 100여 권이 넘는 책을 저술했다.

전문화라는 지배적 패러다임이 사회 및 지성과 영성 발달에 미치는 영향에도 불구하고 사회적 통념과 다르게 생각하고 다르게 행동하며 남다른 생활방식을 선도하는 폴리매스들이 여전히 존재한다. 사드구르를 비롯해서 창의력이 뛰어난 사상가, 과학자, 예술가, 정치인, 기업가가 여기에 해당한다. 이들은 목적도 다르고 유형도 다르지만 모두 폴리매스다. 이들에게는 공통점이 있다. 생각에 한계를 두지 않고, 창의력을 확장하고, 개성을 중시하고, 호기심이 충만하고, 통합적 관점에서 사고한다. 폴리매스는 지구상에서 가장 다재다능한 사람에 속한다.

한 분과에만 매이지 않았던 과거의 철학자에 가장 근접한 사람을 오늘날 찾는다면 자신의 전문 분야 외에도 다양한 주제에 관해 목소리를 내는 '대중 지식인'일 것이다. 철학자 앤서니 그레일링A. C. Grayling은 이렇게 설명한다. "대중 지식인이라면 합리적이고 통합적인 관점에서 수많은 사안을 볼 줄 알아야 한다. 여기서 핵심은 이와 같은 관점에서 관심사를 다루는 넓이에 있다." 많은 이들이 대중 지식인이라는 칭호에 대한 권리를 주장하지만 이에 합당한 이들은 폴리매스밖에 없다. 이미 살펴보았듯이 복잡성과 다양성을 다룰 줄 아는 폴리매스 중에는 문화, 종교, 정치에서 다양한 전통을 두루 섭렵한 사람들이 많다. 슬로베니아 출신의 좌파 사상가 **슬라보예 지젝**Slavoj Zizek이 낸 책을 보면 심리분석, 신학, 오페라, 정치학, 실존주의 철학, 사회학, 영화이론까지 그 주제가 다양하다. 영국 출신의 보수주의자 **로저 스크러턴**은 소설과 오페라 외에 미학, 철학, 음악, 정치, 건축, 사냥, 동물권, 섹스, 생태학 등의 주제로 글을 쓴다.

독일의 〈게데이 임풀스GDI Impuls〉 지는 세계를 선도하는 사상가들의 목록을 주기적으로 발표하는데, 편집장이 분석한 바에 따르면 현대사회가 스페셜리스트에 워낙 집착한 나머지 100대 사상가 목록에 폴리매스로 분류될 만한 사람이 하나도 없다고 한다. 폴리매스로는 그나마 155위에 오른 **바츨라프 스밀**이 유일하다. 스밀은 경제학, 역사, 에너지, 식량, 금속, 환경에 이르기까지 다양한 주제에 관해 책을 썼고, 빌 게이츠가 특히 애독하는 작가로 알려져 있다. **재레드 다이아몬드**는 언어학, 생물학, 생리학, 지리학, 인류학, 동물학, 사회학까지 넘나드는 그의 전문성을 종합해 인류 역사를 관통하는 일정한 패턴을 설명했다. 퓰리처상을 수상한 다이아몬드의 책《총, 균, 쇠Guns, Germs, and Steel》는 그의 박식함이 여실히 드러난 역작이다. 교육기관과 출판사가 한 분야에 충실한 전문성을 요구하는 풍조 속에서도 스밀과 다이아몬드 같은 지식인은 끊임없이 한계를 초월한다.

두 사람이 거둔 성공과 혁신적 성과는 학제적 접근법이 가치 있음을 보여준다.

근래에 두각을 드러내는 폴리매스 중에는 정보기술과 인공지능 분야에서 경험을 쌓은 이들이 많다. 해부학부터 신경생물학, 인지심리학, 기계공학, 컴퓨터 프로그래밍, 양자물리학, 언어학, 수학 그리고 관련 분야까지 다양한 지식을 요구하기 때문이다. 인공지능연구를 앞장서서 이끌어나가는 선구자들은 여러 과학 분과의 지식을 종합하는 능력을 지닌 사람들이다. 최신 과학기술 전문가이자 미래학자인 **레이 커즈와일**은 2005년에 《특이점이 온다 *The Singularity is Near*》에서 여러 과학 분과를 다루면서 정보기술 분야가 가까운 미래에 비약적으로 발전하리라는 전망을 내놓았다. **일론 머스크**는 연쇄 창업가로서 다양한 과학 및 공학 분야에서 습득한 자신의 지식을 활용해 내로라하는 기업을 다수 설립했다. 그가 참여하는 분야는 태양광, 자율주행자동차, 우주여행, 신경기술, 디지털 화폐 교환에 이르기까지 다양하다.

창의적인 표현 수단을 제공하는 예술은 폴리매스의 요람이다. 지르얍, 안드라지, 타고르는 미술, 문학, 공연예술에도 조예가 깊은 '완전한 예술가'의 전형이다. 많은 이들이 완전한 예술가로 불리고 싶어 하지만 이 호칭에 어울리는 천재는 극히 소수다. 유명 연주자이자 가수이며 시인이고 뛰어난 화가인 미국 출신의 **밥 딜런**Bob Dylan, 회화와 음악, 시, 안무(발레)에서 걸출한 실력을 보인 **조니 미첼** Joni Mitchell이 여기에 해당한다. 〈반지의 제왕Lord of the Rings〉과 〈폭력의 역사History of Violence〉 같은 블록버스터를 비롯해 다수의 영화에 출연한 할리우드 배우 **비고 모텐슨**은 〈반지의 제왕〉에 나오는 영화 음악을 작곡했으며, 자신의 작품을 세계 곳곳에 전시하는 화가이기도 하고, 다중언어자로서 여러 언어로 작품을 출판한 시인이기도 하다.

콕토, 파솔리니, 파크스, 레이, 키아로스타미 같은 20세기의 영화감독들이 보여주었듯이 영화는 다재다능한 재능을 개발하고 펼칠 수 있는 훌륭한 무대다. 현대 '미국 영화계의 르네상스인'으로 불리는 **데이비드 린치**David Lynch 감독이 초현실주의를 최초로 대중에게 각인시킨 감독이라는 데 이견을 달 사람은 없을 것이다. 그의 대표작으로는 〈엘리펀트 맨The Elephant Man〉, 〈듄Dune〉, 〈블루 벨벳Blue Velvet〉, 〈멀홀랜드 드라이브Mulholland Drive〉 등이 있다. 또한 린치 감독은 실력 있는 화가, 조각가, 사진작가, 극작가, 작곡가, 무대 디자이너이자 배우이며 초월적 명상이 창의성에 미치는 영향에 대한 책을 쓴 작가이기도 하다.

일본에서 **기타노 다케시**는 희극 배우 겸 코미디언으로 출발해 영화 제작으로 관심사를 넓혀 〈하나비〉라는 대작을 제작했다. 오토바이 사고를 겪은 후에는 그림을 그리기 시작했다. 그의 작품은 책으로 나왔으며 앨범 표지와 영화에 사용되었고 여러 미술관에 전시되었다. 또한 그는 영화평론가 겸 영화이론가이며 시인으로도 활발하게 활동 중이다. 그가 쓴 여러 편의 소설은 스크린으로도 옮겨졌다. 게다가 그는 유명 비디오게임을 디자인했으며 TV 토크쇼 진행자이기도 하다.

두바이 군주 **무함마드 빈 라시드 알막툼**Mohammad bin Rashid Al Makhtoum은 오늘날 '폴리매스 군주'에 가장 근접한 사람이다. 알막툼은 아랍에미리트 총리이며 전통시인 나바티Nabati에 조예가 깊은 시인이자 승마 세계 챔피언이며 군 지휘관이자 아랍권에서 가장 영향력이 큰 비즈니스 리더이다. 또한 그는 열정적인 예술 후원가이며 세계적인 자선사업가 중 한 명이다. 웨일스 공 **찰스**Charles 역시 다재다능한 폴리매스로 최근에는 팔라초 스트로치Palazzo Strozzi 재단이 수여하는 올해의 르네상스인 상Renaissance Man of the Year Award을 수상했다. 그는 종교, 건축, 교육, 스포츠, 미술, 농업, 자연, 문학 분야에서 기여한 공로를 높게 평가 받았다. 최근 그는 미국의 〈지큐GQ〉 지에서 수여하는 올해의 공로상을 받는 자리에서 이렇게 말했다. "세상엔 해야 할 일도 싸워야 할 일도 너무 많다." 덴마크의 여왕 **마르그레테 2세**Queen Margrethe II도 폴리매스 군주로 빼놓을 수 없을 듯하다. '유럽에서 가장 지적인 군주'로 알려진 마르그레테 여왕은 고고학, 정치학, 경제학을 공부했고 여러 언어에 능통한 번역가이며 실력이 출중한 화가이자 패션 디자이너이다.

여러 군주들이 보여준 것처럼 폴리매스에게는 자선활동도 고유한 표현의 수단이 될 수 있다. 오늘날 자선사업가 중에는 부유한 기업가가 많다. 영국의 사업가 **리처든 브랜슨**은 버진 그룹의 창업자로서 음반, 항공, 통신, 스포츠, 우주산업에 이르기까지 다양한 분야에서 수백만 파운드 규모의 사업들을 벌여왔다. 현재 그가 소유한 기업은 200개가 넘고 다수의 기업 경영에 직접 관여한다. 또한 수많은 자선사업, 환경 프로젝트, 예술 프로젝트를 후원한다. 사업뿐만이 아니다. 브랜슨은 열기구를 타고 지구를 일주했고, 보트뿐 아니라 수륙양륙차를 타고 영국해협을 최단 시간에 통과한 기록을 보유하고 있으며, 호주에서 캄캄한 밤중에 골프 코스를 성공적으로 완주한 세계기록도 세웠다.

20세기까지도 여성은 법적으로나 사회적으로 사람이 아닌 '소유물'로 간주되곤 했다. 서구 사회에서 여성 해방은 비교적 최근에 일어난 사회현상이고 긴 세월간 형성된 성차별 의식은 (빠르게 소멸하는 중이지만) 아직도 사회 곳곳에 남아 있다. 이 같은 현실에도 불구하고 일부 여성은 재능과 열정을 숨기지 못하고 다수의 분야에서 뛰어난 역량을 보였다. 현대로 넘어올수록 학자이자 사회운동가로 활약하는 여성이 증가한다. 한 예로 푸에르토리코 출신의 학자이자 사회운동가인 **안토니아 다르데**Antonia Darder는 교육이론과 교육사를 전공한 학자로 널리 알려져 있지만 뛰어난 화가이자 시인이기도 하다. 인도의 사회운동가 **반다나 시바**Vandana Shiva는 과학을 전공한 여성학자로 기후변화, 인권, 젠더 문제를 해결하는 데 앞장서고 있다. 여성은 비즈니스와 과학 분야에서도 뛰어난 활약을 보인다. 아프리카계 미국인 **메이 제미슨**Mae Jemison은 댄서로 사회생활을 시작했지만 이후 공학자, 의사, 나사NASA의 우주비행사, 기술기업가가 되었다.

살아 있는
폴리매스들과의 대화

○ 노엄 촘스키

매사추세츠 공과대학MIT의 저명한 언어학 교수이자 철학 교수인 노엄 촘스키Noam Chomsky는 현존하는 폴리매스 지식인의 대표적 사례다. 그의 논문 피인용 지수는 모든 저술가 가운데 언제나 상위권에 들어간다. 그보다 더 놀라운 사실은 각기 다른 4개의 분과 학문에서 동일한 수준으로 그의 논문이 인용된다는 점이다. 촘스키는 언어학(특히 통사론)부터 인지과학, 철학(특히 마음과 정신), 지식의 역사, 수학, 사회학, 정치과학에 이르기까지 다양한 주제에 관해 150권이 넘는 책을 썼다. 그가 자신의 견해를 담은 책을 낼 때마다 세계는 그의 목소리에 주목한다. 오늘날 촘스키는 강사로서도 인기가 매우 높다. 일각에서는 촘스키를 정치적으로 논란이 많은 인물로 평가하지만 일반적으로 그를 비판하는 사람들조차 촘스키가 현존하는 전방위 지식인 가운데 가장 중요한 인물로 손꼽힌다는 점에 이견이 없다.

역사상 가장 훌륭한 폴리매스가 누구라고 생각하는지 묻는 질문에 촘스키 교수가 지명한 사람은 유럽의 계몽시대를 대표하는 위인이 아니었다. 그 대신 초등학교 4학년도 마치지 못했고 신문가판대를 운영했던 자신의 삼촌을 꼽았다. "삼촌은 내가 만나본 사람 가운데 가장 학식 있는 사람 중 한 분이었다"고 회상하며 이렇게 말했다.

나는 이민자 사회에서 성장했습니다. 1930년대에 유대인 노동자 계층이 많이 모여 살던 곳이었는데, 대부분 직장을 다녔고 문화 수준도 매우 높았지요. 물론 그중에는 실직자들도 있고 초등학교 밖에 나오지 못한 이들도 있었지만 그들은 얼마 전에 감상한 부다페스트 현악 4중주 음악회나 셰익스피어 연극, 프로이트와 슈테켈Stekel의 차이점, 그리고 우리가 상상할 수 있는 온갖 정파들에 관해 토론을 나누곤 했습니다. 일상에서도 지적인 대화가 활발하게 이루어졌고 노동자에게도 특별한 일이 아니었습니다.

촘스키에 따르면 아버지 세대뿐 아니라 본인 역시 여러 분야의 지식을 탐구하고 자신의 의견을 개진하는 것을 당연히 생각하는 시대를 살았다. 지적 활동은 고등 교육기관의 전유물이 아니었다. "다방면의 지식에 관심을 두는 것을 이상하게 여기지 않았고 박식한 사람이라고 특별하게 보지도 않았습니다. 교양 있는 사람이라면 흔히 가질 수 있는 관심거리로 여겼습니다. 지금은 분야별로 쪼개져서 전문가끼리만 얘기해야 할 것 같은 분위기가 되었지요." 손가락만 까딱하면 '무한'으로 정보를 얻는 오늘날보다 수십 년 전 일상에서 백과사전적 지식을 갖춘 사람을 더 흔히 접했다는 사실이 얄궂게 느껴진다. 촘스키는 말했다. "예를 들어 빅토리아 시대를 살았던 평범한 영국인의 독서 습관을 조사한 연구 논문을 보면 놀라지 않을 수 없습니다." 조나단 로즈는 《영국 노동자들의 지적 생활》에서 그 시대의 평민들이 독학을 통해 다방면의 지식을 쌓았음을 묘사했다.

무관해 보이는 학문들 간에 '접점'이 있고 이들 접점은 창의성과 결합한다면서 촘스키는 설명했다. "학문을 '자유롭게 탐구하는 본능'이 살아 있던 전문화 전 시대에는 사람들이 이 접점들을 탐구했고 이를 정상적인 행위로 여겼습니다." 그는 설명을 이어갔다. "언어의 중심에는 (외부 자극이나 내부 자극의 통제를 받지 않고) 새로운 생각을 생산하고, 이를 남들이 이해할 수 있도록 새로운 언어를 만드는 창의성이 존재합니다. 이는 데카르트 철학의 원리와도 상통하지요. 창의적인 사회의 중심에 존재하는 것도 바로 이와 같은 창의성입니다. 그 사회에 자유로운 정신이 존재하는지 판단하는 중요한 기준이기도 합니다."

촘스키는 과거에 기득권 계층에서 일부 폴리매스를 후원했던 이유를 설명한다. "폴리매스가 지배적인 교리를 거부하지 않는 한 기득권은 그의 활동을 가로막지 않았습니다." 역사적으로 많은 후원자들이(군주, 대학) 궁정의 여러 직책이나 대학의 교수직 형태로 폴리매스들에게 활동 무대를 제공한 이유는 그들이 기존 체제를 교란하기는커녕 보통은 작품을 통해 기존 체제를 더욱 견고하게 다지는 데 도움을 주었기 때문이다. "지배 체제의 요구 사항을 폴리매스가 준수하는 한 기득권은 그들을 용인할 뿐 아니라 적극 격려했습니다. 하지만 체제에서 정한 한계를 폴리매스가 넘는다면 그때는 이야기가 달라집니다. '무슨 말을 하는지 모르겠군요. 하던 일이나 하시죠'라는 말을 듣게 됩니다." 다 빈치 같은 폴리매스가 고용주 밑에서 재능을 펼쳤던 이유가 어쩌면 여기에 있는지 모른다. 다 빈치가 고용주에게 반대 의견을 제시했다는 기록은 찾을 수 없다.

박학다식을 추구하는 것은 오늘날의 사회에서 중요한 가치를 지닌다고 촘스키는 강조한다. 개인이 성장하고 사회가 발전하려면 폴리매스처럼 사고하는 법을 배워야 한다는 것이다. "그것이 목공 기술이 됐든 양자물리학이 됐든 협소하게 한 가지 기술이나 관심사만 추구하면서 자신을 제한하지 않는 것이 무엇보다 중요합니다. 우리는 자신의 문제만이 아니라 다른 사람의 문제 혹은 사회 전체의 문제에도 관심을 가져야 합니다. 다른 사람이 이룩한 학문적 성과나 문화적 업적으로 혜택을 누리고 또한 자신이 보탬이 되도록 노력해야 합니다." 그러면서 재차 강조했다. "사실 과거에는 이런 태도가 지극히 정상적인 일이었습니다."

폴리매스처럼 사고하는 법을 익히려면 호기심, 개방적 태도, 비판적 사고가 필수라고 촘스키는 설명했다. 다재다능하고 박식한 사람이란 "열린 자세로 탐구할 줄 아는 사람과 다름없습니다. (……) 여기에 필요한 미덕은 그리 복잡하지 않습니다. 정직, 개방적 태도, 통합적 사고, 근면. (……) 자신의 관심사를 탐구하고, 열린 자세로 지배적인 교리에도 의문을 품고, 다양한 논증에 주의를 기울여야 합니다. 이러한 태도는 항상 옳았고 지금도 다르지 않습니다. 현재 이른바 학제적 연구를 하는 사람들도 두 세기 전에는 그저 교양인으로 불렸을 것입니다."

ㅇ 프랭클린 스토리 머스그레이브

프랭클린 스토리 머스그레이브는 미국 특수부대 소속 군인으로 사회생활을 시작했다. 거기서 그는 기계공학자 겸 비행사로 일했다. 160가지 종류의 민항기와 군용기를 타고 1만 7,700시간을 비행했고, 800회가 넘는 자유낙하를 수행했다. 이 가운데 100회가 넘는 자유낙하는 중력이 인체에 미치는 영향을 연구하는 작업의 일환이었다. 이 기간 중에 그는 외과의 자격증을 땄고 생리학자로도 일했다.

이후 머스그레이브는 나사의 우주비행사가 되었고 30년 넘게 우주비행사로 살면서 총 여섯 차례 우주비행을 했다. 최초의 유인 우주왕복선 챌린저Challenger 호를 타고 비행했을 때 최초로 우주유영을 완수했고, 우주탐사선을 조종하며 국방부의 기밀 임무를 두 차례 수행했다. 그는 허블망원경의 수리 임무를 맡았던 팀의 수석 우주비행사였고, 마지막 여섯 번째 우주비행 때는 컬럼비아Columbia 호에서 관측 위성을 배치하고 회수하는 임무를 맡았다.

우주비행사를 그만둔 후에는 활동 영역을 더욱 다양하게 넓혔다. 오늘날 그는 야자수 농장과 조형물 제작 회사를 운영하며 조경건축가로 일하고 있다. 또한 그는 월트디즈니 이매지니어링Walt Disney Imagineering의 콘셉트 아티스트이자 어플라이드 마인즈Applied Minds의 혁신 책임자이며 캘리포니아에 있는 아트 센터 칼리지 오브 디자인Art Center College of Design의 디자인학 교수이다. 게다가 그는 열성적인 취미 애호가로서 체스와 레슬링은 대회에서 실력을 다툴 정도이고 그림과 스케치는 물론 시를 짓는 일에도 열심이다.

머스그레이브는 수학, 컴퓨터과학, 화학, 의학, 생리학, 문학, 심리학 학위를 취득했고, 20개의 명예박사 학위를 소유하고 있다. 그는 이렇게 말했다. "폴리매스로 불린 적은 없지만 종종 르네상스인으로 불리기는 합니다." 실제로 그는 인기 있는 포털사이트 애스크멘AskMen.com에서 선정한 '현대의 르네상스인' 부문 1위를 차지했다. 이 명단에는 노엄 촘스키, 조나단 밀러, 네이선 미어볼드도 이름을 올렸다.

머스그레이브의 다채로운 삶은 다음과 같은 사고방식에서 기원한다. 그를 움직이는 원동력은 호기심이다.

호기심은 순수한 감정이자 순수한 에너지다. 보상이 따르지 않아도 중대한 명분이 없어도, 그냥 살아서 우주와 하나가 되고 싶은 호기심을 충족하는 것만으로도 충분하다. 호기심을 따라 걷다 보면 예기치 못한 순간에 막연히 그리던 미지의 목적지로 이어지는 갈림길에 서게 된다. 딱히 보상을 바라고 걸어간 길은 아니지만 보상을 얻는다.

폴리매스에게 호기심과 상상력은 떼려야 뗄 수 없는 관계라고 그는 주장한다.

호기심과 상상력은 함께 여행을 떠나는 불가분의 동반자다. 상상력은 멈추지 않는다. 현재의 삶이나 미래의 삶에 대한 우리의 인식에는 진공이 존재하지 않는다. 아무것도 모르는 미지의 영역이 있을 때 우리의 상상력은 가능한 대안을 떠올리며 가상의 세계를 창조한다. 그리고 미지의 영역을 탐구하면서 실제 증거가 쌓이면 이를 토대로 전에 그렸던 대안을 수정한다. 그러면 또 호기심이 발동해 새로운 길로 우리를 이끈다.

다수의 무관한 분야에서 뛰어난 재능을 발휘하는 사람이라고 폴리매스를 설명하자 머스그레이브는 정중하게 물었다. "그것들이 진짜로 무관한가요?" 이렇게 되물음으로써 사실 그는 모든 것이 연결되어 있음을 암시한 셈이다. 그가 지나온 발자취를 살펴보면 그는 분명 창의적이고 다재다능한 사람이다. 하지만 더 돋보이는 것은 그의 전일적 세계관이다. 이 세계관이야말로 그의 폴리매스 기질을 구현한 원동력일 것이다. 영적 존재를 믿는 머스그레이브는 우주의 통일성에 대해 얘기하고, 우주 안에 있는 모든 것은 연결되어 있다고 주장했다. "무관한 것은 아무것도 없어요. 학문이나 삶의 영역에는 경계가 없습니다. 우리는 하나의 우주에서 태어났고 만물이 서로 연결되어 있음을 알아야 합니다." 허블망원경을 고친 우주비행사인 만큼 우주에 대해 얘기할 자격은 차고 넘친다. "우주에서 지구를 내려다보면 큰 그림을 보고 성찰할 수 있다"고 그는 말한다. 그 같은 시야를 확보하면 (적어도 개념상으로는) 만물이 서로 연결되어 있음이 명백해진다.

우주비행사에서 은퇴한 머스그레이브는 올림픽 스케이팅 대회와 디즈니의 테마파크처럼 서로 무관해 보이는 프로젝트에 참여했다. 하지만 그는 이렇게 주장한다. "학문 간에는 서로 이동 가능한 기술들이 있어요. 예를 들어 농장 기계를 다루는 기술과 디즈니 테마파크의 놀이기구를 디자인하는 것, 그리고 올림픽 스케이팅과 우주유영 사이에는 뚜렷한 유사점이 있습니다."

초전문화 시스템이 지배하는 현대사회에서는 다재다능함이 더더욱 중요하다고 머스그레이브는 믿는다. "우리는 사람들을 특정한 틀 안에 넣고 분류하고 싶어 합니다. 정해진 틀에서 벗어날 필요가 있어요." 머스그레이브 역시 정해진 틀을 거부했다. "나를 틀 안에 붙들어둘 수는 없어요. 나는 어떠한 틀에도 갇히기를 거부합니다." 신기술 중심의 경제는 폴리매스가 되고 싶거나 다양한 관심과 기술을 지닌 사람에게는 좋은 기회라고 그는 말한다. "사실 오늘날에는 세계화의 영향으로 그 어느 때보다 폴리매스가 많아요. 우리가 그들을 폴리매스라 부르지 않을 뿐이죠."

현대사회에서 기업 경영진은 그 어느 때보다 다양한 기술을 이용할 줄 알아야 하고 여러 분야에 걸쳐 풍부한 지식을 축적해야 한다고 머스그레이브는 강조한다. 이것은 직업이나 직종의 형태로 자신이 활약할 '운동장'을 정해서 사회생활을 시작하는 사람에게도 똑같이 적용되는 말이다. "예컨대 나에게 군대는 생리학, 공학, 항공학, 낙하산 강하에 대한 호기심을 채우며 뛰어다닐 수 있는 운동장이었어요." 머스그레이브에 따르면 오늘날 기업 경영진은 그들의 운동장을 활용해 그들이 지닌 다양한 기술을 향상시켜야 한다.

낯설고 새로운 경험을 추구하는 머스그레이브의 열정은 그에게 뜻밖의 기회를 제공했고 그는 이 기회를 기쁘게 반겼다. "그거 내가 해볼게요. 나는 수륙양용입니다. 잡종이죠. 아무거나 줘보세요." 그의 태도는 이런 식이다. "도구를 다양하게 갖춰야 합니다. 당신이 배운 기술은 무엇이든 쓰임새가 있습니다. 과거에 했던 일들을 활용하고, 자신이 보유한 모든 기술을 이용해 미래를 개척해야 합니다." 나사에서 일자리를 제안했을 때 머스그레이브는 그곳이 다재다능한 재능을 마음껏 펼칠 수 있는 자신의 운동장임을 알았다. "그곳에 가면 지금까지 습득한 기술을 모두 활용할 것"이라고 그는 생각했다. 한 번도 꿈꾼 적 없지만 우주비행사라면 기계 공학자이자 파일럿, 군인, 의사로서 그동안 익힌 기술을 모두 활용할 수 있었다. "그야말로 다방면에 걸친 지식이 필요한 일이었어요." 머스그레이브가 우리 모두에게 주는 조언은 간단하다. "운동장에 올라가 만반의 준비를 갖추세요. 인생은 예상대로 진행되지 않거든요. 어떻게 될지 아무도 모르는 법이죠."

○ 세예드 호세인 나스르

미국의 종교학자 휴스턴 스미스Huston Smith는 호세인 나스르를 가리켜 '우리 시대 가장 중요한 사상가 중 한 명'이라고 일컬었다. 나스르는 이슬람 황금시대를 열었던 초창기 학자들처럼 박학다식의 전통을 현대에도 충실히 따르는 학자다. 말하자면 전일적 관점에서 다양한 철학을 탐구하는 학자의 전형이다. 어려서부터 수학 천재로 두각을 보였던 나스르는 매사추세츠 공과대학MIT에서 지질학과 물리학을 공부하고 이후 과학사를 전공해 박사 학위를 받았다. 25세에 첫 번째 책을 발표했고 30세에 하버드 대학교 정교수가 되었다. 나스르는 '어떻게?'보다는 '왜?'라는 질문에 답을 찾고 싶었기에 철학과 신비주의의 세계로 영역을 확장했다.

수많은 세계 종교를 탐구한 나스르는 곧 '영원의 철학'(여러 종교 전통에서 발견되는 보편적 진리를 탐구하는 철학—옮긴이)을 이끄는 세계적 권위자로 인정받았다. 그의 저서는 무슬림 학자로서는 유일하게 '살아 있는 철학자의 도서Library of Living Philosophers' 시리즈에 선정되었다. 또 그는 이슬람 학자로서 코란과 이슬람의 우주론과 법률에 관해서도 다수의 책을 썼다. 미술사학자이기도 한 그는 동방의 예술에 관해서도 여러 권의 책을 출판했다.

나스르는 영어, 프랑스어, 페르시아어, 아랍어, 스페인어, 독일어를 쓰고 말할 줄 아는 다중언어자다. 그는 현재 조지 워싱턴 대학교의 이슬람학 교수로 재직 중이다. 그의 책《이슬람의 과학과 문명 Science and Civilization in Islam》은 이슬람의 우주론, 철학, 신학, 역사, 연금술, 물리학, 수학, 천문학, 의학, 신비주의를 종합한 역작이고,《이슬람 철학사History of Islamic Philosophy》는 가장 포괄적으로 이슬람 철학을 다룬 철학책이다.

물론 일반지능도 뛰어났겠지만 이처럼 다방면에 걸쳐 지식을 탐구한 원동력은 크게 두 가지다. 호기심과 통합성을 향한 열정이다. "한 분야만 습득하는 것으로는 결코 허기가 가시지 않았습니다." 그는 말했다. "나는 배움 그 자체에 애착이 있었어요. 부자가 되거나 유명해지거나 가난한 사람을 도우려 한 게 아닙니다. 뭔가를 배울 때면 신이 나요. 어려서부터 줄곧 그랬으니 타고난 본성이 그렇습니다. 신이 나를 이렇게 창조하셨죠." 호기심은 성인이 되면 약화되는 경향이 있지만 그는 예외였다. "지식을 향한 갈증은 나를 가만 놔두지 않았습니다. 그 갈증은 채워질 기미가 보이지 않았죠. 프랑스어를 배웠으니 다른 외국어를 또 배울 필요는 없겠지라는 생각은 전혀 들지 않았어요. 하나를 배우고 나면 또 다른 언어를 배우고 싶은 에너지가 생겼어요."

뛰어난 지능과 상상력, 다재다능성을 타고난 나스르는 자신의 왕성한 호기심을 채우면서 여러 분야의 지식을 탐구하고 다양한 분야에서 자기 목소리를 내며 사회에 기여한다. 그가 다능하고 박식한 폴리매스로서 그 재능을 온전히 구현한 이유는 무엇보다 통합성을 향한 탐구를 멈추지 않은 덕분이다. "나는 철학하는 사람이니까, 말하자면 이쪽 서랍에 양말을 집어넣고 저쪽 서랍에 속옷을 집어넣는 식으로 각자 따로 여러 지식을 탐구하는 것은 용납할 수가 없었습니다."

나스르는 이슬람의 영적 전통과 지적 전통에서 여러 학문을 종합할 수 있는 하나의 틀을 발견했다. "나는 이 모든 것이 들어맞는 하나의 세계관을 찾으려고 오랜 시간을 보냈습니다. 그러다가 이슬람 사상으로 돌아와 '타우히드'(하나 됨 혹은 통합)라는 철학적 개념을 발견했죠. 타우히드 안에서는 스스로를 속이거나 표리부동하지 않고 내가 아는 지식을 하나로 통합할 수 있습니다." 그는 온 세상이 하나로 연결되어 있다는 사실을 현대 철학은 이해하지 못했다고 주장한다.

이성적이든 반反이성적이든 현대 철학 학파들은 모두 한 가지 점에서는 일치한다. 모든 형태의 지식을 포괄하는 세계관을 제공하지 못한다는 점이다. 서양 철학(실증주의와 분석철학)은 철학을 일종의 논리 게임으로 축소시켜왔기에 다른 모든 학문을 통합하는 이념을 제공할 수가 없다. 철학이 폴리매스라면 자기 안에 이것들을 모두 통합해야 마땅하다. 그렇지만 내가 보기에는 르네상스 이후 서구 사회에서 뿌리 내린 그 어떤 철학도 이 일을 해낼 역량이 없다. 서구권에서는 환원주의적 사고가 워낙 견고해서 다양한 학문 간의 상호의존성을 파악하기가 매우 어렵다.

○ 더글러스 호프스태터

"사람들은 저마다 무언가에 매료되고 그것에 이끌려 삶에서 특정한 길을 걷게 되죠"라고 더글러스 호프스태터는 말한다. "나도 예외가 아닙니다. 실제로 내 인생 전체를 설명한다면 나를 매료시키고 가슴 뜨겁게 했던 일들을 열거하는 것만으로도 대부분의 삶을 설명할 수 있습니다. 나는 이런 시간들을 가리켜 보통 '폭식'을 하거나 '탐닉'을 부렸던 일로 표현합니다. 똑같은 뜻으로 집착, 집중, 몰두, 열광, 열병 같은 말도 있지만요."

호프스태터는 수학부터 물리학, 시각 예술, 음악, 심리철학, 인지과학, 서체 디자인, 시, 문학 번역에 이르기까지 다양한 분야에 '집착'했고 각 분야에서 의미 있는 성과를 이룩했다. 인지과학 분야에서 그는 성차별적 언어, 자기 지시적 문장, 문장 자동 생성에 관한 글을 썼으며 새로운 알파벳을 고안했다. 그는 인간의 유추 능력에 관심을 가졌고 이를 연구하고자 이 유추 과정을 컴퓨터로 구현하는 '카피캣'이라는 모델을 개발했다(다만 카피캣의 유추 능력은 알파벳 연속체 사이의 유추에 국한된다). 인간 두뇌의 유추 과정은 그가 저술한 거의 모든 책에서 다루는 주제다.

그는 수학에서 정수 수열과 삼각형 기하학을 이용해 '호프스태터의 나비'(자기장에서 전자의 행동을 이론적으로 예측한 수학적 모형)를 제시했다. 또한 음악에도 조예가 깊어서 제법 많은 클래식 피아노곡을 작곡했다. 그리고 시각 예술가로서 앰비그램ambigram(180도 회전해도 똑같은 문자 디자인), 소용돌이 모양, 격자무늬 형태의 흥미로운 서체를 개발했다.

호프스태터는 다수의 언어를 습득한 유능한 언어학자로서 푸시킨의 소설 《예브게니 오네긴Eugene Onegin》을 번역했고, 16세기에 쓰인 시 〈마 미뇽Ma Mignonne〉을 번역했다. 그의 베스트셀러 《괴델, 에셔, 바흐Gödel, Escher, Bach》는 미술, 음악, 수학을 비롯해 다양한 학문을 넘나들면서 근대의 중요한 사상을 통합한 역작으로 평가받는다.

호프스태터는 하버드 대학교의 생물학자이자 과학철학자인 에드워드 윌슨 교수와 만났던 때를 떠올렸고 겸연쩍어 하면서 그날의 일화를 들려주었다. 윌슨 교수는 아침 식사 자리에 동석한 동료를 바라보며 폴리매스 지식인에 관해 거침없이 자기 견해를 피력했다.

말씀드릴 게 있는데 호프스태터 교수는 지식인입니다. 진정한 지식인이죠. 하버드 대학에서 수십 년째 몸담고 있지만 그동안 지식인은 없었어요. 한 명도요. 물론 하버드에 세계 정상급 전문가들은 많습니다. 좁디좁은 그들의 전공 분야에 대해서는 모르는 게 없지만 그 외에는 아는 게 없어요. 시야가 좁고 고루한 사람들입니다. 대상을 두루 생각하지 않아요. 우리는 사유할 줄 아는 사람이 필요합니다!

호프스태터에게는 아름다움에 반응하고 경이로움을 느낄 줄 아는 감각이 매우 중요하다. "우연히 접한 분야에서 지극한 아름다움을 발견하면 나는 눈을 떼질 못하고 거기에 심취합니다. 의도한 건 아니고 한 분야를 파고들다 보면 자연히 다른 분야로 넘어갑니다. 계획 같은 건 세우지 않아요. 그저 아름다움에 끌려 따라가는 겁니다." 지금까지 호프스태터가 연구한 영역으로 짐작하건대 그가 말한 아름다움은 수학적 수열, 음악적 구성, 언어의 소리, 시의 리듬에 있다.

아름다움을 추구하는 호프스태터의 열정은 언어, 음악, 수학을 비롯해 다양한 분야의 뛰어난 인지능력과 결합해 독창적인 성과물을 낳았다. "몇 가지 재능을 타고난 덕분에 마음이 이끌리는 대로 아름다움을 탐구하는 과정에서 다양한 성과를 올릴 수 있었습니다." 하지만 호프스태터는 자신이 탐구했던 학문들 간에는 불가분의 연관성이 존재한다고 밝혔다. "어떤 식으로든 서로 연결되는 지점이 있습니다. 예를 들어 시에 대한 열정은 언어를 향한 내 애정과 상관관계가 있지요."

호프스태터는 폴리매스가 지적 활동에서 특히 중요한 역할을 한다고 믿는다. "극히 세분화된 한 가지 분야에만 능통한 정상급 전문가는 전반적인 통찰력이 떨어질 때가 많습니다. 반면에 다양한 분야의 지식을 쌓은 사람은 중대하고 복잡한 사안에서 훨씬 큰 그림을 볼 줄 압니다."

오늘날 대부분의 사람이 초전문가가 되고자 하는 이유를 호프스태터도 모르지 않는다.

사람은 고유한 가치를 갖추길 원하고, 대부분의 사람에게 이 목적을 달성하는 가장 손쉬운 방법이 전문화로 보일 법도 하다. 자신만의 전문 분야에서 리더가 되면 유명세를 얻을 수 있다. 그 분야가 얼마나 갑갑하고 협소한지는 상관없다. 이는 그들의 정체성과 자부심이 그 협소함에 달려 있음을 의미한다. (……) 이 사이에서 서로 영향을 주고받으면서 사람들은 일종의 악순환에 빠지고 자부심을 얻으려고 갈수록 더 좁은 분야에 간힌다. 극도로 세분화된 분야에서 정점에 이를 때까지 더 깊고 깊게 자기만의 전문성을 키운다.

호프스태터는 학교의 교사로부터 다재다능함을 배울 수 있는가에 대해서는 부정적이다. 다만 학생들에게 폴리매스들의 작품을 접할 기회를 다양하게 제공함으로써 잠재력을 촉진할 수는 있다고 제안했다. "만약 사람들에게 다양한 학문을 탐구하는 게 가능하다는 사례들을(이를테면 내가 쓴 책《괴델, 에서, 바흐》라든지) 보여준다면 의욕을 느낄지 모릅니다."

○ **요종이(Jao Tsung-I)**

중국의 문인 전통을 계승한 요종이는(야오쭝이Rao Zongyi로도 알려졌다) 누구나 인정하는 중국 최고의 폴리매스 중 한 명이다(이 책을 쓰는 2017년 현재 100세로 여전히 건재하다). 요종이는 대부분 독학으로 학문에 통달했으며 중국 국학의 대가로서 거의 모든 관련 분야에 크게 이바지했고, 미술과 인문학에서도 뚜렷한 업적을 남겼다. 저명한 시인이자 서예가, 음악가이기도 한 요종이는 홍콩대학, 싱가포르 국립대학, 예일 대학, 대만의 중앙연구원을 비롯해 세계 유수의 대학교에서 역사, 철학, 중국어, 문학, 미술을 가르쳤다.

그의 저작(80권이 넘는 책과 900편에 이르는 논문)은 고문자학, 돈황학(둔황석굴 연구), 고고학, 금석학, 사학, 어원학, 음악사, 종교사, 《초사楚辭》, 서지학, 지역관보 연구까지 방대한 분야에 걸쳐 이루어졌다. 예술적 성과도 이에 못지않게 인상적이다. 그는 20편이 넘는 시집을 발표했으며 그의 시각예술 작품(회화와 서예 작품 등)은 동아시아 지역에서 널리 전시되었다. 더욱이 그는 다중언어자에 중세 산스크리트어 전문가이기도 하다.

요종이는 다방면에 걸쳐 학문을 닦는 것을 중시한 고대 중국의 철학 원리에 영감을 받았다. 중국 문화사에서 다재다능함과 관련된 문화적 개념이자 철학적 개념은 '통인通人'이다. 이 개념은 중국 역사의 아버지인 사마천이 기원전 1세기에 그의 역작 《사기》에서 처음 언급했다. 요종이는 이렇게 말한다. "매우 박식한 사람을 가리켜 통인이라 부릅니다. 통인은 보통 역사 속의 온갖 변화를 이해하고, 과학과 인문학의 온갖 주제를 연구할 줄 아는 사람을 가리키죠."

최근 중국에서 다능하고 박식한 지식인을 찾아보기 어려운 이유로 요종이는 서구화를 주범으로 꼽았다.

지난 30년 사이 서구 문화의 영향이 급증하면서 중국 문화에서는 널리 배우는 학자들이 감소했다. 여기에는 서양에서 학위를 취득하고 자신을 전문가라고 주장하는 이들이 사회의 주류가 된 원인도 빼놓을 수 없다. 하지만 이들은 중국 전통 문화에 대한 기본 지식이 부족하고 시야가 협소한 탓에 사실은 그들의 전공 분야에서조차 진정한 전문가가 되지 못하는 경우가 태반이다.

요종이가 다재다능하고 박식한 학자가 된 원동력은 크게 호기심, 이종교배, 통합적 사고 이렇게 세 가지다. 그는 말한다. "내가 보기에는 모든 분야가 서로 연결되어 있습니다. 모두가 인간 정신의 다양한 활동과 관련되어 있습니다. 폴리매스의 사고방식은 사실은 한결같이 한 곳을 향해 정진하는 마음입니다. 그곳에 도달하고자 다종다양한 문화와 지식을 담대하게 넘나들며 경이로운 마음으로 탐구하고, 그 소산을 예술과 과학 분야에서 창의적 활동으로 표현합니다."

교육기관에서 진행하는 일부 프로젝트를 보면 개인이 지닌 다재다능함을 얕보는 경향이 있다고 그는 지적한다. "하지만 대학이나 연구소 같은 현장에서 개인에게 보다 자유로운 연구를 허용한다면 다능하고 박식한 사람을 배출하는 데 도움이 되리라 생각합니다. 예를 들어, 거금이 투입되는 대규모 그룹 프로젝트에 주력하는 대신 인문학 분야에서 개인이 진행하는 소규모 연구 프로젝트를 지원하는 겁니다." 최근 홍콩대학 산하에 요종이 학술원Jao Tsung I Petite Ecole 이 설립되어 다방면을 아우르는 학문 연구를 지원하고 있다. 안타깝게도 요종이는 이 책이 출판되기 전인 2018년 2월에 세상을 떠났다. 그는 21세기를 살아간 위대한 폴리매스 가운데 한 명으로 기록될 것이다.

○ 벤저민 던랩

벤저민 던랩은 테드 강연에서 '진정한 폴리매스'로 소개되었고 세계에서 '놀라운 인물 50인' 중 한 명에 선정되었다. 비록 이 목록에 오른 다른 사람들(빌 클린턴과 리처드 브랜슨 같은 이들)만큼 유명하진 않지만 그렇다고 던랩이 이룬 업적이 시시해지는 것은 아니다. 던랩은 세계 정상급 학자로서 옥스퍼드와 하버드 대학에서 수학하고, 워포드 대학Wofford College의 인문학 교수가 되었다. 그는 세계 사상사부터 구체적으로는 인도, 태국, 일본 같은 아시아 국가에 대한 연구까지 하며 폭넓은 지식을 쌓았다.

또한 전직 발레 댄서였으며 미술, 영화, 문학에도 일가견이 있고, 작가(소설, 시, 오페라 대본)이자 텔레비전 방송 및 영화 제작자로도 활동 중이다. 학자들은 대개 자신의 연구에 집중하는 경향이 있지만 던랩은 학생들을 가르치는 일을 우선시한다. 활동하는 분야들에서 그 실력을 인정받아 수많은 상을 받았으며 아스펜 연구소Aspen Institute에서 열리는 세미나의 진행자로 자주 활약한다.

던랩은 어려서부터 폴리매스의 기질을 보였다. "한쪽 발에 아예 가속페달을 달고 태어난 아이 같았죠. 브레이크 찾는 데 시간이 한참 걸렸어요. 지금 내가 그 아이로 돌아간다면 진정제라도 맞아야 할 겁니다. 물론 내가 선택한 진정제는 항상 커피 아니면 초콜릿입니다." 80세가 되어서도 여전히 유머 감각을 뽐내는 던랩은 한 가지 분야에만 매달려 여생을 보낼 생각이 전혀 없다. "다양한 경험에 죽음도 포함시켜야 한다고 생각하지만 일단 죽고 나면 거기서 절대 벗어나지 못할 것 같아 두렵군요."

던랩은 천성이 호기심이 가득하고 배움에 대한 열정이 넘치는 사람이다. "나는 뭔가 배우는 걸 좋아하지만 솔직히 내 경우는 배움보다는 좋아하는 감정이 더 중요했습니다. 무슨 말인가 하면 배움을 향한 내 충동은 그 뿌리가 감정에 있다는 얘기죠. 윌리엄 블레이크 시인의 말처럼 '에너지는 꺼지지 않는 즐거움'이었어요. 내 호기심을 자극하는 에너지가 있고, 그 에너지가 바로 감정이었습니다."

던랩은 미국의 리버럴 아츠 칼리지 중에서도 손꼽히는 와포드 대학의 총장을 지냈다. 갈수록 전문화되고 복잡해져가는 세계에서 각기 다른 분야를 통틀어 의미 있는 연결점을 찾으려면 다양한 교육이 필요하다는 것이 던랩의 교육철학이다. "우리 사회의 각 영역에서 복잡성이 날로 증가하고 있습니다. 게다가 전공 영역은 그 어느 때보다 세분화되었고 학생들은 전례 없이 이른 나이에 진로를 결정하는 추세이니만큼 통합적 사고를 배양하는 것은 반드시 필요한 일입니다. 연결점을 찾는 기술이야말로 인류가 생존하는 데 결정적인 역할을 했다고 생각합니다. 모든 교육 단계에서 폭넓은 교양교육이 필요하다고 보는 것도 이런 이유에서죠."

(주로 미국) 대학의 교과과정은 "직업과 관련해 전문 기술을 가르치고 배양하는 교과과정 대신 보편적 지식을 전달하고 보편적 지성을 함양하는 데 그 목표가 있다"고 던랩은 설명한다.

던랩은 흩어져 있는 점들을 연결해 큰 그림을 그릴 줄 알고 역사에 이름을 남긴 폴리매스의 사례에서 주로 영감을 받는다. "불가사의하고 전혀 예상치 못한 연관성에 마음을 뺏깁니다. 토머스 브라운 경이 그랬습니다. 제 사유에 영향을 준 분이죠. (……) 고대 그리스 역시 나를 사로잡습니다. 내가 좋아하는 그리스 사상가는 (호메로스가 아니라) 헤라클레이토스입니다. 이 정도만 해도 눈치채실 분들이 있을 텐데, 그렇죠? 대립되는 요소들을 통합시키는 일에 끌립니다. 만물이 서로 어떻게 맞물려 있는지 알 수 없지만 그 단서를 찾는 일은 늘 즐겁습니다."

던랩이 보기에 폴리매스가 되는 과정은 비유하자면 포트폴리오 전문가로 살아가는 과정과 같다. 한 분야를 집중적으로 파고 나서 곧 다른 분야로 넘어간다. "한 가지 작업에 몰두하는 일은 사랑에 빠지는 일과 같습니다. 다만 너무 고조된 감정에 집착할 경우 휴경 기간을 지나칠 위험이 있습니다." 이것은 한 가지 일에 지나치게 몰두하는 사람이 쉽게 걸려드는 전문화의 '덫'이다. 한 분야를 강도 높게 탐구했으면 아무리 짧더라도 사이사이 한가하게 시간을 보내며 '휴경기'를 가져야 한다고 던랩은 주장한다. 그에 따르면 이 휴경 기간은 (무의식속에서 이뤄지겠지만) 말하자면 이종교배가 진행되는 시기이며 연결점을 찾아내는 시기이다. "휴경기는 그저 한가하게 보내는 시간이 아닙니다. 비록 눈에 띄는 활동은 없어도 씨앗이 땅속에서 싹을 틔우는 신비한 과정과 같습니다."

전문화된 사회에서 폴리매스가 직면하는 가장 큰 어려움이라고 하면 과거에도 그랬고 앞으로도 전문가 집단의 냉소적인 태도를 받아내고 이를 극복하는 일이라고 던랩은 말했다.

우리 사회에는 진정한 폴리매스를 향해서도 지식의 깊이가 얕은 사람이라고 무시하는 시선이 있고 그래서 다방면에 실력이 뛰어난 사람보다는 한 분야에서 뛰어난 사람을 향해 더 크게 박수를 보낸다. 하지만 폴리매스의 전형으로 평가받는 윌리엄 모리스 같은 사람은 각양각색의 분야에서 각기 우수한 능력을 일관되게 발휘했다. 비평가들은 흔히 폴리매스의 여러 업적 가운데 인상적이지 못한 부분을 들춰내 나머지 업적까지 도매금으로 취급하려든다. 즉 지식의 폭이 넓으면 그만큼 깊이가 얕으리라고 반사적으로 가정하는 이들이 있다. 하지만 아리스토텔레스부터 루소, 제퍼슨, 테슬라에 이르기까지 발 들인 일마다 엄청난 재능을 보인 이들이 있다.

○ 햄릿 이사칸리

이사칸리는 던랩과 여러모로 유사한 폴리매스 교육학자다. 아제르바이잔 출신의 이사칸리는 일류 학자임에도 그의 작품이 영어로 거의 번역되지 않은 탓에 서구 사회에는 덜 알려진 대표적 인물이다. 하지만 그는 널리 존경받는 지식인이며 수학, 철학, 과학사, 언어, 시, 문학 등에서 다양한 주제로 300권이 넘는 책을 출간했다.

이사칸리는 수학의 여러 하위 영역에서 재능을 발휘했다. 소련 시절에 다중매개변수 스펙트럼 이론Multiparameter Spectral Theory을 개발해 호평을 받았고 이후 세계 여러 대학에서 강연하며 논문을 발표했다. 그의 시는 음악으로 만들어졌고 연주자들에게 풍부한 재료가 되었다. 이사칸리는 영국, 프랑스, 러시아의 여러 시집을 번역했고 번역 이론과 언어학, 사전학에 관해서도 다수의 작품을 썼다. 자국인 아제르바이잔에서는 사람들이 가장 즐겨 찾는 역사가 중 한 명으로 동양과 서양의 관점에서 철학, 과학, 문화의 역사를 비교 분석하는 작품들을 저술했다.

또한 교육자로서 학문과 사회에 심오한 영향을 미쳤다. 소련 시절 저명한 사회운동가였던 그는 교육사, 교육이론, 교육철학에 관해 방대한 글을 썼다. 소련이 무너지고 나서 교육제도를 개혁하고자 카자르 대학Khazar University을 설립했다. 이 대학은 현재 아제르바이잔 최고의 사립대학으로 꼽힐 정도로 성장했다. 이사칸리가 과학, 철학, 문학을 주제로 강의한 영상은 공영방송에서 주기적으로 방영 중이다.

그가 보는 박식함이란 "개인의 특출한 지적 자질로서 누가 그 필요성을 설파하지 않아도 깊이를 더하며 성숙하는 특징이 있다." 그는 지식의 폭을 넓히기 위해 깊이를 포기할 이유가 없다고 믿는다.

각자 하는 일이 있고 주력 분야가 있어도 우리는 알게 모르게 그 일과 이웃한 분야나 아니면 동떨어진 분야에 주의를 빼앗겨 여태 애정을 품고 헌신했던 직업이나 분야에 소홀해지기도 한다. 이렇게 한눈파는 사이에 이 후발 주자가 관심을 사로잡는 선두로 올라서기도 한다. 그저 취미활동이나 곁가지에 불과했던 일에 시선을 자주 돌리다가 급기야 거기에 빠져 모든 애정을 쏟는 것이다. 과거에 애정을 품었던 대상을 까맣게 잊을 일은 없겠지만(진정 사랑했다면 어찌 잊을 수 있겠는가!) 어쨌든 관심이 시든다. 다른 예를 들어보자. 만약 당신에게 연인이 여러 명이라고 치자. 그러면 한 명에게 싫증이 날 때쯤 다른 연인을 찾아가면 된다. 누가 됐든 당신은 언제나 사랑하는 이와 함께 있을 테고 언제나 분주할 테지만 그래도 연인 옆에서 휴식을 취하고 있다는 기분이 들 테다(물론 이 상황은 비유일 뿐 도덕적으로 이래도 된다는 말이 아니다). 만약 당신이 이런 생활을 평생 유지할 수만 있다면 잘된 일이다! 당신은 많은 분야를 탐구하고 그만큼 많은 것을 성취할 수 있다.

이사칸리에 따르면 진정한 폴리매스라면 자신의 지식을 이용해 가시적인 형태로 창의적 산출물을 내놓아야 한다. "뭔가를 아는 것과 뭔가를 생산하는 일은 별개"라고 지적하면서 그는 말했다. "폴리매스의 지식은 수동적이지 않고 한 곳에 머물지 않습니다. 그 지식은 걷고, 이야기하고, 감정의 물결을 일으키고, 누군가를 이롭게 하는 결과를 창출하고, 행동으로 바뀝니다." 호세인 나스르와 마찬가지로 이사칸리의 호기심과 그 지속성은 다방면에 걸쳐 성과를 내는데 귀중한 원동력이 되었다. "온갖 것을 알고 싶어 했던 유년 시절의 호기심, 그러니까 배움에 대한 갈증이랄지 뭔가를 깨달았을 때 느끼는 흥분, '그래서?' 혹은 '어떻게?'라는 질문에 해답을 찾고 싶은 열정은 성인이 되고 나이 들어 흰머리가 생겨도 나를 떠나지 않습니다."

이사칸리는 각기 다른 분야들이 교차하는 지점을 탐구하며 재능을 꽃피웠다. 지식의 이종교배는 그를 흥분시켰다. "여러 자연과학 사이의 연계성, 이를테면 과학의 역사와 철학이나 생각의 역사처럼 자연과학과 인문학 간의 상호작용 같은 문제를 폭넓게 탐구하는 데서 즐거움을 느낍니다." 아이디어를 이종교배하는 능력은 여러 분야를 넘나들며 창의적으로 사고하는 능력과 불가분의 관계이다. 그는 고백한다. "나는 틀에서 벗어나 생각하는 일이 재미있습니다."

이사칸리가 다재다능하고 박식한 학자로 진화한 것은 무엇보다 서로 다른 분야 간의 근본적 연관성을 탐구한 결과였다.

계산(산술)이나 형태(기하학)처럼 시와 미술에는 특정한 리듬, 단위, 비율, 조화가 존재하는 게 사실이다. 하지만 이 유사성은 상호연관성이 아니다. 이것들은 겉으로 보이는 유사성일 뿐이다. 시와 수학 사이에 놓여 있는 진정한 유사성은 이 둘의 속성, 수학자의 세계관과 그가 꿈꾸는 세계에 존재한다. 외부인들은 흔히 수학 자라고 하면 차갑고 냉담한 사람이라든지 추상적인 논리의 노예 로 생각하지만 이는 미디어에서 편하게 그려낸 모습일 뿐 실제와 는 거리가 멀다. 수학자의 사고 과정은 실제로 매우 다채롭고 시적이다. 수학자는 논리적 틀 안에서 진실과 아름다움을 탐구하고 이 과정에서 중요한 역할을 하는 것은 그가 꿈꾸는 세계, 판타지 그리고 조화와 아름다움에 대한 감각이다. 논리적 틀 안에서 진리를 탐구하는 것은 과학과 더 연관성이 깊은 반면에 아름다움과 꿈, 판타지는 미술이나 시와 더 깊이 연관되어 있으리라고 흔히 들 생각한다. 하지만 이 두 세계는 실제로는 유기체처럼 한 덩어 리를 이룬다.

○ 레이먼드 탤리스

영국의 지식인 레이먼드 탤리스(의사, 신경과학자, 시인, 소설가, 철학자, 문화비평가)는 이코노미스트 그룹의 〈인텔리전트 라이프Intelligent Life〉지가 선정한 살아 있는 폴리매스 중 한 명이다. 동물생리학을 전공하고 이후 옥스퍼드 대학교에서 의학 박사가 되었고, 영국에서 손꼽히는 노인의학 전문의가 되었다. 탤리스는 평생 의사로 지냈지만 우리에게는 폴리매스 지식인으로 더 친숙하다. 그는 마음의 철학부터 철학적 인간학(인간이 무엇인가라는 질문을 주로 탐구하는 철학—옮긴이), 인공지능, 문학이론, 미술의 본질, 문화비평까지 넘나들며 다양한 주제로 23권의 책을 썼다. 주요 간행물에 기고한 200여 건이 넘는 논문을 비롯해 여러 저작에서 그는 인간의 의식과 언어의 본질, 그리고 인간이 된다는 것의 의미와 관련해 오늘날의 주류 과학 전통을 비판하고 새로운 견해를 제시했다. 그는 소설과 세 권의 시집을 출판하기도 했다.

탤리스는 철학, 문화, 과학적 관점에서는 물론이고 현존하는 폴리매스 지식인으로서 폴리매스의 자질에 관해 논할 수 있는 특별한 위치에 있다. 각 분야가 서로 밀접하게 상호작용한다는 사실을 그는 경험으로 터득했다. "육화된 주체(인간은 지각과 경험을 통해 끊임없이 재구성되고 재규정된다는 관점—옮긴이)인 인간에 관해 내가 전개한 사유는 의사로서 살아온 경험을 빼놓고는 설명할 수 없습니다. 나를 철학자로 불러도 되는지는 모르겠지만 만약 그렇다면 내 철학은 인간이라는 존재를 뼛속깊이 몸으로서 인식하고 있으며 (……) 내 소설은 의

사로서 훈련받은 경험에 여러모로 깊은 영향을 받았습니다."

백과사전적 지식을 소유한 폴리매스 개념은 허상이라고 탤리스는 의견을 피력했다. "폴리매스로서 그럴듯한 외양을 갖추는 것에 지나지 않습니다." 서구 사회에서 75세까지 산 사람이라면 평균적으로 독서 시간이 대략 8,000시간인데 이 시간이면 기껏해야 20~30명의 위대한 작가들을 섭렵할 수 있을 뿐이라고 그는 지적한다. 문학 유형만 해도 50종에 이르고 각각은 다시 수많은 하위분과로 나뉜다고 치면 세상에는 수많은 작가들이 작품 활동을 하고 있다는 얘기다. 이른바 '널리 읽히는' 작가들이 습득한 지식도 넓디넓은 백사장에서 일부 건져 올린 모래알에 불과하다고 탤리스는 설명한다. "폴리매스로 평가받는 우리도 사실은 극히 적은 지식을 보유할 뿐입니다. 일례로 소화기병학에 관련된 이야기를 하면 당신은 나를 얼마든지 속일 수 있습니다. 내 전공은 뇌졸중과 간질이어서 소화기병에 관해서는 잘 모르거든요."

탤리스가 다재다능하고 박식한 사람이 되는 데 주효했던 것은 열린 호기심이었다. "자기 안에서 일어나는 호기심을 억압하지 마세요. 내 전문 분야가 아니라는 이유로 흥미를 가지면 안 된다고 말하는 것은 자기 부정이며 지적인 면에서는 자살 행위나 다름없습니다." 폴리매스가 되고 싶은 이를 향해 그가 제시하는 조언은 분명하다. "자신의 호기심을 억제할 이유가 도대체 무어랍니까? 자기를 제한하지 말고 뒷길과 곁길에 뭐가 있는지 살펴봐야 합니다. 배우고 들은 것 중에 좋은 것들이라면 분야를 막론하고 배우도록 하세요."

고도로 전문화된 사회에서 다방면에 관심을 두고 이를 탐구하는 일이 쉽지 않음을 인정하면서도 탤리스는 몇 가지 길을 제안한다. "근무 시간에는 전문 분야에 집중하고 그 후 시간은 자기 마음대로 쓰면 됩니다. 많지 않은 시간이지만 그 시간을 어떻게 이용할지는 선택하기 나름입니다. 나는 아침에 두 시간 일찍 일어나 5시에서 7시까지 글을 쓰곤 했습니다. 의사일 때도 그랬습니다. 그 시간이 내가 할애할 수 있는 유일한 시간이었죠." 수면 시간에 초연한 그의 얘기를 듣고 나면 그가 더 많은 자유 시간을 확보했으리라 짐작이 가고도 남는다. "수면은 맨 처음 90분을 제외하고 나머지 주기는 반복에 지나지 않아요. 나머지 수면 시간이 무슨 기능을 하는지에 관해 우리 의사들은 아는 바가 없습니다." 그는 '수면이 지닌 유일한 기능은 수면 욕구를 충족하는 것'이라며 수면 의학의 아버지 윌리엄 디멘트William Dement(참고로 재즈 뮤지션이기도 하다)가 50년의 수면 연구 끝에 내린 결론을 인용했다.

○ **대니얼 레비틴**

대니얼 레비틴은 학제적 연구를 하는 학자이자 지식전달자이다. 스탠퍼드 대학에 재직할 당시 그는 컴퓨터 과학, 심리학, 인류학, 컴퓨터 음악, 과학사를 가르쳤다. 현재는 캐나다 맥길 대학McGill University에서 심리학 및 행동 신경과학, 음악 교수를 겸임하고 있으며 미네르바스쿨Minerva Schools at KGI 인문대 학장이다. 그는 신경과학 분야의 논문을 쓰고, 음악을 만들고, 새로운 기기를 발명하는 등 여러 분야를 넘나들며 시간을 보낸다. 베스트셀러 《뇌의 왈츠*This is Your Brain on Music*》와 《정리하는 뇌*The Organized Mind*》의 저자이기도 하다.

다양한 주제를 탐구하는 일에 언제나 열정이 넘쳤던 레비틴은 교육계 안에서나 사회에서 전공 외의 관심을 배척하고 외부인을 소외시키는 일종의 왕따 문화를 경험했다. 이는 전문화 시대를 살아가는 폴리매스라면 대부분 겪는 일이다. "그전에는 느끼지 못했는데 대학원에 진학하고 보니 이런 문화를 학계에서 용납하고 있더군요. 내가 만나는 멘토들은 나에게 아무 문제가 없다고 했지만, 대학원 동기들은 여러 학문에 관심 두는 나를 이상히 여겼고 십중팔구는 지금도 그럴 겁니다." 다른 이유도 있겠지만 이런 심리 기저에는 전문화 시스템이 학문적 성과를 내는 데 더 효율적이고 생산적이라는 인식이 퍼지면서 다른 분야에 눈을 돌리면 안 된다는 압박감이 있다고 레비틴은 설명한다.

요즘 과학자들은, 적어도 내가 몸담고 있는 학문 분과에서는 그 일에만 자신의 시간과 관심을 모두 빼앗기고 있는 듯하다. 다른 모든 것을 배제한 채 주당 80시간을 쓰면서 오로지 한 가지 연구만 한다. 그래서 그들은 내가 음반을 만들고, 곡을 쓰고 공연을 하고, 책을 쓰는 일 등에 시간을 소비하는 것을 '본업'에서 벗어난 볼썽사나운 일로 여긴다.

하지만 앞서 살펴보았듯이 전문화에 매몰된 풍조는 한편으로는 공장의 생산라인에 맞춰 노동자를 육성하던 구시대적 이념의 산물이며 다른 한편으로는 데카르트식 연역적 사고방식의 산물이다. 레비틴이 힘주어 말하고 있듯이 효율성과 생산성을 획득하는 방식은 사람마다 다르다. 그는 말한다. "심리학적 관점에서 보면 사람들은 살아가는 방식도 일하는 방식도 저마다 다릅니다. 사람들의 경험도 각양각색이고 타고난 기질도 제각각입니다. 어떤 이에게 여러 일을 함께 하는 방식이 생산성을 높이는 데 필수적입니다. 오로지 한 가지 일만 잘하고 싶은 사람에게는 이런 방식이 비생산적으로 보이겠지만요." 레비틴은 확실히 여러 분야를 넘나드는 것이 적성에 맞는 사람이다.

> 만약 내가 한 가지 일만 해야 하는 직장을 다녔다면 그 일이 무엇이든 간에 잘해냈을 리 없다고 생각해요. 나는 그런 식으로 생겨 먹지 않았거든요. (……) 다른 일들을 포기하고 한 가지 일에만 곱절로 매달린다고 해서 더 많은 일을 해내리라고도 생각지 않아요. 그래서는 내 몸이 제대로 작동할 것 같지 않으니까요. 정신이 초롱초롱하지도 않을 테고 행복하지도 않을 테고 일에 집중하지도 못했을 겁니다. 글쓰기를 예로 들어보죠. 나는 글 쓰는 일이 좋지만 거기에는 한계가 있어요. 운이 좋으면 다섯 시간도 쓸 때가 있지만 대개는 두세 시간 이상을 넘길 수가 없습니다.

이 말은 〈뉴욕타임스〉가 선정하는 베스트셀러 목록에 오른 책을 세 권이나 집필한 사람이 한 말이다. 그러니까 전문화는 생산성이나 천재성과는 관련이 없다. 레비틴은 말한다. "바비 맥퍼린Bobby McFerrin은 한 분야의 대가였고, 스팅Sting과 밥 겔도프Bob Geldof도 폴리매스이죠. 하지만 이 차이로 어느 한쪽이 더 생산적인 음악가가 되는 것은 아닙니다." 그러니 폴리매스가 생산적이지 않다는 말은 미신에 불과하다. "한 분야의 대가는 대개 완벽을 추구하기 때문에 끝까지 그 일만 고집합니다. 내 경우는 완벽에 이르기 위해 마지막 10퍼센트에 쏟아야 하는 시간이 처음 90퍼센트를 달성하기까지 걸린 시간의 아홉 배나 걸립니다. 너무 비효율적이죠."

일하는 방식이 어쨌든 생산성과 효율성 향상을 인류가 추구할 중대 목표로 삼는 것은 시대착오적이다. 오늘날 세계는 장차 직면할 엄청난 난제를 해결하는 일에 주목하고 있다. (세계를 선도하는 사상가들이 이 책 전반에 걸쳐 거듭 강조했듯이) 이 문제를 해결할 열쇠는 폴리매스들이 쥐고 있다. 레비틴 역시 예전부터 미래에는 폴리매스의 역할이 반드시 필요하다고 논평한 바 있다.

21세기 들어 폴리매스의 가치가 더욱 높아지고 있다. 어느 한 분야에서만 훈련 받은 사람으로는 세상에서 벌어지는 중대한 문제들(전 세계적으로 확산되는 부의 불평등, 인종차별과 편견, 참혹한 국가 간 전쟁이나 내전, 기후변화)을 해결할 수 없다. 이들 문제를 해결하는 일이 간단했으면 진즉 해결했을 것이다. 정치과학만 공부한 사람 혹은 평생 외교만 연구한 사람 아니면 평생 경제학만 탐구한 사람으로는

해결할 수 없는 문제라고 생각한다. (……) 이들 문제를 해결하려
면 폭넓게 훈련을 받고 여러 분야에서 두루 전문성을 갖춘 사람
이 필요하다. 이런 사람이 있어야 전문가 집단의 부족한 점을 보
완한다.

○ 아쇼카 자흐나비 프라사드

학문에 한정해서 폴리매스를 골라야 한다면 가장 다양한 학위를
취득한 아쇼카 자흐나비 프라사드Ashok Jahnavi Prasad가 주인공이 될
것이다. 그는 과학 안팎에서 다양한 학위를 취득했다. 박사 학위가
무려 5개나 되고(명예박사 학위가 아니다), 석사 학위는 10개나 된다. 대
부분 35세 이전에 케임브리지, 옥스퍼드, 하버드 같은 세계 명문 대
학에서 학위를 받았으며 전 세계 여러 교육기관에서 전임 교수직을
역임했다.

프라사드는 폴리매스 과학자로서 의학, 소아과학, 병리학, 임상
유전학, 정신의학, 외과 수술, 공중보건학, 지리학, 생물학, 수학, 심
리학, 항공의학 분야의 학위들을 보유하고 있다. 그가 과학자로서
이룩한 성과 중에 특히 주목할 만한 업적은 감마 아미노낙산과 발프
로산, 조증 간의 연결고리를 찾아냈다는 것이다. 이 발견으로 유해
한 리튬을 대신할 안전한 처방약이 나왔다. 또한 그는 조증을 동반
하는 하시모토 갑상선염과 연관된 증상을 발견했고 이는 그의 이름
을 따서 프라사드 증후군으로 불린다. 이 밖에도 역사, 인류학, 법학
의 인문학 학위도 취득했다.

현재 프라사드는 은둔 생활을 하고 있어서 엄청난 기록을 세운 천재임에도 아직 그를 모르는 이들이 많다. 이처럼 다양한 분야에서 학위를 취득한 동기가 무엇이냐는 질문에 프라사드는 전일적 세계관을 지닌 사상가다운 답변을 내놓았다. "내가 그토록 다양한 학문을 공부했다고 말할 수 있는지 잘 모르겠군요. 전부 이런저런 식으로 연관된 공부였으니까요." 그의 주된 관심 분야는 정신의학이었고 거기서 시작해 차츰 여러 분야로 관심을 확장해나갔다고 한다. "정신의학을 공부하면서 알았죠. 의학의 한 분과이지만 정신의학 안에도 여러 차원이 있었습니다. 인도주의, 사회, 인류학, 과학, 유전학, 법률 등등. (……) 그리고 확신을 얻었습니다. 진짜 필요한 지혜를 얻으려면 기존의 교리에 의문을 품어야 하고, 온갖 다양한 관점에서 자기 전문 분야를 볼 줄 알아야 한다는 것이죠." 그는 자신의 전문 분야에 대해 깊이 있고 균형 잡힌 관점을 얻고자 하는 모든 전문가에게 당부한다. "해당 분야에서 직면한 난제를 해결하는 과정에서 다른 학문을 들여다보고 적절한 지혜를 구하는 것은 지극히 건강하고 반드시 필요한 일입니다."

프라사드가 생각하는 폴리매스란 곧 "기존 교리에 의문을 제기하고 이를 탐구할 자세를 갖춘 사람"이다. 그는 기존 체제에 도전했을 때 자신이 소외당한 경험을 떠올렸다. '정상적인 궤도를 일탈한' 그를 향해 황당해하는 사람부터 적개심을 표출하는 이까지 다양했다. 동기들은 대부분 그를 "존중하고 응원했지만, 어떤 이들은 위협으로 받아들이고 그의 기를 꺾으려고 비열한 수단을 쓰기도 했다"고

한다. 결국 그에게도 대부분의 폴리매스에게 따라다니는 딱지가 붙었다. "괴짜라는 별명이 항상 나를 따라다닙니다."

○ 네이선 미어볼드

네이선 미어볼드는 말한다. "어떤 사람은 그냥 한 우물만 파고 싶어 합니다. 하지만 나는 여러 우물을 파야 직성이 풀립니다. 한 번씩은 새로 우물을 파야 기분이 좋아집니다." 그는 케임브리지 대학 과학 교수로 사회생활을 시작했다. 응용수학과 이론물리학을 공부하며 스티븐 호킹 교수 밑에서 박사 후 연구원으로 일했다. 이후 마이크로소프트에 들어갔고 거기서 마이크로소프트 리서치Microsoft Research를 설립했으며 수석전략가 겸 최고기술책임자를 지냈다.

세계에서 가장 큰 기업의 중책도 미어볼드에게는 부족했던 모양이다. 그는 새로운 일에 도전하고 싶었다. 마이크로소프트에서 14년을 보내고 나서 회사를 나와 인텔렉추얼 벤처스Intellectual Ventures를 설립했다. 특허관리 전문회사로 50여 종의 기술 부문에 걸쳐 9만 5,000건의 특허권을 획득하며 특허산업 부문에서 세계를 선도하는 회사로 올라섰다. 미국 역사상 최다 발명가였던 토머스 에디슨의 기록을 몇 해 전에 추월한 로웰 우드Lowell Wood도 인텔렉추얼 벤처스의 일원이다. 미어볼드는 엄청난 거금을 축적한 덕분에 시간이나 자금에 구애받지 않고 자신의 열정이 끌리는 대로 서로 무관해 보이는 다양한 프로젝트에 참여한다.

내 경우는 직업적으로 일이 아주 잘 풀린 편이다. 덕분에 이 나이에도 호기심이 생기고 눈길을 사로잡는 일이면 무엇이나 파고든다. 최근에 내 관심 목록에 들어온 주제는 메타물질, 소아마비 전염성, 빵의 과학과 역사, 빵 만들기, 소행성의 열 모델 개발, 공룡의 성장 속도 외 여러 가지다.

미어볼드는 아마추어 호사가가 아니다. 테드 강연 프로필에서도 그를 '프로 만물박사'로 소개한다. '월드 바비큐 챔피언십World Barbeque Championship'에서 우승한 팀의 일원이고, 총 2,500페이지에 달하는 6권짜리 요리책 《모더니스트 퀴진Modernist Cuisine》의 저자이다(이 책은 요리계의 아카데미상이라 불리는 '제임스비어드 상James Beard Awards'을 두 부문에서 수상했다). 또한 그는 수상 경력이 있는 야생동물 사진작가로서 전 세계 화산 지대와 고대 유적지를 탐사한다. 천문학과 고생물학에 관해 과학 논문을 다수 발표했고, 미국의 과학 발전을 위해 앞장서는 과학 후원자 가운데 한 명이다(세티연구소SETI Institute와 기타 연구 사업을 지원한다).

미어볼드는 타협할 줄 모르는 괴짜의 전형이다. 사회생활 초기부터 거대한 조직에서 중책을 꿰찼지만(스티븐 호킹 교수 밑에서 케임브리지 대학 연구원으로 일했고, 마이크로소프트에서 최고기술책임자로 일했다), 어서 속박에서 벗어나고 싶었다. 폴리매스는 한 우물 안에만 있으면 밀실 공포증 환자처럼 갑갑함을 느끼기도 한다. 자기 분야에서 최고의 자리에 올라 평판을 얻고 나면 그 자리를 계속 유지해야 하는 부담감이나 책임감을 느끼곤 한다. 대부분의 전문가는 그 자리에서 떨어지지 않기 위해 모든 시간과 관심을 오로지 그 분야에만 쏟는다. 미어볼드는 말했다. "나는 현재에 순응하지 않기로 했습니다. 다양한 것들에 대한 관심이 내 안에서 사라져버리는 것을 허락하지 않기로 했지요. 적어도 지적 탐구를 멈출 생각이 없는 사람이라면 일정 부분은 사회 규범에 저항할 수밖에 없습니다." 미어볼드에게는 타고난 기질에 충실하게 사는 일이 무엇보다 중요했다. 그는 자신의 개성을 스스로 지키기로 했다.

여러 분야에 주의력을 분산하는 방식에는 단점도 있을 수 있다. 그는 이 점에 동의하면서도 틀을 깨는 새로운 시선으로 각 분야에 접근한다는 것은 무척 중요한 장점이라고 평가한다. "특허소송 추세를 계량분석하는 과정에서 통계학 기법을 익혔고, 천문학과 고생물학을 탐구하면서 여기서 익힌 기법을 활용했어요. 그래서 나는 이들 분야에서 뛰어난 연구원들이 사용하는 기존 방법론에 심각한 결함이 있음을 발견했죠."

미어볼드는 과학부터 요리까지 다방면에서 활약을 펼치고 있지만 언제나 시작은 외부인이었다. "어찌 보면 (적어도 서류상으로는) 무자격자로 그 모든 일들을 했습니다! (……) 전문 지식을 획득하기까지 개인적으로 엄청난 비용을 치른 전문가들은 종종 외부인이 제시하는 아이디어에 분개하거나 저항합니다. 내 아이디어가 공정하게 평가받도록 하려면 외부인으로서 나도 강하게 편견에 맞서야 할 때가 있습니다." 이른바 전문가들이 질투심에 눈이 멀어 외부인이 자기 분야에 넘어오지 못하도록 방어하는 것은 흔한 일이다. 하지만 미어볼드는 특정 분야의 지식에만 능통한 사람이 아니라 일반지능과 상식에 입각해 합리적으로 사고할 줄 아는 사람이다.

더욱이 우리 시대를 대표하는 왕성한 발명가로서 창의적인 아이디어를 생산하는 문제에 대해서라면 귀중한 통찰을 제시할 위치에 있다. "나도 그렇고 발명가들도 그렇고 우리 회사에서 제품을 발명하기에 앞서 토의를 진행할 때면 새롭고 유용한 아이디어를 도출하기 위해 제품과 전혀 무관한 분야의 개념을 빌려오는 일이 흔합니다." 미어볼드 역시 서로 다른 학문에서 연결점을 찾을 때 창의적인 돌파구가 생긴다는 견해를 지지한다. 이는 이 책 전반에 걸쳐 다룬 개념이며 다른 수많은 책에서도 동일하게 주장하는 바다.

인텔렉추얼 벤처스는 세계를 선도하는 발명 회사이며 이 회사의 최고경영자라는 자리는 분명 다재다능한 역량을 요구하는 직업이다. 직무상 다양한 아이디어와 프로젝트를 종합해야 하고, 여러 분야를 넘나드는 인지능력이 중요하다.

하루에도 대여섯 가지 분야의 업무를 살피는 것이 내게는 전혀 특이한 일이 아니다. 다른 이유도 있지만 내가 하는 일이 특성상 그렇다. 우리 회사에서 하는 일이 무척 광범위한 분야에 걸쳐 있고 내가 최고경영자라는 직무를 맡고 있다. 회의를 하면서 하루에 만나는 사람들만 해도 유행병학자, 소재과학자, 사진부 팀원, 연구팀 수석까지 분야가 다양하다. 그뿐 아니라 회의 사이사이

쉬는 시간에는 천문학이나 고생물학과 관련한 개인 연구를 진행한다. 이 모든 분야에 관심을 두고 꾸준히 진행하고 있으므로 수시로 관점을 전환하는 일이 그리 어렵지 않다.

미어볼드는 직종의 속성에 따라 폴리매스 인재가 반드시 필요한 경우가 있다고 단언한다. "문제해결 능력과 학습 능력, 창의력이 중요한 직종에서는 다양한 관심과 방대한 지식을 보유한 사람이 유용합니다." 미어볼드가 전망한 바에 따르면 21세기는 폴리매스를 산출하기에 비옥한 토양이다. "21세기는 폴리매스에게 최고의 환경을 제공합니다. 그 어느 때보다 용이하게 인류의 방대한 지식에 접근할 수 있고 또 주제가 무엇이든 비슷한 관심사를 공유하는 이들과 쉽게 만날 수 있습니다. 방대한 정보를 담고 있는 인터넷이라는 거대한 도서관이 있어 새로운 분야에 도전하는 사람이 느끼는 학습 장벽도 유례없이 낮아졌습니다."

○ 팀 페리스

하루가 다르게 성장하는 자기계발서 시장에서 가장 영향력이 크고 많이 알려진 사람을 꼽는다면 팀 페리스가 아닐까 한다. 그에게 엄청난 성공과 명성을 안긴 첫 책 《나는 4시간만 일한다*The 4-Hour Workweek*》에서 페리스는 소득은 늘리고 노동시간은 줄이는 방향으로 인생을 설계하는 방법론을 제안했다. 4시간만 일하는 삶의 청사진을 제시한 페리스는 이름을 알리게 되었고 우버, 페이스북, 알리바

바 등 세계를 선도하는 혁신 기업의 초기 투자자 겸 컨설턴트로 일하게 되었다. 그리고 그는 기네스북에 이름을 올린 탱고 무용수이자 킥복싱 챔피언이며 놀라우리만치 짧은 기간에 여러 언어를 익힌 다중언어자이기도 하다.

첫 책을 내고 전혀 다른 주제로 4시간 시리즈를 냈다. 《포 아워 바디The 4-Hour Body》에서는 다이어트, 운동, 수면, 성관계를 다뤘고, 《4시간 셰프The 4-Hour Chef》에서는 실용적인 요리 팁과 레시피를 제공했다. 이 두 책 역시 〈뉴욕타임스〉가 선정한 베스트셀러에 올랐다.

이후로 누구나 어디서나 무엇이든 배울 수 있는 '슈퍼 학습법'을 개발하는 데 대부분의 시간을 투자했다. 그는 자신이 제작하는 팟캐스트 방송에서 각 분야의 성공한 사람들과 인터뷰를 나눈다. 이 방송은 다운로드 1위를 기록할 정도로 인기가 많다(그는 '라디오계의 오프라 윈프리'라는 별칭도 얻었다). 그리고 방송에서 얻은 통찰을 소재로 《타이탄의 도구들Tools of Titans》과 《지금 하지 않으면 언제 하겠는가Tirbe of Mentors》라는 책을 냈다(두 책 역시 〈뉴욕타임스〉 베스트셀러에 올랐다). 각 전문가들이 제공한 통찰에다가 자신이 직접 새로운 것을 배우고 실험하면서 검증한 내용을 종합해 책에 담았다(〈뉴스위크〉는 그를 가리켜 '세계 최고의 실험 쥐'라고 부르기도 했다).

다양한 분야를 넘나들며 눈부신 성과를 낸 그에게 세상은 찬사를 쏟아내고 있지만 정작 본인은 폴리매스가 아니라 그렇게 '보일 뿐'이라고 자평한다. 페리스도 초기에는 실패를 많이 겪었다. "처음에는 어쩌다가(혹은 필요해서) 시작한 일이었고, 나중에는 계획을 세워서 내 장점과 단점을 활용해(완벽주의와 주의력 결핍이 결합된 형태로 보였겠지요) 그럴듯한 경력이랄지 혹은 인생을 구축하게 되었습니다." 다양한 분야에 관심이 있었고 많은 것들을 해보고 싶었지만 그도 처음에는 딱히 방법론이랄 게 없이 그저 미친 듯이 활동했다고 한다.

"폴리매스가 되려고 시작한 건 아니었습니다. 여러 기술을 효과적으로 습득하는 방법도 몰랐어요. 당연히 일에 두서가 없었습니다. 음악부터 농구, 여러 외국어까지 다 배워보려고 도전했지만 실패했습니다." 그러다가 첫 번째 책을 집필하면서 서로 연관 없어 보이는 분야의 기술들을 효과적으로 습득하는 방법이 있음을 깨달았다. 《나는 4시간만 일한다》를 집필하면서 여러 기술을 제대로 습득할 수 있는 방법을 비로소 하나의 체계로 구축하기 시작했고(다른 사람들에게서 빌려온 아이디어를 몇 가지 활용해) (……) 그 체계 덕분에 지금의 내가 될 수 있었어요."

새로 배울 기술을 어떻게 익힐지 계획을 세우는 시간이나 실제로 훈련하는 시간에 페리스는 방해받지 않고 빨리 배움에 시동을 걸기 위해 문명의 이기로부터 자신을 차단하곤 한다. 파워리프팅 훈련, 드로잉, 노래 부르기 등 목표가 무엇이건 간에 동일한 체계에 따라 접근한다. "다양한 기술을 동시에 습득할 때는 하나의 원형을 확보하는 것이 매우 효과적이라는 사실을 알게 되었습니다. 이 원형을 따라 학습 효과를 본다면 무엇을 배우든 밑바닥에서 처음부터 시작하는 기분은 들지 않을 겁니다." 페리스는 이 모델을(그는 이 학습 모델을 DSSS라고 칭한다) 반복해서 검증했으며 이 모델을 활용한다면 누구나 어떤 기술이든 단기간에 익힐 수 있다고 한다. 그는 가장 최근에 익힌 드럼을 예로 들어 설명했다. 그는 하루 6~9시간씩 연습하며 일주일 만에 드럼을 배웠다.

DSSS 학습 모델의 첫째 원리는 '해체Deconstruction'이다. 해당 기술을 기본 요소로 잘게 쪼개는 것이다. 그러니까 드럼의 경우 먼저 "드럼이라는 악기와 이 악기로 연주할 곡의 구성 요소들을 어떻게 잘게 쪼갤 수 있을까?" 하고 고민했다. 손쓰는 법, 기본 리듬, 반주, 훈련 주기 같은 요소로 나눠서 학습 과정을 추론해본다. 예컨대 최적의 연습 빈도 등을 결정해야 한다. 연습 빈도는 설정한 목표에 따라 달라진다.

둘째 원리는 '선택Selection'이다. 해체 과정을 통해 파악한 각 구성 요소에 파레토 법칙(즉 80/20 법칙)을 적용한다. "당신이 바라는 성과가 무엇이든 그것을 성취하는 데 필요한 기술의 80퍼센트를 실현시켜줄 구성 요소, 즉 20퍼센트를 파악해야 한다"고 페리스는 말한다. 반드시 익혀야 하는 구성 요소를 결정하기 위해서는 목표를 명확히 세우는 것이 중요하다고 강조하며 말했다. "지난주 내 목표는 손님들로 빼곡한 커피숍에 가서 한 시간 동안 즉흥공연을 하는 것이었어요."

가장 중요하지만 사람들이 자주 간과하는 셋째 원리는 '배열Sequencing'이다. 각 요소들을 합리적인 순서로 배치해 학습의 효율성을 높이는 과정이다. "음악을 공부한다고 합시다. 그런데 음악가 1,000명을 무작위로 골라 음악 이론부터 공부한다면 실패하거나 중도에 포기할 확률이 아주 높습니다." 페리스는 이렇게 주장한다. "만약 이론 공부 과정이 꼭 필요하다면 뒤쪽에 배치해야 합니다." 절차와 순서는 학습 과정에서 무척 큰 차이를 일으킬 수 있다.

넷째 원리는 '벌칙Stakes'이다. "나는 단기간에 기본기를 습득하고 싶을 때 거기에 필요한 노동과 시간, 에너지를 책임지고 투자하도록 나 자신을 압박할 장치를 마련합니다." 이 모든 과정에서 자기에게 맞는 답을 찾으려면 메타기술meta-skill이 중요한데, 그가 추천하는 방법은 이미 성공한 전문가나 멘토에게 좋은 질문을 던지는 것이다. 그들이 꾸준히 활용하면서도 남들에게 잘 가르쳐주지 않는 방법을 파악해야 한다. 페리스는 이렇게 묻곤 했다. "가장 큰 시간낭비는 무엇인가요? 불필요하게 자주 반복하는 훈련은 무엇인가요?"

팀 페리스의 목표는 '슈퍼 학습'에 능통한 군단을 만드는 것이다. 이런 사람들을 수십만 명 양성하면 이들이 다시 수백만 명의 인재들을 배양할 수 있다. "내가 잘하는 전문 분야를 하나 꼽는다면 그것은 바로 메타학습meta-learning과 행동가들의 기술을 습득하는 겁니다. 내가 하는 모든 실험은 이 원리 안에서 이루어집니다." 페리스에 따르면 DSSS 학습 모델은 문화나 경제적 맥락에 상관없이 어디에나 적용 가능하다. 이는 어디까지나 개인의 선택에 달린 문제다. 페리스는 말했다. "일본을 예로 들어보죠. 위계질서를 중시하는 직장 문화라는 관점에서 볼 때 일본은 여러모로 우리가 아는 사회 중에서 가장 경직된 문화에 속한다고 볼 수 있습니다. 하지만 오늘날에 우리는 기존의 원칙과 전제를 과감히 무시하고 우리를 놀라게 하는 기업

가들을 목격합니다. 이들은 20년 전만 해도 상상도 못하던 일들을
해내고 있어요."

페리스는 자신이 제시한 학습 모델이 다방면에 걸쳐 탁월한 역
량을 기르는 데 열쇠가 되리라고 확신한다. 이 학습 모델을 이용하
면 여러 기술과 지식을 빠르고 효율적으로 습득해 일류 수준의 역량
을 기를 수 있다. 하지만 '고된 연습 시간을 견디는 일' 혹은 '많은 시
간을 투자하는 일'에 대해 한 가지 짚고 넘어가야 할 점이 있다. 주어
진 분야에서 성공하거나 뛰어난 사람이 되려면 충분한 시간과 노력
을 투자해야 한다고 사람들은 입을 모은다. 대표적으로 말콤 글래드
웰의 '1만 시간의 법칙'이 그렇다. 페리스는 지적한다. "적절한 일에
시간을 투자하는 한 사람들이 많은 시간을 투자하는 것이 문제라고
생각하지 않습니다. 하지만 비효율적으로 시간을 쓰면 아무리 많은
시간을 투자해도 그 노력은 보상받지 못합니다. 무언가에 탁월한 대
가가 되려면 효율적으로 시간을 써야 합니다."

목표를 달성하는 데 어느 정도의 근면함이 필요한지에 대해 이
런저런 말들이 있지만 페리스가 중요하게 생각하는 것은 결과다. 중
요한 문제에서 획기적인 돌파구를 찾아낸 사람은 장시간 강도 높게
그 일에 헌신했을 거라고 흔히들 생각하지만 실제로는 작업량이나
투입 시간이 필수조건은 아닌 것으로 보인다. 획기적인 돌파구를 찾
는 데 필요한 시간과 노력의 양을 과대평가하는 경우가 많다고 그는
지적한다. "문제를 해결하려고 무리하게 애를 쓸 때 사람은 대체로
스트레스를 받아 기존의 습관대로 사고하게 됩니다. 그 똑같은 사고

방식으로는 여태껏 해결 못 했던 문제가 갑자기 해결될 리가 없습니다." 페리스는 "다른 분야 혹은 기존 틀을 벗어난 방식에서 나온 정보를 토대로 다수의 관점에서 해당 문제나 해당 분야를 보는 능력을 기르는 것"이 중요하다고 주장한다.

그의 통찰은 단순히 직관에서 나온 것이 아니다. 그는 막대한 성공을 거둔 수많은 기업가와 투자자를 예로 들었고 이들 가운데 다수와 심도 깊은 인터뷰를 진행했다.

그들은 가능성 있는 사업 거래를 모두 살필 요량으로 주당 근무시간을 더 늘리지는 않는다. 오히려 남들보다 더 많이 근무시간에 제약을 두며 동시에 아주 다양한 분야의 학문을 탐구하고 역사를 공부하는 일에 시간을 투자한다. 예를 들어, 실력이 뛰어난 투자자들 중에 내가 아는 많은 이들은 진화생물학과 행동심리학, 대중운동의 역사를 따로 공부한다. 텔레비전과 경제 서적으로 정보를 얻는 데 만족하는 사람들에게는 시간낭비로 보일지도 모를 일이다. 하지만 성공한 투자자들 중에 상당수는 커피숍에서 잠재고객을 직접 만나 관계를 구축하는 일에 자기 시간의 99퍼센트를 사용하는 삶을 단호히 거부한다. 그들은 사업 기회로 간주되는 활동을 제한하고, 자기와 다른 관점을 접할 기회라든가 인간 본성과 행동을 이해할 기회를 자신에게 제공하는 데 힘쓴다.

성공한 투자자들은 많은 이들이 쓸데없는 짓이라 여기는 일들을 하는 것으로 보인다. 하지만 그들은 인간의 행동을 더 깊고 넓게 이해하는 일이 곧 사업에서 경쟁 우위를 얻는 일임을 (의식적으로든 직관적으로든) 알고 있다. 인간의 행동을 폭넓게 이해하려면 뒤로 한 걸음 물러나 거시적 관점에서 큰 그림을 보아야만 한다. 그래야 그동안 파악하지 못했던 상호연관성이 눈에 들어온다. 페리스는 주장한다. "3만 피트 상공에서 내려다보면 각기 다른 분야들이 별개의 학문으로 보이지 않고 서로 연결되어 상호연관성을 맺은 모습을 발견할 수 있습니다."

학습 능력과 성과가 뛰어난 세계 정상급 전문가들을 광범위하게 만나 인터뷰하고 나서 밝힌 사실 가운데 가장 놀라운 대목은 이들이 모두 비슷한 접근법을 채택했다는 사실이다. "탱고든 언어 습득이든 파워리프팅 운동이든 투자든 각 분야에서 성과가 부진한 사람들 사이에서 보이는 공통점과 각 분야 상위 5퍼센트에 속하는 사람들 사이에서 나타나는 공통점을 비교해보니 후자의 경우 훨씬 많은 공통점을 발견할 수 있었습니다." 이것은 지능, 재능, 창의성이 특정 분야에 국한하지 않는다는 사실을 의미한다. 뛰어난 지능, 재능, 창의성은 (원칙상으로는) 분야를 가리지 않는다. "팟캐스트를 하며 여러 분야에서 최고의 능력을 발휘한 사람들을 만나 그들의 습관이나 일을 처리하는 절차와 원칙, 사고관이 무엇인지 오랫동안 살펴봤고 차츰 그들의 공통분모를 파악하기 시작했죠."

한 분야의 전문가들이 재정적으로 훨씬 안정된 삶을 얻는다는 통념이 있지만, 페리스에 따르면 이는 미신에 불과하다. 코미디언이자 경영 컨설턴트인 스콧 애덤Scott Adam의 이론을 인용하며, 특정 분야에서 상위 1퍼센트에 들면 엄청난 재정적 보상과 안정, 기회를 얻을 수 있지만 말 그대로 1퍼센트에 해당하는 소수일 뿐이라고 그는 말했다. 자기 분야에서 상위 1퍼센트가 되면 직업 안정성을 얻는다지만 이는 대단히 어려운 일이다. 반면에 서로 무관해 보이는 두세 가지 분야에 종사하면서 상위 10퍼센트에 들어 이들 분야의 지식과 기술을 통합해 활용한다면 성공 확률은 훨씬 커진다.

고용주나 교사, 동료, 그리고 우리 사회는 대체로 후자의 방법을 권장하지 않는다. 앞에서 이미 살펴봤듯이 폴리매스나 폴리매스 후보생은 전통에 얽매이지 않기 때문에 주변 사람들의 냉담한 시선을 받기 일쑤고 심하면 따돌림 당하는 일도 다반사다. 페리스는 모든 사람이 전문화를 강요하는 사회적 시선이나 재정적 압박에서 자신을 해방시켜야 한다고 말한다. 그는 주장한다. "남다르게 사고하고 자신을 실험하는 것은 누군가의 허락이 필요한 일이 아닙니다. 만약 주변 사람들이 당신의 인생을 결정하려들면 짐을 싸서 더 나은 친구들을 찾아 이사를 떠나는 편이 낫습니다." 사실 여러 해 동안 실리콘밸리에서 살던 페리스가 그곳을 떠나기로 결심한 이유도 개방적인 척하지만 사실은 지적 우월감에 젖어 다름을 거부하는 폐쇄적인 태도가 싫었기 때문이다. "사회에서 권장하는 대로 살고 싶지 않다면 폴리매스가 되는 일 혹은 다른 인생을 탐색하는 일이 당신에게 얼마나 소중한지 먼저 자문해봐야 합니다. 그리고 이 질문에 대한 자신의 대답이 만족스러운지 성찰해야 합니다."

누구든지 폴리매스의 삶을 시작하려면 사전에 철저한 계획을 수립해야 성공할 수 있다고 그는 말했다. "안전망이나 비상계획 등 필요한 분석이나 전략도 갖추지 않은 채 폴리매스처럼 인생을 살겠다고 직장을 그만두지 않기를 바랍니다. 당신이 현재 어떤 상황이고 어디로 나아갈지 명확한 청사진을 그리려면 자기를 깊이 성찰하는 시간이 필요합니다." 언뜻 보면 미친 사람처럼 보여도 사실 그는 일정한 방법론에 따라 움직인다고 강조한다. "때로는 수백 가지 일을 하며 정신없이 뛰어다니는 것 같아도 그 일들을 관통하는 기본 틀이 있습니다." 자유로운 영혼의 소유자로 자처하면서 취미삼아 이일 저일 손대는 실리콘밸리 사람들을 비웃으면서 페리스는 그들이 목적 없이 배회하는 데 불과하다고 평가했다.

페리스가 낸 책들은 개인의 자기계발 영역에 집중하고 있지만 자신이 하는 얘기가 사회적 함의를 가질 수밖에 없다는 점도 놓치지 않는다. 이 책에서 소개한 통찰력 있는 수많은 사상가들과 마찬가지로 페리스 역시 폴리매스들에게는 사회가 꼭 필요로 하는 특별한 장점이 있다고 생각한다.

인류는 미증유의 문제뿐 아니라 여전히 해결되지 않은 해묵은 문제로도 괴로움을 겪고 있다. 폴리매스들은 문제 해결자로서 매우 중요한 역할을 감당할 잠재력이 있다고 생각한다. 이들에게는 비범하고 창의적인 돌파구를 찾아낼 능력이 있고 이는 더 나은 미래를 개척하는 데 꼭 필요한 자질이다.

미래의 주인공

POLYMATH

의식은 생명이 지닌 놀라운 신비 중 하나다. 과학자와 철학자 들은 아직까지 의식의 비밀을 풀지 못했다. 수천 년 전부터 철학자와 신비주의자, 시인 들이 저마다 인간의 의식을 탐구했고 지금은 물리학자, 신경과학자, 심리분석가 들이 주로 이 비밀을 탐구하고 있다. 물리학자들은 양자물리학에 해답이 있으리라 여기고, 신경과학자들은 뇌간에 해답이 있으리라 믿으며, 신학자들은 형이상학 등에서 해답을 찾는다. 어쩌면 해답은 위에 언급한 모든 학문을 종합하는 데 있을지도 모른다. 아니면 어디에도 답이 없을지도 모른다. 다양한 전문가들이 저마다 일차원적 렌즈를 들고 지극히 복잡하고 다차원적인 현상을 탐구하고 있으니 우리가 어떻게 그 비밀을 풀 수 있겠는가? 자부심 넘치는 전문가로 학제적 팀을 구성해야 하지 않겠는가? 아니면 다차원적으로 사고하는 개인, 즉 예술가이자 과학자이자 영성주의자인 사람이 이 문제를 잘 풀어낼지도 모른다. 다차원적인 사고가 가능한 이들은 우리 사회에 얼마나 있을까?

이 같은 맥락에서 볼 때 폴리매스가 역사를 빚은 주역이라는 사실도 그들이 필연적으로 미래의 역사를 결정지을 것이라는 전망도 별로 놀랍지 않다. 그들은 과거에도 그랬듯이 앞으로도 우리 사회에 없어서는 안 될 존재다.

21세기를 살아가는 개인에게 다재다능함의 가치는 더없이 중요하다. 인간은 다양한 재능을 타고나고 (전부는 아니어도) 그 가운데 다수의 재능을 발현할 때 최적의 상태에 이르고 자아를 실현한다. 폴리매스는 인간이 번영하는 데 필요한 속성, 즉 생존 능력(다재다능성), 적절한 관점(통합적 사고), 발전 잠재력(창의성)을 모두 그 안에 담고 있다. 다양한 재능과 폭넓은 지식을 갖춘 폴리매스는 대체로 더 현명한 결정을 내리고 창의적인 의견을 생산할 뿐 아니라 더 재미있고 충만한 인생을 산다.

다양한 재능과 폭넓은 지식을 갖추면 다차원적이고 전일적인 관점에서 대상을 더욱 깊이 이해하고, 다양성과 보편성 관점에서 인간을 이해한다. 사유하는 방식과 생활방식에도 큰 변화가 생긴다. 지구상에서 머무는 짧은 시간 동안 (적어도 원리상으로는) 경험과 지식을 극대화하고, 성취감을 최대로 끌어올릴 수 있다. 그러나 지식이 권력이라는 말처럼 무엇보다 중요한 사실은 다양한 재능과 지식은 사회적으로나 지적으로 자신을 해방시키는 강력한 도구가 된다는 점이다.

그렇다면 무엇을 기다리는가? 때가 되었다. 당신에게는 비전이 있다. 표현하고 싶은 감정이 있고 세상과 공유하고 싶은 아이디어가 있다. 깨어날 순간을 기다리는 '나'를 찾아 내면을 탐험해야 한다. 가능한 모든 수단을 강구해 당신의 비전과 감정과 아이디어에 생명을 불어 넣어야 한다. 영화의 주제로 삼아도 좋고 그림으로 표현해도 좋다. 소설이나 음악에 담아내도 좋다. 아니면 이것들을 바탕으로 제품이나 기기, 모바일 앱을 개발할 수도 있다. 기업이나 자선단체 혹은 사회운동을 통해 전파할 수도 있다. 아니 이 모든 것들을 시도해보는 것은 어떤가?

상기한 예들은 우리가 이용할 수 있는 탐구 방법과 표현 방법 가운데 일부에 불과하다. 당신 안에 잠재된 능력을 최대한 실현하려면 인지능력(지식, 예술적 능력, 수학적 기술, 리더십)을 배양하고 활용할 필요가 있고, 지속적으로 또 다른 인지능력을 개발하고 습득해야 한다. 지식이나 기술에 부족한 부분이 있으면 그 분야에 전문성을 갖춘 사람들과 협업하며 배우도록 한다. 이렇게 하는 것이 자신의 비전과 감정, 나아가 다양한 재능을 타고난 자아에 충실하게 사는 방법이다. 이렇게 폴리매스가 되면 세상은 당신에게 괴짜라는 딱지를 붙일지도 모르지만 사실은 그냥 인간다워진 것뿐이다.

폴리매스를 보는 사회의 인식은 대체로 그 사회에 막대한 영향력을 미치는 제도와 기관이 결정짓는다. 그러니 우리는 지구상의 70억 인구가 자율적으로 세상을 탐구하며 최상의 역량을 발휘하도록 격려하는 일에 불행히도 대부분의 지도자들이 무관심하다는 사실을 직시해야 한다. 정부, 군대, 기업, 정보기관, 종교단체는 사람들이 무지한 상태로 자기들에게 예속되어 체제에 순응할 때 조직이 안정되게 유지되므로 사람들이 자유롭게 자기를 발견하도록 격려하지 않는다. 인간의 잠재력을 깨워 전 세계적으로 수많은 폴리매스를 양산하고 이들이 만들어갈 새로운 세상을 꿈꾸는 이들을 위험하게 여기는 이들도 있다. 기존 질서를 유지하고 싶어 하는 사람들에게 이 같은 인지혁명이 초래할 기존 질서의 파괴는 재앙이나 다름없다. 이런 까닭에 다양한 재능과 지식을 습득하는 일은 기존 사회를 바꾸는 투쟁이 된다. 전문화 시스템을 강화하고 사회 및 학계에서 분과별로 사람들을 격리해 비인간화를 촉진하고 사람들을 무지에서 깨어나지 못하도록 가두려는 시도에 대한 저항이다.

진정한 세계화와 특이점을 실현해 진일보한 유토피아적 미래를 실현할 사람들이 곧 미래의 세상에서 가장 많은 혜택을 누리게 될 것임은 자명하다. 그들 가운데 다수가 기득권층의 폴리매스다. 기득권에 속하지 않는 이들은 이 사실에 유의하면서 낙수효과를 최대한 활용해 지적으로나 사회적으로 자주성을 키워야 한다. 기업가정신을 바탕으로 기술을 활용하고 창의성을 발휘한다면 그 아이디어를 세상과 공유하고 큰 변화를 일으키는 것은 개인이라도 얼마든지 가능하다. 수없이 많은 독학자, 차고 창업자, 저예산 영화제작자, 블로거, 기술창업자, 저예산 음반제작자 들이 우리에게 이 사실을 증명하지 않았는가. 우리가 자신만의 방식으로 각자 개성을 발휘한다면 미래의 권력 지형은 크게 바뀔 수 있다. 인간의 잠재력을 온전히 실현하도록 응원하는 문화를 새로 구축할 힘도 우리에게 있다.

전문화 시스템이 뿌리 깊게 자리 잡은 사회에서 서로 분리된 채
지내는 사람들은 세상에 관해서도, 세상에서 차지하는 자신의 위치
에 관해서도 제대로 파악하기가 쉽지 않다. 그리고 계속 이 상태로
머문다면 지적으로나 경제적으로 누군가에게 착취당하기 십상이
다. 이 시스템에 길들여진 이들은 타고난 아름다움을 무시하고 자신
을 드러낼 수 있는 여러 가지 가능성을 차단해버린다. 분업화와 전
문화 시스템은 자율적이고 개방적인 사고를 하지 못하도록 우리를
구속하고, 최적의 자아를 발현할 기회를 방해한다. 나아가 자기를
온전히 실현하고 자기만의 방식으로 인류에 기여할 수 있는 잠재력
을 억압한다. 하지만 다행히도 우리 앞에는 다른 길이 놓여 있다.

· 역사 속의 폴리매스 ·

아차랴 헤마찬드라 Acharya Hemachandra(12세기 인도): 솔란키Solanki 왕조 쿠마라팔라 Kumarapala 왕의 책사. 자이나교를 신봉한 철학자였던 그는 문법과 건축, 역사, 시(유명한 서사시 〈위대한 63인의 생애Tri-shashthi-shalaka-purusha-charitra〉를 지었다), 수학(초기 형태의 피보나치 수열 공식을 정립했다)을 비롯해 여러 영역에서 중요한 성과를 이루었다. 학문 전반에 걸친 풍부한 지식 덕분에 그는 칼리칼 사르바지Kalikal Sarvagy, 즉 '칼리 유가Kali Yuga(힌두교 종말론에서 마지막 시대를 뜻한다—옮긴이)를 아는 자'라는 칭호를 얻었다.

알베르투스 마그누스 Albert Magnus(13세기 독일): 폴리매스 토마스 아퀴나스의 스승. 천문학, 동물학, 생리학, 식물학, 화학을 비롯해 거의 모든 학문의 발전에 기여했다. 또한 철학(주로 논리학), 신학, 음악 이론에 관해 여러 권의 책을 썼다.

알프레드 리 루미스 Alfred Lee Loomis(20세기 미국): 변호사, 군인, 성공한 은행가. 그는 자신이 모은 재산을 투자해 턱시도 파크Tuxedo Park에 그 유명한 과학 실험실을 마련하고 세계적으로 저명한 과학자들을 초빙해 공동으로 연구를 진행하고 후원했으며 본인도 물리학 발전에 기여했다.

알 파라비 Al Farabi(10세기 시리아): 정치이론가, 논리학자, 형이상학자, 천문학자. 다양한 철학 분파들, 그리고 음악, 물리학, 연금술, 심리학을 비롯한 수많은 주제에 관해 100권이 넘는 책을 썼다.

알 킨디 Al Kindi(9세기 이라크): 알 마문al Ma'mun 칼리프가 세운 학문의 중심지 '지혜의 집'에서 가장 중요한 학자 중 한 명이었다. 의학, 천문학, 심리학, 수학, 점성술, 정치학, 논리학, 형이상학, 연금술에 관해 흥미로운 논문을 썼다. 음악이론과 지질학에 관한 중요한 글을 포함해 그의 수많은 저서 가운데 242편이 현존한다.

알 라지 Al Razi(9~10세기 페르시아): 궁정 음악가, 환전상, 연금술사로 일하던 그는 의사로 변신해 크게 이름을 떨쳤고 학자로서도 의학 분야에서 중요한 업적을 남겼다. 당시 최고 수준의 의학백과 사전인 《의학총서Al Hawi》를 집필했다. 또한 천문학, 물리학, 문법, 신학을 비롯한 다양한 분야에서 200여 권이 넘는 저서를 집필했고, 무엇보다 페르시아 출신으로서는 최초로 신플라톤주의에 입각해 철학 체계를 세운 철학자였다.

압파이야 디크쉬타 Apayya Dikshita(16세기 인도): 타밀족 성자, 시인, 신비주의자, 비자야나가르 제국의 철학자. 디크쉬타는 산스크리트어 학습 방법을 총망라하며 150편이 넘는 글을 썼다.

아서 새뮤얼 앳킨슨 Arthur Samuel Atkinson(19세기 뉴질랜드): 폴리네시아의 문화와 민속지학, 언어에 정통한 지식을 겸비한 학자이자(마오리어 사전을 집필했다) 군인('산적'으로 더 많이 알려진 자경단에 지원했다), 변호사(자격증을 취득해 정식으로 활동했다), 천문학자(왕립학회 소속 연구가로서 금성식을 관찰했다), 자연주의자(동식물 수집가로 유명하다), 정치인(타라나키Taranaki 지역 국회의원)이었다.

아타나시우스 키르허 Athanasius Kircher(17세기 독일/로마): 자석 시계, 다양한 자동장치, 최초의 확성기를 발명한 엔지니어였다. 또한 그는 이집트와 중국에 관해 해박한 지식을 보유한 학자로서 수학, 광업, 음악을 비롯해 보편 학문에 관해 수많은 글을 남겼다.

하인리히 코넬리우스 아그리파 Heinrich Cornelius Agrippa(16세기 독일): 신학자이자 유럽사에서 뛰어난 오컬트 철학자로 평가 받는다(《오컬트 철학》의 저자이기도 하다). 또한 전문 직업인으로서 의사, 변호사, 군인으로 활동했다.

성 베다 Bede(7세기 영국): 수도사이자 신학자, 언어학자, 가수, 시인으로서 역사와 문법, 천문학에 관해 많은 글을 썼다. 지금까지 60여 편의 글이 전해진다.

카를로스 공고라 Carlos Y Gengora(17세기 멕시코): 신학자이자 지도제작자. 카를로스 3세의 왕실지도제작자로 임명된 후 '뉴 스페인New Spain(지금의 멕시코)' 지도를 최초로 제작하는 사업을 위임받았다. 나중에 멕시코 대학에서 수학 및 정밀과학 학과장을 역임했다. 그의 소설 《알론소 라미레스의 불행*Los infortunios de Alonso Ramirez*》은 스페인령 라틴아메리카에서 최초의 소설로 평가받았으며 이 밖에도 수많은 시를 지었다.

키케로Cicero(기원전 1년): 마르쿠스 툴리우스 키케로는 정치인, 법률가, 웅변가일 뿐아니라 언어, 철학, 정치 과학에 탁월한 학자였다.

클로드 마틴 Claude Martin(18세기 프랑스/영국/인도): 군인으로 복무했고(처음에는 프랑스군 장교였다가 후에 영국군에서 소장으로 복무했다), 건축가로서 인도의 러크나우Lucknow 시에 수많은 건물을 설계했으며 그 지역에서 예술품 수집가로서 명성을 쌓았다. 또한 그는 새로운 기업을 연이어 창업한 기업가이자 독학으로 의술을 익힌 의사였으며 인도에 열기구를 소개한 모험가이자 인도와 프랑스에 여러 학교를 세운 독지가였다.

클라우디오스 프톨레마이오스 Claudius Ptolemy(2세기 이집트): 로마제국 전성기에 활동했던 그리스인으로 천문학부터 광학, 점성술, 지리학, 수학을 넘나들며 다양한 주제에 관해 중요한 가치가 있는 글을 많이 남겼다.

드미트리에 칸테미르 Dimitrie Cantemir(18세기 루마니아): 몰다비아 공국을 다스린 공작으로 언어학, 역사, 음악, 철학, 지리학까지 다양한 주제에 관해 수많은 글을 남겼다.

디릭 코른헤르트 Dirck Volckertszoon Coornhert(17세기 네덜란드): 판화가, 시인, 언어학자, 신학자, 정치 논객이자 정치인.

에라토스테네스Eratosthenes(기원전 4세기 그리스): 고대 그리스의 도서관 관장이자 (아리스토텔레스를 이어) "모든 분야에서 두 번째로 아는 것이 많은 사람"이라는 별명이 붙을 정도로 해박한 지식의 소유자로 알려져 있다.

파톨라 시라지 Fathullah Shirazl(16세기 페르시아/인도): 발명가, 금융가, 정치인, 판사, 엔지니어, 수학자, 철학자, 예술가, 의사였으며 인도 무굴 제국의 악바르 황제가 총애하는 대신이 되었다.

프랜시스 베이컨 Francis Bacon(16세기 영국): "모든 지식이 내 소관"이라고 말한 베이컨은 변호사이자 과학 철학자, 신학자, 정치인, 문인으로 살았다. 그가 셰익스피어의 작품 가운데 다수를 집필한 진짜 저자라고 믿는 사람들도 있다.

복희Fu Xi(기원전 2000년): 중국 신화에 등장하는 허구의 인물로 여겨지기도 하지만 복희는 하나라의 황제이자 제사장이자 농경시대를 열었던 뛰어난 발명가로 꼽힌다. 낚시하는 법과 덫을 놓는 법, 고금이라는 악기와 문자를 최초로 발명하는 등 중국을 규정하는 다양한 문화를 창시한 영웅으로 평가 받는다. 복희는 100년 넘게 나라를 통치했고 중국 문명에 지대한 영향을 끼친 철학적 원리 '팔괘'를 창시했다고도 알려져 있다.

제프리 초서 Geoffrey Chaucer(14세기 영국): 오늘날 영국 문학의 아버지이자 위대한 시인으로 추앙받는 초서는 법률, 군사, 외교, 행정 분야에서도 탁월한 능력을 발휘했다. 이후 철학자, 연금술사, 천문학자로서 명성을 얻었다.

하드리아누스Hadrian(2세기 로마): 로마 황제 가운데 가장 다재다능한 인물로 꼽힌다. 그는 군인으로 성공해 군사령관까지 지냈고, 공직에 있으면서 최소 17개의 직책을 거쳤다. 그리스어와 라틴어로 시를 썼고, 숙련된 건축가로서 여러 건물을 설계했으며, 뛰어난 사냥꾼이었다.

해리 존스턴 Harry Johnston(19세기 영국): 아프리카 식민지 쟁탈전을 벌이던 당시의 영국 행정가로서 탐험가이자 학자의 재능까지 겸비한 다재다능한 인물이었다. 처음에 화가로서 왕립지리학회의 회원이 되었고 나중에는 식물학자로서도 회원으로 인정받았다. 또한 그는 인류학자로서도 명성을 얻었으며 여행 작가이자 소설가로도 활동했다.

헨리 톰슨 Henry Thomson(19세기 영국): 뛰어난 외과의였던 톰슨은 프랑스 황제인 나폴레옹 3세를 치료하기도 했다. 사설 천문학 관측소를 설립하고 운영했으며, 실력 있는 화가였고 소설가이자 식도락가였다. 취미 활동도 다양해서 세계적으로 희귀한 도자기를 수집했고, 가금사육을 했으며 말년에는 전동차에 대한 책을 쓰기도 했다.

엘리스의 히피아스 Hippias of Elis(기원전 5세기 그리스): 플라톤은 그의 글에서 히피아스를 시인이자 문법가, 음악 이론가, 고고학자, 철학사가, 천문학자, 수학자, 예술가로 지칭한다. 또한 뛰어난 공예가로서 자신이 입고 쓰는 용품을 대부분 직접 제작했다고 한다.

후나인 이븐 이샤크 Hunayn Ibn Ishaq(9세기 이라크): 기독교도 출신의 학자 이샤크는 알마문al-Ma'mun 칼리프의 치하에서 플라톤의 《티마이오스》, 아리스토텔레스의 《형이상학》, 《구약성서》를 비롯해 116편의 책을 시리아어와 아랍어로 번역했다. 또한 칼리프의 주치의가 되었으며 사전학, 안과학, 철학까지 다양한 분야에 관해 36편이 넘는 글을 남겼다.

이븐 바자 Ibn Bajjah(12세기 안달루스 왕국): 그는 알모라비드Almoravid 왕조에서 파견한 사라고사Zaragoza 총독의 치하에서 궁정 음악가이자 시인으로 활동했다. 일각에서는 그가 작곡한 〈누바 알-이스티랄Nuba al-Istihlal〉이 오늘날 스페인 애국가의 뿌리라고 주장한다. 그는 식물학에 관해 《키탑 알 나밧Kitab al Nabat》이라는 중요한 저작을 남겼을 뿐 아니라 심리학, 수학, 물리학, 의학, 천문학, 철학에 관해서도 수많은 글을 남겼다.

이반 마주라니치 Ivan Mazuranic(19세기 크로아티아): 변호사, 천문학자, 수학자, 경제학자, 시인, 언어학자, 정치인으로서 각 분야에서 중요한 영향력을 발휘했다.

제임스 웰든 존슨 James Weldon Johnson(20세기 미국): 1920년대 할렘 르네상스(흑인 지구 할렘에서 일어난 흑인예술문화 부흥을 가리키는 말—옮긴이) 때 활동한 뛰어난 예술가. 브로드웨이 작곡가로 활동하다가 나중에는 소설가로 변신해 유명한 소설《한때 흑인이었던 남자의 자서전*The Autobiography of an Ex-Colored Man*》을 출판했으며, 시인으로도 이름을 날렸다. 존슨은 법률, 외교, 저널리즘, 정치학 분야에서도 인상적인 활약을 펼쳤다.

제로니모 데 아얀츠 이 보몬트 Jeronimo de Ayanz y Beaumont(16세기 스페인): 군인 시절에 탄광에서 물을 빼내기 위해 증기동력으로 돌아가는 양수기를 발명한 것으로 유명하다. 그는 열렬한 천문학자이자 화가이며 음악가이기도 하다.

조지프 프리스틀리 Joseph Priestley(18세기 영국): 영국 교회 목사인 프리스틀리는 존경 받는 신학자였고 화학(소다수 제작법), 언어(영문법), 물리학(전기), 역사(연대별 도표), 철학(형이상학)에서 중요한 업적을 남겼다.

후아나 이네스 델라 크루즈 Juana Ines de la Cruz(17세기 스페인령 멕시코): 독학으로 수많은 지식을 습득한 수녀. 여러 언어로 시를 쓰고, 음악을 작곡하고, 철학이나 과학과 관련한 주제로 많은 글을 썼다.

케네스 에섹스 에지워스 Kenneth Essex Edgeworth(20세기 영국): 제1차 세계대전 중에 폴록 훈장을 수상한 영국군 장교인 에지워스는 정규교육을 받은 엔지니어이기도 하며, 대공황 시기에 경제학 관련 책을 4권이나 출판했을 뿐 아니라 천문학에 관해 혁신적인 논문을 다수 발표했다.

콘라트 메겐베르크 Konrad Megenberg(14세기 독일): 신학자인 메겐베르크는 찬송가와 시를 지었을 뿐 아니라 역사, 철학, 자연과학과 관련해 수많은 논문을 썼다.

복음서 저자 루카스 Luke the Evangelist: 파울로스의 제자. 신약성서에서는 그를 수차례 콜로새 사람들을 치료한 의사로 묘사한다. 예수의 행적을 기록한 정경인 4복음서 저자 가운데 한 명으로 초기 기독교 역사가이자 신학자였다. 또한 루카스는 초기 기독교 화가로서 기독교의 상징이 되다시피 한 성모 마리아와 예수를 그린 인물로 여겨진다.

마담 드 장리스 Madame de Genlis(18세기 프랑스): 저명한 음악가(하프 연주자)이자 프랑스 왕족의 자제들을 가르친 가정교사였다. 그녀는 왕족의 자녀들을 위해 특별한 교과 과정을 개발했고 이를 실제로 적용했다. 또한 80여 편이 넘는 시와 소설, 산문을 다 작한 작가로도 유명하다.

메리 앤 에반스 Mary Anne Evans(19세기 영국): 소설가이자 심리학자로서 성공을 거두었고, 다중언어자에 철학자이며 칼럼니스트였다. 메리는 조지 엘리엇George Eliot이라는 (지금은 유명한) 필명을 사용했는데 여성이라는 이유도 있었지만 여러 분야에서 활동하기 위함이었다.

미카엘 세르베투스 Michael Servetus(16세기 스페인): 신학자이자 인본주의 철학자로서 의료와 점성술에 관한 책을 다수 출판했다. 그는 법과 의학을 공부하면서 수학을 가르쳤고, 의학 공부를 마친 후에는 비엔나 주교의 주치의가 되었다. 그는 시인이었으며 다중언어자로서 성서를 여러 편 번역하기도 했다.

나시르 후스라우 Nasir Khusrow(11세기 페르시아): 다중언어자였으며 셀주크 제국의 토크릴 베그Toghrul Beg 술탄 치하에서 재무관으로 일했다. 지금은 전하지 않지만 수학에 관한 논문도 한 편 쓴 것으로 알려졌다. 순례자로 메카와 예루살렘을 여행하고 기행문을 썼으며(이는 《여행기》라는 제목으로 출판되었다), 페르시아의 뛰어난 시인으로 널리 알려져 있지만 신학과 철학에 관해서도 다수의 작품을 남겼다.

니콜라이 이오르가 Nicolae Iorga(20세기 루마니아): 루마니아의 저명한 역사가이자 인류학자, 시인, 극작가, 소설가, 언어학자이다. 다양한 주제로 1,300여 권의 책을 저술했고 약 2만 5,000편의 논문을 발표한 것으로 알려져 있다. 나중에는 정치권에 입문해 루마니아 국민에게 존경 받는 총리가 되었다.

니콜라우스 쿠자누스 Nicolas Kues(15세기 독일/로마): 신학자, 철학자, 신비주의자로서 추기경이 되었다. 법학자였으며 수학과 천문학에서도 혁신적인 성과를 올렸다. 그의 논문 〈과학적 무지에 대하여De Docta Ignorantia〉, 〈하느님의 비전에 대하여De Vision Dei〉, 〈유추에 대하여On Conjectures〉는 초기 르네상스 시대의 사상을 이끄는 과학적 저서로 자리매김했다.

오마르 하이얌 Omar Khayyam(11세기 페르시아): 《루바이야트》(페르시아어 4행 시집으로 서구 세계에서 특히 인기 있는 하이얌의 시집)로 명성을 얻은 시인이지만 이전에 수학자로 경력을 쌓았고, 광물학, 음악, 의학, 신학에 이르기까지 다양한 주제를 넘나들며 중요한 저작을 다수 저술했다.

플리니우스(1세기 로마): 역사상 유명한 동식물 학자이자 성공한 변호사, 정치인, 군인(게르마니아 원정에서 지휘관을 맡았으며 전술에 관한 책도 썼다), 역사가, 문법가였다.

포시도니우스Posidonius(기원전 1세기 그리스): 동시대 그리스 지리학자 스트라본Strabo에게 '당대 최고의 철학자'라는 찬사를 들은 포시도니우스는 (기상학과 자연지리학을 포함해) 물리학, 천문학, 점성술과 점술, 지진학, 지질학과 광물학, 수문학, 식물학, 윤리학, 논리, 수학, 역사, 자연사, 인류학, 전쟁에 관해 철학적으로 성찰하였다.

사무드라굽타Samudragupta(4세기 인도): 굽타 왕조의 제2대 왕. 사무드라굽타는 다능하고 박식한 군주였다. 예술과 학문을 장려했을 뿐 아니라 병법의 천재였고, 시인과 음악가로서도 출중한 실력을 자랑했다.

사무엘 이븐 나그릴라 Samuel ibn Naghrillah(12세기 안달루스): 상인 신분에서 군사령관에 올라 고관대작을 지내며 칼리프를 섬겼다. 당시 안달루스에서 가장 영향력이 큰 유대인 가운데 한 명으로 꼽힌다. 탈무드 학자이기도 한 나그릴라는 히브리어 문법책을 썼고, 그 시대를 상징하는 시인 중 한 명이었다.

스리 친모이 Sri Chinmoy(20세기 인도): 영적지도자, 신비주의 철학자, 저술가로서 서구 세계에서 명성을 얻었다. 약 1만 2,000편의 단편시를 지었을 뿐 아니라 시와 영적 사색, 철학 논문, 희곡 등을 모아 1,500권이 넘는 책을 저술했다. 또한 그는 시각 예술가이자 작곡가로서 왕성하게 작품을 내놓았으며, 여러 악기를 연주하는 음악가이기도 했다. 나중에는 반백 년을 훌쩍 넘긴 나이에 역도 선수로 변신해 여러 차례 세계 기록까지 세워 세상을 깜짝 놀라게 했다.

소식Su Shi(11세기 중국): 다재다능한 예술가로서 그림과 서예, 시, 문학, 미식에 뛰어난 면모를 보였다. 그의 저술은 시가 2,700여 편, 서신이 800통에 이른다. 〈적벽부〉라는 산문이 특히 유명하다.

소송Su Song(11세기 중국): 법무, 외교, 재무, 토목 등 여러 분야의 직책을 두루 거친 관료이다. 그는 유능한 건축가이자 천문학자였으며 약리학에 관해 방대한 논문을 쓰기도 했다. 주로 과학 분야에 관심이 많았지만 시인으로서도 왕성하게 활동했으며 예술품 수집가이자 비평가로도 유명했다.

타이 시투 창춥 걀첸 Tai Situ Changchub Gyaltsen(14세기 티베트): 티베트의 군주이자 군사령관인 걀첸은 화가이자 문법 학자로 유명하다.

월터 러셀 Walter Russell(20세기 미국): 교회 오르간 연주자, 인물화 화가, 건축가, 조각가, 잡지의 아트 에디터, 운동선수, 물리학자, 영적인 영역을 탐구하는 철학자였다. 영적인 각성을 탐구하는 철학이라는 의미로 '뉴에이지New Age'라는 용어를 고안해낸 사람이 바로 러셀이다.

윌리엄 페티 William Petty(17세기 영국): 선박 설계사, 의사, 음악 교수, 화학자, 엔지니어인 그는 르네상스와 계몽주의 시대를 거쳐 현대 과학이 탄생하는 데 기여했다.

자하리에 오펠린 Zaharije Orfelin(18세기 오스트리아-세르비아): 판화의 대가이자 진보적인 출판인이었다. 주로 문화사와 본초학에 대한 책들을 출판했다. 그는 유명한 시인이었으며 언어학자로서 슬라보-세르비아어Slavo-Serbian를 전파하는 데 기여했다.

장형Zhang Heng(2세기 중국): 시인, 화가, 조각가로 이름을 알렸으며 나중에 왕실 천문학자가 되었다. 또한 그는 수학자로서 혁신적인 방식으로 파이(π) 값을 계산해냈고, 세계 최초로 물의 힘을 이용하는 혼천의를 발명했고 물시계를 개량했으며 인류 최초의 지진계를 제작했다.

· 참고문헌 ·

Al Ghazali, A. *Autob iography (Deliverance from Error)*. Fons Vitae, 2001.

Anderson, J. L. *Che Guevara: A Revolutionary Life*. Bantam Books, 1996.

Ansari, T. *Destiny Disrupted: A History of the World through Islamic Eyes*. Public Affairs, 2010.

카렌 암스트롱(Armstrong, K.), 《축의 시대(*The Great Transformation*)》, 정영목 역, 2010년, 교양인.

Black, J. *The Secret History of the World*. Quercus, 2007.

Bernstein, A. *The New York Times Practical Guide to Practically Everything*. St. Martin's Press, 2009.

Bertalanffy, L. *General Systems Theory: Foundations, Development, Application*. George Braziller, 2003.

닉 보스트롬(Bostrom, N.), 《슈퍼 인텔리전스(*Superintelligence: Paths, Dangers Strategies*)》, 조성진 역, 2017년, 까치.

Brands, H. W. *The First American: The Life and Times of Benjamin Franklin*. Anchor Books, 2002.

존 브록만(Brockman, J.), 《이것이 모든 것을 설명할 것이다(*This Explains Everything: Deep, Beautiful and Elegant Theories about the Way the World Works*)》, 이충호 역, 2016년, 책읽는수요일.

제이콥 브로노우스키(Bronowski, J.), 《인간 등정의 발자취(*The Ascent of Man*)》. 김현숙·김은국 역, 2009년, 바다.

존 브룸필드(Broomfield, J.), 《지식의 다른 길(*Other Ways of Knowing: Recharting Our Future with Ageless Wisdom*)》, 박영준 역, 2002년, 양문.

빌 브라이슨(Bryson, B.), 《거의 모든 것의 역사(*A Short History of Nearly Everything*)》, 이덕환 역, 2009년, 까치.

Burckhardt, J. *The Civilization of the Renaissance in Italy.* Penguin Classics, 1990.

피터 버크(Burke, P.), 《지식의 사회사 1(*A Social History of Knowledge: From Gutenberg to Diderot*)》, 박광식 역, 2017년, 민음사.

피터 버크(Burke, P.) 《지식의 사회사 2(*A Social History of Knowledge: From Gutenberg to Diderot*)》, 박광식 역, 2017년, 민음사.

Capra, F. The Systems View of Life: A Unifying Vision. Cambridge University Press, 2016.

Capra, F. *The Web of Life: A New Synthesis of Mind and Matter.* Flamingo, 1997.

Castiligone, B. *The Book of the Courtier.* Penguin Classics, 2004.

Charles, Prince of Wales. *Harmony: A New Way of Looking at Our World.* Harper & Row, 2010.

Clark, K. *Civilisation.* John Murray Publishers, 2005.

Cooper, D. E. *World Philosophies.* John Wiley & Sons, 2002.

Davidson, B. *Africa in History.* Simon & Schuster, 1995.

Da Vinci, L. *Notebooks.* Oxford World's Classics, 2008.

De Bono, E. *Lateral Thinking: A Textbook of Creativity.* Penguin Books, 2009.

재레드 다이아몬드(Diamond, J.), 《어제까지의 세계(*The World until Yesterday: What Can We Learn from Traditional Societies?*)》, 강주헌 역, 2013년, 김영사.

Diop, C. A. *The African Origins of Civilization: Myth or Reality?* A Capella Books, 1974.

Donkin, R. *The History of Work.* Palgrave McMillan, 2010.

Duberman, M. *Paul Robeson.* Random House 1989.

윌 듀란트(Durant, W.), 《역사의 교훈(*The Lessons of History*)》, 안인희 역, 2014년, 을유 문화사.

윌 듀란트(Durant, W.) 《문명이야기(*Our Oriental Heritage: The Story of Civilization*)》, 왕수민·한상석 역, 2011년, 민음사.

Dutta, K. *Rabindranath Tagore: The Myriad-Minded Man*. I. B. Tauris, 2008.

Erisson, K. A., N. Charness, P. J. Feltovich, and R. R. Hoffman, eds. *The Cambridge Handbook of Expertise and Expert Performance*. Cambridge University Press, 2006.

Fakhry, M. *A History of Islamic Philosophy*. Columbia University, 2004.

Farwell, B. *Burton: A Biography of Sir Richard Francis Burton*. Penguin Books, 1990.

펠리폐 페르난데스-아르메스토(Fernandez-Armesto, F.), 《세계를 바꾼 아이디어(*Ideas that Changed the World*)》, 안정희 역, 2004년, 사이언스북스.

Franklin, B. *Autobiography*. Dover, 1996.

Frodeman, R., ed. *The Oxford Handbook on Interdisciplinarity*. Oxford University Press, 2012.

Fung, Y. *A Short History of Chinese Philosophy: A Systematic Account of Chinese Thought from Its Origins to Present Day*. Simon & Schuster, 1997.

하워드 가드너(Gardner, H.), 《다중지능(*Multiple Intelligences*)》, 문용린·유경재 역, 2007년. 웅진지식하우스.

Gazzaniga, M. S. *Human: The Science Behind What Makes Us Unique*. HarperCollins, 2008.

마이클 겔브(Gelb, M.), 《레오나르도 다빈치처럼 생각하기(*Think Like Da Vinci: 7 Easy Steps to Boosting Your Everyday Genius*)》, 공경희 역, 2005년, 대산출판사.

Gould, S. J. *The Hedgehog, the Fox, and the Magister's Pox: Mending and Minding the Misconceived Gap between the Sciences and the Humanities*. Vintage, 2004.

Grafton, A. *Leon Battista Alberti*. Penguin, 2002.

로버트 그린(Greene, R.), 《마스터리의 법칙(*Mastery*)》. 이수경 역, 2013년, 살림.

유발 하라리(Harari, Y. N.), 《호모 데우스(*Homo Deus: A Brief History of Tomorrow*)》, 김명주 역, 2017년, 김영사.

Harman, C. *A People's History of the World: From the Stone Age to the New Millennium*. Verso Books 2008.

Heller, A. *Renaissance Man*. Routledge and Keegan Paul, 1978.

Himmich, B. *The Polymath* (Modern Arabic Literature). The American University in Cairo Press, 2008.

존 홉슨(Hobson, J. M.) 《서구 문명은 동양에서 시작되었다(*The Eastern Origins of Western Civilisation*)》, 정영목 역, 2005년, 에코리브르.

더글러스 호프스태터(Hofstadter, D.), 《괴델, 에셔, 바흐(*Gödel, Escher, Bach: An Eternal Golden Braid*)》, 박여성·안병서 역, 2017년, 까치.

앨버트 후라니(Hourani, A.), 《아랍인의 역사(*A History of the Arab Peoples*)》. 김정명·홍미정 역, 2010년, 심산.

Huntford, R. *Nansen: The Explorer as Hero*. Abacus, 2001.

Hurry, J. *Imhotep*. Oxford University Press, 1928.

이븐 칼둔(Ibn Khaldûn), 《역사서설(*The Muqaddimah: An Introduction to History*)》, 김호동 역, 2003년, 까치.

Jenkins, R. *Churchill: A Biography*. Pan, 2002.

프란스 요한슨(Johansson, F.), 《메디치 효과(*Medici Effect: What You Can Learn from Elephants and Epidemics*)》, 김종식 역, 2015년, 세종서적.

Jones, J. *The Lost Battles: Leonardo, Michelangelo and the Artistic Duel That Defined the Renaissance*. Simon & Schuster, 2010.

대니얼 카너먼(Kahneman, D.), 《생각에 관한 생각(*Thinking, Fast and Slow*)》, 이창신 역, 2018년, 김영사.

Kelly, I. *Casanova: Actor, Spy, Lover, Priest*. Hodder Paperbacks, 2009

마틴 켐프(Kemp, M.), 《레오나르도(*Leonardo*)》, 임산 역, 2006년, 을유문화사.

Koenigsberger, D. *Renaissance Man and Creative Thinking: A History of Concepts and Harmony, 1400–1700*. Humanities Press, 1979.

Kruglanski, A. *The Psychology of Closed Mindedness* (Essays in Social Psychology).

Psychology Press, 2004.

레이 커즈와일(Kurzweil, R.), 《특이점이 온다(*The Singularity Is Near: When Humans Transcend Biology*)》, 장시형·김명남 역, 2007년, 김영사.

로먼 크르즈나릭(Kznaric, R.), 《일에서 충만함을 찾는 법(인생학교)(*How to Find Fulfilling Work [The School of Life]*)》, 정지현 역, 2013년, 쌤앤파커스.

대니얼 레비틴(Levitin, D.), 《정리하는 뇌(*The Organized Mind*)》, 김성훈 역, 2015년, 와이즈베리.

Lings, M. *Muhammad: His Life Based on the Earliest Sources*. Islamic Texts Society, 1983.

조너선 라이언스(Lyons, J.), 《지혜의 집, 이슬람은 어떻게 유럽 문명을 바꾸었는가(*The House of Wisdom: How the Arabs Transformed Western Civilization*)》, 김한영 역, 2013년, 책과함께.

카를 마르크스(Marx, K), 《정치경제학비판요강(*Grundrisse*)》, 김호균 역, 2007년, 그린비.

이언 맥길크리스트(McGilchrist, I.), 《주인과 심부름꾼(*The Master and His Emissary: The Divided Brain and the Making of the Western World*)》, 김병화 역, 2014년, 뮤진트리.

Mirandola, G. P. *Oration on the Dignity of Man*. Regnery Publishing, 1996.

Montaigne, M. *Essays*. Penguin, 1993.

Moran, J. *Interdisciplinarity (The New Critical Idiom)*. Routledge, 2010.

Morgan, M. *Lost History: The Enduring Legacy of Muslim Scientists, Thinkers and Artists*. National Geographic Society, 2008.

Morris, E. *The Rise of Theodore Roosevelt*. Modern Library, 2001.

Nasr, S. H. *Science and Civilization in Islam*. Suhail Academy Lahore, 1968.

찰스 니콜(Nicholl, C.), 《레오나르도 다 빈치 평전(*Leonardo Da Vinci: The Flights of the Mind*)》, 안기순 역, 2007년, 고즈윈.

NY Times Staff. *The New York Times Guide to Essential Knowledge: A Desk Reference for the Curious Mind*. St. Martin's Press, 2008.

Oldmeadow, H. *Journeys East: 20th Century Western Encounters with Eastern*

Religious Traditions. World Wisdom, 2004.

Painter, F. V. N. *A History of Education History of Ed* (Classic Reprint). Forgotten Books, 2012.

Perkin, H. J. *The Rise of Professional Society: England since 1880.* Routledge, 1989.

Perry, W. *Spiritual Ascent: A Compendium of the World's Wisdom.* Fons Vitae, 2008.

Plato. *Early Socratic Dialogues.* Penguin Classics, 2005.

Ponting, C. *World History: A New Perspective.* Pimlico, 2002.

Priess, D. D. *Innovations in Educational Psychology: Perspectives in Learning, Teaching and Human Development.* Springer, 2010.

매트 리들리(Ridley, M.), 《매트 리들리의 본성과 양육(*Nature via Nurture*)》, 김한영 역, 2004년, 김영사.

Roberts, J. M., and O. A. Westad. *The Penguin History of the World. 6th ed.* Allen Lane, 2013.

앤드루 로빈슨(Robinson, A.), 《천재의 탄생(*Sudden Genius? The Gradual Path to Creative Breakthroughs: Creativity Explored through Ten Extraordinary Lives*)》, 박종성 역, 2012년, 학고재.

Robinson, A. *The Last Man Who Knew Everything.* OneWorld Publications, 2006.

미셸 루트번스타인(Root-Bernstein, M), 《생각의 탄생(*Sparks of Genius: The 13 Thinking Tools*)》, 박종성 역, 2007년, 에코의서재.

Rose, J. *The Intellectual Life of the British Working Classes.* Yale University Press, 2001.

버트런드 러셀(Russell, B.), 《서양철학사(*History of Western Philosophy*)》, 서상복 역, 2019년, 을유문화사.

에드워드 사이드(Said, E.), 《오리엔탈리즘(*Orientalism*)》, 박홍규 역, 2015년, 교보문고.

승현준(Seung, S.), 《커넥톰, 뇌의 지도(*Connectome – How the Brain's Wiring Makes Us Who We Are*)》, 신상규 역, 2014년, 김영사.

Shavinina, L. *International Handbook of Giftedness*. Springer, 2009.

Shavinina, L. *International Handbook of Innovation*. Springer, 2003.

Smith, H. *The World's Religions*. HarperSanFranciso, 2009.

로버트 스턴버그(Sternberg, R.), 《창의성(*Creativity: From Potential to Realisation*)》, 임웅 역, 2009년, 학지사.

아놀드 토인비(Toynbee, A. J.), 《역사의 연구 1(*A Study of History: Abridgement of Vols. I–VI.*)》, 홍사중 역, 2016년, 동서문화사.

Toynbee, A. J. *A Study of History: Abridgement of Vols. VII–X*. Oxford University Press, 1988.

찰스 밴 도렌(Van Doren, C.), 《지식의 역사(*A History of Knowledge: Past, Present and Future*)》, 박중서 역, 2010년, 갈라파고스.

Vasari, G. *The Lives of the Artists*. Oxford Paperbacks, 2008.

피터 왓슨(Watson, P.), 《생각의 역사 1(*Ideas: A History from Fire to Freud*)》, 남경태 역, 2009년, 들녘.

Weinhart, F. *Copernicus, Darwin and Freud: Revolutions in the History and Philosophy of Science*. Wiley-Blackwell, 2008.

Wells, H. G. *A Short History of the World*. Penguin Classics, 2006.

에드워드 윌슨(Wilson, E. O.), 《통섭(*Consilience: The Unity of Knowledge*)》, 최재천·장대익 역, 2005년, 사이언스북스.

Wiredu, K. *A Companion to African Philosophy* (Blackwell Companions to Philosophy). Wiley-Blackwell, 2005.

· 감사의 글 ·

모든 것이 하나의 근원에서 나왔다고 나는 믿는다. 그러니 신께 '감사하다'고 말하는 것이 부적절하다면 적어도 이 책을 쓰는 동안 느꼈던 신의 축복에 대해서라도 표현하고 싶다. 내가 이 세상에 태어나도록 통로가 되어주시고, 나를 지속적으로 응원하고 사랑해주신 부모님(아프타브Aftab와 자밀라Jamila)께 감사의 말을 꼭 전하고 싶다. 그리고 가족들에게도 고마운 마음을 전한다. 그들은 변함없이 나를 응원해주었고, 조카들 역시 내가 어린아이의 순수한 마음을 잃지 않도록 해주었다.

아름다운 아내 바르샤Varsha에게도 감사한다. 이 책의 집필을 처음부터 도왔고, 따뜻한 비판자로서 영감의 원천이 되어주었다. 사돈 어르신들이 내게 보여준 지속적인 응원과 다정함에도 감사한다.

저작권 대리인 로빈 존스Robin Jones에게도 특별히 감사한다. 이 책을 기존의 범주에 따라 쉽게 분류할 수 없다는 이유로 대부분의 편집자들이 출판을 기피할 때 그는 나와 함께 힘든 세월을 견뎠다. 존 와일리 앤 손스John Wiley & Sons 출판사 팀에도 감사한다. 그들은 이 책의 가능성을 믿고 출판 과정에서도 원활하게 협조해주었다. 나와 오랜 세월 함께 여행한 친구인 폴 글래드스톤 리드Paul Gladstone-Reid에게도 감사한다. 그와 나눈 대화를 통해 많은 통찰과 힘을 얻었다.

첫 책을 출판한 저자로서 이 책을 집필하는 과정에서 내가 크게 배운 교훈이 있다면 그것은 한 번도 만난 적이 없는 사람들이라도 그들에게 정직하고 겸손한 태도로 끈기 있게 접근하면 대부분 마음의 문을 열어주었다는 사실이다. 신출내기 무명작가인 내가 감히 세계 유명 석학이나 인사들과 만나 그들의 귀중한 시간을 선물 받고 그들에게서 통찰을 얻었다. 감사하다는 인사 외에는 아무것도 주지 못했다. 그들이 보여준 친절에 뜨거운 감사를 전한다. 그들의 이름을 알파벳순으로 적는다.

A. J. 제이콥스A. J. Jacobs

앤더스 샌드버그Anders Sandberg

아쇼카 자흐나비 프라사드Ashok Jahnavi
Prasad

아짐 이브라힘Azeem Ibrahim

벤저민 던랩Benjamin Dunlap

빌리 차일디시Billy Childish

대니얼 레비틴Daniel Levitin

데이비드 쿠퍼David E. Cooper

더글러스 호프스태터Douglas Hofstadter

에드워드 드 보노Edward de Bono

펠리페 페르난데스 아르메스토Felipe
Fernandez-Armesto

프랭클린 스토리 머스그레이브F. Story
Musgrave

가야트리 스피박Gayathri Chakravorthi Spivak

그레이엄 핸콕Graham Hancook

햄릿 이사칸리Hamlet Isakhanli

이언 맥길크리스트Iain McGilchrist

요종이Jao-Tsung-I

지미 웨일스Jimmy Wales

줄리 크로켓Juli Crockett

키스 아이온스Keith Eyeons

켄 로빈슨Ken Robinson

킹슬리 데일리Kingslee Daley(아칼라Akala)

매트 리들리Matt Ridley

나세르 칼릴리Nasser D. Khalili

네이선 미어볼드Nathan Myhrvold

노엄 촘스키Noam Chomsky

패트리샤 파라Patricia Fara

피터 버크Peter Burke

랜드 스피로Rand Spiro

레이 커즈와일Ray Kurzweil

레이먼드 탤리스Raymond Tallis

로저 스크러턴Roger Scruton

세예드 호세인 나스르Seyyed Hossein Nasr

팀 페리스Tim Ferriss

바츨라프 스밀Vaclav Smil

지어딘 사르다르Ziauddin Sardar

임호텝: 건축가, 시인, 의사, 사제, 철학자, 정치가(기원전 27세기 이집트).

아리스토텔레스: 동물학자, 식물학자, 물리학자, 철학자, 예술이론가, 정치이론가, 천문학자(기원전 4세기 그리스).

반소: 역사학자, 사서, 시인, 철학자, 기행문 작가, 천문학자(1세기 중국).

코르도바의 루브나: 수학자, 언어학자, 시인, 과학자, 사서(10세기 안달루스 왕국).

심괄: 해부학자, 천문학자, 예술가, 시인, 공학자, 수학자, 관료(10세기 중국).

이븐 시나: 의사, 철학자, 신학자, 수학자, 시인, 천문학자(11세기 페르시아).

힐데가르트 빙엔: 신학자, 작곡가, 시인, 철학자, 과학자, 문법가(12세기 독일).

이븐 칼둔: 철학자, 역사가, 경제학자, 사회학자, 외교관, 인류학자(14세기 튀니지).

네사우알코요틀: 건축가, 철학가, 시인, 예술 후원자, 군주(15세기 아즈텍 제국).

레오나르도 다 빈치: 화가, 공학자, 건축가, 철학자, 드라마작가, 지도제작자, 해부학자, 박물학자(15세기 이탈리아).

아흐마드 바바: 교육학자, 언어학자, 신학자, 인류학자, 판사(16세기 서아프리카).

니콜라우스 코페르니쿠스: 천문학자, 화가, 수학자, 경제학자, 법률가, 외교관, 성직자(16세기 폴란드).

고트프리트 라이프니츠: 법률가, 외교관, 공학자, 사서, 연금술사, 역사가, 수학자, 물리학자, 지질학자, 철학자(17세기 독일).

안나 마리아 반 슈르만: 화가, 언어학자, 페미니스트, 법률가, 신학자(17세기 네덜란드).

벤저민 프랭클린: 발행인, 작가, 기업가, 철학자, 과학자, 발명가, 외교관(18세기 미국).

요한 볼프강 괴테: 철학자, 시인, 화가, 법률가, 과학자, 극작가(18세기 독일).

미하일 로모노소프: 물리학자, 천문학자, 지질학자, 화학자, 화가, 시인, 역사가, 언어학자(18세기 러시아).

토머스 제퍼슨: 법률가, 건축가, 발명가, 철학자, 언어학자, 정치가(18세기 미국).

알렉산더 폰 훔볼트: 탐험가, 식물학자, 해양학자, 인류학자, 동물학자, 해부학자, 지질학자(19세기 독일).

호세 리잘: 소설가, 화가, 의사, 사회운동가, 언어학자, 시인(19세기 필리핀).

윌리엄 모리스: 화가, 기업가, 발행인, 시인, 소설가, 사회운동가(19세기 영국).

카를 마르크스: 역사가, 경제학자, 철학자, 사회학자, 언론인, 사회운동가(19세기 독일).

플로렌스 나이팅게일: 간호사, 수학자, 신학자, 페미니스트, 독지가(19세기 영국).

루이스 캐럴(찰스 도지슨): 사진작가, 발명가, 시인, 소설가, 성직자, 수학자(19세기 영국).

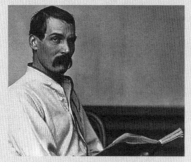

리처드 프랜시스 버튼: 시인, 펜싱 선수, 언어학자, 탐험가, 인류학자, 군인, 스파이(19세기 영국).

윈스턴 처칠: 군인, 언론인, 역사가, 작가, 화가, 정치가(20세기 영국).

라빈드라나트 타고르: 시인, 극작가, 철학자, 작곡가, 소설가(20세기 인도).

루돌프 슈타이너: 화가, 건축가, 교육학자, 식물학자, 사회운동가(19세기 오스트리아).

장 콕토: 조각가, 화가, 시인, 극작가, 영화제작자, 작곡가, 드라마작가, 소설가(20세기 프랑스).

얀 스뮈츠: 식물학자, 철학자, 언론인, 법률가, 군인, 정치가(20세기 남아공).

무함마드 이크발: 철학자, 변호사, 시인, 언어학자, 정치가(20세기 파키스탄).

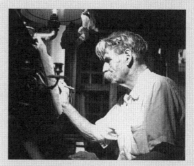

알베르트 슈바이처: 작곡가, 신학자, 의사, 철학자, 독지가(20세기 알자스).

폴 롭슨: 운동선수, 법률가, 가수, 배우, 언어학자, 사회운동가(20세기 미국).

셰이크 안타 디옵: 역사가, 물리학자, 정치과학자, 인류학자, 정치가(20세기 세네갈).

마야 안젤루: 무용수, 가수, 시인, 작가, 소설가, 영화제작자, 언론인, 언어학자, 역사가, 사회운동가(21세기 미국).

요종이: 역사가, 인도학자, 중국학자, 철학자, 서예가, 작곡가, 언어학자, 시인(21세기 중국).